WELTGESCHICHTE DER ARCHITEKTUR

Herausgegeben von Pier Luigi Nervi

ARCHITEKTUR DER PRIMITIVEN KULTUREN

Enrico Guidoni

 *Belser Verlag Stuttgart*

 *Electa Editrice Mailand*

Redaktion: Carlo Pirovano
Entwürfe: Diego Birelli
Zeichnungen: Enzo Di Grazia
Übersetzung: Dr. Giorgio Bordin, Dr. Roland Tschrepp

Printed in Italy
© Copyright by Electa Editrice, Mailand, 1975, für die italienische Originalausgabe
© Copyright by Belser Verlag, Stuttgart, 1976, und Electa Editrice, Mailand, für die
deutschsprachige Ausgabe
Ohne ausdrückliche Genehmigung der Verlage ist es nicht gestattet, das Buch oder
Teile daraus auf fotomechanische oder akustomechanische Weise zu vervielfältigen.
Gestaltung Studio Enzo Di Grazia, Rom
Satz von Belser Druck- und Verlagshaus, Stuttgart
Reproduktionen und Druck von Fantonigrafica, Venedig (Martellago)
ISBN 3-7630-1714-3

VORWORT

Die kritischen Untersuchungen der Architektur haben sich bisher fast ausschließlich mit dem visuellen Aspekt der Bauwerke befaßt und ihn als bestimmenden Faktor für die inzwischen zum Allgemeingut gewordene Einordnung und Stilbestimmung der Bauwerke herangezogen.

Gehen wir jedoch von der einfachen Feststellung aus, daß jede architektonische Schöpfung ihrer Definition nach ein ›Bauwerk‹ ist und als solches zwar objektiven Gegebenheiten der Materialbeschaffenheit und Konstruktion unterliegt, jedoch dem Anspruch auf Dauerhaftigkeit und Zweckmäßigkeit gerecht werden muß, so wird offenbar, daß der rein ästhetische Aspekt nur einen unzureichenden Maßstab für eine schon in der Vergangenheit äußerst komplexe schöpferische Tätigkeit darstellt, die sich in unserer Gegenwart und voraussichtlich noch weit mehr in der Zukunft so außerordentlich vielgestaltig entwickelt.

Beim Studium der Architektur der Vergangenheit und der Gegenwart hat mich die Erkenntnis immer wieder besonders beeindruckt, daß diejenigen Bauwerke, die gemeinhin von der Stilkritik und dem allgemeinen Urteil als Muster reinster Schönheit anerkannt werden, auch – hinsichtlich ihrer durch Entstehungszeit und -ort bedingten Bauweise und des Materials – immer das Ergebnis hervorragender Bautechniken sind. Sollte es sich dabei nur um zufällige Übereinstimmungen handeln?

Die Baukunst der Vergangenheit hat sich ausschließlich an statischen Erkenntnissen orientiert, die wiederum das Ergebnis von Überlegung, Erfahrung und vor allem der Einsicht in die Eigenart und Beständigkeit von Strukturen und Material gegenüber äußeren Einflüssen waren.

Das Nachdenken über die Eigenschaften von Struktur und Material einerseits und die Einbeziehung eigener wie fremder Erfahrung andererseits bilden den Wesenskern der Baukunst, sowohl für den Planer als auch für seine mit der Ausführung der Projekte betrauten Mitarbeiter. Und so ergibt sich die Frage, ob nicht hierin jenes geheime Band zu sehen ist, das bei den uns überlieferten Schöpfungen früherer Architektur die vollkommene Übereinstimmung von Form und Substanz ergab.

Außerdem kann davon ausgegangen werden, daß die Beschaffenheit der verfügbaren Baustoffe nicht nur die Konstruktion, sondern auch die formalen Details der Baukunst bestimmte, die sich im Lauf der Zeiten immer reicher entwickelt hat. Dies erklärt auch den unterschiedlichen Grad der Anmut und Eleganz der griechischen Architektur, die sich des überaus widerstandsfähigen und zugleich der subtilen künstlerischen Bearbeitung zugänglichen Marmors bediente, im Vergleich zu den Kolossalbauten aus Ziegeln und Gußmauerwerk der Römer, die sich bemühten, durch Massivbauweise die dem Material eigene, geringere Dauerhaftigkeit auszugleichen.

Wäre es allzu vermessen, aus solchen objektiven Konstruktionsmerkmalen Rückschlüsse auf das unterschiedliche künstlerische Temperament der beiden Völker zu ziehen?

Dessen ungeachtet bleibt die Notwendigkeit bestehen, die Beschreibung der dargestellten Bauwerke durch eine genaue Analyse ihrer konstruktiven und ästhetischen Eigenschaften zu vervollständigen, um aufzuzeigen, in welchem Ausmaß diese beiden Aspekte der Baukunst voneinander abhängen. Wenn sich ein Teil unserer Avantgarde diesen Erkenntnissen nicht weiter verschließen wollte, könnte sich unsere Architektur von ihrer zerstörerischen Tendenz zu einem leeren, kostspieligen und bisweilen geradezu unrealistischen Formalismus befreien. Planer und Kulturschaffende fänden den Ansatz zur vorurteilslosen Bewertung des Bauens und zur Beachtung jener ethisch-moralischen Gesetze der Baukunst, die für das zukünftige Aussehen unserer Städte ebenso entscheidend sein wird wie für die Herbeiführung wirklich menschenwürdiger Lebensbedingungen.

PIER LUIGI NERVI

Architektur der primitiven Kulturen

Wenn wir erstmals eine umfassende Untersuchung der ›primitiven‹ Architektur vornehmen, können wir uns nicht dem komplexen methodologischen Problem entziehen, dem ein Fachgebiet unterliegt, dessen konsequente wissenschaftliche Systematisierung noch aussteht. Dieser Band enthält daher nicht die Synthese dessen, was man an Beschreibungen und Interpretationen über die Architektur jener Völker weiß, die traditionsgemäß der Ethnologie vorbehalten waren, sondern eine Auswahl, die die Rolle der Architektur in den Gesellschaften herausstellen soll, die fast bis in unsere Zeit außerhalb der großen staatlichen Organisationen verblieben. Voraus geht eine notwendige methodologische Einführung, und es folgt eine synthetische, technisch-beschreibende Darstellung der ungefähr zweihundert geographisch geordneten architektonischen Traditionen. Ein wesentlicher Bestandteil dieser kritisch angelegten Arbeit, die durch systematische Forschungen noch erweitert werden sollte, sind die ergänzende Bibliographie sowie das graphische und fotografische Material.

Es sei zunächst darauf hingewiesen, daß dieses Werk, nach den Absichten des Herausgebers wie des Autors, es sich zum Ziel setzt, mit vollem Recht ein Fachgebiet in die Geschichte der Architektur einzugliedern, das bisher nur von Fachleuten einer Disziplin erschöpfend behandelt wurde. Lediglich sporadisch wurde begonnen, vor allem in den letzten fünfzehn Jahren, den wesentlichen Charakter der Rolle der Architektur in der ökonomischen, sozialen und kulturellen Ordnung der sogenannten primitiven Völker zu erfassen. Das Fehlen einer vorhergehenden Systematisierung der Materie entbindet uns nicht von einer kritischen Stellungnahme bezüglich der angewandten Methodologien, der in Teilbereichen erzielten, oft grundlegenden Ergebnisse; im Gegenteil, es verpflichtet uns nicht nur zu einer präzisen Auswahl, sondern auch einleitend zu einer terminologischen Erörterung. Sie soll den Bereich der primitiven Architektur, die Abgrenzung in bezug auf die ›Volksarchitektur‹, den Gebrauch der geeigneten kritischen Mittel zur Aufzeichnung des komplexen Panoramas der geschichtlichen Wandlungen und der gegenseitigen Beeinflussungen zwischen verschiedenen sozialkulturellen Einheiten oder Komplexen umreißen.

Wir betrachten das Kapitel der Entdeckung der exotischen und ›wilden‹ Architektur, die doch, außer den Künstlern, auch die Architekten unseres Jahrhunderts[1] beeinflußt hat, als endgültig abgeschlossen. Die Bewunderung für die Übereinstimmung des Baus mit den Erfordernissen des Klimas und der Materialien, für die Originalität der formalen Lösungen, für das Fehlen jeglicher Verschwendung in einer Architektur, die als naiv, auf-

richtig und den Notwendigkeiten der Gesellschaft verbunden[2] definiert wird, kann eine oberflächliche, kolonialistisch geprägte Haltung gegenüber Produkten und Bezugssystemen nicht mehr verhehlen. Die Sammlung geographisch und geschichtlich verschiedener und nur in der Form vergleichbarer Beispiele hat dem Verständnis der Funktion der Architektur im sozialen System geschadet; denn die Architektur ist niemals eine genau entsprechende Übertragung der ›Gesellschaft‹, noch gestatten es teilweise Analogien, verschiedenen historischen Bereichen zugehörige Gebäude in ihrer Bedeutung zu vereinen.

Die positivistische Schule hat sich zum Ziel gesetzt, durch Weltkarten der Verteilung von Wohnungsformen zu beweisen, wie die Bauformen mit dem Klima, dem natürlichen Reichtum, der Verfügbarkeit der Materialien usw. harmonieren. Jede eingehende Analyse muß hingegen auch die kulturellen Strömungen, die sozialen und produktiven Strukturen, die rituellen und mythischen Komplexe beachten, die immer mehr beweisen, wie der Einfluß der Umwelt auf die Architektur größtenteils nur im negativen (Unverwendbarkeit von Materialien, Typologien usw.) und nicht im positiven Sinne annehmbar ist. Die Architektur entwickelt und unterscheidet sich als Instrument sozialen Lebens trotz der Beschränkungen der Umwelt und nicht wegen dieser; sie kann nicht von den Merkmalen der Umwelt absehen, doch neigt sie im großen und ganzen dazu, deren einschränkende Auswirkung aufs äußerste zu vermindern[3]. Dies geschieht, weil sie ein historisches Produkt, ein diachronisches Ergebnis einer Vielzahl von kulturellen, in wechselseitiger Beziehung stehenden Einheiten ist; hingegen zeigt die synchronische Artenverteilung nicht nur fast nie wichtige Elemente auf, die zur Ermittlung der inneren Verschiedenheiten dienen könnten, sondern sie wird zu dem, selbst den Wissenschaftlern nicht immer klaren Zweck benutzt, ihre unvermeidbare ›Notwendigkeit‹ zu beweisen.

Um das Problem ins rechte Licht zu rücken, genügt es, die äußerst schnelle Umwandlung von Typologien, Materialien und Bedeutung zu bedenken, die die Architektur in den letzten Jahrhunderten und Jahrzehnten immer dort betroffen hat, wo eine gewaltsame Berührung zwischen vorstaatlichen Gemeinschaften und westlichen ›Kolonisatoren‹ stattfand. Im Vergleich zu der von den Mythen, der Gemeinschaftsorganisation und der Sprache bewiesenen Widerstandsfähigkeit war die Architektur häufig nicht einmal fähig, die traditionellen Bautechniken weiterzuführen, und übernahm, sich scheinbar rascher wandelnd als selbst der sozial-kulturelle Kontext in seiner Gesamtheit, die ›wichtigen‹ (›eingeführten‹) Materialien. Um die Gründe dieses

Phänomens, das die Architektur als ›schwachen Punkt‹ der primitiven Gesellschaften aufzeigt, erklären zu können, scheint es notwendig, einen der beiden Gründe anzunehmen: entweder besteht die primitive Architektur nicht nur aus einem erbauten Produkt, sondern umfaßt immer in ihrer Gesamtheit ein globales und spezifisches Verhalten in bezug auf den physischen Raum, seine Umwandlung und Interpretation, oder sie ist hingegen eine nebensächliche Randtätigkeit, die wie die anderen, einst im Feld der ›materiellen Kultur‹ zusammengefaßten Gegenstände (um sie von der ›wahren‹ Kultur, vom ›immateriellen‹ System der Mythen, Sprache, Religion und sozialen Regeln zu unterscheiden) den klimatischen, technologischen oder politischen, jedenfalls außerhalb des betrachteten Volkes stehenden Vorfällen unterliegt. Um diese Frage beantworten zu können, müssen wir vor allem die Bedeutung klären, die wir hier sowohl dem Begriff Architektur als auch dem Begriff primitiv zuschreiben. Architektur ist nicht nur die Gesamtheit der vom Menschen in der physischen Umgebung getätigten Umwandlungen, da diese, wenn auch weitgehende Bedeutung weder den Kernpunkt der Interpretation, die jede Kultur (und jede Klasse) für das erbaute Produkt liefert, noch seinen Gebrauch und seine Bedeutung im Verhältnis zum Gesellschaftsganzen berücksichtigt. Es handelt sich nicht nur um Interpretationen ›a posteriori‹, sondern um einen Komplex architektonischer Leistungsmöglichkeiten, die jede ›besondere‹ Kultur als nur teilweise verwertete Fähigkeiten für ihre eigenen spezifischen, ökonomisch-sozialen Erfordernisse entwickelt. Es sind dies Fähigkeiten, die die rasche Assimilierung und Umwandlung der architektonischen Formen und Materialien gestatten, ohne daß man daraus notwendigerweise eine totale Veränderung des sozialen Bildes folgern dürfte; im Gegenteil stärkt sich dieses oft in seinen traditionellen Strukturen gerade durch das Mittel einer ›neuen‹ Architektur[4].

In jedem sozialen Kontext nimmt die Architektur also eine relative, geschichtlich veränderliche Rolle ein. Sie kann sich in keinem Fall in ihrer Technologie isolieren, ohne das Verhältnis zur Gesamtheit der mit ihr verbundenen Probleme zu berücksichtigen; in diesem Fall könnte man höchstens eine Geschichte der Baumaterialien, der Bautypologien und ihrer lokalen Varianten[5] umreißen. Hingegen ist erwiesen, daß die Architektur eines bestimmten historisch-kulturellen Komplexes eine Vielfalt verschiedener Lösungen umfaßt, die, durch spezifische historische Beziehungen der Gruppe bestimmt, doch im Innern der Gruppe selbst erst im Verhältnis zur Gesamtheit des Systems bedeutsam werden.

Es ist nötig, die Architektur des Wohnsitzes und die Architektur des Territoriums als untrennbare Pole zu verstehen. Für beide wird hier die technizistische Reduzierung, die dazu führt, in den vorstaatlichen Gesellschaften die ›materiellen‹ Faktoren und den Faktor ›natürliche Reichtümer‹ als vorherrschend anzusehen, abgelehnt, wie auch die idealistische Dialektik Mensch-Natur. Hingegen wird die wesentliche Rolle der Architektur als politisch-soziales Mittel unterstrichen. Aus dieser Sicht, die durch die methodologischen, die folgenden Seiten bestimmenden Auswahlen vertieft und verdeutlicht wird, geht klar hervor, daß die Antwort auf die oben gestellte Frage sich nur so formulieren läßt: die Architektur (besonders die primitive Architektur) muß sich, um historisch verständlich zu sein, auf die Gesamtheit der räumlichen Tätigkeiten und auf ihre Interpretation im ›Innern‹ der untersuchten Gesellschaft im Verhältnis zu den anderen (ökonomischen, rituellen usw.) Aktivitäten beziehen. Der innere Widerspruch zwischen Bau-Überbau ergibt sich aus dem wirklichen Bereich des Raums und des Baus und dem ihm zugrundeliegenden Interpretationssystem. Schließlich ist die Grundlage der Architektur der physische Raum, mit anfänglich vorherrschender Beziehung zur Form, zum Ausmaß, zum Material und zur technischen Lösung. Die Diskussion über die primitive Architektur muß noch, außer mehr oder weniger indirekten Erwähnungen in sehr vielen anthropologischen Werken, ihr ausdrückliches Fachgebiet finden, auf dem die Methodologien und Arbeitsperspektiven verglichen werden. Noch heute sind Teilanschauungen vorherrschend. Auch ist noch nicht geklärt, ob und wann die Geschichte der Architektur der einzelnen ethnisch-kulturellen Gruppierungen den derzeitigen ›divergenten‹ Charakter beibehalten kann. Viel wird von der effektiven Möglichkeit abhängen, die Probleme, die andauernd von der unbestreitbaren ›Vergleichbarkeit‹ der Phänomene innerhalb riesiger geographischer und kultureller Gebiete gestellt werden, im historischen Sinne zu lösen. Auch der Begriff des Ethnozentrismus, der vorwiegend zur Definierung des voreingenommenen Gesichtspunktes der westlichen, die ›anderen‹[6] Kulturen analysierenden Anthropologen dient, scheint eine teilweise positive Rolle anzunehmen, wenn er im Sinne der Relativität der Kulturen verstanden wird. Denn jede ›nicht unterworfene‹ Gesellschaft versteht sich selber als Erdmittelpunkt, und ihre Architektur muß vom Innern her als Produkt einer, im Vergleich zu allen anderen, zentralen Gesamtheit angesehen werden.

Zahlreiche Mißverständnisse bleiben noch an die Verschiedenheit der Ausbildung (wie der Methodologien und des Untersuchungsfeldes) der Wissenschaftler dieses Faches gebunden.

Durch das Fehlen einer allgemeinen Diskussion (wie sie seit Jahrzehnten beispielsweise auf dem Gebiet der Kunst[7] besteht) werden die verschiedenen Beiträge nicht berücksichtigt und tragen so nur geringfügig zu einer Eingliederung der essentiellen Punkte der architektonischen Thematik bei. Es scheint uns daher nützlich, drei Untersuchungen miteinander zu vergleichen, die sich, da gleichzeitig, voneinander unabhängig und aus verschiedener Sicht entstanden, zu einer zuverlässigen Klärung eignen. Es handelt sich um die kurze, doch bedeutungsvolle Arbeit von Fraser ›Village Planning in the Primitive World‹, die von Oliver betreute Sammlung ›Shelter and Society‹ und das methodologische Buch von Rapoport ›House, Form and Culture‹; alles 1969 erschienene Werke[8]. Die von Fraser verwendete Methode ist, dem Autor zufolge, strukturell-funktionell; er verzichtet darauf, allgemeine historische Schlußfolgerungen zu ziehen, und bedient sich einer bestimmten Anzahl von Beispielen, die vom ›einfachsten‹ bis zum kompliziertesten‹ reichen; er beschränkt sich darauf, die elementaren Raumbegriffe, wie zentrale Lage, Linearität, Richtung, aufzuzeigen; er zählt eine Reihe getrennter ›Faktoren‹ (militärische, politische, religiöse) auf, die die Anlage der ›primitiven‹ Siedlungen erklären. Er stellt das Überwiegen der sozialen Beziehungen als ›determinierenden Faktor‹ über die geometrische Ordnung und trennt so zwei ungenau definierte Begriffe, da keiner der beiden für sich allein bestehen kann. Er lehnt, nach unserer Meinung zu Recht, die formalistische Annäherung ab und verzichtet so darauf, die historischen Gründe der Analogien zu vertiefen, rettet aber dabei die kulturelle und soziale Einheit. Während die einzelnen Analysen interessant sind und sich zum Teil auf unveröffentlichtes Material stützen (wir haben uns einiger von ihnen für unsere Arbeit bedient, da sie die Beziehungen zwischen Gesellschaft und Siedlung besonders sorgfältig aufzeigen), scheint uns einiges unannehmbar: die im wesentlichen dem Zufall überlassene Anordnung der Beispiele, die dazu führt, dem Buch den Charakter einer Sammlung zu verleihen, der Ausschluß der ›formlosen‹ oder nicht geometrischen Anlagen und schließlich das programmatische Postulat der Übereinstimmung zwischen dem ›Grad‹ der wirtschaftlichen Entwicklung und der Komplexität der Formen. Dennoch scheint uns der ausgewählte (die afrikanischen Städte des Yorubagebiets mit einschließende) Bereich, die absolute Vorherrschaft, die der Planimetrie zuteil wird, und die Behandlung nach ethnischen Einheiten im großen und ganzen korrekt und zu Recht einer klar umrissenen Grenze entsprechend, die unseres Erachtens beim Studium der primitiven Architektur unüberschreitbar bleibt. Wahr ist auch, daß fast alle diese Voraussetzungen schon (in

äußerst wirkungsvoller ›Gesamtheit‹) im Werk von Forde, um in der angelsächsischen Welt zu bleiben, enthalten waren; weiter haben, unserer Ansicht nach, die mit den territorialen Interpretationen verbundenen Probleme, die in einer der ›Planung‹ gewidmeten Arbeit hätten behandelt werden müssen, viel zu wenig Raum gefunden. Doch vielleicht ist es das Thema des Dorfes selbst, das sowohl für das Territorium als auch für die eigentliche Architektur keine wirklich gültige Perspektive erlaubt[9].

Die Ausführungen von Paul Oliver im Vorwort zu ›Shelter and Society‹ gehen von der, für einen an den Architekturunterricht gebundenen Kreis, charakteristischen Voraussetzung einer substantiellen problematischen Ähnlichkeit der ›primitiven‹ mit der derzeitigen ›volkstümlichen‹ und ›ländlichen‹ Architektur aus. Er weist den Formalismus eines Rudofsky zurück, doch nimmt er, unter dem bevorzugten Begriff von ›ländlich‹ (als einem bestimmten lokalen geographischen Gebiet zugehörig), eine Reihe von so unterschiedlichen Beispielen auf (von der peruanischen *barriada* über die gemauerte Stadt des alten Delhi bis zur Erfahrung der *Drop City*), die jeden methodologischen Vorsatz zunichte machen. Wir befinden uns noch im Feld der jedenfalls ›unbedeutenderen‹ Architektur, die eher auf eine bestimmte geographische Umgebung als auf einen bestimmten historischen Komplex zurückfällt, in dem die verschiedenen Studien als unterschiedliche ›Aspekte‹ des gleichen Problems einer architektonischen Antwort auf eine bestimmte Umgebung aufgefaßt werden (wenn man auch, wie im Beitrag von Rapoport[10], die Verschiedenheit der Antworten auf eine Verschiedenartigkeit der Kulturen zurückführen will). Alles in allem wird somit der historisch-soziale Faktor dem ökologisch-formalen untergeordnet.

Dieser letztlichen Unentschlossenheit entgeht eben die Abhandlung Rapoports über ›House, Form and Culture‹ nicht, da sie zwischen einer Zustimmung zur wissenschaftlichen anthropologischen Methode und einer Aufsplitterung des Systems Architektur-Gesellschaft schwankt. Er bemüht sich, als eigenen originalen Beitrag zum Problem zu beweisen, daß die Architektur vor allem von sozial-kulturellen Faktoren herrührt (was für jeden Ethnologen, schon durch die Begriffsbestimmung des Untersuchungsgegenstandes, der sich innerhalb eines bestimmten sozialen Komplexes befindet, feststeht), anhand einer Kasuistik, die ›fast alles, was vom Menschen, seit dieser zu bauen begann, errichtet wurde‹[11] umfaßt und die, ›um sich nicht in Details zu verlieren‹, auf einem allgemeinen Niveau bleibt. Rapoport findet die auf einseitigen Gesichtspunkten (Klima, Ma-

Verbreitung der kompakten Wohnstätte mit Flachdach (Abb. 1–9):
1–4. Verlegung von Palmblattstielen, Matten und einem Gemisch von Schlamm und Stroh. Belutschistan (Pakistan).

6. Dorf Magar (Nepal).
7. Dorf in der Umgebung von Bodjnord (Iran).

8. Dorf (Algerien).
9. Quarzazate (Marokko).

Austauschbarkeit der verschiedenen architektonischen Traditionen führen, die das Bestehen gemeinsamer genereller Faktoren oder Nebenfaktoren der einzelnen ›Lösungen‹ unterstreicht, jedoch das Verhältnis Architektur-Territorium und zwischen primitiver, volkstümlicher und ›kultivierter‹ Architektur außer acht läßt. So scheinen abstrakte Begriffe wie Wohnstätte, Raum, Typologie nicht miteinander verbindbar. Sie sind es jedoch in dem Maße, wie sie im Vergleich zur Gesamtheit der Gesellschaft (oder des Volkes), deren Architektur man analysieren will, isoliert erscheinen.

Diese Schwierigkeiten scheinen uns nur durch eine Ausweitung, nicht des Begriffes primitiv, sondern des Fachbereichs der Architektur, überwindbar. Das Territorium, die Siedlung und die Wohnstätte sind als untrennbare Einheit anzusehen; die Berücksichtigung vereinzelter technischer Lösungen ist als Ausdruck umweltbedingter, ›a priori‹ als objektiv bewerteter Notwendigkeiten abzulehnen. Im Vordergrund erscheint so die gesamte und die spezifische Bedeutung der primitiven Architektur, die nicht nur auf der baulichen Realität, sondern auf den Interpretationen (und somit auch auf den Absichten) der Baumeister-Nutznießer[12] gründet. Unter dem Stichwort des ›Dizionario Enciclopèdico di Architettura e Urbanistica‹, das sich mit diesem Argument[13] befaßt, schlugen wir, neben einem schematischen (vor allem von den Synthesen Lanternaris[14] stammenden) Bezug auf die Bautypologien, in einer ersten Annäherung zum Problem vor, vom ›Fehlen der Architektur‹ als Grundlage jeder Bautätigkeit auszugehen. Die mit den räumlichen Auffassungen und den sozialen Funktionen zusammenhängenden Probleme ins Fachgebiet der Architektur einschließend, wurden die architektonische Qualität jeder aktiven Interpretation der physischen Umwelt, die Bedeutung der Raum-Modelle als Vermittlung zwischen sozialer Struktur und baulicher Typologie und schließlich der dem ›Aufbau‹ eigene und aus dem historisch-mythischen Bestand schöpfende Symbolismus unterstrichen. Die elementare Raumgliederung wurde auf die Grundprinzipien von Punkt und Linie, die spezifischen, der territorialen Wirklichkeit innewohnenden Werte der Statik und der Dynamik anerkennend, zurückgeführt. ›Das Raum-Zeichen ist niemals von einer starken semantischen Bedeutung getrennt, die den mythischen und daher hauptsächlich historischen Anschluß an die natürliche Wirklichkeit in ihrer unerschöpflichen Vielfalt betrifft, für die die Rauminterpretation ein gültiges Ordnungsmittel im Sinne einer Eingliederung in die Umgebung, wie auf der Ebene des kosmologischen Bezugs darstellt.‹ Die Rolle der Architektur in der Gesellschaft wird in ihrem ausschlaggebenden Beitrag zur Er-

terialien, Verteidigung, Wirtschaft, Religion usw.) aufbauenden Interpretationen, die er unter dem Begriff des ›physischen Determinismus‹ vereint, unvollständig. Das Klima, der Bau, die Materialien und die Techniken werden hingegen als ›umändernde Faktoren‹ der als fundamental angesehenen sozial-kulturellen Gegebenheiten betrachtet.

Ein solches Verhalten muß, auch wenn es eine Klassifizierung bezweckt (oder vielleicht gerade deshalb), zur Bestätigung der

12. Wiederherstellung eines Kegeldachs (Guinea).
13. Gamò, Hütte (Äthiopien).

14. Chipayas, Bedachung aus sich kreuzenden Bögen (Bolivien).
15. Decke aus sich kreuzenden Bögen aus Holz und Schlamm. Tahoua (Niger).

haltung der bestehenden sozialen Ordnung gesehen; schließlich legen die kurzen, sich auf einzelne Völker und kulturelle Gebiete beziehenden Stichwörter nahe, das Studium der primitiven Architektur nach der historisch-ethnischen Eigentümlichkeit auszurichten.

Eine Reihe wichtiger Beiträge hat die Forschung auf diesem Gebiet vor allem vom Beginn der sechziger Jahre an gekennzeichnet, die zahlreiche Anthropologen in verschiedenen Erdteilen mit mehr oder weniger direktem Bezug auf die Architektur erarbeitet haben. Die Verbreitung des archäologischen Tests wirft Licht auf historische Zusammenhänge und Folgen, während eine größere Aufgeschlossenheit gegenüber den ökonomisch-sozialen Problemen und den politischen und Machtsystemen eine Überprüfung und Ausweitung der im Bereich des Strukturalismus[15] erarbeiteten Theorien ermöglicht. Eine große Anzahl von monographischen Werken hat auch detaillierte Daten über die territoriale Organisation, die Siedlungsarchitektur, die Techniken und die Kunst von früher nicht genügend bekannten Gruppen geliefert. Der rasche Wechsel der Untersuchungsmethoden und die grundlegende Unterschiedlichkeit zwischen den verschiedenen Schulen erlaubt es hier nicht, eine genaue Bilanz in bezug auf unser Thema zu ziehen. Dennoch erscheint es uns zweckmäßig, auf einige Studien einer Gruppe französischer Forscher, die wir als grundlegend für die zukünftige Entwicklung dieser Disziplin halten, näher einzugehen. Im westlichen und südlich der Sahara gelegenen Afrika ist das Untersuchungsfeld noch äußerst ergiebig, was die tatsächlich ›primitiven‹ (segmentären) Gesellschaften und auch die staatlichen Einheiten (Stadtstaat und Städtebünde) anbelangt. Die gegenseitigen Beeinflussungen zwischen ökonomisch-politischen Systemen tragen bei jedem Problem zur Definition eines sehr umfangreichen und unterschiedlichen Situationenbereichs und zu dessen stufenweiser historisch-archäologischer Lösung bei.

Das besondere Interesse für unser Thema leitet sich gerade von der inneren Kontinuität zwischen den verschiedenen Machtsphären, den Siedlungs- und architektonischen Traditionsarten ab. Die ›primitiven‹ Werte (wie die mythisch-symbolischen Systeme, die Unterteilung in Altersklassen, die auf der erweiterten Familie gründende Wohnungseinheit) haben geschichtlich ihre fundamentale Funktion teilweise auch in den am stärksten islamisierten Gebieten beibehalten; jedoch kann ein großer Teil des urbanen und architektonischen Phänomens, obgleich dekorative (Arabesken) und typologische Elemente (Moscheen, städtische Merkantilgebäude usw.) übernommen wurden, nicht, in Parallele zum ökonomisch-politischen Leben, als Einfuhr-

produkt verstanden werden, sondern als Kompromiß, bei dem der ›animistische‹ Faktor noch eindeutig gegenüber der islamischen Komponente[16] vorherrscht. Auf diese Weise haben die Studien über die Bedeutung und die Techniken der Architektur bei segmentären Gesellschaften ihre grundlegende Gültigkeit auch bei der Interpretation der geschichteten Gesellschaften der Stadtstaaten bewiesen, in dem Maße, in dem der islamische Beitrag, das vorher bestehende ökonomisch-politische Gefüge auslegend, oft auch dessen kulturellen ›Überbau‹ respektierte.

Wir betrachten die Abhandlung von J. Paul Lebeuf über die Fali[17] als unübertroffenes Modell einer vollständigen Analyse der Architektur eines einzelnen ›segmentären‹ Volkes; ein Werk, das eine entscheidende Wende darstellt, in dem die Quantität der gesammelten, überprüften und systematisierten Daten im Vergleich zu früheren Untersuchungen auch einen ausschlaggebenden Qualitätszuwachs bewirkt. Es scheint uns, daß erstmals der räumliche und materielle Faktor eine Untersuchung zum Thema der Architektur mit der Genauigkeit beherrscht, die sonst üblicherweise der linguistisch-literarischen Komponente gewidmet wurde. Die späteren Entwicklungen haben die Aufmerksamkeit auf die Gründungsrituale, die soziale Organisation und die Geschichte der Hauptstädte der zahlreichen Reiche gelenkt, die während der letzten tausend Jahre im südlich der Sahara gelegenen Afrika entstanden sind. Es sind dies vor allem die Untersuchungen von Viviana Pâques, Anne Marie Détourbet und anderer[18], die, wenn auch aus verschiedenen Blickwinkeln, das semantische Feld der (als physisch-symbolisches Verhältnis zwischen den Daten der Wirklichkeit, des Mythos und der Geschichte verstandenen) Architektur zu erweitern vermögen, gerade weil ihr Interesse nicht spezifisch technisch-baulich ist, sondern das Verhältnis zwischen den ›Künsten des Raums‹ und der Macht betrifft. Es ist bezeichnend, daß, wie bereits im zitierten Buch von J. P. Lebeuf, die Grenze zwischen baulicher Wirklichkeit und Interpretation der Architektur nicht mehr eine unüberschreitbare Demarkationslinie darstellt; die Ideologie ermöglicht jene ›Sicht von innen‹ des erbauten Produkts, die, soweit möglich, den klassifizierenden Ethnozentrismus überwinden will. Eine weitere Verwendung dieser Untersuchungen, die immer mehr die ökonomisch-politischen Belange zum Gegenstand haben, wäre im Bereich der Definierung der historischen Rolle der Architektur, in allen ihren Details, als wesentliches Mittel der Macht und der Regierungskunst denkbar.

Schließlich scheint sich im Licht der Debatte über die Anwendungsmöglichkeit der Methodologie des historischen Materialis-

ten in unterschiedlichem Maße vorhandenen Ungleichheit und Ausbeutung ist[19]. Dies ist ein Leitfaden, der, obschon er noch methodologische Beiträge und Erkenntnisse benötigt, bereits in großen Umrissen befolgt werden kann, um den Zusammenhang zwischen Architektur und privatem Grundeigentum, Architektur und Produktionsgemeinschaft (oder -gruppe), Architektur und sozialen Unterschieden oder Schichtungen zu erforschen. In diesem Rahmen findet die Berechtigung der Erweiterung des Feldes der primitiven Architektur auf ihre territorialen oder ›überbaulichen‹ Merkmale, wie wir häufig feststellen können, die Möglichkeit einer dauernden gewissenhaften Überprüfung.

Wenn es stimmt, daß im abstrakten Sinne die Produktionsarten und -zusammenhänge nur ökonomisch-soziale Parameter allgemeiner Natur einführen können (und somit den Zusammenschluß der Kulturen in wenige grundlegende Typen nochmals begünstigen), so dienen sie dennoch zur Überwindung eben dieser Verallgemeinerung. Dies geschieht aus verschiedenen Gründen. Vor allem sind sie nur in großen Linien innerhalb des kulturellen Komplexes isolierbar. Jede detaillierte Analyse ›entdeckt‹ daher Zusammenhänge mit den essentiellen Aspekten des ›Überbaus‹, hauptsächlich mit dem mythisch-rituellen System. Außerdem sind, da keine ›reinen‹, d. h. gänzlich auf einer einzigen Produktionsart gründende Kulturen bestehen, die Möglichkeiten gegenseitiger Beziehung und Verflechtung unter den verschiedenen gleichzeitig vorkommenden Arten nicht nur unbestimmt, sondern sie fördern parallel dazu die außerordentliche Verschiedenartigkeit der entsprechenden Lebens- und Verhaltensmodelle (darunter natürlich der Architektur). Schließlich können sie, da sie die produktive Tätigkeit und die Zusammenhänge zwischen Individuen und Gruppe zum Gegenstand haben, als metahistorische Größen aufgefaßt werden. Sie sind jeweils Bedingungen des Verhältnisses zwischen Gruppe und Territorium und zwischen einzelnem und Gemeinschaft, wobei die ersten Begriffe im Vergleich zu den zweiten die Merkmale der Einheit im Vergleich zur Gesamtheit haben.

Von der Theorie, nach der bei jeder, sei es auch primitiven Kultur, wenigstens zwei Produktionsarten in einem ganz bestimmten Abhängigkeitsverhältnis vorkommen, leitet sich logischerweise eine mehr oder weniger akzentuierte Schichtung ab, die selbst die Architektur mit einschließt. Es ist die vorherrschende Produktionsart, die allen anderen Aktivitäten, die gerade zur Stärkung ihrer Vorzugsrolle am Leben erhalten werden, ihren besonderen Stempel aufprägt. Parallel kann festgestellt werden, wie bei den halbseßhaften oder seßhaften Gesellschaften eine tatsächliche Trennungslinie zwischen zwei oder meh-

mus auf die primitiven Gesellschaften eine Revision einiger Grundbegriffe anzukündigen, die zur Feststellung dient, inwieweit die primitive Architektur zugleich Mittel und Produkt der Produktionsarten und -zusammenhänge, der ökonomischen Struktur und der beim größten Teil der Ackerbaugemeinschaf-

Getreidespeicher in Zentral-Westafrika (Abb. 20–31):
20. Kleine Hütten und Getreidespeicher. Oubanghi-Chari (Zentralafrikanische Republik).
21. Nyangatom, Hirsespeicher (Äthiopien).

22. Dogon, Getreidespeicher aus banco in Unter-Ogol (Mali).
23. Getreidespeicher und Hühnerstall (Obervolta).
24. Gurunsi, Sorghum- und Hirsespeicher (Obervolta). ▷

25. *An eine Wand angebauter Getreidespeicher. Diebougou (Obervolta).*
26. *Getreidespeicher. Diebougou (Obervolta).*

27. *Dem vorigen analoger, aufgebrochener Getreidespeicher, der Einblick in die Inneneinteilung gibt. Diebougou (Obervolta).*
28. *Diula, Sorghumspeicher. Banono (Elfenbeinküste).*

reren, den verschiedenen Produktionsweisen entsprechenden Arten des Architekturverständnisses besteht. Diese Feststellung beachtet, während sie jeder ›linearen‹ Interpretation des Fortschritts den Sinn entzieht, die inneren Unterschiede, die, auch vom architektonischen Gesichtspunkt aus, der Schlüssel zum Verständnis des besonderen Gleichgewichtsmodells jeder Gesellschaft sind.

Die Architektur versteht sich, im weitesten Sinne, zugleich als Produkt und als Mittel der sozialen Kohäsion; d. h. zuallererst als räumliche Koordinierung und Konditionierung, denn als Bau. Um die Tragweite der Zusammenhänge zwischen Architektur und Gesellschaft zu analysieren, müssen wir diese beiden Aspekte zur Kenntnis nehmen, die als grundlegend und vorrangig anzusehen sind, da sie die geschichtliche Rolle der architektonischen Tätigkeit[20] klarlegen. Eine allgemeine Abgrenzung muß zwischen nomadischen und seßhaften Gesellschaften getroffen werden. Für die ersteren ist die Architektur im wesentlichen Gliederung des Territoriums, was objektiverweise die sekundäre Rolle des Bauwerks als soziale Aktivität (als Produkt und Mittel von Beziehungen) mit sich bringt. Die *nomadischen Gesellschaften* gründen auf dem Mobiliarvermögen (Geräte, Wertgüter, Viehbestand). Da privates Bodeneigentum fehlt und ein rascher Ortswechsel der Gruppe notwendig ist, ist die Behausung höchstens das größte und wertvollste, in seinen Erfordernissen an Vorfertigung, Leichtigkeit und rascher Zerlegbarkeit perfektionierte Gerät (der Viehzüchter). Bei den Sammlern und Jägern wird die Wohnstätte je nach Bedarf erbaut und verlassen und bleibt somit ein Teil des natürlichen Territoriums. Jedenfalls benötigt sie nie bei den vorherrschenden ökonomischen Aktivitäten (Jagd, Sammeln, Viehzucht) den Einsatz einer die Kleinfamilie übersteigende Produktionsgemeinschaft, im Gegenteil, oft kann sie von einer einzigen Person (im allgemeinen von der Frau) erbaut oder aufgestellt werden. Das bedeutet, daß der Bau als solcher nicht ein Abbild der Gesellschaft, sondern der *Familie* ist, und die wechselweise Anordnung im Lager verdeutlicht die interfamiliären Beziehungen des Zusammenschlusses und der Verwandtschaft.

Was vom einzelnen oder von einem engen Familienkern bewerkstelligt werden kann, verlangt nur zu einem geringen Teil eine soziale Koordinierung und ist auch keiner Entwicklung fähig. Genau das Gegenteil trifft für das *Territorium* zu. Hier entwickeln sich nicht nur Zusammenarbeit und Kontraste unter den einem Klan oder einem Stamm zugehörigen Kleinfamilien, sondern der Kampf zwischen den verschiedenen Gruppen um die Macht, die Kontrolle und die Ausbeutung der natürlichen

Reichtümer (Wild, Fruchtpflanzen, Weiden) hat eine ganz bestimmte ›Ortsarchitektur‹ als Hintergrund, die von Grenzen, Wegen, mythischen Erfordernissen, Kultstätten belebt wird. Alle Völker, die keine komplexen Bauten entwickeln, die die Arbeit einer mehr oder minder großen Produktionsgemeinschaft verlangen, erscheinen vom architektonischen Blickpunkt aus ›arm‹; doch in diesem Falle übernimmt das *Territorium*, auf das sich auch die interpretatorischen Aktivitäten der Gemeinschaft konzentrieren, die Rolle des Baus, der Nutzung und des Mittels sozialer Ordnung.

Nur als Unterhaltsort einer historisch und geographisch bestimmbaren Gruppe hat das Territorium eine festgelegte Struktur. Die Erfordernisse des Sammelns und Jagens führen zur Begrenzung auf bestimmte Orte (oder sogar auf einzelne Pflanzen) der Gruppen- und Einzelrechte und zur Definierung einer ökonomischen (daher auch mythisch-rituellen) Bindung zwischen Gruppe (oder Individuum) und Ort. Das Verhältnis zwischen Natur und Gesellschaft entwickelt sich im Zeichen der Kontinuität, doch die Interpretation des Territoriums ist in Wirklichkeit bereits eine Schematisierung des Formlosen, die den sozialen Beziehungen unterworfen ist. Die verwandtschaftlichen Bindungen übertragen die Notwendigkeit einer geordneten und ausgewogenen ökonomischen Aktivität unter den Gruppen und Individuen auf eine andere Ebene. Doch sobald diese Beziehungen auf eine räumliche Ebene übertragen werden müssen (da die Anordnung im Raum nicht der sozialen Ordnung widersprechen kann, oder umgekehrt), werden auch diese, sich in das komplexe Feld der Architektur eingliedernd, in den physischen Raum gestellt. So ist die Architektur der Nomadenvölker, wenn sie auch bestimmte technologische Grenzen nicht überwinden kann, vom allgemeinen Systematischen her schon ein vollständiges soziales Mittel, da die Raumordnung und die landschaftlichen Merkmale, in einem bestimmten historischen Kontext, das Unterscheiden einer Gruppe von benachbarten Gruppen ermöglichen. Der mythische Komplex unterstreicht noch diese Originalität durch die Semantisierung der landschaftlichen Elemente. Da die Architektur, wie ephemer sie auch sei, den Zweck hat, die Beziehungen zwischen Gruppe und Territorium zu klären und zu erhalten, findet sie im Dienste der bestehenden sozialen Institutionen ihren präzisen Platz.

Wir haben gesehen, wie bei den Völkern, deren vorherrschende Produktionsart Jagd und Sammeln ist, die Architektur nicht vom Territorium getrennt werden kann. Für die Vieh züchtenden Nomadenvölker dagegen ist das transportable Haus das wichtigste der Geräte; es enthält alle persönlichen Güter. Beim

Vorherrschen der Landwirtschaft übt der Faktor Grundeigentum einen deutlichen Einfluß auf den kollektiven wie familiären Gebäudebau aus. Das Territorium gliedert sich in zwei Teile, in die Wildnis und die bebauten Felder. Die letzteren bilden die ökonomische, juridische und symbolische Grundlage, auf der sich die Entwicklung des Hauses, des Dorfes, letztlich einer dauerhaften ›künstlichen‹ Welt aufbaut, die zur Erhaltung eines bestimmten sozial-ökonomischen Status geeignet ist. Von Vorläufigkeit und Transportfähigkeit nicht mehr abhängig, entwickelt sich der Bau der Wohnstätte und der Gemeinschaftsgebäude in um so komplexeren und dauerhafteren Formen, je mehr die bestimmenden Faktoren des Grundeigentums und der sozialen Schichtung akzentuiert sind: er wird zur Institution.

Die Produktionsweise wirkt also nicht unmittelbar auf die Architektur ein, sondern durch die Auswirkungen und Beschränkungen, die sie auf das Grundeigentum und die innere Rangordnung der Gesellschaft ausübt. Wir finden so Gemeinschaften, deren vorwiegende Produktionsweise der *Fischfang* ist, wo die reichlichen Überschüsse und die fast vollkommene Wohnsitzstabilisierung, zusammen mit einer ausgeprägten Vorherrschaft des familiären Grundeigentums gegenüber den dem Stamm oder dem Klan gehörenden Gütern, eine Entwicklung des Handwerks und der Bauten begünstigt haben, die jener der landwirtschaftlichen Gemeinschaften völlig ähnelt. Der Faktor ›Wettbewerb‹ vereinigt im Grunde Privateigentum und soziale Unterschiede. Wenn die Bremsmechanismen der Familienmacht die Tendenz zur Bildung innerer Ungleichheiten nicht mehr aufzuhalten vermögen, so kann man von einer Klassenarchitektur sprechen, die mehr oder weniger deutlich eine vergleichsweise als ›volkstümlich‹ definierbare Architektur ›überlagert‹.

Die Verflechtung der kulturellen Beeinflussungen und der geschichtlichen Bewegungen, die in weiten geographischen Gebieten aufeinanderfolgten, ist für die vorlandwirtschaftlichen Phasen von einer wissenschaftlichen Rekonstruktion, auch nur in groben Umrissen, weit entfernt. Auch für jüngere Perioden ist die Geschichte der einzelnen Völker nur annähernd rekonstruierbar, vor allem auf der Grundlage der mündlichen Überlieferung und der eindeutigen materiellen Elemente, deren Verbreitung in Raum und Zeit zu bestimmen gelang. Doch die kulturellen Strömungen sind auch in begrenzten Gebieten so unterschiedlich und komplex, daß viele der grundlegenden Beziehungen zwischen Völkern, ob sie nun angrenzend sind oder nicht, was die Architektur anbelangt, nicht einfach zu klären sein werden. Es ist klar, daß der unverzichtbaren Notwendigkeit einzelner, den ethnisch-kulturellen Bereichen zugewandter ›Ar-

Versammlungs-Wetterdächer der Dörfer Nordafrikas (Abb. 32–34):
32. Senoufo, Korhogo (Elfenbeinküste).

chitekturgeschichten‹ nicht in kurzer Zeit entsprochen werden kann. Das schließt mit ein, daß beim größten Teil der Fälle die Herkunft eines ›Typus‹, eines technischen Details oder einer symbolischen Auffassung, eines bestimmten kulturellen Berührungspunktes nicht dokumentierbar ist. Einfacher sind die allgemeinen Zusammenhänge zwischen Nutzungstypologien des Territoriums, Siedlungsordnung und Bauarten zu erkennen. Diese Zusammenhänge entsprechen historisch-mythischen Rationalisierungsmodellen der Evolution der Gruppe und ihrer sozialen Ordnung, Modelle, die, so unterschiedlich sie auch sind, in Teile zerlegbar sind und daher Teilbereiche der gegenseitigen Kontakte betreffen. Diese Analogien sind nicht, wie der Strukturalismus möchte, auf universelle Konstanten des menschlichen Geistes zurückzuführen, sondern eher auf die strukturelle und überstrukturelle Komplexität der Gemeinschaften selbst, deren Wurzel in historischen Begebenheiten liegt, die Beeinflussungen durch genau bestimmbare Elemente bewirkt haben. So können durch die Verbindung zwischen Architektur und Gesellschaft auch die ursprünglichsten lokalen Entwicklungen als Akzentuierungen von auch in anderen kulturellen Kontexten[21] in Ausmaß und Art unterschiedlich vorhandenen Merkmalen verstanden werden. Nicht nur die Form und Funktion sind daher wesentlich, sondern auch die Bedeutung, die zweckdienliche Rolle, die ein Element als Verherrlichungsmittel einer bestimmten Charakteristik der Gesellschaft annimmt.

Was erbaut wird, ist nur ein kleiner Teil des von einer bestimmten Gesellschaft ausgearbeiteten, potentiell architektonischen Verbindungssystems; die Wahl ist zugleich reduktiv und abgrenzend. Der schlagendste Beweis liegt in der Pluralität der Bedeutungen, die ein architektonisches Ganzes oder Detail, nicht nur für verschiedene Völker, sondern auch innerhalb derselben Gruppe[22], annehmen kann. Unterschiedliche Auslegungen spiegeln oft verschiedene Aspekte eines Gesamtzusammenhangs zwischen Architektur und Gesellschaft wider, den jedwedes Gebäude nur andeuten, jedoch sicherlich niemals erschöpfen kann. Das Übermaß an Bedeutungen ist oft auf eine unterschiedliche Interpretation desselben Raumobjekts durch die verschiedenen Untergruppen oder durch die verschiedenen Klassen zurückzuführen.

Zwei bedeutsame Aspekte des Verhältnisses Architektur–Ausdrucksmittel ergeben sich aus seinem Fachkontext: auf der einen Seite das räumliche Ausdrucksmittel, das an die territoriale Anordnung, an das gegenseitige Verhältnis, das Ausmaß, an die Ausrichtung und an die Verwendung des Gebäudes gebunden ist; auf der anderen das künstlerische Ausdrucksmittel, das sich

34. Oase Siwa, ein khoss (Westägypten).

Der Tonnentypus und die Rangabzeichen (Hörner) in Indien (Abb. 35–38):
35. Toda (Dekkan).
36. Naga-Mao (Assam).

vor allem in der auf die Architektur angewandten Dekoration ausdrückt. Es handelt sich natürlich um die zwei Extreme einer Haltung, die immer und schon ihrer Bestimmung nach alles die Architektur Betreffende global erläutert. Sie beantwortet das Problem, wie die vom Menschen verfertigten Manufakturen im Raum angeordnet, und wie der Raum von diesen erfüllt werden muß. Das Ausdrucksmittel der Architektur wechselt mit der Geschichte, doch scheint es in den primitiven Gemeinschaften gegenüber der mythischen Gesamtauslegung der Gesellschaft nicht autonom (in den Gliederungen, Techniken und Materialien) zu sein; mit anderen Worten ist der Gegenstand, wie wir schon hervorgehoben haben, immer der soziale Kontext, während die Art, das dekorative Detail, ›Materialien‹ sind, die nur für eine Evolutionsstatistik der Technologien[23] verwendbar sind. So muß die architektonische Sprache Teil der Gesamtausdrucksmittel sein, will sie ihren historischen Sinn nicht verlieren. Die ständig zwischen Architektur, menschlichem Körper und natürlicher Umwelt bestehenden Übereinstimmungen gewährleisten die Semantik des Ganzen und der Teile; gleichzeitig tragen sie dazu bei, historische Interpretationen der Wandlungen und Akzentuierungen gewisser Aspekte zu geben. In diesem Sinne will man, wenn die plastische und malerische Dekoration am Bauwerk angewandt wird, die schon auf der Ebene der Gegenstände erprobten ›künstlerischen‹ Motive auf architektonische Dimension übertragend, den Bau tatsächlich mit einer weiteren Ausdrucks- und Erläuterungskraft ausstatten, damit die Verbindung mit dem mythologischen Überbau in ihrer ganzen Tragweite aufscheint.

Wenig Raum verbleibt bei der primitiven Architektur der persönlichen ›unverbindlichen‹ Interpretation, der künstlerischen Bedeutung ›an sich‹; im Gegenteil, könnte und wollte man die aus den verschiedenen Interpretationen hervorgehenden Verbindungen wirklich analysieren, so würden deren historisch unterschiedliche Wurzeln offenkundig werden[24].

Wenn es auch nicht immer beweisbar ist, so hat doch alles seinen Sinn und Zusammenhang. Das bedeutet jedoch nicht, daß alles in ein statisches System einzugliedern ist, da gerade die ›abweichenden‹, nicht in die offizielle Interpretationsweise einfügbaren Bedeutungen als Symptome eines vergangenen Erbes einer inneren Unterschiedlichkeit oder eines dynamischen Verhältnisses zu einer ›äußeren‹ Gruppe aufzufassen sind. Die Ausdrucksweise der primitiven Architektur ist daher im wesentlichen kollektiver Natur; auch wenn der individuellen und familiären Initiative Raum belassen wird, hat sie keinen Sinn, wenn dieser nicht allen verständlich ist, d. h. wenn nicht auch sie als Mittel in ein Gesamtfeld, in dem sich die Kultur widerspiegelt, einzugliedern ist.

Alles in allem gibt es im weitesten Sinn keine Architektur ohne unüberschreitbare Bau- und Deutungsregeln, die sich im Lauf der Geschichte eines jeden Volkes durch mehr oder weniger komplexe Übereinstimmung und Überlagerung von Elementen herausgebildet haben. Es sind die Verbindungen zwischen verschiedenen Elementen, die Ähnlichkeiten, die auf dem Gebiet der kollektiven und individuellen Ausdrucksweise eine immer auf eine globale Deutung der Welt ausgerichtete Haltung verraten. Wenn die primitive Architektur sozialen Notwendigkeiten entsprechen muß, so ist sie ein den symbolischen und kosmischen Interpretationen offenes Feld; ja, dem oben Angeführten gemäß, befindet sie sich inmitten der geordneten Zusammenhänge, die zwischen den verschiedenen Bereichen der physischen Umgebung und des sozialen Gefüges bestehen. Der Hauptkanal, der die Architektur und die Gesellschaft verbindet, ist, vom semantischen Blickpunkt aus, die Bindung an die als Mythos erlebte ›Geschichte‹ und ›Wissenschaft‹. Die Bautätigkeit selbst ist immer auf ein göttliches Modell zurückgeführt, das es getreu nachzuahmen gilt und das Teil der Gesamtheit der von den Baugeistern (oder den Ahnen) ein für allemal erfundenen Bezugsmodelle ist. Nur dieser Gesichtspunkt erklärt völlig, weshalb man von einer Architektur des Territoriums sprechen kann, auch wenn die physischen Umgestaltungen der Umwelt (und der Bau der Wohnstätte) fast unbedeutend erscheinen.

Einmal zugegeben, daß es möglich ist, durch die Ursprungsmythen der Anwesenheit einer Gruppe in einem bestimmten Gebiet Gewicht und Bedeutung (historisch-existentielle Rechtfertigung, Verhältnis zu den Nachbarn und den natürlichen Reichtümern, Beziehungen unter den Klanen usw.) zu verleihen, so ist das Leben der Gruppe von der genauen Wiederholung der ursprünglichen kreativen Akte bestimmt. Nur scheinbar handelt es sich um eine ausschließlich mythische Dimension. Tatsächlich sind es jedoch gerade die Erfordernisse der Ernährung und des Zusammenlebens, die die Architektur des Territoriums notwendig machen, um periodisch die Pfade, Wasserlöcher, die wildreichen Gebiete wiederfinden zu können, und um Grenzüberschreitungen und Streitigkeiten mit anderen Gruppen zu vermeiden. In diesem Falle erhält der Mythos einen eminent mnemonischen Wert, der nicht nur dazu dient, die Welterschaffungsriten und die Versöhnung mit den Lebensmächten in genauer Formulierung in Erinnerung zu behalten, sondern auch die jahreszeitlichen Treffpunkte und die Techniken der

Jagd, der territorialen Orientierung, der Umgestaltungsarbeiten. Das Wiedererschaffen der Landschaft umfaßt also durch die Vermittlung des Mythos eine globale architektonische Tätigkeit, die alle Aspekte der physischen Realität betrifft, die in unterschiedlicher Weise bei allen als primitiv definierbaren Gemeinschaften verbleibt, da sie die Möglichkeit eines aktiven Einwirkens (als Gruppe) auf ein bestimmtes Territorium sichert. Jede auch noch so geringfügige Handlung neigt also dazu, sich in ein zu stabilisierendes System einzugliedern, und jeder landschaftliche Umgestaltungseingriff muß Teil eines bedeutsamen

Der Anthropomorphismus (Abb. 39–44):

39. *Oase Gafsa (Tunesien): der Komplex der Quellen (von 1 bis 11 kleine Ziffern) wird mit dem weiblichen Wesen Mnaga gleichgesetzt (von 1 bis 9 große Ziffern).*

1 Kopf, 2 Brust, 3 Bauch, 4 rechte Hand, 5 linke Hand, 6 rechter Schenkel, 7 linker Schenkel, 8 rechtes Bein, 9 linkes Bein.

40. *Fali, territoriale Organisation und Beziehung zwischen den vier Hauptgruppen (Kamerun).*

1 Bossoúm (Arme), 2 Kangoū (Kopf), 3 Tinguelin (Leib), 4 Bori-Peské (Beine).

41. *Fali, Getreidespeicher* ma *(Kamerun).*

1 Kopf, 2 Hals, 3 Arme, 4 Leib, 5 Füße.

42. *Fali, zentraler Platz der Einfriedung (in Schwarz die Stützpfähle) (Kamerun).*

1 Kopf (oder Geschlecht), 2 Rücken, 3 rechter Arm, 4 linker Arm, 5 rechter Schenkel, 6 linker Schenkel, 7 rechtes Bein. Das linke Bein ist nicht dargestellt.

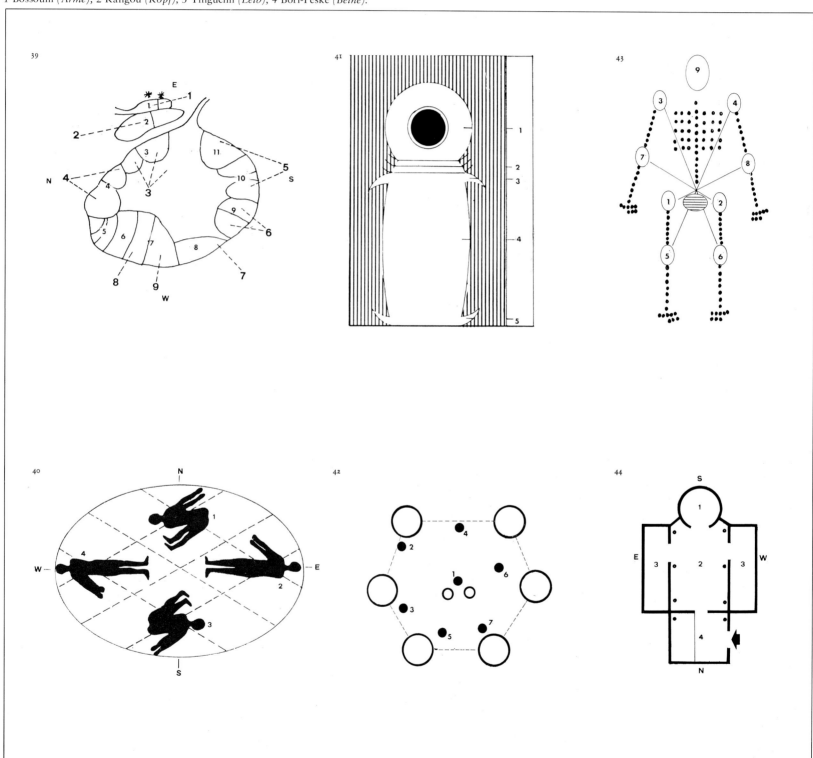

◁ 43. *Dogon, Organisationsprinzip der Gesellschaft mit ›Gliederungen‹ (1–8) und ›Verbindungssteinen‹ (Mali).*
1–4 die vier männlichen Urahnen (Becken und Schultern), 5–8 die vier weiblichen Urahnen (Knie mit Ellbogen), 9 Territorialordnung.

◁ 44. *Dogon, Planimetrie des Hauses von Ibi Ammin (Mali).*
1 Küche (Kopf), 2 Haupt (Leib), 3 Vorratskammern (Gliedmaßen), 4 Eingang (Geschlecht).

45. *Tor des Dorfes Bamako (Mali).*

Ganzen sein. Auch in diesem Fall lehnen wir es ab, die mythischen Modelle als nicht historischen Ausdruck der Menschheit zu beurteilen; sie sind bestimmten historisch-kulturellen Gefügen entsprechende Komplexe und haben eine ständig wechselnde Funktion; sie sind die Kontexte, zu denen die einzelnen Ausdrucksformen und Interpretationen der Architektur gehören. Die verschiedenen Schichtungen berücksichtigen die generalisierbare Aufeinanderfolge, die vom Territorium (Jagd, Sammeln) zur Wohnstätte (Ackerbau) reicht; jedoch beachtend, daß es sich immer um Interessengrade innerhalb allgemeiner Synthesen handelt.

Wir haben an anderer Stelle versucht, die wichtigsten Punkte der symbolischen Interpretation der Architektur in bezug auf anthropomorphe und zoomorphe Modelle und ihre soziale Verwendung[25] zu rekonstruieren. Die symbolische Akzentuierung des Territoriums, des Dorfes oder der Wohnstätte entspricht nicht nur einzelnen Entwicklungen einer allgemeinen historischen Schichtung (Sammeln, Jagd, Ackerbau), sondern auch jener spezifischen Vertiefung der auch in anderen Kontexten vorhandenen Themen, sie stellt also die Grundlage der historischen Differenzierung der Ausdrucksmittel der Architektur dar. Mit anderen Worten, wenn die wesentlichen (die einfachsten und die allgemeinsten) Elemente ein sehr weit verbreitetes und als Substrat in den folgenden Entwicklungen verbliebenes Gut sind, so zeigen die spezifischen, jüngere und zeitlich begrenzte kulturelle Strömungen betreffenden Interpretationen ungleiche Ausarbeitungen einer ›Matrize‹ auf, die immer mehr spezifisch als Mittel bestimmter sozialer Beziehungen verwendet wird.

Bei den Jägern und Sammlern kann das Territorium oder ein Teil davon durch die Figur des Schöpferhelden oder Ahnen ›ersetzt‹ werden, die die Möglichkeit, darin einen menschlichen Sinn zu erkennen, verbürgt. Manchmal ist es der kosmische Schöpfer, der zugleich Himmel und Erde verbindet; die Teile eines Körpers werden den wichtigsten Landschaftspunkten (Hügel, Flüsse, Felsen, usw.) gleichgesetzt, die somit aufeinander ›menschlich‹ einwirken.

Das *anthropomorphe Territorium* ist eine symbolische Konstruktion des Stammes, der Gruppe oder des Klans; es stellt also ein soziales Ganzes in der Form des Ahnenkörpers dar. Ein Archipel kann daher das Gliedergefüge sein, in das sich der Körper des Ur-Riesen aufteilte, was ein scheinbar zufälliges Nachbarschaftsverhältnis im Bereich einer höchst bedeutsamen ›Einheitlichkeit‹ rechtfertigt. Diese Auffassungen verbleiben als kulturelles Substrat (und zum Teil als Überbleibsel der vergangenen produktiven und sozialen Modelle) in den Ackerbaugesellschaften, sei es als harmonische Erklärung des Verhältnisses zwischen dem menschlichen (bebauten und bewohnten) Raum und dem der Natur, wie als innerste Wechselbeziehung zwischen den Gliedern der Bauten. Dem Territorium des Klans entspricht das *Haus des Klans* (Langhaus), dessen Gesamtbild oft jenem des menschlichen Körpers gleichgesetzt wird: ein künstlicher Körper und daher immer mehr Abbild der Gesellschaft und seiner Umwelt[26].

Das *Familienhaus*, als Sitz des fruchtbaren Paares, kann sich in zwei komplementäre Teile, einen männlichen und einen weiblichen, gliedern und der menschlichen Figur oder einem zoomorphen Modell angeglichen werden; es ist der Ort der Übereinstimmung der Gegensätze, der komplementären Kräfte (Him-

mel–Erde, Mann–Frau usw.). Die innere Hierarchie von Gesellschaft und Paar drückt sich durch den Vorzug aus, der dem Koordinierungs- oder Befehlselement (Kopf) im Vergleich zu den übrigen Gliedern zuerkannt wird; und dies auf der Ebene des Hauses wie in der Anlage des Dorfes und auch bei der Anordnung des Territoriums. Diese symbolische Rangordnung spiegelt immer eine reale ökonomisch-politische Hierarchie wider und rechtfertigt diese; das ›Haupt‹ wird so durch das Familienoberhaupt, das Haus der herrschenden Sippe, den Sitz der anerkannten Macht, dargestellt. Aus dieser Sicht erscheint der anthropomorphe Mythos des Territoriums und des Hauses immer mehr den Zielen der sozialen Ordnung unterworfen, die die erreichten Privilegien einer Familie oder Klasse erhalten soll, bis er, mit der Gründung von Königshöfen, in den Verfügungsbereich der Würdenträger um den König übergeht.

Doch wenn im großen und ganzen der Leitfaden auch einheitlich ist, so sind die Varianten des Modells, das, da immer spezifisch feststellbar, nichts Archetypisches an sich hat, sehr zahlreich. Einzelne Körperteile fehlen, oder sind in der Figur vorherrschend, die dazu benutzt wird, das Bauwerk bedeutsam zu machen; es wechselt die Lage des Körpers, der Aufteilungsmechanismus usw., so daß man sagen kann, daß einer allgemeinen Interpretationsnotwendigkeit eine Anzahl von ›Anthropomorphismen‹ und ›Zoomorphismen‹ entgegensteht, die so groß ist, wie die Kulturen zahlreich sind.

Schließlich ist die ökonomisch-politische Antriebsfeder dieser Interpretationen in jener Abbildung der Autorität als Person zu suchen, die an der Basis des Koagulationsprozesses des ökonomischen Überflusses rund um die Macht- und Prestigezentren ist: ob sie nun vom ›Stammes-Wesen‹ (oder besser der Figur des Klans) oder von der despotischen Figur des Königs dargestellt wird, Symbol jener ›Einheit‹, in deren Namen die wichtigsten kollektiven Arbeiten durchgeführt werden.

Wenn auch keine objektiven und eindeutigen Grenzen zwischen als ›primitiv‹[27] und ›volkstümlich‹[28] definierbaren Kulturen und Architekturen bestehen, so war das Problem doch Anlaß für zahlreiche Diskussionen, da es, auch nach unserer Ansicht, einige wesentliche Punkte berührt. Die am häufigsten verwendeten Begriffe primitiv, ländlich, volkstümlich sind nicht gleichbedeutend. Der erste bezieht sich auf verschiedene, technologisch im Vergleich zu den westlichen Staaten und den großen östlichen Zivilisationen rückständige Kulturen; der zweite Begriff umfaßt gewöhnlich die gesamte als ›nicht gebildet‹ definierte Architektur in ihren regionalen Varianten; der dritte die Architektur der untersten sozialen Schichten innerhalb eines Systems.

Es ist ganz klar, daß, je nach dem betrachteten Kontext, eine bestimmte Tradition mehr oder weniger willkürlich der einen oder anderen Kategorie zugeordnet werden kann. Dennoch scheint es uns von Nutzen, dem Begriff ländlich seine unbestimmte Bedeutung zu belassen, in der er gewöhnlich gebraucht wird, die Unterschiede zwischen primitiv und volkstümlich zu vertiefen, auch um zu klären, in welchem Sinne hier der erste Begriff verwendet wird. Wir erinnern daran, daß die Architektur,

wie wir oben festgestellt haben, eine Gesamtheit an Eingriffen und Kenntnissen umfaßt, die sich keinesfalls auf die einzelnen Bauten beschränken kann. Wir können daher als primitive Architektur den Ausdruck der räumlichen Aktivitäten einer vorstaatlichen Gesellschaft definieren, die ein bestimmtes Territorium besiedelt und sich einen hohen Grad an ökonomisch-politischer Unabhängigkeit, verglichen mit den anderen mit ihr in Berührung stehenden Gesellschaften, beibehält; als volkstümliche Architektur hingegen den Ausdruck der räumlichen Aktivitäten einer Gruppe, die ein Territorium in ökonomisch-politischer Abhängigkeit gegenüber einem sie beherrschenden staatlichen Komplex bewohnt oder im Bereich einer ungleichen Verteilung der Produktionsmittel innerhalb eines größeren Territoriums[29].

Aus dieser Definition geht hervor, daß bei der primitiven Architektur nicht nur der überwiegende Teil der sie bildenden Elemente historisch gesehen in einem originalen und verhältnismäßig selbstgenügenden Kontext assimiliert wurde, sondern daß auch dieser Kontext in seiner vollständigen Bedeutung wahrnehmbar ist (da er, wenn nicht ›wiedererfunden‹, so doch wenigstens ständig ›neuerlebt‹ wird), ohne auf einschränkende Außenpole Bezug zu nehmen; aus historischer Sicht sind Gesellschaft und Architektur ›gleichzeitige‹, sich in enger Berührung entwickelnde und wandelnde Phänomene. Bei der volkstümlichen Architektur hingegen wird die Abhängigkeit einer Gesellschaft gegenüber einer anderen ausgedrückt, im Sinne, daß erstere nur als Vermittlung zwischen einer verwaltungsmäßig halbautonomen Gemeinschaft und einem oft sehr entfernten, politisch-ökonomischen Verbreitungszentrum verstanden werden kann; in ihr finden sich daher primitive, oft technisch unveränderte Bautypologien wie mehr oder weniger erzwungen eingeführte Typologien, zusammen mit vom Verhältnis zum herrschenden Staat auferlegten Dekorationsdetails und Techniken.

Diese Unterscheidung kann noch genauer präzisiert werden, indem man sich das ›Weltsystem‹, auf das sich eine bestimmte Gruppe bezieht, vor Augen hält: es wird so eine Übereinstimmung zwischen der großen animistischen Grundlage und der primitiven Architektur ersichtlich, während die volkstümliche Architektur dem Beeinflussungsgebiet zwischen der ersten und den großen politisch-religiösen Gruppierungen entspricht. Aus diesem Grunde interessiert es uns nicht so sehr, in der volkstümlichen Architektur den (vermeintlich) ›authentischen‹ oder (vermeintlich) ›naiven‹ Gebrauch der Materialien wiederzufinden, sondern eine präzise Verbindung Architektur–Gesellschaft, die entstellt als historisch ›primitives‹ Erbe überlebt.

50. Tshokive, zum Museum von Dundo gehöriges Dorf; rechts
das Männerhaus (tshota) (Angola).

Aus diesen Ausführungen geht hervor, daß die volkstümliche Architektur aus historischer Sicht in einem Berührungsfeld zwischen den historisch am besten dokumentierten Kulturen und jenen liegt, für die nur die äußeren Zeugnisse, die mündliche Überlieferung und die archäologische Forschung bestehen. Sie ist das Ergebnis der Unterordnung eines bestimmten Volkes unter ein größeres politisch-ökonomisches Gebiet, mit darauffolgendem Verlust (oder Latent-Verbleiben) der ihm eigenen primitiven Merkmale.

Eine solche Definition hat, nicht die äußeren Aspekte, sondern die sie erzeugende ökonomisch-politische Struktur unterstreichend, den Vorteil, das alte Mißverstehen des ›Primitiven‹, das als niedere kulturelle Stufe, als ›überwundene‹ Periode der fortgeschrittensten Gesellschaften angesehen wird, auszuräumen. Dieses erweist sich hingegen als komplexe und sich selbstgenügende historische Situation, bei der die deutlichsten einigenden Phänomene, wie der Territorialstaat, die Schrift, die wirtschaftliche und industrielle Entwicklung, die Stadt, als fast nicht vorhanden angesehen werden; oder in der, wenn auch einige dieser Faktoren vorkommen, diese nicht passiv als von außen auferlegt erlebt werden, sondern als unabhängige Entwicklung.

Die zukünftige Ausweitung der Forschung über die primitive Architektur kann sich also auf zwei unverzichtbare Leitmotive gründen: eine historische Gesamtperspektive[30], die Mittel und Argumente genau überprüfen muß, um einen Rückfall in deterministische oder idealistische Stereotypen zu vermeiden und um die Einheit zwischen Architektur und sozial-politischem Kontext nicht aus den Augen zu verlieren; eine detaillierte und erschöpfende Analyse auf diesem Gebiet, die Zeugnis gibt von der Architektur jeder feststellbaren lokalen Gruppe als Gegenstand einer bestimmten Theorie und Technologie.

Bei der Auswahl und Darlegung der bedeutsamsten historisch-kulturellen Kontexte war es unser Bestreben, die Leitfäden, die wir für jede allgemeine oder detaillierte Untersuchung als methodologisch gültig erachten, hervorzuheben; die Architektur des Territoriums, die Beziehung zwischen Grundeigentum und Architektur, das Sich-zunutze-Machen der Tradition in ihren künstlerischen und symbolischen Aspekten von seiten der Gruppen, die für deren Erhaltung und Erneuerung eintreten.

Die bei der Ausarbeitung des Textes, des Anhangs, der Bibliographie und bei der Auswahl des Fotomaterials befolgten Kriterien bedürfen einer kurzen Erläuterung. Wir haben bewußt auf eine geographische oder gebietsmäßige Behandlung wie auf eine nicht mögliche Gesamtsynthese der Hunderte von ›Architekturgeschichten‹ verzichtet, von denen jede potentiell einer spezifi-

schen Untersuchung wert wäre; noch eindeutiger haben wir uns der mißbräuchlichen typologischen Klassifizierung enthalten.

Die summarischen Beschreibungen der im Gebiet bestimmter ethnisch-linguistischer Gruppen vorherrschenden Typologien sind im Anhang aufgeführt, dessen Stichworte nach der gegenseitigen Nähe der einzelnen Gruppen innerhalb weiträumiger geographischer Zonen angeordnet sind. Die Bibliographie, die selbstverständlich keinen Anspruch auf Vollständigkeit erhebt, legt ihr Schwergewicht auf Probleme und Gebiete, die uns für eine künftige historisch ausgerichtete Untersuchung am bedeutsamsten erschienen: der Zusammenhang zwischen archäologischer Untersuchung und anthropologischer Praxis, zwischen Wirtschaft, Gesellschaft, Umwelt und Architektur; die Gebiete, wo sich aus historisch-umweltbedingten Gegebenheiten in relativ jüngerer Zeit stärker eine Konstellation von politisch-wirtschaftlichen Einheiten, die durch ganz bestimmte kulturelle Bindungen vereint sind (z. B. Polynesien), entfaltet hat, oder wo die Entstehung von Stadt-Staaten aus einem vorher bestehenden Gefüge von Ackerbau-Gemeinschaften (z. B. Westafrika) offensichtlicher und rascher vor sich ging. Bei der Auswahl der Abbildungen wurde an die Notwendigkeit gedacht, die Dokumentation nicht allzusehr in einzelne Bilder aufzusplittern; es wurde versucht, die Vielfalt, das Verhältnis zwischen Mensch und Bauwerk, zwischen Dekoration und Architektur, zwischen Siedlung, Wohnstätte und ›speziellen‹ Architekturen, zwischen Technologie und Herstellung der Manufakturen zu belegen.

Dem Aufbau der vier Kapitel und ihrer Reihenfolge liegt eine historische Perspektive zugrunde: eine natürlich nicht absolute, sondern relative Perspektive, die soweit wie möglich an die allgemeine Problematik und die großen Etappen der ökonomischen Entwicklung und der sozialen Struktur gebunden ist. Das *erste Kapitel*, das keine geographischen Grenzen hat, will den Zusammenhang zwischen architektonischer Aktivität und Territorium, bei fehlender definitiver Wohnsitzstabilisierung, hervorheben; das *zweite*, das von Völkern Amerikas, Südostasiens und Melanesiens handelt, betrifft im wesentlichen das Verhältnis zwischen Ackerbau, Haus und Dorf; im *dritten Kapitel*, das auf Polynesien und die Indianer des Nordwestens Amerikas beschränkt ist, wird die Beziehung zwischen sozialer Schichtung, Prestige und Entwicklung der Bau- und Dekorationstechniken aufgezeigt; das *vierte* versucht am Beispiel eines auf Westafrika beschränkten Gebiets, den Übergang und den Kontrast zwischen Dorf und Stadt durch das Ermitteln der politisch-sozialen Kontrollmittel zu erfassen, die im höchsten Maße auch die architektonische Tätigkeit mit einschließen.

DER JAGDTRUPP UND DAS LAGER

Die Architektur der zu einem ständigen Nomadentum innerhalb
eines bestimmten Gebiets genötigten Jäger- und Sammlervölker
kann sich nicht in dauerhaften Bauten ausdrücken. Das Eigentum des Individuums und der Gruppe beschränkt sich auf die
zum Überleben notwendigen Gegenstände (vor allem Waffen,
Behälter und Geräte). Der Wohnsitz hat provisorischen Charakter und dient oft mehr als Windschirm für das Feuer denn
als tatsächlicher Wetterschutz. Die Windschirme, kleine täglich
neu errichtete Hütten, werden am Ort belassen ohne Wieder-
verwendungsmöglichkeit des Materials; doch die als Lagerplatz
gewählten Orte fügen sich in ein ausgewogenes Verhältnis zwischen Gruppe und natürlichen Reichtümern ein.

Wenn auch das Nomadentum die Entwicklung dauerhafter
Strukturen verhindert, so liegen die Zusammenhänge zwischen
ökonomischer Aktivität, sozialer Kohäsion und Umgestaltung
des Landschaftsbereichs schon auf einer streng programmati-
schen Ebene: alles dient dazu, den Wohnbereich nicht nur pro-
duktiv, sondern auch bedeutsam zu gestalten. Das Privateigentum wird über jene einzelnen natürlichen Elemente (Bienen-
stöcke, Termitenhügel, Fruchtbäume usw.) zuerkannt, die dazu
geeignet sind, unter den Kleinfamiliengruppen aufgeteilt zu werden, während der Besitz des Territoriums als Ganzes gemein-
schaftlich als Eigentum der Gruppe, des Klans, des Stammes
verteidigt wird. Jedenfalls ist jede Tätigkeit in einen Gesamtkontext mythischer Interpretationen eingegliedert, die dazu beitragen, das besondere Gleichgewicht zu erhalten, das jede
Gruppe in ihrem Innern zwischen der eigenen kulturellen Gesamtheit, den benachbarten Gruppen und dem eigenen Territorium festgelegt hat; darauf richtet sich die größte Aufmerksamkeit, da es die Nahrungsgrundlage und den Hintergrund
der sozialen Aktivitäten darstellt. Die Architektur ist vor allem
Interpretation und Vermenschlichung des Territoriums durch
die kohärente Vermehrung der Beziehungen zwischen menschlichem Bereich, den Tier- und Pflanzenarten und den Besonderheiten der Umwelt.

Die Pygmäen

Die in Waldgebieten lebenden, einige Dutzend Personen umfassenden Jagd- und Sammlertrupps der *Mbuti-Pygmäen*[1] bestehen aus nicht durch Blutsbande miteinander verbundene Individuen. Der Trupp wechselt ständig seine Mitglieder, und selbst
die Häuptlingsfunktion ist auf den Augenblick der Organisie-
rung der kollektiven Jagdzüge beschränkt. Die Lageranlage spiegelt daher weder ein hierarchisches Kriterium noch eine be-

*51. Provisorischer Unterstand aus Ästen und Pandangblättern.
Kunggava Bay, Insel Rennel, Salomoninseln (Melanesien).
52. Purì, Windschirm mit Hängematte (Ostbrasilien).*

◁ 53. *Wohnstätte aus Pfahlgerüst mit Fellverkleidung. Rio Santa Cruz, Patagonien (Argentinien).*
54. *Andamanesen, Wetterdach-Sonnenschutz. Andamanen-Inseln (Südostasien).*

55. *Yahgan (Yamana), Gerüst einer Kegelhütte. Insel Navarino (Chile).*
56. *Alakaluf, zwei Bauphasen des Gerüsts der aus zwei separaten Kugelvierteln bestehenden Kuppelhütte aus gebogenen Ästen. Magellan-Archipel (Chile).*
57. *Alakaluf, Bau einer Kuppelhütte. Magellan-Archipel (Chile).*

58, 59. *Nakua (Nyangatom), kuppelförmige, aus einem Kugelviertel bestehende Wohnstätten aus Ästen und Gräsern, teilweise von Ästen gestützt, die von einem großen Baum abgeschnitten wurden (Äthiopien).*

stimmte Verwandtschaftsstruktur wider, sondern eher einen bestimmten Moment des sozialen Bezugssystems zwischen den verschiedenen Familien, die es bilden (Abb. 60). Als allgemeines Konzept gilt, das Lager unfern eines Wasserlaufs auf einer Lichtung zu errichten, deren Mitte frei bleibt und den repräsentativen Funktionen der gesamten Gruppe dient. Dieser zentrale freie Platz verleiht der Lageranlage eine, wenn auch unregelmäßige, ringförmige Struktur. Er entspricht, außer einem ›gleichheitlichen‹ Kriterium (da keine Hütte in privilegierter Position das Zentrum einnimmt), einer menschlichen und sozialen Qualifikation, die im Urwald das vegetationsfreie Gelände ist, dessen Zentrum gerade vom freien Raum gebildet wird.

Der freigelassene Platz ist mit so dichten Bezugsfunktionen beladen, daß er eine unmittelbare und kodifizierte Verkettung der Übereinstimmung zwischen sozialen Beziehungen und Raum nahelegt; er ist an das Wort gebunden, da der im Zentrum Sprechende von allen gehört wird, sich nicht in dem vor seiner Hütte liegenden Raum, sondern in jenem, der die Gruppe als solche definiert, befindet und im Namen der Gruppe spricht. Das ist jedoch nicht so sehr ein Zeichen der (übrigens bestehenden) Gleichheit unter den Kleinfamilien, sondern des Vorherrschens – in einer sich ständig wandelnden Gesellschaft, in der die Jagd- und Sammlertätigkeit selbst die Trupps ständig bildet und auflöst – der Sprach- und Gestenmitteilung im Vergleich zum Bau eines festen Bezugssystems. Eine soziale Bedeutung wird der Öffnungsausrichtung der (von den Frauen erbauten und abgeänderten) kleinen Hütte zuerkannt; sie richtet sich wie ein Mund zu den befreundeten Familiengruppen und bildet so im wesentlichen eine Person nach, die den fremden und feindlichen Individuen den Rücken kehrt und sich in Richtung der Gesprächspartner öffnet.

Dieselbe expressive Sensibilität, nach der die Anordnung der halbkugelförmigen Unterstände, die Ausrichtung der Öffnung und die ständigen Umänderungen, in räumlicher Form soziale Haltungen und Verwandtschaftsbande ausdrücken, wird in der ›Fusion‹ und im Annähern einzelner Zellen erreicht, wie es für die Netzjägergruppen des zentralen Ituri dokumentiert ist[2]. Durch die Anhäufungsbeispiele wird die Verbindung zwischen Individuum und der Zweigumhüllung deutlich, die dessen sozialen Status und familiäre Stellung aufzeigt.

Die Semang

Die wichtigste Nahrungsgrundlage der *Semang* ist das Sammeln von Früchten und eßbaren Pflanzen in einem Waldgebiet, in dem nur ausnahmsweise auch Jagd und Fischfang betrieben wird[3]. Jede Gruppe, die höchstens zwanzig, dreißig miteinander verwandte Personen umfaßt, lebt in ständigem Nomadentum mit höchstens einen Tag dauernden Aufenthalten, ohne jedoch große Entfernungen zurückzulegen. Das Territorium der Gruppe ist nur teilweise festgelegt; seine Definierung erfolgt nur im Hinblick auf die für den Unterhalt wichtigste Fruchtart, Sorghum, für die sich jede Gruppe ein bestimmtes Sammelgebiet vorbehält, während für das Sammeln weniger geschätzter Produkte keine Grenze zwischen den Territorien besteht.

Das Lager wird auf einer Waldlichtung angelegt und umfaßt eine Gruppe mehr oder weniger komplexer, kreisförmig oder oval um einen Platz angeordneter Unterkünfte. Die Unterkunft besteht aus einer schrägen Wand aus verflochtenen Zweigen und Blattwerk, die mit Lianen und Gabelstützen befestigt wird (Abb. 61); die Neigung wie die Blätterverkleidung wechselt je nach den Witterungsverhältnissen. Die einfachsten Unterkünfte werden üblicherweise jeweils verlassen; die komplexeren, die miteinander verbunden eine einzige stumpfkegelförmige Struktur rund um den zentralen freien Platz bilden, werden an Ort und Stelle wieder verwendet. Sie werden an den am häufigsten aufgesuchten Orten erbaut, wo die Gruppe länger verweilt oder öfters vorbeikommt, um reichhaltigere oder geschätztere Nahrung zu sammeln, innerhalb der Zone, in der die Gruppe das Recht zum Sammeln von Sorghum hat.

Das gesamte Territorium umfaßt sämtliche Sorghumvorkommen, die von Rechts wegen den verschiedenen Familienoberhäuptern gehören und die den entsprechenden Nachkommen als Erbe hinterlassen werden. Während ein Nahrungsmittelaustausch innerhalb der Gruppe vorkommt, sind die Grenzen des Territorium für die verschiedenen Gruppen unter Androhung schwerwiegender Sanktionen unüberschreitbar[4]. Das Territorium kommt in seiner noch im Entstehen begriffenen ökonomisch-politischen Entität nicht einem Bodenanteil, sondern einer Gesamtheit von natürlichen und ausgewählten Nahrungsmittelquellen gleich, die nicht nur dem Bedarf einer bestimmten Gruppe, sondern durch die Verfügbarkeit eines geringen Überschusses auch der Erfüllung gewisser sozialer Erfordernisse genügen: Auch das Sammeln von Sorghum begünstigt die Zusammenkünfte der Gruppen und das Feiern der rituellen Feste.

Die Buschmänner

Der Jagdtrupp der *Buschmänner*, eine Gruppe aus einigen Dutzend miteinander verwandten Personen, beutet die Nahrungsquellen eines bestimmten Territoriums unter der Führung des Häuptlings aus, dessen Aufgaben vor allem mit der Nahrungs-

60. *Mbuti-Pygmäen, Plan eines Lagers. Es sind die Veränderungen in der Form der Hütten angegeben, die die persönlichen Freundschaften und Feindschaften widerspiegeln.*

a = 1. Tag, b = 2. Tag, c = 3. Tag, d = 5. Tag.
1 Die Ehefrau zieht um und baut eine neue Hütte anläßlich der Ankunft des Sohnes ihrer Schwägerin, 2 Der Hintereingang wird am 12. Tag geschlossen, 3 Aufbau am 2. Tag, am 3. Tag aufgegeben, am 5. Tag wieder besetzt, 4 Hintereingang am 12. Tag geschlossen, 5 Platzwechsel am 11. Tag, 6 gemeinsame Feuerstelle am 12. Tag, 7 Aufbruch zu einem anderen Lagerplatz.

61. *Semang, Wetterdach-Unterstand aus Bambus, mit erhöhter Lagerstätte. Halbinsel Malakka (Westmalaysia).*
62. *Buschmänner, Plan eines Lagers (werf), das mit dem Bezirk für die Initiationszeremonien verbunden ist. Kalahari (Südafrika).*

1 runde Tanzplätze, 2 Lager, 3 Häuptlingshalle, 4 Verbindungsweg, 5 Bezirk der Initiationsriten, 6 Windschirm für die Initianden.

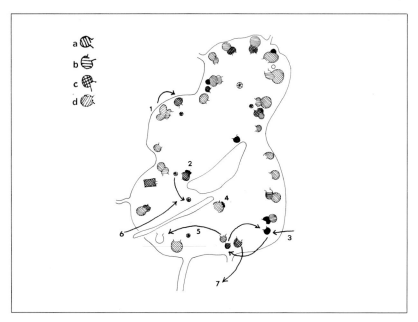

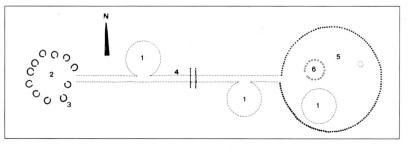

und Wasserversorgung und mit der Auswahl des Ortes für die Errichtung des Lagers zusammenhängen[5]. Dieses besteht aus einer Reihe von Windschirmen aus halbkreisförmig eingerammten und an der Spitze vereinten Ästen zum Schutz gegen Sonne und Kälte; das Zentrum der Siedlung bildet das heilige Feuer. Die unter den verschiedenen Gruppen vorkommenden Abarten verdeutlichen das nicht starre Anordnungskriterium der Siedlung (werf), das sowohl an die Richtung der aufgehenden Sonne (Osten) wie an natürliche Elemente (z. B. einen Baum) gebunden ist (Abb. 62). So befindet sich im Lager der Kung, das sich aus Familienunterkünften mit je einer eigenen Feuerstelle zusammensetzt, die Hütte des jungen Unverheirateten (kao) im Osten, in Richtung der mehrere hundert Meter entfernten heiligen Initiationsstätte. Auch die nach Osten gerichtete Unterkunftsöffnung hat immer einen Bezug auf den heiligen Charakter dieser Richtung, die als göttlicher Aufenthaltsort gilt.

Die Heikum-Buschmänner stellen ihr Lager rund um einen Baum, den zentralen Punkt des Territoriums, auf, an dessen Fuß der Häuptling das heilige Feuer entzündet, die eigene Hütte erbaut und die Versammlungen abhält. Die anderen Windschirme werden halbkreisförmig an der dem Baumstamm gegenüberliegenden Seite errichtet; die Aufenthaltsorte der Knaben und Mädchen liegen der Hauptachse des *werf* gegenüber, und die verheirateten Häuptlingstöchter wohnen am von seiner Hütte entferntesten Platz. Die Verwandtschaftsregeln und die soziale Stellung der einzelnen Mitglieder des Trupps bestimmen somit die Lage und die gegenseitige Entfernung zwischen den Wohnstätten; doch ist es immer das Territorium, wie wir mit einer größeren Vielzahl an Daten bei den Australiern sehen werden, das die größte Bau- und Interpretationsaufmerksamkeit auf sich vereint. Der (natürliche) Baum wie das (künstliche) Feuer sind nicht nur feste und notwendige Bezugspunkte, heilige Bindung zwischen Gruppe und Umwelt, sondern auch Zentren der Machtausstrahlung. Doch gleichwertig und in den Steppengebieten der Kalahari vielleicht noch lebenswichtiger ist die Verbundenheit mit den Wasserlöchern. Mit ihnen steht das Lager, auch wenn es, um das Wild nicht zu stören, entfernt davon erbaut wird, immer in Verbindung. Die Gelegenheit zum größten baulichen Aufwand war einst durch die großen Jagdzüge gegeben, die auch sehr zahlreiche Gruppen mit den Vorbereitungsarbeiten des Bodens beschäftigten, die das Schlagen von Bäumen, Absperrbauten, den Aushub von Fallgruben[6] erforderten. Wie in anderen wildreichen Gegenden wurden die Herden in Umzäunungen getrieben, wo sie dann in Gräben stürzten; die Umzäunungen mußten auch periodisch instandgesetzt werden.

DIE AUSTRALIER: GESCHICHTE UND WIEDERERSCHAFFUNG DER LANDSCHAFT

Der überstrukturelle Charakter der mythischen und ›künstlerischen‹ Interpretation der bedeutsamsten Merkmale des australischen Territoriums von seiten der verschiedenen Stammesgruppen hat bisher die eindeutige Beziehung zwischen territorialer Darstellung und Semantisierung und dem ökonomisch-sozialen Kontext ein wenig im Schatten belassen. Daraus leitet sich ein Bild ab, das immer noch ungenügend der im territorialen Kontext von der australischen Gesellschaft bewußt entwickelten Bautätigkeit Rechnung trägt, fast als bezeuge das Fehlen dauerhafter Gebäude eine passive Anpassung an die Umwelt und einen Mangel an Baufähigkeiten[7]. Hingegen kam man auch, nachdem seit einiger Zeit die Vorstellung, daß die australischen Stämme ein unberührtes Zeugnis des paläolithischen Menschen[8] seien, aufgegeben wurde, von der Perspektive der ahistorischen Isolierung des Kontinents ab, der in Wirklichkeit vor dem Erscheinen der ersten Kolonisatoren ständig von indonesischen und vor allem melanesischen Kulturströmungen beeinflußt worden war.

Diese Beiträge haben jedoch, wenn sie auch das ökonomische Bild (in dem fast nur die Jagd und das Sammeln wichtig sind) nicht wesentlich veränderten, dazu beigetragen, einerseits die Kontakte zwischen den einzelnen benachbarten Gruppen (mit entsprechender Verbreitung von kulturellen Elementen über riesige Gebiete[9]) und andererseits, als Folge davon, die Kohärenz der mythischen und historischen Interpretation des Territoriums zu festigen. Doch die Beziehung, die sich so zwischen Stammesgruppe und Territorium herausbildet, ist äußerst aktiv; die ›Kulturbringer‹, die die wichtigsten Orte erbaut und erstmals für den Lebensunterhalt der Menschen grundlegende Wege beschritten haben, ersetzen die abstrakten Gottheiten, Verteiler aller Dinge, die nunmehr, nachdem sie in mythischer Zeit in den Himmel zurückkehrten, zur Untätigkeit verurteilt sind[10]. Der Mensch kann durch die Helden der ›Traumzeit‹, deren Taten er nachahmen und wiederholen kann, die Produktion kontrollierend und sie ins eigene Sozialsystem eingliedernd, die Natur formen, ›indem er alle Arten, ihre Objekte und Phänomene in sein Sozialsystem einfügt und sie zu einem Teil der eigenen Ordnung und Verwandtschaft von Klasse, Klan usw. werden läßt‹[11].

Ein einziges Beispiel kann diese architektonisch-bauliche Beziehung zwischen Gruppe, Tier-Stammvater und Territorium erhellen. Arndt hat wiederholt aufzuzeigen versucht, wie die ›künstlerischen‹ Darstellungen der Australier auf Naturphänomene,

wie Blitz, Donner, Wolken, zurückzuführen seien. So wären seinem Vorschlag nach, die *wandjina* genannten Figuren Personifizierungen der regenbringenden Wolken[12]. In diesem Fall scheint der Prozeß schwer überprüfbar; doch das Studium der Beziehung zwischen dem Landschaftsbauwerk der mythischen Ur-Schlange und der Fortbewegung der Schlange auf sandigem Boden[13] zeigt, so scheint uns, einen wesentlichen Punkt der Funktion des Mythos auf: jene auf Erfahrung und Vergleich der natürlichen Formen aufbauende Erklärung (Abb. 64). Wie kann eine Schlange eine Landschaft erschaffen? Die Schwierigkeit des Maßstabunterschieds wird von den riesigen Ausmaßen der mythischen Schlange überwunden: die Übereinstimmung zwischen einer Schlange und einem mäandrischen Wasserlauf wird als unmittelbar ersichtlicher Beweis der windungsreichen Territoriumsdurchquerung des Vorfahren gedeutet. Doch eine genauere Analyse bezieht in diesem Zusammenhang auch die kleinen Hügel mit abgeflachten Kuppen mit ein, die sich, im Tal jeder Windung, entlang der Flüsse Ord und Victoria, befinden: diese waren im Traumzeitalter von der sich gegen die Strömung fortbewegenden Schlange ›erhoben‹ worden, wie es der schwarzköpfige Python[14] über aufgelockerte Erde kriechend tut. So ist es in dieser äußerst eindrucksvollen Annäherung die mythische Reise selbst, die das Territorium erschafft, mit einem Vorgang, der Stammvater-Schlange und menschliche Gruppe vereint: ersterer hat im Traumzeitalter die Landschaft geformt, so daß sich die zweite, deren Taten abbildend, zu Recht als Erbauer des eigenen Habitat fühlen kann.

Die aktive Haltung in bezug auf das Territorium reicht bis zur extremen Klassifizierung, mittels komplementärer Begriffe, seiner Merkmale menschlicher und ›geschichtlicher‹ (auch wenn sich die Geschichte zur Gänze im Traumzeitalter abwickelt) Geographie. Die Grundlage dieser Struktur besteht aus dem Dualismus zwischen Rastort und Pfad (eine elementare, doch äußerst sinnträchtige Kodifizierung des Jäger- und Sammlerlebens, das sich entlang vorbestimmter Wege und genau festgelegter Orte, wo das Lager zu errichten ist, abwickelt), der auf Verständigungsebene durch den Kreis und die Gerade, auf mythologischer Ebene durch die ›Löcher‹, durch die die mythischen Helden erscheinen und von der Erdoberfläche und ihren Fahrten verschwinden, und auf der Ebene der klassifikatorischen Übereinstimmungen durch den Dualismus männlich–weiblich, Vergangenheit–Gegenwart, außen–innen dargestellt wird.

Die Mythen der Fahrten der Ahnenhelden sind allgemeingültig; das Wort, das in seinen lokalen Varianten die größte Verbreitung, praktisch über ganz Australien, hat, ist jenes, das Lager (ngura)[15] bedeutet. Eine manchmal sehr weitreichende Zusammenarbeit unter den Stämmen am mythologischen ›Bau‹ (im Sinne, daß jede lokale Gruppe oder jeder Klan ein Segment des mythischen Gesamtgutes besitzt, das nur den Durchgang und die Taten des bedeutendsten Kulturbringers im eigenen Territorium betrifft) macht andererseits jeden Versuch zunichte, die den verschiedenen Stämmen gehörenden Territorien als völlig in sich geschlossen zu sehen[16]. Das bedeutet, daß am Bau des Territoriums alle an der Erhaltung eines ethnisch-sozialen Gleichgewichts in oft riesigen Gebieten interessierten Gruppen beteiligt waren, und daß sich die Versuchung, in den Taten der Helden des Traumzeitalters die Zeichen bestimmter historisch-kultureller Beiträge zu sehen, gerade auf den allgemeinen Rahmen der Beziehungen zwischen den Gruppen und der natürlichen Umwelt stützt[17].

Der wahre Träger der Einheit des Stammes und vor allem des Klans ist das als ein Gewebe von heiligen Zentren und Wegverbindungen zwischen den Zentren selbst verstandene Territorium. Der Stamm ist also ›eine Familie der Orte‹, die untereinander durch den Familienbanden vergleichbare Bindungen zusammengehalten werden; in Analogie zum sozialen System werden dem Bereich des Klans, mehr als jenem des Stammes, genaue Grenzen zugeschrieben. Doch es ist das Individuum selbst, das einen mythischen Pfad oder ein heiliges Zentrum als sein ›Vaterland‹ erkennt[18], die es ihm ermöglichen, sich mit einem vitalen (im Traumzeitalter zum Leben erweckten) Punkt der natürlichen Welt verbunden zu fühlen.

Nahrungswege und mythische Pfade

Die Regeln der Jagd und des Sammelns, die die Gruppen dazu zwingen, jahreszeitlich bestimmte Wege zurückzulegen, erlauben nur dort eine Rast, wo reichlich Wasser und Nahrung vorhanden ist. Vor allem in den halbariden und ariden Gebieten Zentralaustraliens hat sich daher die Übereinstimmung zwischen territorialem ›Zentrum‹, Raststätte (Lager) und Wasserloch entwickelt, da letzteres schon durch Antonomasie der Ort ist, dessen sich die mythischen Vorfahren zum Aus-der-Erde-Herauskommen (*wilbibari*) zu Beginn ihrer Wanderungen und zum Wiederhineinsteigen (*yuga*) bedienten. Diese beiden Akte synthetisieren für die Walbiri[19] die Tätigkeit der Ahnen wie auch ihrer Nachkommen, die ihrerseits ins Traumzeitalter (durch den ›heiligen Ort‹) eintreten (yuga) können und so ihr Verhalten als Wiederholung eines ›ein für allemal‹ festgelegten Modells bekräftigen (Abb. 65).

Das durch einen Kreis oder eine Spirale angezeigte Wasserloch (im Wirbel ist die Vorstellung des auf- und absteigenden Verlaufs und des Verbindungslochs zur Unterwelt am deutlichsten ausgeprägt) ist daher die üblichste aller ›Lebensquellen‹. Es verbindet die Erdoberfläche (gangalani) mit der Unterwelt (ganindjara) und errichtet so eine vertikale Verbindung, die als lokale ›kosmische Achse‹, als Raumursprung sowie Durchgangs- und Verbindungspunkt zwischen Gegenwart und Traumzeitalter dient. Das Wasserloch ist, wie bereits erwähnt, der Ort, wo üblicherweise die Wanderung des Schöpferhelden des Territoriums beginnt und endet. Bei seinen Wanderungen hat er vor allem die Aufgabe, an jeder Raststätte einige Lebenszentren zu errichten, die der Vermehrung der verschiedenen Tier- und Pflanzenarten und des Menschen selbst sowie der Lokalisierung aller anderen Phänomene, die irgendwie für die Gemeinschaft von Interesse sein können, zugrunde liegen. So sind denn Raststätten der Orientierung nützliche vereinzelte Bäume und Felsen, Höhlen, auf die der Held erstmals die magischen Bilder, die die Fortpflanzung der lebenden Arten begünstigen, aufgedrückt hat, sowie Orte, wo sich ein zum Gerätebau benutzbarer Felsen oder Farberde[20] befindet, usw. Der zurückgelegte Pfad verbindet nie direkt zwei wichtige Orte, sondern folgt Wegen, die an geringste, in mythischer Zeit am Boden zurückgelassene Spuren gebunden sind; das sind die Wege, die die Gruppe bei ihren Wanderungen benützt. Auf diese Weise hat die Gemeinschaft oder die Familiengruppe die Gewißheit, immer und ordnungsgemäß alle Orte wiederzufinden, die aus verschiedenen Gründen zum Fortbestand des eigenen Lebens, zur Fortpflanzung und zur Erhaltung der sozialen Struktur nötig sind. Die Nähe zwischen Gruppe und Gruppe schafft Probleme, die auf den Mythos zurückgreifend und so die Gründe der Zwietracht beseitigend gelöst werden. Die Durchquerung fremden Territoriums kann nur unter gewissen Bedingungen erfolgen, entlang eines ›Pfades‹ und um eine bestimmte heilige Stätte zu erreichen. Bei den Versammlungen mehrerer Gruppen behält jede bei der Erstellung des Lagers die Herkunftsrichtung bei[21]. Die territoriale Ausbreitung jedes Stammes oder Klans ist festgelegt. Wechselt sie, so wechselt gleichzeitig der Mythos, der sie durch genaue Normen an ein bestimmtes Gebiet bindet.

Die Lebenszentren sind also üblicherweise die Quellen der Gruppe, die fern von diesen nicht überleben könnte. Einige Stämme führen das dem Häuptling anvertraute Symbol des Lebenszentrums mit sich, das gleichzeitig auch die Marschrichtung anzeigt: den heiligen Pfahl, der bei jeder Rast, in die Richtung der nächsten Etappe geneigt, aufgestellt werden muß.

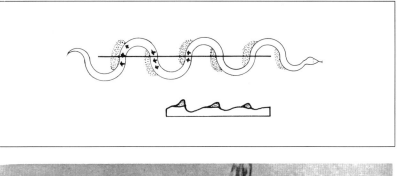

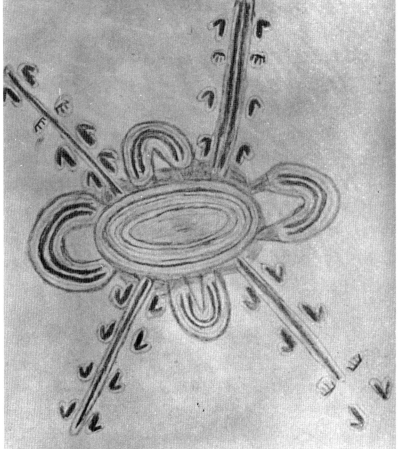

Nach einer Erzählung der Achilpa löste ein zufälliges Zerbrechen des heiligen Pfahles *(kauwa-auwa)* eine solche Todesangst aus, daß sich eine ganze Gruppe, in der Überzeugung, nunmehr unrettbar von den Lebensquellen getrennt zu sein, dem Tod überließ[22]. Auch im Gebiet des Eyresees sind die reich verzierten Pfähle (toa) gegenwärtige Symbole der von den Vorfahren, die das Territorium erschufen (mura-mura)[23], zurückgelegten Fahrten.

47

66. *Schematische Darstellung des Flußgebiets (Australien).*
1 *Indischer Ozean, 2 De-Grey-Fluß, 3 Oakover-Fluß, a, b, c, d: Flußwindungen und Trennungslinien der verschiedenen Stammesgruppen.*

67. *Planimetrisches Schema der Beziehung zwischen den verschiedenen menschlichen Gruppen (a, b, c), den im Traumzeitalter entstandenen heiligen Zentren (1, 2, 3) und dem Wegverlauf des Kulturheros (X) (Australien).*

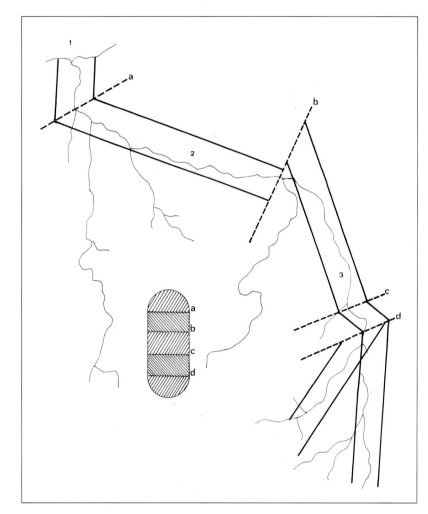

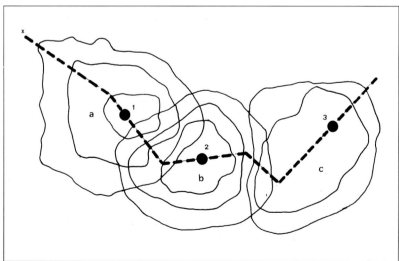

Der geneigte Pfahl vereint das Motiv der Rast und des Weges in sich. Im Falle der Achilpa bezeugt der Mythos des Helden Numbakulla, der ihn besteigend zum Himmel fuhr, die vertikale Verknüpfung des heiligen Zentrums, das Himmel und Erde verbindet. Analoge Mythen sprechen von heiligen Bergen, Seilen, Bäumen, Lanzen als Träger dieser Verbindung[24].

Die ›Lebenszentren‹

An den durch die Rast der Ahnenhelden geheiligten Stätten ist eine Vielzahl von Geistern gegenwärtig, die potentiell immer bereit sind, sich in Einzellebewesen der verschiedenen Tierarten und in menschliche Individuen zu verkörpern, was andauernd durch ihre Taten wiederholende Zeremonien erneuert wird. Die Vorstellung ist nicht direkt an den Sexualakt gebunden, sondern an das Eindringen in die Gebärmutter der Frau eines dieser ›Kindergeister‹, die an bestimmten, von der Frau durchquerten Punkten des Territoriums verstreut sind; so glaubt sich jedes Individuum, da vor der Geburt in einem bestimmten territorialen ›Lebenszentrum‹ präexistent, inniger an den Ort der Empfängnis als an den der Geburt gebunden.

Die Gesamtheit der lebenden Natur ist Gegenstand ständiger Aufmerksamkeit von seiten der Gruppe, auf daß sich die vitalen Möglichkeiten jeder Gattung nicht vermindern. Die Wachstumsriten, die an verschiedenen Orten abgehalten werden, sind nichts anderes als die Wiederholung der dort nach demselben Muster vom Kulturheros im Traumzeitalter durchgeführten Riten. Diese Riten bestehen nicht nur aus Beschwörungszeremonien, sondern auch aus schöpferischen und künstlerischen, sowohl provisorischen wie beständigen Aktivitäten (oder jedenfalls ständig wiederholten, um die lückenlose Fortdauer zu sichern). Eine wichtige Gruppe davon dient der Heiligung bestimmter territorialer Punkte, der Lebenszentren, durch den künstlerischen Eingriff. Vor allem zwei Tätigkeiten sind damit verbunden: die Höhlenmalereien und das Einkerben ritueller Motive in Bäume (Abb. 63).

Die Bedeutung der Felsenzeichnungen liegt in der Fortdauer der Befruchtung, die erstmals vom Kulturheros vollbracht worden war. Er hatte in der Darstellung der verschiedenen Tier- und Pflanzenarten, deren Vermehrung im Traumzeitalter gesichert. Die Malereien erneuernd, ahmt der Mensch in der Gegenwart diesen Urakt nach, sich mit dem Helden identifizierend und somit aktiv an der Erhaltung der Fruchtbarkeit der Natur und des Gleichgewichts unter den Arten beteiligend[25]. Eine analoge Bedeutung haben die Einkerbungen an den Bäumen. Auch in diesem Fall dient das Element ›Lebenszentrum‹, Raststätte des

Urhelden (Baum), als Träger der heiligen Bilder, die den Zugang zu den Lebensquellen seitens bestimmter Arten und der menschlichen Gattung verewigen sollen. Die Gründe dieser Zeremonien, die sich ständig auf das Modell des ›Traumzeitalters‹ berufen, sind nicht nur religiösen, sondern auch sozialen Charakters. Ihr Sinn liegt im Festlegen durch die Berufung auf ein Ritual, das Erbgut der Gruppe ist, der Verhaltensweise der verschiedenen Mitglieder in bezug auf die lebensnotwendigen Erfordernisse des Stammes und vor allem auf seine unauflösliche Verbindung mit dem Territorium. Die genau festgelegten Sanktionen gegen die Übertreter dieser an die ›totemistischen‹ Zeremonien geknüpften Tabus und die komplexen Regeln, denen die Interpretation und Verwendung des Raums unterliegen, beweisen, daß das Ritual das grundlegende Gesetz des Stammes darstellt, Gesetz, dessen Wurzeln nicht nur im Mythos, sondern auch in der Geschichte liegen. Die in kosmologisch-architektonischem Sinne wichtigste Aktivität liegt in der konventionellen Wiederholung der Taten der mythischen Helden, die durch die Zeremonien verwirklicht wird, welche im Tanz und Gesang ihren kompliziertesten ›künstlerischen‹ Ausdruck finden. Es handelt sich überwiegend um provisorische Bauten und Dekorationen. Die Werke, die für diese Darbietungen in der Absicht errichtet wurden, im Tanzplatz des *corrobori* die für Kulisse und Hintergrund des betreffenden Mythos nötigen landschaftlichen Elemente zu verdichten, bezeugen den Willen, die Landschaft in Funktion der Rationalisierungs- und Nutzungserfordernisse des Stammes wiederzuerschaffen. Einige Beispiele dieser Anordnung des Tanzplatzes können uns verständlich machen, wie das vorherrschende Interesse für die territorialen Strukturen im wesentlichen aktiv ist und in einer Nachahmung des Schöpfungswerkes des Kulturheros besteht, im Gegensatz zur vor dem Traumzeitalter bestehenden, amorphen, chaotischen, völlig unprofilierten Landschaft.

Die Zeremonienfelder und der symbolische Raum
Eine heilige Fläche mit eindeutig kosmologischem Charakter wird bei den Kamilaroïs anläßlich der Initiationszeremonien hergerichtet[26]. Auf dem Boden werden zwei Kreise untereinander durch einen ›Pfad‹ verbunden. Einer der Kreise, mit einem Durchmesser von rund 20 m, hat einen ungefähr 2,5 m hohen heiligen Pfahl in der Mitte, der mit einem Emufedernschopf an der Spitze endet. Im Innern des kleineren Kreises werden zwei Bäumchen mit den Wurzeln nach oben eingepflanzt. Eine ganze Reihe von in die Erde gezeichneten oder modellierten Darstellungen: das höchste Wesen, Baïami (eine 4,5 m hohe Figur), das mythische Ahnenpaar, die zwölf Gefährten Baïamis, die mit ihm im Ur-Lager wohnten, verschiedene Tiere und Nester sind zu seiten des Verbindungspfads angeordnet. Es handelt sich um die rituelle Wiederholung (in allen ihren Bestandteilen) des ersten Lagers, in dem die Schöpfergottheit erstmals die Beschneidungszeremonie (bora) vornahm, die durch die Wiedererschaffung des ursprünglichen Modells und die Identifizierung der Beteiligten mit den Helden des Traumzeitalters wiederholt werden muß.

Zahllose weitere Beispiele der Gestaltung der Zeremonienfläche bezeugen den Gebrauch konventioneller Darstellungen der natürlichen Gegebenheiten: Sandhügel stellen Felsen und Hügel dar, Mulden werden mit Wasserlöchern gleichgesetzt, und der fast niemals fehlende heilige Pfahl ist Symbol der Verbindung zwischen Erde, Unterwelt und Himmel.

Ein ungefähr 1 m hoher Pfahl wird im Verlauf einer ›fliegenden Ameise‹ genannten Zeremonie (banda) der Walbiri aufgestellt, die ein Anwachsen der Gattung bewirken soll[27].

Ein weiterer Ritus der Walbiri wird, um das Wachstum der Mädchenbrüste zu begünstigen, auf einer heiligen Fläche vollzogen, auf der zwei runde, mit konzentrischen Kreisen aus weißen und roten Wollappen umgebene ›Hügelchen‹ aus Erde geformt sind.

Abschließend sei festgestellt, daß die konzentrische Darstellung des ›heiligen Loches‹ und des zu ihm führenden Pfades eine Vielfalt an Übereinstimmungen mit einbezieht, die wir mit Munn wie folgt zusammenfassen können: das Zentrum ist der *djugurba*, der Ort, der im Territorium den Berührungspunkt mit dem Traumzeitalter darstellt; der konzentrische Kreis ist das Ur-Feld, die Erdoberfläche im Traumzeitalter (*ydjaru*, Symbol der Mutter); der zu ihm führende Pfad stellt die Gegenwart, die auf- und absteigende Richtung den Sexualakt und das männliche Geschlecht dar[28]. Doch die Übereinstimmung Territorium—Stammesgruppe verleiht diesen komplementären Modellen das Gewicht von Polen und Pfaden, von Trägerstrukturen des wirtschaftlichen Lebens und der Beziehung zur natürlichen Umwelt. Der Symbolismus der von den Männern ausgeführten komplexen Zeichnungen mit geometrischen Motiven stützt sich auf die Verbindung und Nebeneinandersetzung der zwei Grundelemente, des Kreises und der Linie. Die Guruwari-Zeichnungen der Walbiri gestalten damit die Wegstrecke der Helden nach, und gleichzeitig sind sie synthetische territoriale Darstellungen, die zusammen mit landschaftlichen Details auch tierische und menschliche Figuren und ihre Spuren mit einschließen. Eine radiale, gegen das Zentrum des ›Wasserlochs‹ oder des Lagers

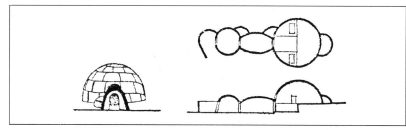

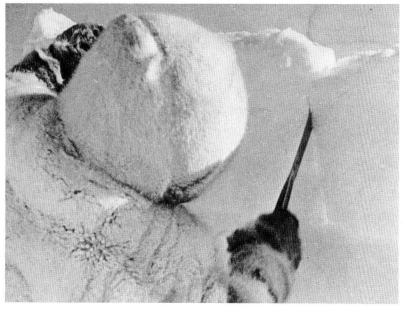

gerichtete Linie zeigt den Zugang zur heiligen Stätte, die Teilnahme und das Erreichen des Traumzeitalters an. Fast alle australischen Stämme haben infolge dieser Semantisierung des Territoriums eine besondere Fähigkeit zu territorialen Darstellungen entwickelt. Es handelt sich vor allem um geometrische und planimetrische Synthesen der Gesamtheit an heiligen Zentren und Pfaden, die die verschiedenen Territorien betreffen und denen jedem Mythos eigene Elemente hinzugefügt werden. Besondere Aufmerksamkeit wird immer dem Wasser geschenkt. Ein Kreis, der einen anderen umgibt, kann auch das um einen Hügel fließende Wasser darstellen; eine Linie oder mehrere parallele Linien können, außer einer Pfad-Wegstrecke, auch den Verlauf eines Wasserarms anzeigen.

Ein sehr bezeichnendes Beispiel der Verbindung zwischen Mythos, natürlichen Strukturen und Beziehungen zwischen benachbarten Stämmen geben uns schließlich die ›geometrischen‹ Territoriumskarten der Stämme Nordwest-Australiens. Nach von Brandensteins Auslegung, der die allgemeine Bedeutung des Zickzackmotivs (Schlange, Wasserlauf) studiert hat[29], ist die Erklärung der Entstehung der Flüsse ins Traumzeitalter zurückzuführen, als die mythische, aus dem Meer aufgetauchte Schlange während ihrer Reise auf dem Festland ihren gewundenen Lauf vorgezeichnet hatte. Die Richtungsänderungen der Wasserläufe werden so als Windungen des Körpers der ›wassererschaffenden‹ Schlange gedeutet; vor allem aber dienen sie als Wiedererkennungselement der territorialen Merkmale und der Beziehungen unter den verschiedenen, entlang der Flußläufe selbst wohnenden Stämme. Jeder dieser Stämme hat ein eigenes ›Wappen‹, das aus einer Zeichnung besteht, die aus verschiedenen übereinanderliegenden Streifen gebildet wird, die als diagonale, parallele, abwechselnd nach rechts und links abgeschrägte Linien eingeritzt sind. Zwei dieser Windungen (wamgu) grenzen den zunächst als geradlinig betrachteten, zwischen ihnen liegenden Teil des Wasserlaufs ab. Der Flußlauf insgesamt wird so durch eine Zickzackzeichnung verdichtet, die geometrisch den ganzen Lauf zusammenfaßt (Abb. 66).

Äußerst aufschlußreich ist der Parallelismus zur Struktur des Territoriums, die sich auf die Reihenfolge der verschiedenen Stämme stützt, welche durch einen zickzack verlaufenden und die heiligen Zentren der einzelnen Gruppen (wie es von Piddington schematisiert wurde)[30] vereinenden mythischen Pfad verbunden sind (Abb. 67). In beiden Fällen sind die ›Grenzen‹ zweitrangig im Vergleich zum Verbindungstrakt zwischen verschiedenen Stammesgebieten, die um die wichtigsten ›Zugänge zu den Vorräten gravitieren‹.

WANDERUNG UND WOHNSTÄTTE

Die Eskimos

Die umfassende Kenntnis des Territoriums seitens der *Eskimos*[31] die weit über das einzelne Jagdgebiet hinausreicht und es den verschiedenen Gruppen ermöglicht, ziemlich regelmäßige kulturelle Beziehungen zu pflegen, stützt sich fast ausschließlich auf die Küstenlinie, das einzige wirklich bedeutende und zeitlich dauerhafte landschaftliche Merkmal. Das planimetrische Bild dieser Linie kann im Gedächtnis behalten und mit erstaunlicher Genauigkeit aufgezeichnet werden.

Auch die Kenntnis des Landesinnern ist für den Ablauf der sommerlichen Karibujagd unentbehrlich. Das leichte Sommerlager besteht aus Zelten aus Karibu- oder Seehundfellen, die bei den verschiedenen Gruppen eine unterschiedliche Form aufweisen und oft, um dem Wind eine geringere Angriffsfläche zu bieten, geneigt sind. Am Ende der guten Jahreszeit kehrt die Gruppe mit großen Nahrungsvorräten zum Zentrum des Territoriums zurück, das traditionsgemäß aus dauerhaften Wohnstätten aus beständigen Materialien besteht.

Diese territorialen Zentren, die hinsichtlich der Nahrungsversorgung während der einzelnen Jahreszeiten sorgfältig ausgewählt wurden, sind in jüngerer Zeit durch Siedlungen aus Schneehäusern (Iglu) ersetzt worden (Abb. 68), die nicht unbedingt im Zusammenhang mit den Erfordernissen der Winterjagd, immer am selben Ort errichtet werden. Obgleich das Territorium ungefähr dasselbe bleibt, werden nicht mehr feste Wohnsitze, sondern nur provisorische Winter- und Sommerunterkünfte erbaut, auch wenn sie, wie im Fall der *Iglus*, durch mehrere Monate hindurch bewohnt werden. Die Wahl des Ortes zum Bau der Winterhäuser entspricht immer denselben Erfordernissen: Zusammenschluß der Gruppe, Lage an einem vor Kälte geschützten, leicht erreichbaren und in bezug auf die Sommer- wie Winterjagd baryzentrischen Punkt der Küste. Doch die Ersetzung des festen halbunterirdischen Hauses durch den Iglu bietet den grundlegenden Vorteil, schwimmende Eisbänke als Wohnsitz benutzen zu können, die eine bequemere Jagd auf die Meeressäugetiere (insbesondere die Seehunde) erlauben, welche die Nahrungsgrundlage während der Winterzeit bilden.

Zum Iglubau wird der kompakte Schnee mit einem Knochen- oder Elfenbeinmesser ausgeschnitten (Abb. 69, 70). Die Blöcke werden dann spiralenförmig einer neben den anderen gelegt, bis sie eine richtige Kuppel bilden, deren Schlußelement von außen eingefügt wird. Die Ritzen werden mit Schnee gedichtet. Das Innere kann mit Fellen ausgekleidet sein, die mit Sehnenschnüren so festgehalten werden, daß ein Kaltluftraum zwi-schen Wand und Verkleidung bestehen bleibt. Dadurch läßt sich eine relativ hohe Innentemperatur von ungefähr 15 Grad erreichen, ohne daß die Struktur beschädigt wird.

Die Nambikwara und die Yanoama

Das Verhältnis zwischen Territorium und Haus als Interessensmoment und vorherrschendes produktives und soziales Tätigkeitsfeld ist besonders bei jenen Völkern bedeutsam, die sich während der einzelnen Jahreszeiten komplementärer Lebenssysteme bedienen. Einer der verbreitetsten Wechsel ist der zwischen seßhafter Ackerbauproduktion und einem an Jagd und Sammeln gebundenen Nomadentum – Tätigkeiten, die zu verschiedenen Zeiten des Jahres abgewickelt werden.

Während der Winterzeit schließen sich die *Nambikwara*, ein westbrasilianisches Volk, in nahe einem Fluß auf einem Hügel gelegenen Siedlungen zusammen. Die Regenzeit nutzend, betreiben sie am vorher gerodeten Ufer Ackerbau (Gartenbau) und erstellen rundliche, halbkreis- oder ringförmig um einen Platz angeordnete Familienhütten. Der Gartenbau und auch die Errichtung der Wohnstätten ist Männerarbeit. Die sieben Monate Trockenheit bringen hingegen einen völligen Umschwung im Leben der winterlichen Gemeinschaft, die sich in kleine ›Trupps‹ aufteilt. Nur für wenige Tage in provisorischen, aus halbkreisförmig in den Boden gesteckten und oben zusammengebundenen Ästen oder Palmblättern bestehenden Lagern übernachtend, führen sie ein Nomadenleben. Diese Bauten sind ein Werk der Frauen. Selbst die Sozialstruktur ist oft nicht erkennbar, da sich die Familien über riesige Gebiete verstreuen; so ändert sich die wechselseitige Lage der Feuerstellen (und der Familiengruppen), auch wegen der ständigen Änderung der Gruppenmitglieder, während die Anlage des Sommerlagers analog jener der fast dauerhaften Wintersiedlung ist. Wie bei den Pygmäen erwähnt, bindet die Unterkunft kleinen Ausmaßes die Bewohner nicht an eine feste räumliche (und soziale) Stellung, da sie einfach nur der Ausdruck eines, vielleicht bloß kurzfristig bestehenden Verhältnisses zwischen der Familie und der Gesamtheit der Gruppe ist[32]. Dies rührt auch von der Tatsache her, daß die Familien getrennt, einzeln oder in Grüppchen, und im Abstand von mehreren Tagen zu den großen Lagerplätzen kommen. Das Verhältnis zum Territorium ist während der Nomadenzeit viel bedeutsamer. Es stützt sich auf einen Punkt, der zum Überleben in dürrer Umgebung von fundamentaler Wichtigkeit ist, auf das Vorhandensein von Wasser. Die Kenntnis der landschaftlichen Merkmale kann sich für jede Gruppe auch über Hunderte von Kilometern erstrecken und gründet sich vorwiegend auf

das ›Lesen‹ des Territoriums als ein Gefüge von ›Wasserstellen‹, wobei dieses Element, je nach Quantität und Lage, bestimmte individuelle Namen (geographische Namen) erhält.

Das Wasser spielt selbst bei der Bezeichnung der Himmelsrichtungen eine Rolle. Da die meisten Flüsse von Süden nach Norden fließen, wird der Süden *ukenore* (= gegen oben) und der Norden *iokenore* (= gegen unten) genannt. Die Wanderung wird als eine Reihenverbindung von Ortschaften angesehen, die mit einem präzisen Wassermerkmal versehen sind, von denen jede in ein lineares, zwei Orte verbindendes Schema eingefügt werden kann. Diese ›Karten‹ (man sollte sie richtiger als ›Wege‹ bezeichnen) sind mnemonische Namensfolgen, die bequemlichkeitshalber auf Sand aufgezeichnet werden können.

Diese ›Spaltung‹ zwischen seßhafter landwirtschaftlicher Tätigkeit und Nomadentum spiegelt sich in der größeren Wichtigkeit wider, die der als Befreiung vom monotonen Dorfleben gewerteten ›Reisezeit‹ zuerkannt wird[33].

Von einem weiteren halbnomadischen Volk, den *Yanoama*, die ein Waldgebiet des oberen Orinoco an der Grenze zwischen Brasilien und Venezuela bewohnen, besitzen wir detaillierte Informationen über das halbständige Lager, den *sciapuno* (Abb. 79–96), der aus einem rundlichen Platz besteht, der von einer mehr oder weniger durchgehenden Wand aus enormen Windschirmen mit einer einzigen rechteckigen, nach außen geneigten Dachfläche umgeben ist. Jede Unterkunft beherbergt mehrere Familien. Der als heilig angesehene und in seiner Gesamtheit der Gruppe gehörende zentrale Platz dient allen sozialen Funktionen und kann zu Verteidigungszwecken oder bei Änderung der Mitgliederanzahl erweitert oder verkleinert werden.

›Der *sciapuno* dient auch als Tempel. Auf dem großen Platz rufen die Schamanen die ewigen Geister an, ihre Riten mit ekstatischen Fluggebärden oder frenetischen Kundgebungen kollektiver Exaltation begleitend. Im Beisein aller werden auf dem Platz die Toten verbrannt; auf dem Platz wohnt man, als äußerstes theatralisches Schauspiel, dem Wehklagegesang bei‹[34].

Die zentrale Lage dieser großen kollektiven Strukturen, welche die Typologie des provisorischen, aus Unterkünften mit einer Dachfläche bestehenden Lagerplatzes zu großen Ausmaßen führen, ist heilig und auf das Jagdgebiet, dessen ideales Zentrum jeder *sciapuno* ist, bezogen. Die Gesamtheit der Gruppe, eine untrennbare, der natürlichen Umgebung und den äußeren Gefahren entgegengestellte Einheit, schwingt sich zu einem Koordinierungsbemühen auf, das, wie bei den Semang, oft in eine einzige Architektur mündet, einen riesigen, in der Mitte offenen Kegelstumpf, ähnlich einer einzigen unvollendeten Hütte[35].

74. Guatò, Bauschema des mit zwei Dachflächen versehenen und mit Palmblättern bedeckten Wetterdachs. Mato Grosso (Brasilien).
75. Guaranì, Bauwerke mit doppelten Dachflächen und Spitzbogenprofil. Ober-Paranà (Brasilien).
76. Großes erhöhtes Wetterdach (Französisch Guayana).

77. Pilagà, Plan einer Siedlung mit rund um den zentralen Platz liegenden Hütten. Chaco (Argentinien).
78. Bororo, schematischer Lageplan einer Rundsiedlung mit dem Männerhaus in der Mitte. Mato Grosso (Brasilien).

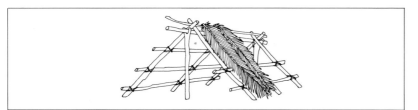

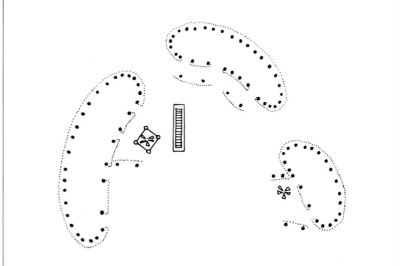

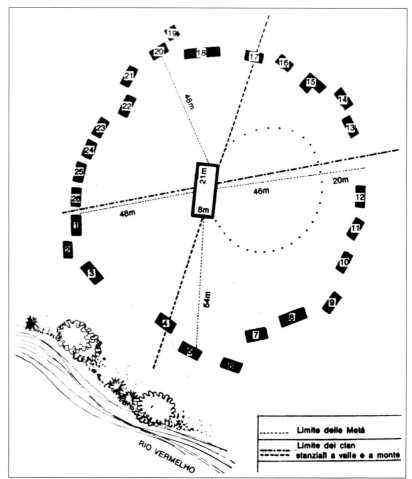

Yanoama, isometrische Schemata der Mehrfamiliensiedlung sciapuno (Abb. 79–82):
79. Typ mit kleinen, getrennt stehenden Wetterdächern (tapirì).
80. Tapirì mit zentralem Unterstand und größerem Wetterdach für den Häuptling.

81. Große getrennte Wetterdächer.
82. Verbundene Wetterdächer mit eingegliederter Häuptlingshütte (Typ maloca) und Hühnerstall; Elemente einer kürzlich erfolgten Kulturübernahme. Amazonas (Westbrasilien).

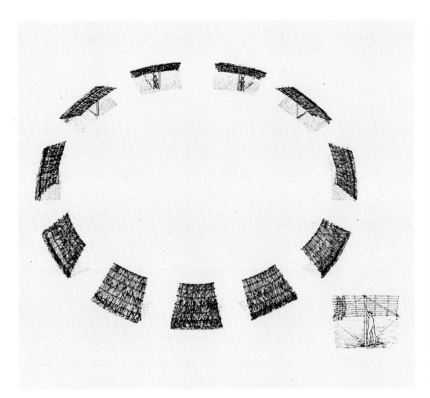

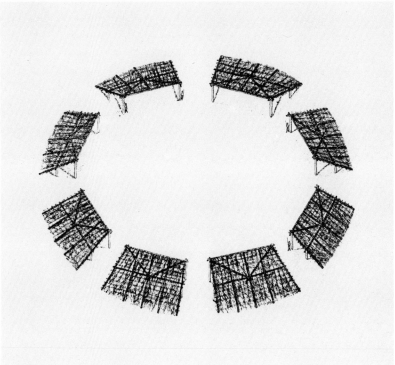

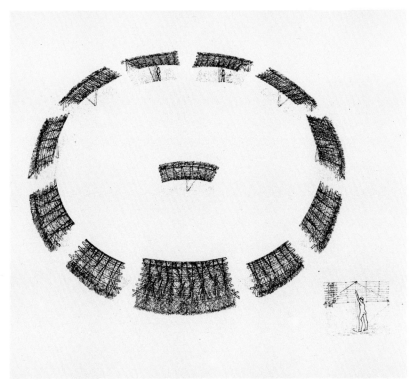

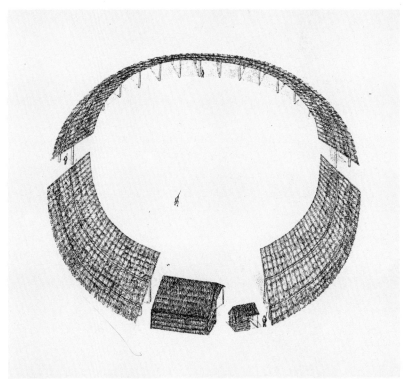

83. *Yanoama, der* tapirì, *ein kleines von einem einzigen Pfahl getragenes Wetterdach. Amazonas (Westbrasilien).*
84, 85. *Yanoama, Leben und Familientätigkeiten unter der Wetterdach-Wohnstätte. Amazonas (Westbrasilien).*
86. *Yanoama, Grundriß und schematischer Schnitt des* sciapuno *der Kohorosciwetari des Rio Maturacà. Jede Zahl entspricht einer Familie (es sind auch zu den Hereuteri, Wawanaweteri*

und *Amarokomabueteri gehörende Familiengruppen und Individuen anwesend). Der Abschnitt 14, in der Achsenlage, beherbergt den von Brüdern und Verwandten umgebenen Häuptling und dessen Frauen; die Symmetrieachse des Komplexes wurde ebenfalls angedeutet. Amazonas (Westbrasilien).*
87. *Yanoama,* sciapuno *aus getrennten Wetterdächern. Amazonas (Westbrasilien).*

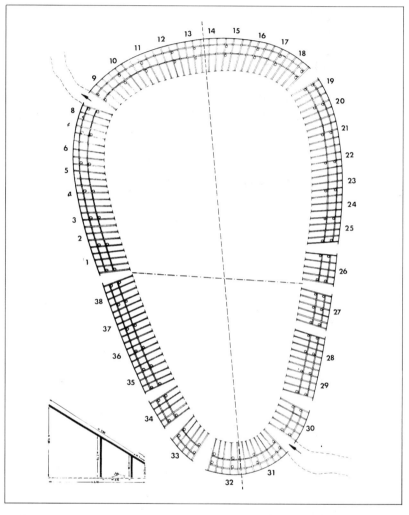

88–90. *Yanoama, Innenansichten eines* sciapuno *aus getrennten Wetterdächern. Amazonas (Westbrasilien).*

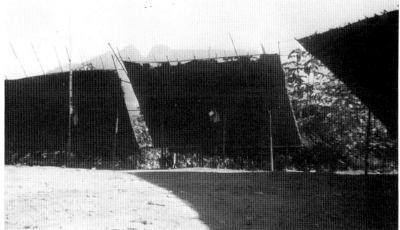

91. *Yanoama*, sciapuno *aus getrennten Wetterdächern. Ama-zonas (Westbrasilien).*
92, 93. *Yanoama*, sciapuno *aus durchgehenden Wetterdächern. Amazonas (Westbrasilien).*

94, 95. *Yanoama, Aufbau für ein Bestattungsritual im Zentrum eines* sciapuno. *Amazonas (Westbrasilien).*
96. *Yanoama, Rundtanz im* sciapuno. *Amazonas (Westbrasilien).*

DIE INDIANISCHEN JÄGER UND VIEHZÜCHTER DER NORDAMERIKANISCHEN PRÄRIEN

Verschiedene territoriale, politische und soziale Organisationsformen regelten das Leben der Prärie-Indianer, deren ökonomische Grundlage die Bisonjagd war. Die Einführung des Pferdes und die Verdrängung zahlreicher seßhafter Ackerbauvölker nach Westen, die von den weißen Siedlern aus ihren ursprünglichen Gebieten verjagt wurden, brachte beachtliche Veränderungen in der sozialen Struktur wie in den Produktionsmitteln, eine größere Mobilität der Gruppen, die Verfügbarkeit über wirkungsvollere Jagdmittel (einschließlich der Feuerwaffen) und eine bessere Organisation der Siedlung und des Zeltes (tipi)[36] mit sich. Doch standen im 18. und 19. Jh. bereits einzelne Stämme mit den Siedlern in regelmäßiger Verbindung. Sie hatten im Pferd eine Kriegswaffe und ein vortreffliches Jagd- und Transportmittel gefunden.

Die gegen die Weißen kämpfenden Indianer waren nunmehr im wesentlichen Pferdezüchter. Das Zelt hatte beachtliche Ausmaße erreicht (Abb. 97), und der Transport auch beachtlicher Lasten während der periodischen Wanderungen wurde möglich. Die neue Schnelligkeit der Jagd führte zu einer starken Verminderung des auch durch die Feuerwaffen dezimierten Wildbestandes und daher zu einer größeren Mobilität im Territorium. Die Besetzung der Stammesgebiete durch die Weißen und die Ausrottung der widerstehenden Stämme, die Isolierung und Deportation der Überlebenden in Reservate hat, die während der Jahrhunderte nunmehr vervollkommnete architektonische Erscheinung des konischen Zeltes am Leben erhaltend, schließlich endgültig die Beziehung der Gruppen zum Jagdgebiet ausgelöscht. Der nordamerikanische *tipi* entwickelte sich ohne Unterbrechung durch progressive Vervollkommnung einer bereits vorher, immer für die Bisonjagd von den ›Fußjägern‹ des weiten Gebiets zwischen dem Mississippi und den Rocky Mountains verwendeten Art. Die Stämme des Ostgebiets (wie Mandan, Pawnee, Dakota, Hidatsa) trieben vor dem Zusammenstoß mit den Weißen Ackerbau; jene des Westgebiets hingegen waren auch vor der Einführung des Pferdes schon ausschließlich Jäger, vor allem von Bisons.

Die Schwarzfuß-Indianer

Bei diesen letzten Gruppen, die ursprünglich zu Fuß jagten, fügen sich die durch das neue Mittel bewirkten Änderungen allmählich in das Jagdsystem und in die vorhergehende Gebietsorganisation ein, die in großen Umrissen unverändert bleibt. Dies gilt für *Komantschen, Cheyenne* und *Schwarzfuß-Indianer,* die

trotz der gegenseitigen Entfernung von über tausend Meilen von Süden nach Norden ein weitgehend vergleichbares Lebenssystem entwickelt hatten.

Die detaillierte Analyse eines nördlichen Stammes, der sicherlich vor der Einführung des Pferdes der Bisonjagd nachging, der Schwarzfüße[37], kann unter anderem die Zusammenhänge zwischen dieser Jagdart und den großen Arbeiten ins Licht rücken, welche die gesamte, zum Bau der riesigen ›Bisonfallen‹ benötigte Produktionsgemeinschaft beschäftigten und das Abschlachten ganzer Herden ermöglichten. Dies ist ein sehr interessanter Aspekt der Tätigkeit der Jagdgruppe, die sich umfangreichen und dauerhaften Werken widmet, die ganze Gebietszonen in künstliche Einzäunungen verwandeln, um das Einfangen des Wildes zu erleichtern. Dasselbe geschieht manchmal auch beim Flußfischfang (Schaffung von Wasserbecken); doch der Bau der Einzäunungen der Schwarzfuß-Indianer ist gerade deshalb so bedeutsam, da er im Jagdgebiet eine künstliche Änderung einführt, die zum Teil das Prinzip der Zucht in Freiheit ausnutzt. Dies wurde durch die Größe der Jagdgruppen (bei denen der einzelne Jäger sich den Erfordernissen der Gemeinschaft anzupassen hatte) wie auch durch die genaue Abgrenzung der Jagdgebiete der verschiedenen Gruppen ermöglicht.

Die Schwarzfuß-Indianer waren in drei unabhängige Stämme unterteilt, jedoch durch gemeinsame Traditionen, Zeremonialriten und eine sehr ähnliche ökonomisch-soziale Struktur verbunden. Wie bei den anderen Zugwildjägern wurde auch bei den Schwarzfuß-Indianern der jahreszeitliche Wanderrhythmus von den Gebietswechseln der Bisonherden bestimmt, die im Frühjahr nach Osten zu den ergiebigen (von Juni bis August besonders üppigen) Weiden zogen. In dieser Jahreszeit vereinigte sich ein ganzer Stamm im riesigen Sommerlager zur großen gemeinsamen Bisonjagd und für die Feste, die alljährlich die Bindungen zwischen den einzelnen Gruppen verstärkten. Die Sommerjagd bestand dann im Einkreisen der Herde durch zahlreiche Jäger, deren Vorgehen genauestens koordiniert war.

Für die Bisonjäger war also der Sommer die Zeit der großen Einheit unter den Stämmen, der Überwindung der Gruppenpartikularismen durch eine rituelle Disziplin, die jeder Gruppe eine Aufgabe während der Jagd zuwies und ihr auch innerhalb des ›Volkes‹ eine Rolle und einen ganz bestimmten Platz im großen Lager sicherte.

Bevor wir uns mit dem Sommerlager und dem *tipi* in seiner neuzeitlichen Version nach der Einführung des Pferdes beschäftigen, wird es von Nutzen sein, bei der Winterjagd zu verweilen, die an das ›Eigentum‹, das jede Gruppe über ein be-

97. *Sioux*, tipi-*Lager (USA) (Aquarell von Peale, 1819).*

stimmtes Gebiet geltend machen konnte, gebunden war. Zu Beginn des Winters, nach den großen Jagden, zog sich jede Gruppe in ihr Gebiet zurück, um dort das Lager an geschützten Orten aufzuschlagen. Das Grundprinzip der ›seßhaften‹ Jagd, die die kleine Gruppe den Winter über betrieb, bestand darin, die umherziehenden Bisonherden ins eigene Gebiet und dann in die großen Fallen zu treiben. Dieses vor der Einführung des Pferdes vielleicht das ganze Jahr über angewandte System stützte sich auf große dauerhafte Werke, die an eigens ausgewählten Orten errichtet waren und es auch einer zahlenmäßig kleinen und zu Fuß jagenden Gruppe ermöglichten, eine große Anzahl von Tieren zu erbeuten.

Die Wände der am Talboden oder am Fuß eines Hügels er-richteten Einzäunungen bestanden aus Stämmen, Erde oder Stei-nen; auf der Höhe wurden zwei seitliche, einige hundert Meter lange Sperren erbaut, die aus Steinhaufen oder losen Stämmen bestanden; sie wurden, je mehr man sich der Einzäunung näherte, dichter und verliefen konvergent. Die zusammengetrie-bene Herde wurde erschreckt und von der Höhe des kleinen Abgrunds in die Falle hinuntergestürzt. In ebenen Gebieten, wo die Anwendung dieses Systems nicht möglich war, wurden künst-liche, auch von den Assiniboine und Cree verwendete Fallen erbaut: Es wurde ein weiter Kreis aus Stämmen und Ästen mit einer nur wenige Meter breiten Öffnung errichtet, auf die die beiden ›Seitenwände‹ zuliefen. Sie dienten dazu, die Herde dort-hin zu lenken und wurden, je mehr man sich der Einzäunung näherte, immer höher. Die Einzäunung selbst hatte über 2 m hohe Wände. Der Zugang bestand aus einer Art Brücke aus Stämmen. Sie hatte eine Höhe von wenig mehr als 1 m, genug, um den verderblichen Sturz der Bisons ins Innere zu verursa-chen und zu verhindern, daß sie daraus entkommen konnten. Der Zugang wurde, sobald die Herde in der Falle war, mit Pfählen verschlossen.

Das Winterterritorium war also das Gebiet, in dem die engere Jagdgruppe oder der Trupp das Recht zur Bisonjagd behauptete. Es hatte genau festgelegte Grenzen (Wasserläufe, Hügel, Felsen oder andere natürliche Eigentümlichkeiten); in seinem Innern wurde das Tipi-Lager errichtet. In Wirklichkeit jedoch war das Jagdterritorium inzwischen künstlich sehr stark durch den Bau zahlreicher Falleneinzäunungen verändert worden, die an den am häufigsten benutzten Durchzugswegen der Herden lagen. Das waren ständige Einzäunungen, die jedes Jahr wiederherge-stellt und verbessert wurden. Es ist also die Jagd mit ihren besonderen Erfordernissen, die sich durch die Bautätigkeit der Gruppe von einer nomadischen zu einer halbseßhaften Aktivi-

tät wandelt, die an bestimmte Orte gebunden ist, die die voraussichtlichen Nahrungsreserven des Trupps darstellen und seine Bindung an ein gewisses Gebiet bestimmen. Jeder Trupp hatte einen eigenen Namen und lebte in einem einzigen Winterlager. Das Sommerlager war dagegen ein sehr großer Kreis von ringförmig in mehreren Reihen angeordneten Zelten mit mehreren hundert Metern Durchmesser und einer gewöhnlich gegen Osten gerichteten Öffnung. In diesem Kreis besetzte jede Gruppe einen bestimmten Sektor.

Der tipi *und die ehemaligen Ackerbauern*
Die Organisation des Sommerlagers, die Vereinigung aller Trupps desselben Stammes, der Sonnentanz und der *tipi* waren auch Völkern gemein, die erst sehr spät, zu Beginn des 19. Jhs., zusammen mit dem Pferd die sommerliche Bisonjagd als Haupttätigkeit annahmen. Es sind dies die seßhaften oder halbseßhaften, aus den Ostgebieten stammenden Gruppen, die im Lauf des 19. Jhs. unter dem Vordringen der Kolonialbesetzung die Kultur der Prärieindianer übernehmen und entwickeln; darunter die Stämme der *Cheyenne*[38]. Natürlich finden sich in diesem späten Übertritt zu einem halbnomadischen Lebensmodell Elemente der Ordnung, der geometrischen und symbolischen Übereinstimmung unter den Gruppen des großen Sommerlagers, die offensichtlich ein Erbe der vorhergehenden seßhaften und landwirtschaftlichen Tradition darstellen. Der Stammesaufbau gründete sich auf einen Rat von vierundvierzig Häuptlingen, von denen jeder als ältestes Individuum einer ›Großfamilie‹ innerhalb einer der zehn bedeutendsten Gruppen oder Sippen des Stammes daran teilnahm. Diese wurden als ›Friedenshäuptlinge‹ bezeichnet, während die vier Häuptlinge jeder der Männergemeinschaften, die die Krieger stellten, ›Kriegshäuptlinge‹ genannt wurden. Dem ›Sonnentanz‹ der Cheyenne lag als rituelles Hauptelement die Wiedererschaffung der Welt in aufeinanderfolgenden Phasen zugrunde: die leere und unfruchtbare Erde wurde nacheinander vom Wasser, von der Pflanzenwelt, den Bisons und schließlich von den Cheyenne ›bevölkert‹. Andere, immer mit den großen Jagden abwechselnde Zeremonien hatten die Erneuerung der Gemeinschaft zum Gegenstand (Zeremonie der magischen Pfeile). Die Anordnung des großen Lagers der Cheyenne war durch ein genaues, wenn auch nicht konstantes Positionsritual der Gruppen innerhalb des großen, nach Osten hin offenen Kreises geregelt. Das Lager konnte auch an die tausend *tipi* umfassen, die in mehreren Reihen in einem Kreis, der oft einen Durchmesser von über 1 km erreichte, angelegt waren. Von großem Interesse ist die Beziehung zwischen Lager

und Zelten während der Pfeilzeremonie. Die Öffnung des Lagers war zur aufgehenden Sonne nach Nordosten gerichtet; aus dieser göttlichen Richtung war der Stamm, unter Gesängen und Tänzen, zum ausgewählten Ort gekommen. Auch jedes einzelne Zelt war in dieselbe Richtung gestellt: das Lager wurde mit einem großen Zelt verglichen, um so die große Stammeseinheit zu versinnbildlichen, die im Zeichen der rituellen ›Sonnen‹-Erneuerung der Tausende von Kleinfamilien erfolgte; es wurde auch dem Himmelszelt gleichgesetzt und die einzelnen Zelte den Sternen. Die einzelnen Gruppen besetzten genau festgelegte Sektoren, während sich innerhalb der Linie der *tipi* die Zelte der zwei großen Gruppierungen, der ›magischen Pfeile‹ und der ›Bisonmützen‹ befanden. In der Mitte war nur das große Ratszelt oder der *tipi* für den Sonnentanz errichtet.

Die symmetrische und dualistische Anordnung mit dem in zwei komplementäre ›Hälften‹ unterteilten Kreis war auch bei anderen Prärievölkern verbreitet. So errichteten die Häuptlinge der beiden ›Hälften‹ der *Omaha* ihr Zelt symmetrisch.

Die rituelle Ausrichtung geht weit über die Erfordernisse der Organisation der kollektiven Arbeit und der Beziehung unter den Gruppen hinaus. Sie ist höchstwahrscheinlich eine Anpassung der komplexen gegenseitigen Beziehungen zwischen den bäuerlichen Gruppen, die auf den Bereich des Nomadenlagers übertragen wurden. Wir werden bei den Omaha sehen, wie der Begriff des auf ein heiliges Gebäude bezogenen territorialen Zentrums einen wesentlichen Bestandteil ihres kulturellen und mythischen Gutes als Feldbauern darstellt. So ist bei vielen Stämmen auch die Ausrichtung des *tipi* nicht auf die Lage des Eingangs beschränkt, sondern bezieht die gesamte Struktur des Baus mit ein. Manchmal sind selbst die vier Himmelsrichtungen durch ein an der Außenseite des Zeltes angebrachtes Symbol (z. B. einen Stern) hervorgehoben. Wir stehen also einer den Jägern eigenen Lebensweise und Bautypologie gegenüber, die, einmal übernommen, mit neuen Inhalten beladen und in ihren Ausmaßen (jenen der Stammesgruppierungen wie auch jenen der einzelnen Bauten) erweitert wurde, da sie von einem revolutionierenden Arbeits- und Produktionsmittel (dem Pferd) und einer äußerst reichen, den anderen nordamerikanischen Feldbauernvölkern gemeinsamen Mythologie überlagert wurde. Die Architektur spiegelt diese Verknüpfung ökonomisch-kultureller Elemente wider und neigt trotz ihrer Einfachheit dazu, die Bedeutungen, die sich höchstwahrscheinlich von der symbolischen Tradition der Wohnstätte seßhafter Völker herleiten, zu übernehmen[39].

Die dualistische oder triadische Unterteilung der Welt und ent-

100. Ojibwa, mit Rinden und Schilfmatten bedeckter wigwam.
Wisconsin (USA).

101. *Navaho, Gruppe von mit Erdschollen bedeckten* hogans *aus Stämmen und Ästen (USA).*

sprechend auch der Stammesgruppierungen scheint der ausgeglichenen Aufteilung der Bevölkerung in den Dörfern der *Osage* (Gruppe der Sioux) zugrunde zu liegen. Dieser Stamm siedelte immer in drei Dörfern, von denen jedes durch eine in Ost-West-Richtung verlaufende Straße (die den Lauf der Sonne wiedergab) in zwei Hälften geteilt wurde: im Norden lagen die Wohnungen der Vertreter des Himmels, im Süden jene der Vertreter der Erde. Im großen Jagdlager waren die Zelte in einem einzigen, in drei Sektoren unterteilten Kreis angeordnet: im Norden befanden sich die sieben himmlischen Geschlechter, im Südwesten die sieben die trockene Erde darstellenden Geschlechter, im Südosten die sieben den Erdgewässern entsprechenden Geschlechter. Im Bereich des Kultbaus (das ›Mysterienhaus‹, *Tsi wakondagi*), einer in der südlichen Lagerhälfte erbauten Hütte, bestand eine analoge Dreiteilung. Nördlich der Ost-West-Querachse stellten sich während der Zeremonien die Vertreter des Himmels, südlich jene der Erde und der Gewässer auf. Diesen drei Sphären ›entsprachen‹ außerdem die Symbole des Maises (Himmel), der Rotzeder (Erde) und des Wassers. Das Mysterienhaus befand sich dem Ritus entsprechend in der Weltmitte und wurde auch einer Spinne gleichgesetzt, deren Gestalt in der Kreuzung der vier im Mittelpunkt zusammenlaufenden Weltrichtungen stilisiert war. Auch das Zeltlager der Omaha (immer der Sioux-Gruppe), das *huthuga*, war in fünf himmlische Geschlechter (im Norden) und in fünf irdische Geschlechter (im Süden) unterteilt, mit respektivem Bezug auf den menschlichen Lebenszyklus und den Zyklus der Produktionstätigkeit (Jagd und Ackerbau). Eine weitere analoge Bedeutung kommt der Aufteilung in zehn Geschlechter im Zeltkreis der *Cheyenne* zu (Unterteilung in zwei Hälften, Norden und Süden, mit Eingang im Osten); die Zeremonialhütte (›Hütte des Neuen Lebens‹) war ein zylindrisch-konisches Gebäude mit Rundgrundriß und einem zentralen Stützpfahl. Der Bau des Tempels, der mit der zeremoniellen ›Jagd‹ begann, an deren Ende der Baum für den Pfahl gefällt wurde, und die dort abgewickelten Zeremonien waren eine dramatische Darstellung der ›Wiedererschaffung‹ der Welt durch die Gottheit, die vor allem bezweckte, die Wiedergeburt der Pflanzen und Tiere zu sichern. Das Aufstellen des zentralen Pfahls, des Altars, auf den ein Bisonschädel gelegt wurde und der vier, die vier Erdteile darstellenden Hauptpfähle wiederholt rituell die Entstehung der Erde, die der Schöpfer-Gott, den am Meeresgrund gesammelten Schlamm in die vier Richtungen schleudernd, erschaffen hatte; der fertiggestellte Bau stellt also das Universum dar[40].

Der *tipi* ist ein großes konisches Zelt, das aus einem an der

102. *Seßhafte Lappen, mit Torf bedeckte Hütte und Ofen, im Sommer (Skandinavien).*
103. *Lappen, Njalla, auf einem Pfahl erhöhtes Vorratslager (Skandinavien).*

Spitze zusammengebundenen Holzstangengerüst besteht und mit Bisonfellen bedeckt ist. Eine ausgebreitete Zeltbahn der Schwarzfuß-Indianer gleicht einem Halbkreis mit zwei ›Ohren‹ in der Mitte der geradlinigen Einfassung, die, einmal aufgestellt, dazu diente, die obere Zeltöffnung vor Wind zu schützen. Jedes Zelt umfaßt mehr als ein Dutzend Felle; sie werden von den Frauen, den Eigentümerinnen des Zeltes, die auch dessen Aufstellung und Transport übernehmen, bearbeitet und zusammengenäht. Zum Aufbau erwirkt sich die Frau die Mitarbeit einer Gruppe von Gefährtinnen, indem sie ihnen Speisen anbietet (dies ist das wichtigste und verbreitetste Zahlungsmittel für die Mitarbeiter zahlreicher Bauformen).

Die Tragstruktur besteht aus vier, untereinander durch Bisonsehnen verbundenen Pfählen. Diesen werden weitere hinzugefügt, die den Kegel vollenden, der der Zeltbahn als Stütze dient. Das Innere des *tipi* der Schwarzfuß-Indianer ist bis zu einer Höhe von ungefähr 1,5 m mit einem Lederfutter verkleidet, das den unteren Teil vor Luftzug schützt. Die Feuerstelle liegt, der oberen Öffnung entsprechend, fast in der Mitte der Eingangsachse. Eine weitere zeremonielle Feuerstelle, vor der die Opfergaben verbrannt werden, hat ihren Platz auf derselben Linie an der Rückseite. Hier werden auch die heiligen Gegenstände und die Trophäen aufbewahrt. Im Zelt befinden sich links die Lagerstätten des Besitzers und seiner Frau, rechts jene der Kinder. Häufig sind, sowohl im Innern auf dem ›Futter‹ als auch auf der Außenseite, Dekorationen mit geometrischen Motiven.

Bei verschiedenen, von zahlreichen halbnomadischen Völkern der arktischen und subarktischen Zonen verwendeten Baulichkeiten lassen sich die Spuren des Übergangs von einer vorwiegenden Jagd- und Sammlertätigkeit zur Viehzucht feststellen. Im allgemeinen nimmt mit fortschreitender Rentierhaltung die Seßhaftigkeit der Gruppen und damit auch die Beständigkeit der Behausungsart zu: der fundamentale Bestandteil der halbnomadischen oder (dem Fischfang zugewandten) seßhaften Kulturen, das aus Stämmen erbaute ›Winterhaus‹, steht dem Sommerzelt gegenüber. Wie andere Gruppen behalten auch die *Lappen* verschiedene Wohnformen bei, je nach den Erfordernissen der einzelnen, jahreszeitlich bedingten Tätigkeiten: das Blockhaus, das erhöhte Lebensmittellager und das Zelt (Abb. 102–112). Auch bei den zentralasiatischen Kulturen, bei denen die Verwendung der *Jurte* und die Viehzucht vorherrschen, besteht innerhalb jeder ethnischen Gruppe die traditionelle Anpassung zwischen Wohn- und Wirtschaftsform weiter, zusammen mit der Gesellschaftsschichtung und dem Überleben zweitrangiger Wirtschaftsformen (Abb. 113–122).

105. Seßhafte Lappen, mit Stämmen bedeckte Hütte, im Winter (Skandinavien).

106. Lappen, stumpfpyramidenförmige Blockhütte (Skandinavien).

107. Lappen, schematische Schnitte von Zelthütten aus Ästen und Rasensoden (Skandinavien).

108. Lappen, mit Rasensoden und Stämmen bedeckte Hütte (Skandinavien). ▷

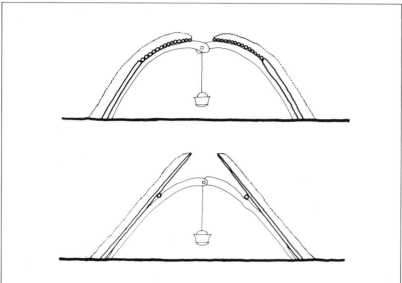

109. *Lappen, Gerüst einer Zelthütte (Skandinavien).*
110, 111. *Lappen, konisches Sommerzelt mit Umzäunung aus Astwerk zum Schutz vor wilden Tieren (Skandinavien).*
112. *Lappen, Gerüst einer Zelthütte (Skandinavien).* ▷

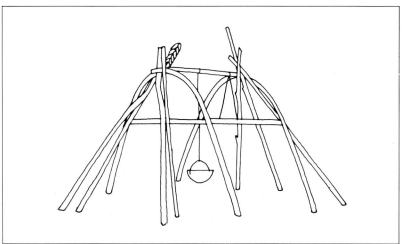

113. Koriaken, Zeltgerüst. Halbinsel Kamtschatka (UdSSR).
114. Tschuktschen, Zeltgerüst (kot). Sibirien (UdSSR).
115. Mongolen, Grundriß der Jurte, mit Einrichtung und Raumeinteilung.

a) Südabschnitt (Hirten), b) Westabschnitt (Familienmitglieder), c) Nordabschnitt (Gäste), d) Ostabschnitt (Familienoberhäupter).
1 Eingang, nach Südwesten gerichtet, 2 Weg des Gastes, 3 neugeborene Tiere, 4 Hirten, 5 Backtrog, 6 Truhe für Wertgegenstände (abdar), 7 betagte Familienmitglieder, 8 Lager der Mädchen (or), 9 Herd (tulba) oder Ofen (suha), 10 Brennmaterial, 11 Lager der

Knaben, 12 Truhe (abdar) für die Kleidung, 13 Tisch, 14 Truhe (abdar) für Kleidung und Wertgegenstände, 15 Tisch (scirée) für Ehrengäste, 16 Bank (zocini-suudal) für Gäste, 17 Aufstellung der heiligen Bilder (burkhan-scirée), 18 Gestell für Bilder, 19 Gästebett (or-zocini-erentsab), 20 Gästebank (zocini-suudal), 21 Kasten für die Kleidung des Familienhauptes und seiner Ehefrau, 22 Koffer für Decken mit Teppiche, 23 Bett des Familienhauptes und seiner Ehefrau (gher-jin-ezegni-suudal), 24 Sitzbank des Familienhauptes (gher-jin-ezegni-suudal), 25 Tisch (scirée-egegni), 26 Sitzbank der Ehefrau des Familienhauptes (gher-jin-suudal), 27 Gestell für die Preziosen des Familienhauptes, 28 Trog für Gerätschaften mit Geschirr, 29 Abzugsrohr für den Rauch, der durch die obere Öffnung (turno) der Jurte entweicht, 30 Sitzbank für Hirten und Arbeiter (arduud-suudal), 31 Schlauch für kumys (vergorenes Pferdemilchgetränk).

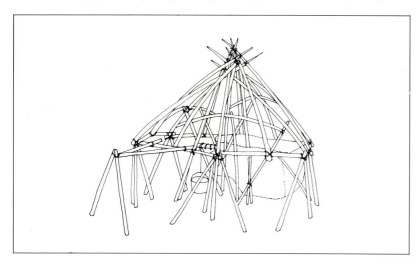

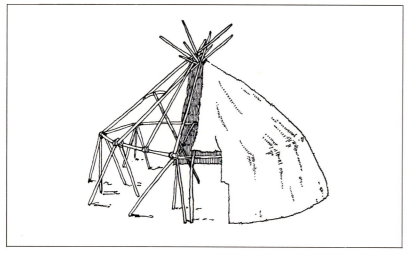

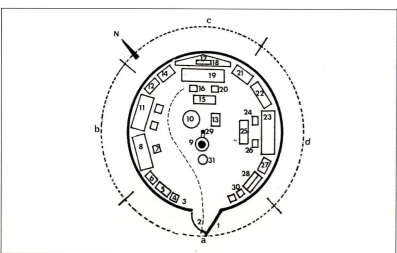

DAS TRANSPORTABLE EIGENTUM
Die Jurte und die Gesellschaft Zentralasiens: die Kasachen
Die *Kasachen* stellen die größte ethnische Einheit türkischer Sprache Zentralasiens dar mit einer fast ausschließlich auf Viehzucht gegründeten Wirtschaft[41]. Seßhafte Tätigkeiten, wie der Fischfang entlang der Flüsse und der (vor allem in den Südregionen betriebene) Ackerbau, wurden traditionellerweise als zweitrangig angesehen und dienten dazu, die Viehzucht bei den ärmeren Gruppen zu ergänzen; die gesamte politisch-ökonomische Organisation hing somit auch eng vom Viehbesitz ab, dem Unterscheidungsmerkmal der reichsten Klane und Familien und letztlich auch Grundlage des Bodeneigentums.

Die grundlegende soziale Struktur ist der Klan (taypas), der mehrere patrilineare Großfamilien umfaßte, die ihre gemeinsame Abstammung anerkennen. Unter ihnen behielt sich die bedeutendste Familie, unter deren Mitgliedern das Oberhaupt erwählt wurde, das Recht vor, das wirtschaftliche Leben zu kontrollieren. Sie verfügte auch über die ergiebigsten Weiden und die zahlreichsten Herden. Ein Emblem unterschied die einzelnen Klane. Es wurde als Erkennungszeichen sowohl auf den Jurten wie auf dem Vieh und den Lebensmitteln verwendet.

Die auf Pferd, Kamel und Schaf aufbauende Viehzucht war die Grundlage sowohl der territorialen Nutzung wie der sozialen Schichtung und der Architektur.

Die jahreszeitlichen Wanderungen waren praktisch von der Suche nach Gras für das Vieh bestimmt, da die Möglichkeiten, es mit Futtervorräten zu versorgen, gleich null sind. Von November bis Mitte April befinden sich die Gruppen in den Winterlagern, die in geschützten Gebieten liegen. Im Frühjahr wird auf der Suche nach den Sommerweiden eine Wanderung nach Norden unternommen, der eine Zeit relativer Seßhaftigkeit (bis Mitte Juli) folgt. Sie wird durch die reichen Regenfälle in den Nordgebieten ermöglicht (im Süden hingegen erfolgt der Aufenthalt im Herbst). In den heißesten Monaten (Juli–August) zwingt die Grasknappheit zu ständigem Standortwechsel. Im September–Oktober tritt mit dem Wiedereinsetzen der Regenfälle eine größere Seßhaftigkeit ein. Schließlich erfolgt Ende Oktober die rasche Rückkehr zu den südlichen Weideplätzen zum Schutz vor der bevorstehenden Kälte.

Die Gebietsaufteilung unter den Klanen spiegelt die klare Trennung zwischen der Periode der Seßhaftigkeit und jener des Nomadentums wider. Während der Winterzeit werden genaue Grenzen zwischen den einzelnen (von künstlichen Malen oder landschaftlichen Elementen, wie Felsen, Hügeln oder Wasserläufen abgegrenzten) Gebieten festgelegt; jeder Klan besitzt einen

◁ 116. *Eine filzbedeckte Jurte (Mongolei).*

117, 118. *Vorbereitung der Tragelemente der Jurte: der Ofen und der Stamm zum Biegen der Stangen unter Hitzeeinwirkung. Akcha (Nordafghanistan).*

119. *Zur Montage bereits vorgefertigte Jurten-Elemente: das Deckrad (das hier aus zwei sich kreuzenden Stangenbündeln besteht), die Radialstangen, die zusammengeklappten Gitter, die geöffnet die Wand ergeben. Akcha (Nordafghanistan).*

120. *Montage der Gitterwände einer Jurte (Nordafghanistan).*
121. *Eine vollständige, mit Filz und Schilfmatten bedeckte Jurte.*
Akcha (Nordafghanistan).

bestimmten Gebietsanteil, der auch gegen Angriffe von außen zu verteidigen ist.

Die Wintersiedlung umfaßt wenige, einer oder mehreren Familien gehörende Jurten, doch ist die Gesamtheit der Niederlassungen der Mitglieder eines Klans entlang der Grenze (in einigen Kilometern Entfernung) des ihm gehörenden Gebiets angeordnet. Einige Gruppen der mehr von der Kälte beeinflußten Zonen ersetzen während der Winterperiode die Jurte durch einen halbeingetieften, rechteckigen Bau aus Stein, Ton oder Erdschollen, der sowohl den Tieren als auch den im hinteren Teil wohnenden Menschen größeren Schutz (kstau) bietet. Das Wohnstättengefüge ist sodann von einem Bretterzaun oder einem Mäuerchen aus Erdschollen umgeben.

Die Sommerwanderungen, deren Ziel die üppigsten Weiden sind, werden von Fall zu Fall unter den Familien und Klanen vereinbart; die Weideorte wechseln von Jahr zu Jahr, und wer einen Ort als erster erreicht, erwirbt dort das Weiderecht für sein Vieh.

Die Standortwechsel konnten 700–800 km erreichen und erfolgten auf erprobten Routen, entlang derer sich Brunnen zum Tränken des Viehs befanden, das Eigentum des Adels war. Dieser bildete die obere, ›Weiße Knochen‹ genannte Klasse, welche die reichsten Familien zusammenschloß, die sich der am weitesten zurückreichenden Genealogien rühmen konnten und welche die wichtigsten wirtschaftlichen Mittel (unter anderem auch Sklavenarbeit) in Händen hielten. Die untere Klasse wurde ›Schwarze Knochen‹ genannt. Die zwei Klassen waren streng endogam und führten zu einer ungleichen Verteilung von Reichtum (Viehbestand) und Macht.

All dies war aufgrund des Nomadenlebens von geringem Einfluß auf die Architektur des Hauses. Die Reicheren konnten über geräumigere Wohnstätten, über eine größere Anzahl von Einrichtungsgegenständen und Nahrungsmitteln verfügen, vor allem weil sie das zum Transport der Jurte und des Hausrats nötige Vieh besaßen. Während nämlich die Häuptlinge und der Adel sich auch der Karren bedienten und bei den Standortwechseln Kamele, Pferde und Stiere einsetzen konnten, erfolgte der gewöhnliche Transport ›a travois‹, mittels zweier an den Sattel des Reittieres festgebundener Holzstangen. Von den sperrigen und schweren Gegenständen (wie Keramik) abgesehen, bezog sich der wichtigste Teil der handwerklichen Tätigkeit nicht auf die Herstellung von Geräten (die man größtenteils durch Tausch in den Stadtzentren und Dörfern der seßhaften Ackerbauern der Südregionen erhielt), sondern auf die Bearbeitung der Wolle, die als Rohmaterial zur Anfertigung des

123. *Lur, Zelte in der Umgebung von Khorram-abad (Iran).*
124. *Bachtiaren, Aufbau eines Zeltes. Caharmahal (Iran).*

als Bedachungstuch der Jurte verwendeten Filzes diente. Der Filz wird auch mit besonderen geometrischen Motiven versehen, die durch das Verbinden oder Zusammennähen von verschiedenfarbigen Teilen hergestellt werden. Diese Arbeiten sowie das Aufstellen der Jurte sind Aufgabe der Frauen. Die Männer hingegen richten die Holzteile der Zelthütte her; eine seit einigen Jahrhunderten standardisierte Arbeit, da die Vervollkommnung der Jurte, einer äußerst leichten Struktur, praktisch in Montage wie Transport und für das winterliche wie sommerliche Klima gleicherweise geeignet, keine besonderen technischen Varianten erlaubt (Abb. 119).

Die Wände der Jurte bestehen aus einer Reihe von ungefähr 1,20 m hohem biegsamem Flechtwerk. Für einen Bau von 6 m Durchmesser werden sechs Flechtwerke benötigt. Die Holzstäbe bilden, bei offener Struktur, quadratische diagonale Maschen von ungefähr 30 cm Seitenlänge (Abb. 120); die Kreuzpunkte sind mit Ledergurten verknüpft. Die Flechtwerke sind untereinander zusammengebunden; für den durch einen Filzvorhang verschließbaren Türrahmen wird eine Öffnung belassen (Abb. 121). Die stark abgeflachte Kuppelbedachung wird von Stangen getragen, die außen mit jeder Masche der Wand verknüpft werden und die in einem Kreis oder Holzrad (60–90 cm Durchmesser), in dem sie eingeklemmt sind, zusammenlaufen (Abb. 119). Die ganze Tragstruktur wird mit diagonalen Außenverknotungen abgesichert, die oft auch Teppiche und Stoffe halten, die so von innen sichtbar bleiben. Das Äußere wird mit Filz verkleidet.

Bei großen Ausmaßen benötigt die Jurte zwei oder drei Kamele (oder Pferde) für den Transport. Wie der nordamerikanische *tipi* ist auch die Jurte das Zentrum eines heiligen Raums, dessen radiale Richtungen sich mit den Kardinalpunkten verbinden und sich in den einzelnen Innensektoren widerspiegeln, die von den verschiedenen Familienmitgliedern nach einer bestimmten rituellen Ordnung bewohnt werden.

Das Zelt und die Wüste: die Ruwala-Beduinen

In den Wüsten- und Steppenregionen Afrikas und des westlichen Zentralasiens verwenden die Kamele, Dromedare und Ziegen züchtenden Nomadenvölker verschiedene Zeltarten. Es handelt sich um unterschiedliche und streng funktionelle ›Architekturen‹, die in jedem Detail des Materials wie der Form im Hinblick auf Leichtigkeit, Schutz vor der rauhen Witterung und Zweckmäßigkeit sorgfältigst geplant sind. Sie werden oft durch Tauschhandel von seßhaften Völkern erworben, mit denen die Nomadengruppen jahreszeitlich in Berührung kommen, und

126. Kababish, Aufriß eines Zeltes (Nordsudan).
127–130. Tekna, Gesamtbild, Details und Einrichtung des Zeltes. Grundriß, Nacht- und Taglage der Bedachungsplane, das von zwei gekreuzten Hauptpfählen getragene Holzdeckteil, ein Gestell mit daranhängendem Sack (Südostmarokko).

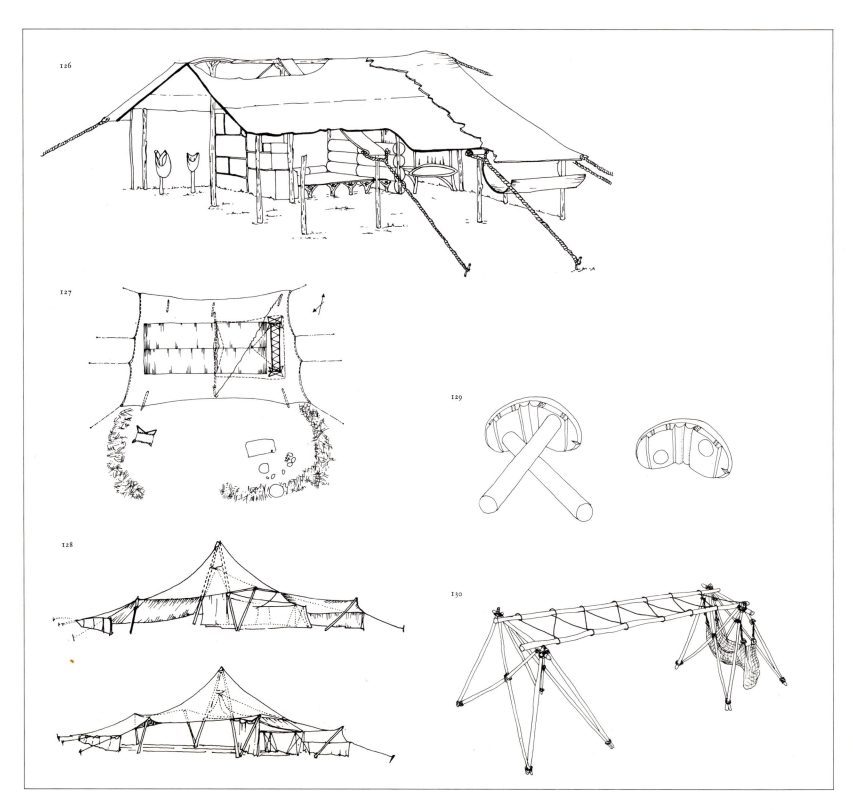

131. *Bei einer Bauernsiedlung errichtetes Nomadenzelt. Gabès (Tunesien).*
132. *Mit einem Gehege versehenes Zelt (zeriba). Fessan (Libyen).*

134,135. Ad Sceÿk, kielförmiges Zelt: Gesamtansicht und Detail der senkrechten Verschlußmatten (Eritrea).

136. Transport des zusammengelegten Zeltes (Eritrea).

137. *Grundriß eines* agal *(Somalia)*.
1 Betten, 2 Mörser, 3 Reibstein für Mohrenhirse, 4 Gefäße, 5 Wassergefäß.
138. *Gerüst eines* agal *(Somalia)*.

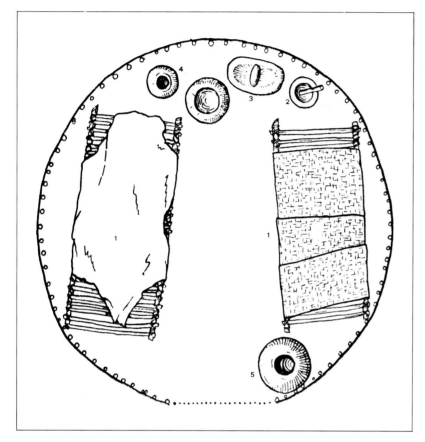

unterliegen den mannigfachsten und raschesten Veränderungen, wenn auch die Form und das Ausmaß des Zeltes durch einen jahrhundertelangen Verfeinerungsprozeß des Fertigungsverfahrens und durch die Verfügbarkeit der Transportmittel sich kaum veränderten.

Die *Ruwala*[42] werden als die reichsten unter den Beduinen der Arabischen Halbinsel angesehen, da sie das nordwestliche Gebiet in enger Berührung mit dem Hinterland der Städte Aleppo und Damaskus besiedeln. Sie führen fast ständig ein Nomadenleben, einer in Uhrzeigerrichtung wechselnden Wegstrecke zwischen den Weideländern *(hamad)*, der Sandwüste *(nefûd)* und dem Felsengebiet *(hana)* folgend.

Neben der Kamelzucht, die die Milchproduktion sowie den leichten Transport der Lebensmittelvorräte und der Zelte ermöglicht, hält man nebenbei an Jagd- und Sammlertätigkeiten (Süßgräser, Beeren, Heuschrecken) fest; dem Häuptling ist das von Spezialisten mit dem Falken gejagte Edelwild (Antilopen, Gazellen, Steinböcke) vorbehalten. Der Besitz einer bestimmten Anzahl von Kamelen, dem Zeichen des Reichtums des Familienoberhaupts, ist vor allem für den Transport der Lebensmittel wichtig. Man veranschlagt nämlich ein mit Getreide beladenes Kamel für jedes Familienmitglied und darüber hinaus auch einige Ladungen für die Gäste. Das ergibt bei den größten und mächtigsten Familien eine Karawane von über fünfzig Kamelen, die mit Getreide, Datteln und Salz, Produkten, die für den Bedarf fast eines Jahres reichen müssen, beladen sind.

Das Lager wird unweit einer Wasserstelle errichtet (die aus einem künstlichen, einige Dutzend Meter tiefen Brunnen bestehen kann). Die Aufenthalte an den besten Plätzen, die alljährlich regelmäßig aufgesucht werden, können Wochen dauern, je nach den vorhandenen Weideplätzen. Die großen Zelte werden in parallelen Reihen[43] aufgestellt. Das Tuch wird verfertigt, indem man die ungefähr 60 cm breiten, in den Dörfern erstandenen Ziegenwolltuche zusammennäht. Die Tragstruktur besteht aus sechs oder acht Stangen und aus Seillaschen; die Öffnung kann je nach dem Klima geändert werden. Das Zelt des Häuptlings, der einflußreichsten Persönlichkeit der Großfamilie, ist geräumiger als die anderen und wird innen durch eine Stofftrennwand zweigeteilt. Der kleinere Teil ist für den Besitzer und die Gäste bestimmt, der größere wird von den Frauen, Kindern und Sklaven bewohnt und dient als Lagerraum für die Vorratssäcke und als Küche. Die Einrichtungsgegenstände beschränken sich auf Teppiche, Steppsticharbeiten und Polster. Wichtig sind die Behälter für die Milch und zur Aufbewahrung der Lebensmittel[44].

139. *Zelt der Dankali-Nomaden, Ebene von Dakka (Somalia).*

141. *Zelthütten mit Mattenverkleidung. Ouadaï (Tschad).*
142. *Teda, Rundzelt mit Einzäunung. Tibestigebiet (Tschad).*

143. *Teda, Wohnstätte aus Schilf und Getreidespeicher aus Stein und Erde. Tibestigebiet (Tschad).*

144. Das Dorf Gabr-on. Fessan (Libyen).

DIE HIRTEN ZENTRAL- UND SÜDAFRIKAS
Massai und Tsonga

Die Hirtenkulturen Zentral- und Südafrikas haben eine weitgehend homogene Siedlungsform entwickelt, den kreisförmigen *kraal* (eingedeutscht: Kral), in dessen Mitte sich der Pferch befindet, während außen die Wohnstätten liegen. Wir finden dessen gemeinsame Merkmale zusammen mit den spezifischen Lösungen der Anlage und der Architektur bei den Tsonga in Mozambique, den Massai Tansanias[45] und den Zulu Südafrikas wieder.

Die Siedlung der vorwiegend Ackerbau treibenden Tsonga *(muti)* ist ein klassisches Beispiel der Beteiligung zu verschiedenen produktiven und kulturellen Schichten gehörender Motive. Sie hat eine kreisförmige Anlage (Abb. 150) und beherbergt eine Großfamilie, deren ältestes und angesehenstes Mitglied als Häuptling anerkannt wird.

Die Lattenumzäunung hat eine Haupt- und weitere Nebenöffnungen. In der Mitte befindet sich der kreisrunde, meist für die verschiedenen Vieharten unterteilte Pferch. An der Umzäunung sind ringförmig die Wohnstätten der einzelnen Familiengruppen, zylindrische Hütten mit Kegeldach, angeordnet. Die Türen sind zur Mitte hin ausgerichtet, vor ihnen liegt ein kleiner Platz für die häuslichen Arbeiten. Der Häuptling hat in der dem Haupteingang gegenüberliegenden Achsenlage die Hütten seiner Frauen. Oft besitzt er auch eine eigens als Empfangsort für Gäste und als Ruhestätte hergerichtete Baulichkeit. Die Verbundenheit mit dem Territorium, als dessen zentraler Punkt jedes Dorf angesehen wird, ist durch den heiligen Baum dargestellt, dem, gleich einem Altar, periodisch Opfer dargebracht werden; an ihm werden die Hörner der während des Totenfestes *(chirilu)* geopferten Rinder aufgehängt. Wir finden also in einer vorwiegenden Waldumgebung (jeder neuen Siedlung und neuen Kulturanlagen muß die Rodung vorangehen) ein Modell des seßhaften Dorfes, das sowohl das Motiv der Bindung zwischen der (hier patrilinearen) Gruppe und dem heiligen Baum als auch jenes, den Viehzüchtern eigene, der konzentrischen Entfaltung der Wohnstätten um das Vieh widerspiegelt.

Der Kral der Massai[46], eine halbprovisorische Struktur, die errichtet und dann während der periodischen jahreszeitlich bedingten Wanderungen auf der Suche nach Gras für die Herden verlassen wird, weist dieselbe Grundstruktur auf (Abb. 151). Um den nach den verschiedenen Vieharten in Sektoren unterteilten Pferch wird konzentrisch ein Schutz aus Ästen und Dornengezweig angelegt, mit zwei (manchmal auch vier) diametralen Eingängen. Die kleinen, in zwei symmetrische ›Hälften‹ unter-

145. Nyangatom, Dorf aus der Vogelschau (Äthiopien).
146–148. Nyangatom, Phasen der Fertigstellung einer Hütte: Gerüst aus Ästen, Bedachung und Feinbearbeitung mit Graswülsten (Äthiopien).

149. *Nyangatom, nicht mehr benützte* ›Küche‹, *deren Material wiederverwendet wird; im Vordergrund die aus Tonbrocken eines Termitenhügels bestehende Feuerstelle (Äthiopien).*

teilten Hütten bestehen aus gebogenen, mit Mist, Tonerde und pflanzlichem Material bedeckten Ästen und haben einen charakteristischen, spiralförmigen Eingang. Die Errichtung des Krals wird gänzlich den Frauen anvertraut, die auch die Besitzerinnen der Familienhütten sind. Eine bezeichnende Einrichtung der *Massai* sind die Altersgruppen der Männer von sechzehn bis dreißig Jahren, die von der Gemeinschaft getrennt in Lagern leben, die den üblichen in allem gleichen, doch ohne Verteidigungsumfassung sind. Diese Einrichtung militärischen Charakters (zur Verteidigung des Territoriums, Vermehrung der Herden durch Raubzüge usw.) ändert nichts daran, daß es die Mütter der Krieger sind, die die Hütten in deren Lagern erbauen.

Der Kral der Zulu

Das Lager der Zulu[47] spiegelt eine noch stärker dem Nomadentum verhaftete Lebensform wider; die Wohnstätten des Krals (*indlu* genannte Kuppelhütten) sind transportabel (Abb. 158). Die Lager der beweglichen Gruppen unterscheiden sich nicht wesentlich von den soeben beschriebenen: eine kreisrunde Verteidigungsanlage mit einem einzigen Eingang, ein Ring von Wohnstätten, ein kreisrunder Viehpferch in der Mitte (Abb. 157). Doch sind auch Beschreibungen riesiger, von ›Zulukönigen‹ inmitten eines ihnen untertänigen Gebiets erbauter Lager überliefert, die als ständige Feldlager dienten, um Streifzüge in alle Richtungen unternehmen zu können. Die Schlachtordnung der Zulu, die *impi*, bestand aus einem von Männern gebildeten Halbkreis, dessen Öffnung gegen den Feind gerichtet war und der sich, den Gegner umzingelnd, schloß (eine Methode, die ihren Ursprung in der Jagd hat).

Die gleiche Anordnung hatte das große königliche Lager. Die Beschreibung eines dieser Lager aus dem 19. Jh. lautet: ›Panda ... besitzt einen Kral, dessen zentrale Umzäunung einen Durchmesser von fast einer Meile aufweist. Theoretisch heißt es, daß dieser Raum den dem König gehörenden Kühen vorbehalten sei, und er wird daher *isi Baya* genannt. Praktisch wird jedoch das Vieh in kleineren Pferchen entlang der Wand des *isi Baya* gehalten, wo es von den dazu Beauftragten, deren Hütten an für diese Tätigkeit bequemen Orten liegen, leichter bewacht werden kann. Der geräumige zentrale umzäunte Platz dient fast nur als Paradefeld, wo der König seine Truppen Revue passieren läßt und wo die Truppen während der einfachen Guerillamanöver der Kaffern konzentriert werden. Hier hält der König außerdem Rat, da der *isi Baya* eine fast unbegrenzte Anzahl von Bewerbern aufnehmen kann. Um den *isi Baya* sind die

150. *Tsonga, eine Rundsiedlung (Moçambique).*
151. *Massai, Grundschema eines kreisförmigen* kraal; *die Wohnstätten sind symmetrisch zur angegebenen Querachse angeordnet (Kenia, Tansania).*
1 *Schafe,* 2 *Kälber,* 3 *Rinder.*

152. *Rund um einen Hof angelegte viereckige Wohnstätte (wagogo) aus Ästen und Erde, bei Dodoma (Tansania).*

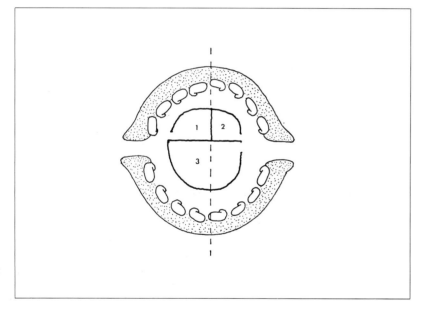

153. *Umfriedetes Gehöft mit Wohnstätten und* kraal *für das Vieh (Rwanda).*

154. *Rekonstruktion eines befestigten Gehöfts mit vertieftem Innenhof zum Schutz des Viehs (Rhodesien).*

155. *Ambo, schematische Grundrisse zweier* ›labyrinthischer‹ kraale *(Namibia).*

a) 1 Heiliges Feuer und Zentralplatz, 2 Häuptlingswohnung, 3 Ehefrauen, 4 Gäste, 5 Vorräte.

b) 1 Zentralplatz, 2 Häuptlingswohnung, 3 Ehefrauen, 4 Wächter, 5 Haupteingang.

156. *Zulu, einen* ›labyrinthischen‹ kraal *mit der königlichen Hütte darstellende Zeichnung (Republik Südafrika).*

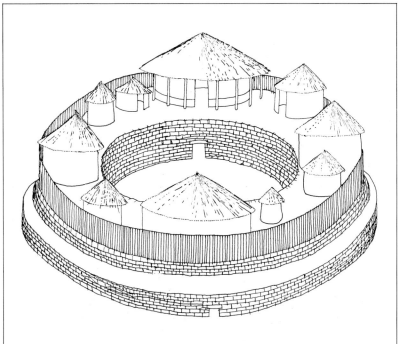

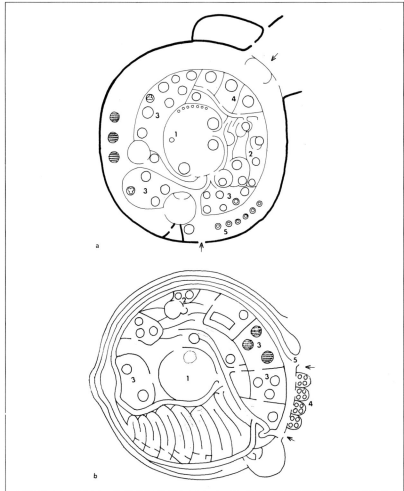

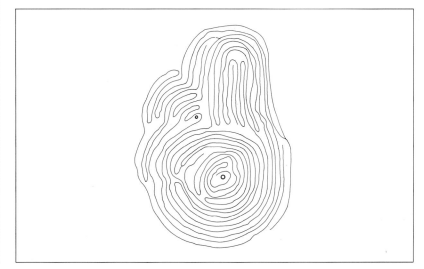

157. *Zulu*, kraal *aus der Vogelschau (Republik Südafrika).*
158. *Zulu, Aufriß einer Hütte (indlu) mit Bezeichnung der wichtigsten Bauteile (Republik Südafrika).*
1 umtwazi, 2 uqunga, 3 ibaxa, 4 isicaba, 5 isicholo, 6 umjanjato, 7 umshayo, 8 insika, 9 izi thungo, 10 umsele, 11 iziko, 12 isilili sokudla samadoda.

Hütten der Krieger und ihrer Familien in vier und sogar fünf konzentrischen Reihen angeordnet. Auf diese Weise erhält der Kral beinahe den Rang einer Stadt, da er mehrere tausend Einwohner hat und aus der Entfernung und von oben besonders imposant aussieht.

In der höchsten Zone des Krals und am vom Haupteingang entferntesten Punkt liegen die eigens für den König erbauten Hütten, die von weiteren, seine Frauen beherbergenden Unterkünften umgeben sind. Dieser gesamte Teil des Krals ist vom Rest durch hohe und starke Umzäunungen getrennt, und die Türen werden von Wächtern beaufsichtigt. ... zu jener Zeit besaß Panda dreizehn solcher großer Feldlager und hatte eben ein vierzehntes fertiggestellt. Er residiert in aufeinanderfolgenden Zeitabschnitten in diesen Kralen und findet dort alles, was er begehrt, da jeder von ihnen den anderen unter allen Aspekten gleicht. Als allgemeine Regel stellt jeder dieser Kriegskrale die Residenz eines einzelnen Regiments dar; doch der König besitzt viele andere, die für friedlichere Zwecke bestimmt sind[48].‹

Auch im gewöhnlichen Lager galten genau festgelegte hierarchische Normen, die eindeutig ›dualistischen‹ Ursprungs waren. ›In den vergangenen Zeiten, als die Frauen zahlreich und billig waren, war ein Kaffernkral der herrschenden Klasse in zwei getrennte Sektoren geordnet. Es waren dies die *ekuNene* (oder Teil der rechten Hand), deren Hütten rechts vom Eingang verliefen, bis sie die *iNdlunkulu* (oder große Hütte) erreichten und einschlossen, die genau die zentrale Lage und den höchsten Teil des Krals einnahm (unter der Herrschaft der Großen Ehefrau und ihrer Kinder); weiter gab es noch den Teil *iKohlo* (oder linke Hand), der den linken Teil des Kreises bildete[49].‹

Architektur und Aufteilung der Jagdbeute

Das von der außerordentlichen Vielfalt räumlicher und territorialer Erfahrungen der der Jagd und dem Sammeln zugewandten Völker vererbte architektonische Gut bleibt als historisches, ständig neugedeutetes und umgewandeltes Substrat bei den an die Viehzucht gebundenen Entwicklungen sowie bei den komplexeren Erfahrungen der ackerbautreibenden Völker erhalten. Es handelt sich natürlich nicht nur um Bautypologien, sondern vor allem um Bezugssysteme. Aufeinanderfolgende Schichtungen verhindern es nicht, die Spuren der älteren Auffassungen des Raums (und des Territoriums) auch nach tiefgreifenden Änderungen in den Produktionssystemen zu erkennen. So bleibt selbst die Jagdtätigkeit bei den halbnomadischen Acker- und Gartenbauern oft als Erbe eines älteren (und daher ›höheren‹) Lebenssystems erhalten.

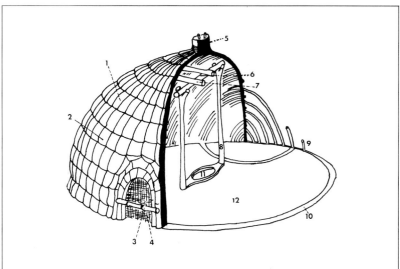

Im allgemeinen gehen die provisorischen ›privaten‹ (familiären) und ›öffentlichen‹ Strukturen (des Klans, des Stammes) der Jäger-Sammler in der Zeit, in der sozialen Bedeutung und selbst in der Typologie den Gebäuden der Ackerbauern voraus. Selbst die Bauten für die Initiationsriten sind im wesentlichen Bestandteile der architektonischen Tätigkeit, auch wenn sie nur für bestimmte Zeremonien[50] errichtet wurden; im Gegenteil, man kann sie bereits als vollendete Werke der Umwandlung des Mythos und der sozialen Struktur in Begriffe der kollektiven Architektur ansehen. Sie sind Mittler zwischen Territorium und Wohnsitz, zwischen menschlicher Tätigkeit und Natur; und sie

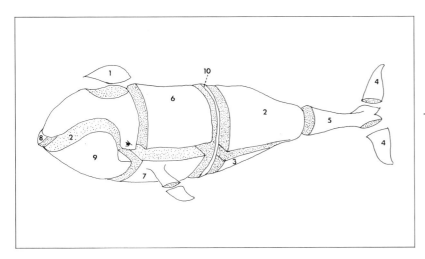

161. Eskimos, Aufteilung des Walfischkörpers unter den Jagdgenossen.

Die Teile sind bestimmt für: 1 das ganze Dorf, 2 den Kapitän des ersten Bootes, 3 den Schamanen des Kapitäns des ersten Bootes, 4 die Frühlingsfeiern der Waljagd, 5 die Frühlings- und Herbstfeste, 6 die Mannschaft des ersten Bootes, 7 das zweite und dritte Boot, 8 das vierte und fünfte Boot, 9 das sechste und siebte Boot, 10 das achte Boot.

162. Schema der Machtverteilung beim Gründungsakt von Boum-Massenia, gemäß der Aufteilung eines Nashornkörpers (birni). Die Teile von 2 bis 9 sind den Stammeshäuptlingen (acama), der Kopf (1) der autochthonen Bevölkerung des bestehenden Dorfes Erla (Tschad) vorbehalten.

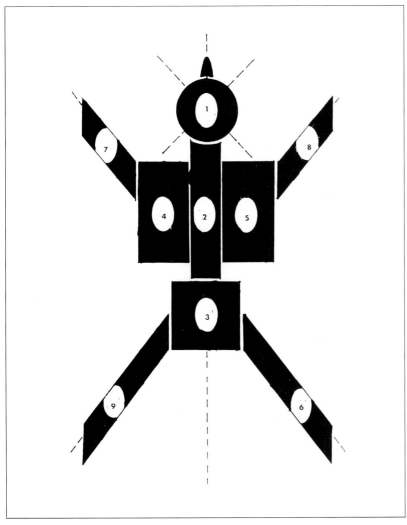

legen, ob es sich nun um Erdbewegungen, um die Verlegung heiliger Figuren oder um richtige Gebäude handelt, rituelle Beziehungen zwischen territorialem Raum und der Gesellschaft fest, die in der darauffolgenden Phase der Ackerbauern nicht ausgelöscht, sondern nur umgewandelt werden. Die ökonomisch-kulturelle ›Stufe‹ der Jagd wird also nicht einmal von jenen Gemeinschaften überwunden, die sie bereits seit langer Zeit nicht mehr ausüben, da viele ihrer Auswirkungen, zusammen mit den ›totemistischen‹ Tieren, die deren Gegenstand sind, weiterhin ein ursprüngliches Machtverhältnis des Menschen (des Häuptlings) über die Tierarten und selbst über die Menschen versinnbildlichen.

Ein entscheidender Aspekt dieser ›Kontinuität‹ ist, wie ich an anderer Stelle schon ausführte, die Verteilung der Jagdbeute unter den Teilnehmern des Jagdzuges: sie wandelt sich, ihren Sinn einschneidend verändernd, vom Akt der Wiederverteilung von Nahrungsmitteln zum Akt ritueller Machtverteilung, die noch gerade in der Planungs- und Aufteilungstätigkeit des Hauses, der bebauten Felder und des Territoriums bei den hoch organisierten Ackerbauvölkern offenbar ist. Wenige Handlungen können wie jene der Verteilung der großen Beute die hierarchischen und symmetrischen Beziehungen innerhalb der Jagdgruppe (oder des Trupps) auf organische Bezugspunkte übertragen, was durch die ›Zerstückelung‹ des Tieres nach genauen Schnitten und Regeln ausgeführt wird. Der Häuptling, der die Leitung des Unternehmens innehat, erhält von Rechts wegen den wichtigsten Teil (den Kopf oder das als am schmackhaftesten erachtete Stück); die anderen bekommen, je nach ihrem Verwandtschafts- und Beteiligungsgrad, die restlichen Teile des Tierkörpers. Dieses Verfahren wird bei den Australiern am Känguruh, bei den Pygmäen am Elefanten, bei den Eskimos von Tigara (Alaska)[51] am Walfisch angewandt (Abb. 161); doch durch die Umwandlung der Jagdbeuteverteilung in die Zerteilung des Opfertieres drückt die Entsprechung zwischen sozialem System und Tierkörper, zwischen Mitgliedern und Gliedmaßen, zwischen Häuptling und Kopf auch weiterhin vielen Gründungsriten und Machtverhältnissen der Ackerbau- und Hirtengemeinschaften ihren Stempel auf. Wie beim Problem der Auflösung der himmlischen Macht, des Klans oder des Staates in menschliche Formen stehen wir hier einem Komplex von verschiedenen Beziehungen gegenüber, die gerade wegen ihrer außerordentlichen kulturellen Veränderlichkeit ein gültiges Element darstellen können, um in spezifisch historischem Sinne die Inhalte der verschiedenen architektonischen ›Traditionen‹ aufzuzeigen[52].

GEMEINSCHAFTSHAUS UND LANGHAUS

Das Gemeinschaftshaus[1] stellt eine wichtige Etappe im ungleichen und historisch unterschiedlichen Auftauchen der Individualität des Klans und der Familie innerhalb der Gemeinschaft als Ganzes dar. Vom Blickpunkt der architektonischen Typologie verkörpert es seit Jahrhunderten für die westliche Ethnologie das Wohnsitzmodell der ›kommunistischen‹ Gesellschaft, in der die Unausgeglichenheiten und Privilegien unter den Familien beseitigt sind und eine paritätische, auf der gerechten Aufteilung der Feldarbeit und jeder weiteren Tätigkeit basierende Zusammenarbeit herrscht. Diese Voraussetzung kann bei den essentiellen, das Gemeinschaftshaus bestimmenden Elementen eintreten: die Geräumigkeit des Baus und die beschränkte Entwicklung der dekorativen Elemente. Ersteres ist bei dieser Gesellschaftsform ein Zeichen für das Vorhandensein einer sehr weitreichenden Zusammenarbeit während der Bauphase, die alle Mitglieder der interessierten Gemeinschaft mit einschließt; das zweite hängt mit der geringen Entwicklung der sozialen Wettbewerbsfähigkeit und der zweckdienlichen Interpretationen des Mythos und seiner Auslegungen mit den Mitteln des Kunsthandwerks zusammen. Das alle Mitglieder eines Stammesklans oder einer Verwandtschaft beherbergende Gemeinschaftshaus spiegelt die geschlossene Struktur wider (begrenzte und vorbestimmte Mitgliederzahl). Die substantielle wirtschaftliche Gleichstellung unter den Familien drückt sich im Fehlen einer direkten Beziehung zwischen der Kleinfamilie und der Produktion und in der Beschränkung des Privateigentums aus. Die Einzigkeit des Baus unterstreicht die Beteiligung aller an der kollektiven Verwaltung des Territoriums, das Gemeingut ist. Man kann sie daher als Antwort auf die Tendenz zur Schichtung der Ackerbaugemeinschaften ansehen (mit daraus folgender Bildung mehr oder weniger ausgeprägter innerer Unterschiede), da sie eine horizontale Aufteilung der Klan- oder Familiengruppe vorschlägt, welche die Erhaltung der direkten Beziehung zum Territorium voraussetzt.

Die Schwierigkeit der Verwirklichung dieser Bedingungen bewirkt, daß nur in wenigen Waldgebieten ein einziges alleinstehendes Haus einen ganzen Klankern beherbergt; in Wirklichkeit bilden weit häufiger eine beschränkte Anzahl von um einen Platz oder entlang einer Straßen-Platz-Anlage angeordneter Bauten jene höhere Dorfeinheit, der die Bauwesentypologie im ersten Augenblick zu widersprechen scheint. Doch auch in diesen Fällen bleibt die Einheit des Klans gegenüber den Erfordernissen der Zentralisierung der Macht, der Verteidigung und der Arbeitsorganisation bestehen, die gerade durch das alle Mitglieder beherbergende Haus bestätigt und gefestigt wird: es fehlt in der Tat ein öffentliches Gebäude für die Versammlungen und Zeremonien, wie auch das ›Männerhaus‹. All diesen Erfordernissen entspricht die einzige Struktur großen Ausmaßes der kollektiven Wohnstätte. In ihrem Innern sind die einzelnen Familien zugewiesenen Abteile, die Feuerstellen, der dem Häuptling vorbehaltene Platz: völlig selbstgenügend, kann man sie als die äußerste Konzentrierung der menschlichen Gruppen ansehen, die innerhalb eines bestimmten Territoriums in einer zentralisierten Struktur leben, die nicht gleichzeitig eine hierarchische Ausrichtung des wirtschaftlichen und sozialen Lebens bedeutet.

Die Tupinambà

Unter den beiden ausgedehnten Zonen, wo das Gemeinschaftshaus nicht völlig durch das Dorf (Familienwohnstätten, öffentliche Gebäude, Häuptlingshaus usw.) verdrängt wurde, dem südostasiatischen und amerikanischen Gebiet, finden wir im letzteren die eindeutig radikalsten Lösungen. Vereinzelt im Urwald stehend, stellen die *churuata* der Piaroa und die *maloca* der Desana komplexe und perfekte, soziale und architektonische Lösungen dar, die nur in einer theoretisch unbegrenzten natürlichen Umgebung, wie dem Amazonasgebiet, möglich sind. Jedes Haus ist das Zentrum eines Territoriums, das sich in konzentrischen Ringen (Wohnstätte – Gärten – gerodetes Gebiet – Jagdgebiet) ausbreitet. Außer diesen und anderen besonderen Fällen, auf die wir zurückkommen werden, umfaßt das Gemeinschaftshaus die zahllosen Varianten des ›Langhauses‹, das sein verbreitetstes Modell ist. Schon Antonio Pigafetta hob seine Eigentümlichkeit hervor, als er das Leben der Küstenvölker Brasiliens beschrieb: ›... sie leben in gewissen langen Häusern, die sie *boii* nennen, und schlafen in *amache* genannten Baumwollnetzen, die auf einer Seite an die Häuser selbst und auf der anderen an große Pfähle gebunden sind; zwischen diesen machen sie auf der Erde Feuer. In jedem dieser *boii* befinden sich hundert Männer mit Frauen und Kindern und machen großen Lärm[2].‹ Gegen die Mitte des 16. Jhs. erfaßte Hans von Staden[3] die anthropologische Bedeutung des ›Langhauses‹ der Tupinamba (brasilianische Küste) in ihren wesentlichen Aspekten (Abb. 163–165): Das ›Dorf‹ besteht aus wenigen Gemeinschaftshäusern. In jedem von ihnen bleibt die Autorität des Häuptlings wie die eines Königs unangefochten. Sie ist jedoch auf außergewöhnliche und für die ganze Gruppe besonders wichtige Vorfälle beschränkt. Der Standortwechsel erfolgt, da sich die Nahrungsquellen des Gebietes erschöpfen und die Bedachung (Pindo-Palmblätter) der Häuser verfällt, alle vier bis fünf Jahre.

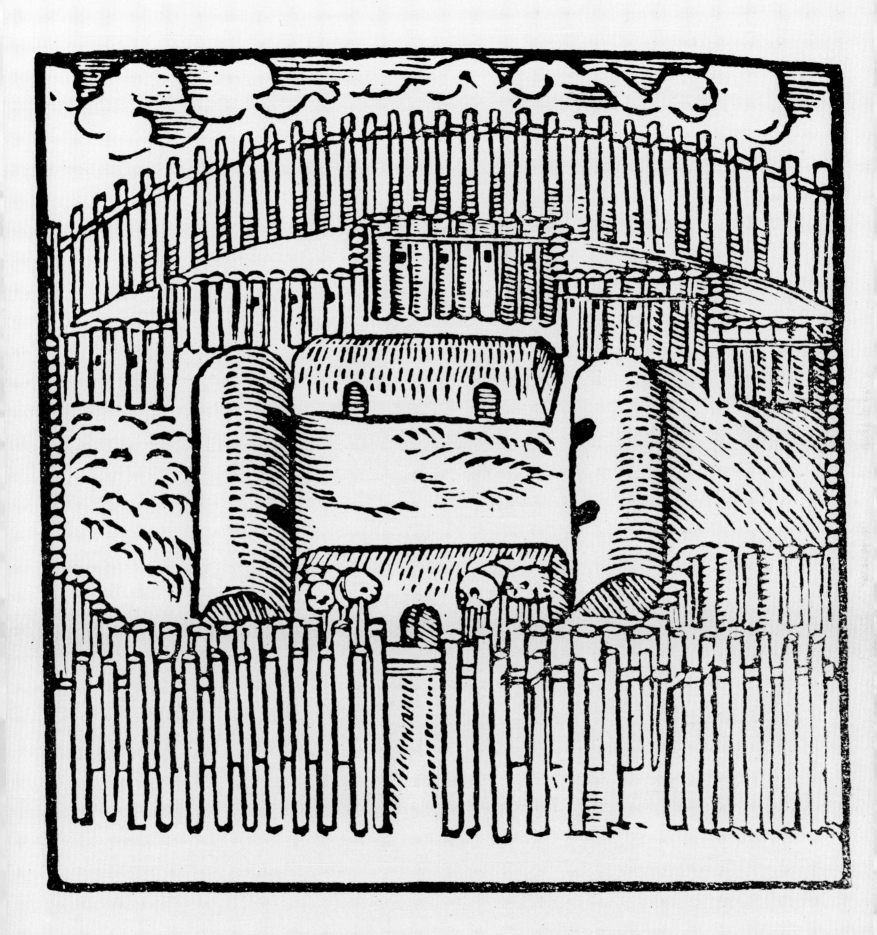

◁ 163. *Tupinambà, befestigte Dörfer aus tonnenbedachten Langhäusern (Ostbrasilien).*
164, 165. *Tupinambà, befestigte Dörfer aus tonnenbedachten
Langhäusern (Ostbrasilien).*

Hans von Staden bereiste im Dienst der Portugiesen zwischen
1529 und 1555 Südamerika. Er beschreibt den Hausbau der
Tupinambà wie folgt:
›Sie setzen ire wonungen gerne auff örter da sie wasser und
holtz nicht weit haben. Wild und Fische desselbigen gleichen,
und wann sie es auff einem ort verheert haben, verändern sie
ire wonungen auff andere örter, und wenn sie wöllen ire hütten
machen, versamlet ein Oberster unter inen, ein parthey oder
xl Mann und weib, soviel er bekommen kann, das sein gemeinlich freunde und verwanten. Dieselbigen richten eine hütten
auff, welche ist ungeferlich xiiii füsse breid, und wol 150 füsse
lang, darnach irer viel sein. Sein ungeferlich ii klöfftern hoch,
sein oben rund, wie ein keller gewelbe, dieselben decken sie
dicke mit palmen zweigen[121], das es nicht darinn regnet. Die
hütte ist alle offen inwendig, es hat keiner kein sonderlich zuge-
macht gemach. Ein iedes der parteien Mann und weib, hat einen
raum in der hütten, auff einer seiten, von xii füssen, auff der
andern seiten desselbigen gleichen ein ander parthey, so sein ire
hütten voll, und ein iede parthey hat ir eigen fewer. Der öberste
der hütten hat sein losament mitten in der hütten, sie haben
alle gemeinlich drey pörtlin, auff iede eins, und mitten eins, sein
nider das sie sich müssen bücken, wenn sie auß und in gehen, ihrer
dörffer wenig haben über sieben hütten, lassen einen platz zwischen den hütten, da sie ire gefangene auff todt schlagen. Auch
sein sie geneigt Festungen umb ire hütten zumachen, die ist so:
Sie machen ein Stocket umb ire hütten her auß Palmen beumen,
die spalten sie von einander. Das Stocket ist wol anderthalb
klaffter hoch, machens dick, daß kein pfeil hindurch mag kommen, haben kleine schießlöchlin darin, da sie herauß flitschen.
Und umm das stocket her machen sie noch ein ander stocket,
von grossen hohen reideln. Aber sie setzen die reydel nicht hart
bey einander, nur daß ein mensch nit kan hindurch kriechen[4].‹
In der Architektur der Tupinambà finden sich also, neben dem
kollektiven Langhaus, Organisationselemente des Dorfes (zentraler freier Platz, Vielzahl an Wohnsitzen, Palisadenumzäu-
nung), welche die politisch-soziale Autonomie in Frage stellen.
Der Bau an sich weist daher nicht jene Einzigartigkeit auf, die
die Beziehung zwischen Gruppe und Territorium kennzeichnet.
Auf dem Wege einer weiteren sozial-politischen Unterschiedlichkeit wandelt sich das Langhaus, obwohl es weiterhin einige
Dutzend durch Blutsbande vereinte Menschen aufnehmen kann,
von einem einzigen, innen in eine Reihe von Einfamilienzellen
unterteilten Element in eine Bauart, welche die wenigen, einer
begrenzten Anzahl von Familien gehörenden Abteile unterstreicht[5].

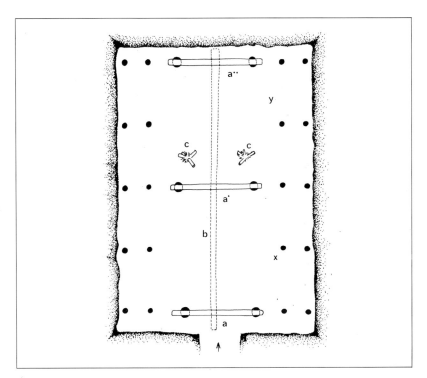
Die ›maloca‹ der Desana

Die *maloca* der zahlreichen Gruppen von Jägern-Feldbauern des Amazonasgebiets vereinigt hingegen alle architektonischen, die Beziehung zwischen Klan und Territorium betreffenden Bedeutungen in sich (Abb. 166, 169, 171, 174–178). Beim Bau des Gemeinschaftshauses der Desana[6], das alle Mitglieder eines patrilinearen Klans aufnimmt, sind die räumlichen und zeitlichen Strukturen der Welt erkennbar, in die sich der Klan eingliedert, um der Fortdauer des Lebens und der Fruchtbarkeit teilhaftig zu werden (Abb. 166).

Das Territorium wird von den Desana als eine Gesamtheit von ›Häusern‹ der verschiedenen Tierarten aufgefaßt, von denen jede von der Sonne, der wichtigsten Befruchtungskraft, dem männlichen Prinzip, die zur eigenen Fortpflanzung nötige Energie erhält. Die Hügel werden als große *malocas* angesehen, als Fortpflanzungsstätten der Urwaldtiere, die Stromschnellen sind die Unterwassermalocas der Fische. Die *maloca* des Klans ist der Sitz der Menschen, die Gebärmutter, in der die menschliche Gattung geboren wird und sich fortpflanzt. Diesen irdischen ›Häusern‹ entspricht ein unterirdisches Haus, ein uterines, *Axpikon-diá* genanntes Paradies. Das Haus des Menschen ist symbolisch wie materiell an diese heiligen Stätten, die das Klanterritorium zu einem vollständigen sich selbstgenügenden Universum machen, gebunden. Eine Reihe von sichtbaren wie unsichtbaren Schutzbarrieren um den Bau vermittelt zwischen dem inneren und dem äußeren Raum: über dem Haus denken sich die Desana eine Schicht, die es wie eine Plazenta überdeckt; und um den kreisförmigen, urbar gemachten Platz wird eine Umzäunung aus Stäbchen angebracht, die ein der Sonnenaureole gleichgesetztes Sakralgebiet abgrenzen – eine richtiggehende kosmische Grenze.

Außerhalb dieses magischen Kreises zweigen die Pfade ab, die die *maloca* mit den heiligen Stätten des Territoriums, hauptsächlich mit dem ›Hafen‹, der tiefsten Verbindung zwischen irdischer und unterirdischer Welt, und mit den *chagras*, den den einzelnen Kleinfamilien gehörenden bebauten Feldern, verbinden. Die erste Verbindung ist noch jene Nabelbeziehung zwischen der lokalen Gruppe und den heiligen Stätten des Jagdgebiets, die sich auch hier mit dem Pfad identifiziert, der das Lager mit dem ›Wasserloch‹, dem Wirbel, verbindet, der den Übergang zur unterirdischen Welt symbolisiert, und wo sich die mythischen Ereignisse konzentrieren. Der ›Hafen‹ der *maloca*, Ankerplatz zur mythologischen Welt, befindet sich an einer Stromschnelle, wo das Wasser Wirbel bildet. Er ist Sitz des *Waí-maxsë,* des Herrn der Fische, der dort in seiner Unter-

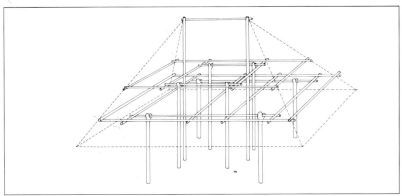

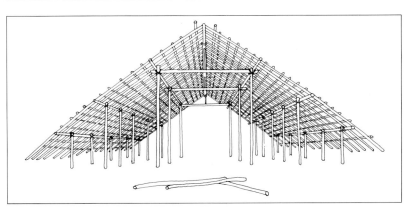

169. *Jivaro, rechteckige* maloca *mit Doppelapsis. Oberes Ama-zonasgebiet (Perù).*
170. *Araukaner, im Bau befindliche* ruka *mit Doppelapsis (Chile).*

171. *Tucuna, rechteckige* maloca *mit abgerundeten Ecken. Rio Ygarape (Nordbrasilien).*

172. *Hixkaryana, runde Wohnstätten mit Kegeldach. Rio Nha-mundà, Bundesstaat Amazonas (Nordbrasilien).*

173. Piaroa, Konstruktionsschema der churuata *(Venezuela)*.
174. Muinanï, maloca. Oberer Rio Cahuinari *(Kolumbien)*.
175. Rechteckige, teilweise gedeckte maloca *mit Abrundungen (Kolumbien)*.

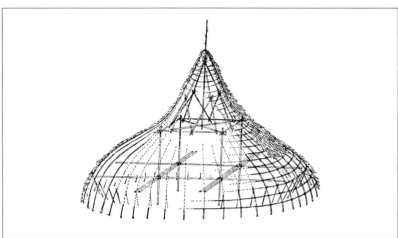

176. *Rechteckige, teilweise gedeckte* maloca *mit Abrundungen (Kolumbien).*

schaftshaus mit den im Urwald verstreuten Feldern (Maniok, Bananen, Jamswurzeln, Kartoffeln usw.), die sich auch in einigen Kilometern Entfernung befinden. Die Pfade werden wie der Raum rund um die *maloca* als Schutzgebiet betrachtet, als dem Menschen eigener Boden, auf dem sich alle produktiven und rituellen Aktivitäten abspielen.

Die so mit dem Klanterritorium in Beziehung gebrachte *maloca* (*wi'i*) wird als Ganzes und in den baulichen wie dekorativen Details als ein vollständiges Bezugsmodell der sozialen Struktur und des mythischen Gutes angesehen[7].

Der mit Rechteckanlage, manchmal mit einer Apsis versehene und mit einem Satteldach ausgestattete Bau richtet herkömmlicherweise die Fassade immer nach Süden (d. h. zum Fluß, zum ›Hafen‹, an den er gebunden ist; im allgemeinen fließen die Flüsse des Rio-Vaupés-Gebiets gegen Osten). In diese Richtung öffnet sich die Haupttür, während sich die Nebentür oder der Ausgang an der gegenüberliegenden Seite, gegen ›Norden‹, befindet. Die Baulichkeit besteht nur aus Holz und Palmblättern. In ihrem Innern nehmen vier bis acht Kleinfamilien die hintere Hälfte ein, während der vordere Teil üblicherweise den Gästen vorbehalten bleibt. Die Innenstruktur stützt sich auf drei, rote ›Jaguare‹ genannte ›Querportale‹ aus Holz (die aus zwei oben durch einen Balken verbundene Pfosten bestehen): sie erinnern an den großen Jaguar des Mythos, ein Wesen, das der Erde die befruchtenden Kräfte der Sonne vermittelt, und sind oft rot mit schwarzen Flecken bemalt. Der Längsbalken, der sie oben verbindet, stellt die Leiter dar, den kosmischen Pfeiler, der die verschiedenen Weltebenen untereinander vereint. Die Dachbalken werden durch den phallischen Symbolismus des Holzes (Zusammenballung männlicher Kraft; auch der Urwald stellt ein männliches Prinzip dar) den Männern des Klans gleichgesetzt. Über den Balken (*waxsúni*) ruht die Bedachung aus Palmblättern, die als *Maxsí-maxsë*, Herr des Daches und der Blätter, personifiziert ist. Die Fassade wird mittels gelber Lehmerde und Kohle mit symbolischen Elementen dekoriert, welche die unterirdische Welt, *Axpikon-diá*, darstellen; unter anderem ist auch die mythische Schlangen-Piroge, die die ersten Menschen auf die Erde gebracht hat, abgebildet. Der Weg dieses Fahrzeugs der primitiven Menschheit verläuft überkommenerweise, dem zweiten ›Jaguar‹ entsprechend, genau entlang der mittleren Querlinie der *maloca*. Diese Achse ist die Spur der alten Überfahrt von Osten nach Westen und bestimmt in der Mitte des Bauwerks den heiligsten Punkt, dessen Funktionen als kosmische Stütze sich im Verlauf der rituellen Zeremonien offenbaren. Der Vorderteil des Hauses (männlich) wird der gelben Farbe gleich-

wassermaloca residiert, und wird von *Diroá-maxsë*, der Gottheit, die der Heiligkeit des Lebens vorsteht, beschützt. Der ›Hafen‹ ist auch der Punkt, an dem sich die Nabelschnur des Individuums mit der unterirdischen *maloca* von *Axpikon-diá* vereinigt. Die zentrale Zone dieses ›Hafens‹ (*dexhó-maha perá*) ist der Ort der Einheit, der den Riten des Schamanen heilig ist; jene stromaufwärts ist der ›Hafen der Männer‹ (*ëmë-ya perá*), jene flußabwärts der ›Hafen der Frauen‹ (*nomé-ya perá*). Außer dem Pfad, der die *maloca* mit diesem territorialen Nabel vereinigt, verbindet ein strahlenförmiges Wegenetz das Gemein-

177, 178. *Witoto, Innendetails einer* maloca, *Amazonas (Kolumbien).*

177, 178. *Witoto, Innendetails einer* maloca, *Amazonas (Kolumbien).*

gestellt, der hintere (weibliche) der roten Farbe, die Feuerstelle schließlich, die aus röhrenförmigen, die Pfannen und den Zubereitungsstellen für den Maniok haltenden Stützen besteht, ist das Symbol der Geburt, des Prinzips der Vereinigung des männlichen und des weiblichen Geschlechts[8].

Wir haben die wesentlichsten Bedeutungsaspekte der Architektur der Desana so detailliert erläutert, weil man in ihr viele fundamentale Zusammenhänge zwischen Territorium und Wohnsitz, Klan und mythischen Überzeugungen erfassen kann, die das gleichzeitige Vorhandensein verschiedener wirtschaft-

licher und kultureller Schichten aufzeigen. Der Hintergrund, das allgemeine Umweltbild, ist noch jener der Jäger (als solche verstehen sich nämlich die Desana): die Fortpflanzungsstätten der Tierarten, die obligaten Übergänge zwischen sichtbarer und unsichtbarer Welt sind wiederum die fundamentalen Organisationsstützen der Landschaft. Doch erbringt die Jagdtätigkeit nur ein Viertel der Nahrungsgrundlage der Desana; der Rest stammt zu ungefähr gleichen Teilen vom Fischfang und Gartenbau. Der nunmehr feste, direkt an den bedeutsamsten Punkt des Territoriums gebundene Wohnsitz und ein strahlenförmiges Wege-

109

netz bestimmen schon den für die Ackerbautätigkeit typischen Bezug zwischen Wohnsitz und bebauten Feldern. Der Interpretationskomplex des Bauwerks wird parallel von den in ihm zusammenfließenden territorialen Elementen wie vom grundlegenden Begriff der Fruchtbarkeit, der Fortpflanzung, der an die Ackerbauproduktion gebundenen Mitanwesenheit des männlichen und des weiblichen Prinzips bestimmt.

Andere Völker des kolumbianischen Gebiets, wie die Witoto und die Bora[9], fassen die *maloca* als zusammengekauertes männliches oder weibliches menschliches Wesen auf. Die Ausgewogenheit der architektonischen Strukturen, der Wände und der Bedachung, der tragenden wie der gestützten Elemente, fügt sich in eine Erörterung ein, die, sich ständig auf den Klan beziehend, das gesamte natürliche und menschliche Gleichgewicht umfaßt, das sich zur Gänze im Bau des kollektiven Tempel-Hauses verdichtet. Auf diese Weise wird der menschliche Bau, obwohl er die Besitzergreifung eines bestimmten Naturbereichs von seiten der Gruppe darstellt, als ein wesentlicher Teil dieses Bereichs selbst angesehen: wie für die Jäger das Feld das bewegliche ›Zentrum‹ des Territoriums war, so stellt sich die menschliche *maloca* in paritätische Beziehung zu den *malocas* der Tierarten, die wie diese mit einer sakralen und unauflöslichen Bindung an genau den Ort, an dem sie sich befinden, ausgestattet sind.

Das Haus als kulturelles Modell: die Irokesen

Das Langhaus der Irokesen und anderer Völker Nordamerikas ist kein eigentlicher Gemeinschaftswohnsitz, sondern ein hierarchisch geordnetes Mehrfamilienhaus, dessen Gemeinschaftswerte auf die Dorfstruktur und die territoriale Kultstätte übertragen werden. Die Innenstruktur der irokesischen Wohnstätte gründet auf den zentralen Feuerstellen, von denen jede vier Familien (zwei an jeder Seite) dienen kann; insgesamt ist daher im Bereich des Hauses die segmentäre Einheit des Mehrfamilienkerns von vier Familien ersichtlich, die dem klassischen Rechteckhaus des nordasiatischen und des nordamerikanischen Gebiets entsprechen. Das Mehrfamilienhaus hat, da es im Innern als ein relativ unabhängiges Ganzes aufgefaßt wird, nicht die Funktion und den Charakter einer territorialen Kultstätte, eines kosmologischen Modells, einer Synthese des Mythos und des Bezuges Mensch–Natur, der den vereinzelt stehenden Gemeinschaftsgebäuden zu eigen ist. Die Wohnsitzfunktion überwiegt, getrennt von der auf die Gesamtheit der Gruppe, des Klans oder der ›Nation‹ bezogenen Bedeutung; nicht mehr Zentrum des Territoriums an sich, bleibt das Langhaus eine in den wirtschaftlichen, sich auf andere Organisationsebenen (Dorf, Häuptlingshaus, die mehreren Stämmen dienende Kultstätte) beziehenden Kontext eingefügte Typologie. Aus der tiefgründigen Gleichartigkeit, die man bei den Ritualgebäuden und der planimetrischen Anordnung der verschiedenen Verwandtschaften (von denen jede ein ›totemistisches‹ Emblem als Bezugspunkt aufweist) bei den nordamerikanischen Stämmen antrifft, geht die Priorität des mittlerweile für eine ausschließliche Ackerbauphase typischen mythisch-rituellen Gutes hervor, im Vergleich zu den tiefgreifenden Unterschieden, die in jüngerer Zeit die verschiedenen Völker in Ackerbauern und in Jäger unterteilten. Der offensichtliche Unterschied zwischen den Wirtschaftssystemen, den Produktionsformen und den Auswertungsarten des Territoriums, der eigentlichen architektonischen Tradition, verdeckt nicht eine weitreichende Homogenität in der Architektur der rituellen Harmonisierung von Raum und Zeit vor der Kolonialperiode. Die Grundlage dieses Gleichgewichts stellte das Bauerndorf dar, dessen Wirtschaft jahreszeitlich mehr oder weniger stark durch die Jagd ergänzt wurde. Die Stammes- wie die überstammliche Kultstätte hatte vorwiegend die Funktion einer Zwischenverbindung unter den verschiedenen Klanen, den einzelnen Traditionen und den verschiedenen Kulturen, ohne daß der politisch-territoriale Faktor eine erhebliche Bedeutung hätte gewinnen können. Seine Funktion kann insgesamt als räumlich-zeitliche Grundlage angesehen werden, die, die periodische Zusammenkunft von über weite Gebiete verstreuten Gruppen begünstigend, deren Zusammenhalt durch das Akzeptieren eines gemeinsamen Ursprungsmythos verstärkte. Doch zum Unterschied von dem, was sich weiter südlich ereignete, wurde im Gebiet der sogenannten ›moundbuilders‹-Kultur die Beziehung zwischen den Dörfern, selbst im Fall der berühmten Irokesen-Konföderation, nicht durch produktive und politische Strukturen überwunden, die das Zustandekommen einer bedeutenderen Architektur ermöglicht hätten.

Die überstammliche Einheit, die gemeinsamen, von der gleichen symbolisch-rituellen Sprache unterstrichenen göttlichen Ursprünge der Völker offenbaren sich in Nordamerika anläßlich der jährlichen Feiern, die sich im ›Großen Haus‹ der Lenape (Delaware) abspielten. Das Große Haus zeigt deutlicher die Funktion eines religiösen Zentrums auf subkontinentaler Ebene, aufgrund der relativen Entwicklungsgleichheit der Dutzende und Aberdutzende von Stämmen, die dessen Supremat anerkannten. Doch die Bedeutung des Bauwerks sowie die Rolle der kulturellen Verbindung zwischen den Völkern, die gerade nur während des kosmogonischen Ritus des Großen Hauses Ge-

179. Dayak, Langhaus (Borneo).

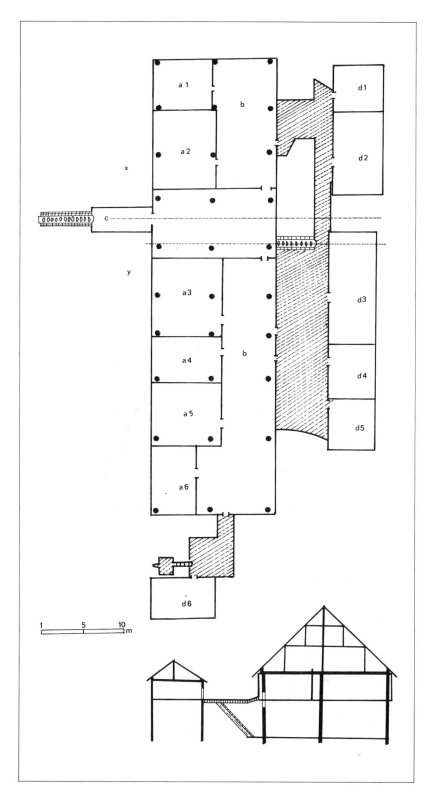

180. *Ngadju, Schnitt und Grundriß eines Langhauses (Borneo).*
*a) Familienräume, b) Galerien, c) Eingang, d) Küchen (1–2 Ideng-Nachkommen,
3–6 Antang-Nachkommen), x) Teil des Hauses der Ideng, y) Teil des Hauses der Antang.*

legenheit haben, ständige Beziehungen zu unterhalten, sind im wesentlichen ähnlich. Die Architektur des ›Tempels‹ dient dazu, jeden Aspekt der Aufeinanderfolge der mythischen Begebenheiten darzustellen, doch ihre tiefste Bedeutung erhält sie durch die Anwesenheit der Menschen, die geordnet an der Zeremonie teilnehmen.

Die Dreiteilung des Kosmos in himmlische Welt, menschliche Welt und Unterwelt spiegelt sich in den Bauteilen der großen rechteckigen Hütte (bzw. im Dach, den Wänden – Darstellung der Weltteile –, dem Fußboden) sowie in den drei Phratrien des Truthahns, der Schildkröte und des Wolfes wider, die symbolisch die gesamte Menschheit darstellen[10]. Der Bau und die Zeremonie lassen gemeinsam rituell die vom Schöpfergott bewirkte Wiedergeburt der Welt nach einem Kataklysma neu erleben. ›Die zwölf Stockwerke oder Terrassen, die sich über dem Dach ausbreiten, führen zum zwölften Himmel, dem Sitz des Großen Geistes. Zehn geschnitzte Gesichter der himmlischen Mächte zieren die zehn Pfosten und weitere zwei die Hauptstütze, die sich, die ganze Struktur durchdringend, erhebt, Symbol der Weltsäule und gleichzeitig – als ‚Zentrum‘ des viergeteilten Kosmos – Sitz und Abbild des Schöpfergottes. Die zwei daran aufgehängten Skulpturen sind rechts rot und links schwarz bemalt ... Die Osttür symbolisiert den Ur-Anfang aller Dinge; jene im Westen, dem Ort des Sonnenuntergangs, versinnbildlicht deren Ende und bleibt, im Gegensatz zur Tür im Osten, immer geschlossen ... Rund um die zwei Feuer und die Hauptstütze ist am Fußboden eine ovale, gut angestampfte Tanzfläche eingezeichnet, die im Osten beginnt und sich um sich selbst drehend über Norden, Westen und Süden ziehend beim Hauptpfahl, dem Sitz des Großen Geistes, endet. Es ist der weiße Lebenspfad, auf dem die Teilnehmer während der zwölf Nächte, dem Ritus eines ekstatischen, von kurzen Ausrufen unterbrochenen Tanzes folgend, gehen[11].‹

Bau und Familie: die Ngadju

Das Langhaus kann an und für sich alle wichtigsten Verwandtschafts- und Produktionsbeziehungen der Gruppe zusammenfassen. Es entsteht durch die Zusammenarbeit des Klans (oder von Verwandtschaftsgruppen) die, die Bemühungen einer großen Anzahl von Individuen oder Kleinfamilien koordinierend, den Bau und die Instandhaltung ermöglicht. Die soziale Übereinkunft ist die Voraussetzung und zugleich die Garantie eines Arbeitseinsatzes, der wegen der Größenordnung der Strukturen von beachtlicher Tragweite ist.

Die historische Differenzierung der technologischen Mittel und

181. Bidayuh, Teil eines Langhauses mit vorragendem Gemein-schaftsraum (balai). Sarawak (Borneo).

182. Algonkin-Dorf Lecotan mit tonnengedeckten Langhäusern. Virginia (USA).

183. Totenritual im Innern eines Algonkin-Langhauses (USA).

der Wirtschaftsvorräte (Nahrungsmittel) kann bei den zahllosen Lösungen des Problems des Zusammenlebens verschiedener Familien unter demselben Dach vorkommen. Wir finden so auch innerhalb eines begrenzten geographischen Gebiets die Spuren verschiedener Gesellschafts- und Arbeitsorganisationen mit einer mehr oder weniger starken Akzentuierung der Rolle der Gemeinschaft gegenüber der Sippe, des Klans gegenüber dem Individuum. Jede dieser Komponenten hat ihren Einfluß auf die architektonisch-einteilungsmäßige Charakterisierung des Gebäudes. Einerseits kann das Langhaus sogar dem Dorf und andererseits hingegen dem Einfamilienhaus entsprechen. Im ersten Fall überwiegt der segmentäre Zusammenschluß der Kleinfamilien (wie bei den Dorfhäusern der Dayak Borneos, Abb. 179), im zweiten wird das Eigentum einer einzigen Familie zuerkannt, und das Langhaus wird zu einem ›verlängerten Haus‹ ohne Quertrennungen zwischen zusammenarbeitenden Familien (Polynesien). Praktisch bestehen, obgleich die Analogien auf der baulichen Ebene sehr deutlich erscheinen, nicht zwei identische Lösungen des Problems des besonderen Gleichgewichts zwischen den sich aus dem Langhaus ergebenden Produktionszusammenhängen und der architektonischen Tätigkeit. Im Bereich ein und desselben Volkes kann eine ständige Veränderlichkeit in Zeit und Raum bestehen: man muß sich jedoch vor Augen halten, daß das Langhaus immer eine große Zahl von Bauleuten beansprucht, und daß daher eine vorrangige Unterscheidung zwischen erweiterter Produktionsgemeinschaft und Anwerbung von spezialisierten Handwerkern gegen Entgelt in Form von Geschenken und Nahrungsmitteln getroffen werden muß.

Ein Beispiel, das (vor weniger als einem Jahrhundert erbaute) Langhaus von Tumbang Gagu der Ngadju in Borneo (Abb. 180), kann dazu beitragen, einige der bedeutungsvollsten Aspekte dieser Thematik zu erläutern[12]. Ein großer, von dreißig Eisenholzpfählen (*Eusideroxylon zwageri*) getragener Bau beherbergt sechs verschiedene Kleinfamilien, von denen jede ein Zimmer und gegenüber dem Innengang auch einen Kochraum besitzt. Jede dieser Familien übernimmt die Instandhaltung eines (privaten) Quersektors des Hauses. Die Gemeinschaft als Ganzes muß sich hingegen um die gemeinsamen Teile (Eingang, Gänge, ein Teil der unbedeckten Plattform) kümmern. Bei den Ngadju ist das Langhaus ganz außergewöhnlich. Normalerweise besitzen die einzelnen Kleinfamilien eine alleinstehende Wohnstätte, die durch das *hindjam* genannte (auch bei den Zeremonien und bei gewissen landwirtschaftlichen Tätigkeiten angewandte) Anwerbungssystem erbaut wird: die Arbeitenden werden mit gekochtem Geflügel-, Schweine- und Rindfleisch bezahlt. Nur

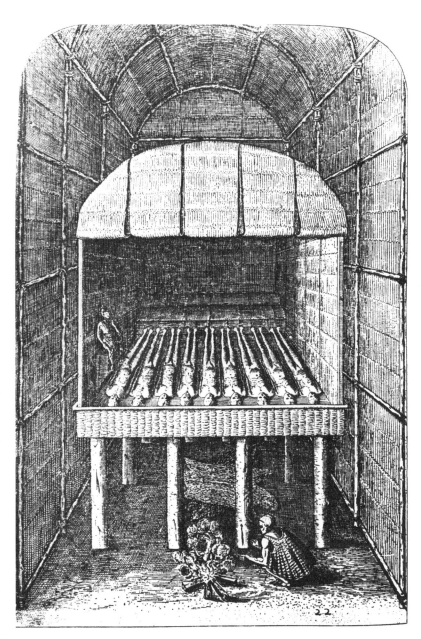

durch das Opfern zahlreicher Rinder konnte die für den Transport, die Fertigung und die Aufstellung der dreißig äußerst schweren Pfeiler benötigte Arbeit vergütet werden[13].

Nach allem, was sich durch die mündliche Überlieferung rekonstruieren läßt, wurde das Haus auf Veranlassung zweier Individuen, Antang und Ideng, der Oberhäupter zweier Großfamilien von unterschiedlichem Reichtum und Größe, errichtet; so habe der erste die Erstellung von achtzehn, der zweite von zwölf

◁ 184. *Befestigtes Dorf Pomeiock. North Carolina (USA).*
185. *Mandan, Dorf (USA).*
186. *Zeremonialtanz in einer Indianerhütte in Kansas (USA).*

187. *Mandan, Grundriß einer Rundwohnstätte (USA).*

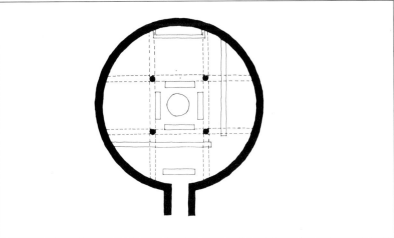

188. *Hopi, schematischer Gebietsplan mit den bebauten Feldern
der Pueblos Walpi, Sichomovi und Hano (in der Mitte, auf der
mesa gelegen). Die Felder auf der darunterliegenden Ebene gehören den verschiedenen Klanen der Dörfer. Arizona (USA).*
1 Katchina, 2 Sonne, 3 Tabak, 4 Stock, 5 Papagei, 6 Sand, 7 Fichte, 8 Wasser,
9 Senf, 10 Hirsch, 11 Dachs, 12 Hase, 13 Bär, 14 Schlange, 15 Kojote, 16 Rohr,
17 Welke, 18 Mais, 19 Kirbis.

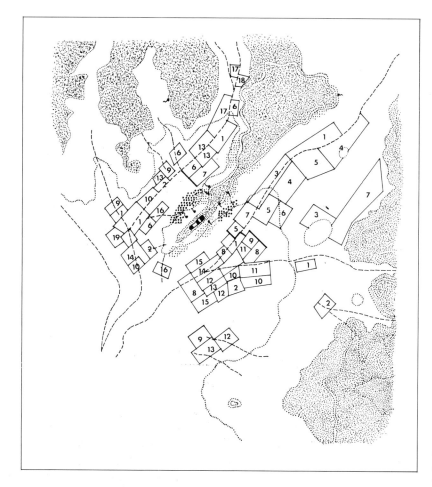

Pfeilern ›finanziert‹. Die Nachkommen von Antang wurden so
die Eigentümer des geräumigeren Teils des Hauses und bewohnten vier Abteile; jene von Ideng die restlichen zwei. Das Zu-
sammenlegen zweier Vermögen besiegelte somit ein besonderes
Verhältnis der Ungleichheit unter den beiden Gruppen von Kleinfamilien, das von der durch einen Quergang in zwei verschiedene Einflußsphären geteilten architektonischen Anlage auf vollkommene Weise wiedergegeben und dauerhaft gemacht wurde[14].
Wenn sich mit der Zeit die Bindung, die das Werk ermöglicht hatte, zwischen den beiden Gruppen lockert, stellt sich
durch den Wegfall der Instandhaltungsarbeiten ein Verfall der
gemeinsamen Teile ein[15].
Selbst in dieser sehr entstellten Bauart läßt sich also die Bedeutung des Langhauses erkennen; eine Erfahrung, die sich
geschichtlich im Gegensatz zur Tendenz zu sozialer Schichtung,
zur Schaffung zelebrativer Architekturen und zur Trennung zwischen Architektur und Produktionsgemeinschaft behauptet und

verbreitet hat. In dieser Erfahrung scheinen im bäuerlichen
Milieu jene paritätischen Bindungen unter den Individuen noch
lebendig, die in den dem Sammeln und der Jagd zugewandten
Gemeinschaften bei der programmierten Semantisierung des
Territoriums eine Rolle spielten und so allen Klanmitgliedern
eine ausgewogene Nutzung sicherten.

DIE PUEBLOS
Ungefähr fünfundzwanzig, in zwei Gruppen über die Steppenregionen Arizonas und New Mexicos (USA) verteilte Dörfer
bilden die Reste einer Gruppe von Bauernvölkern (von den
spanischen Kolonisatoren mit dem Wort ›Pueblos‹ bezeichnet),
die um das 13. Jh. ihre größte Entfaltungsperiode hatten[16]. (Vergleiche zum Folgenden die Abb. 182–202.) Zur westlichen Gruppe gehören die Hopi mit sieben, auf der Höhe dreier Mesas,
der Tafelgebirge, auf die sich das Volk aus den Ebenen nach
der Kolonialinvasion geflüchtet hatte, erbauten Dörfern. Auf der
ersten liegt das Dorf Oraibi, auf der zweiten die drei Siedlungen Shipaulovi, Mishongnovi, Sihmopovi; auf der dritten die
Dörfer Walpi, Sichomovi und Hano. Weiter östlich, an der
Grenze zwischen den beiden Staaten, bewohnen die Zuñi eines
der sieben von den spanischen Eroberern vorgefundenen Dörfer. In der zentralen Zone zwischen den beiden Gruppen befinden sich die Dörfer Acoma und Laguna, zur östlichen Gruppe
(Rio-Grande-Becken) gehören die Dörfer der Keres (Santa Anna,
San Felipe, Santo Domingo, Sia, Cochiti), der Towa (Jemez),
der Tiwa (Sandia, Isleta, Taos, Picuris), der Tewa (Tesuque,
Nambé, San Ildefonso, San Juan, Santa Clara). Die materielle
Lebensbasis (im wesentlichen Mais-, Bohnen-, Kürbisanbau),
die homogenen Umweltbedingungen (Notwendigkeit der Be-
wässerung, um vor allem im Osten die äußerst geringen Nie-
derschläge zu ergänzen) lassen die Nutzung des Territoriums
und die architektonische Tradition der verschiedenen, äußerst
unterschiedlichen Sprachgruppen zugehörenden Völker bemerkenswert homogen erscheinen.
Die dem Dorf zugrundeliegende territoriale Einheit ist das kenn-
zeichnende Element der einzelnen Gruppen; und noch mehr
mußte es dies zur höchsten Blütezeit der Siedlungen in der
Ebene gewesen sein, von denen uns überaus zahlreiche archäologische Zeugnisse verblieben sind. Zur Zeit der Eroberung (Ende
des 16. Jhs.) bestanden wenigstens an die siebzig Siedlungen,
darunter einige von beachtlichem Ausmaß. Das Eigentum an
den bebauten Feldern wie an den Wohnstätten ist unter den
verschiedenen, das Dorf bildenden Klans aufgeteilt; es besteht
keine soziale Schichtung, doch kommt den Priestergruppen,

189. *Lageplan des Pueblo Bonito mit den runden* kivas. *New Mexico (USA).*
190. *Hopi, Modell des Pueblo Tegua. Arizona (USA).*

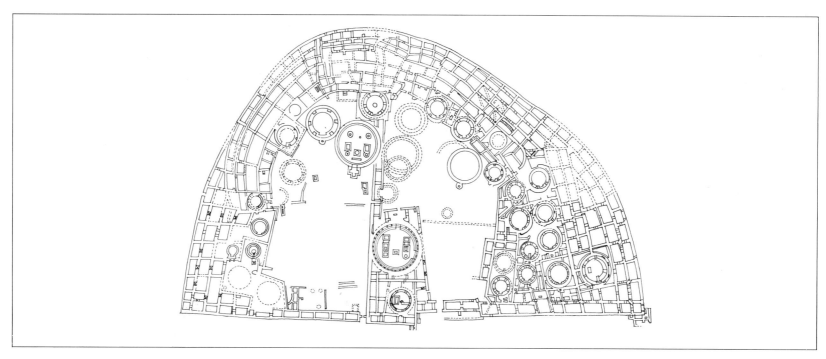

191. *Modell des gegen Ende des 13. Jhs. verlassenen Pueblo Aztec. New Mexico (USA).*

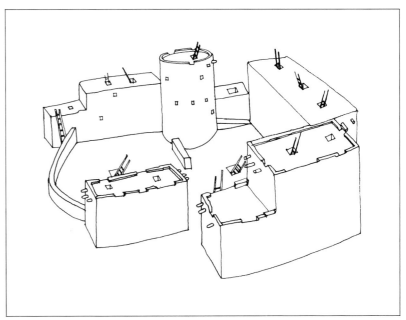

192. Rekonstruktion einer durch einen Rundturm verteidigten Wohnstätte mit den Eingängen zu zwei unterirdischen *kivas*. Mesa Verde, Colorado (USA).
193. Detail des Cliff Palace, eines unter überhängenden Felsen erbauten Komplexes. Mesa Verde, Colorado (USA).

deren vorwiegende Aufgabe die Erhaltung der Traditionen und Riten des Stammes ist, ein besonderes Ansehen zu.

Die in den letzten Jahrhunderten eingetretene zunehmende Verarmung der materiellen Kultur verhindert eine Vertiefung des Vergleichs zwischen der noch heute äußerst deutlichen mythischen Glaubenswelt und deren räumlichen Entsprechungen und der heutigen Architektur, einer extremen Vereinfachung der archäologischen Modelle. Eine kritische Analyse der Pueblos-Architektur muß daher diese tiefe Zweiteilung beachten: auf der einen Seite die äußerste Überfeinerung der Zeremonien, der kosmogonischen und kosmologischen Mythen, der räumlichen, territorialen und geometrischen Interpretationen von Zeit und Raum; auf der anderen Seite eine Gruppe von kompakten Dörfern, bei denen auch die letzten kennzeichnenden Spuren der traditionellen Wohnart allmählich verlorengehen. Der Komplex der Raum-Mythen ist daher mit der Architektur der vor einigen Jahrhunderten erbauten Komplexe zu vergleichen, bei denen die geometrische Organisation der Anlage, das stufenweise Abfallen der Wohnstätten gegen einen sakralen Innenplatz des Dorfes hin und selbst die Ausrichtung die sehr präzisen Beziehungen zwischen Raumkultur und architektonischer Verwirklichung enthüllen.

Die einfachen planimetrischen Bilder der antiken Dörfer, die
um zentrale Plätze, auf denen die *kivas* emporragten (Abb. 198),
errichtet waren, spiegeln auf vollkommene Weise den Wunsch
wider, die menschliche Welt in Harmonie mit den Richtungen
des Raums und des Kosmos zu ordnen. Es sind quadratische
(Pueblo Aztec), runde (Pueblo Tyuonyi) und halbkreisförmige
Anlagen (Pueblo Bonito), in denen die einzelne rechteckige Zelle
einem genau festgelegten Plan folgt. Mit diesen Beispielen stim-
men die komplexen Raumvorstellungen der Tradition überein;
jede mythische Begebenheit, jeder rhythmische Jahreszeitwech-
sel wird auf die sechs grundlegenden astronomischen Richtungen zurückgeführt, die vier Himmelsrichtungen sowie Zenit und
Nadir. Eine Reihe von Übereinstimmungen vereinigt beispielsweise die Himmelsrichtungen, die Jahreszeiten, die Farben, die
Raubtiere und die Schutzgottheiten der Jäger in der mythologischen Tradition der Acoma. Für die ersten drei Gruppen haben
wir zum Beispiel Norden – Winter – Gelb, Westen – Frühjahr – Blau, Süden – Sommer – Rot, Osten – Herbst – Weiß[17].
Diese ›vierteilige‹ Organisationsform der Zeit und des Raums
ist – natürlich mit Ausnahme der Details und der den einzelnen Gruppen eigenen semantischen Varianten – den Pueblos wie
den nahen, von diesen während der letzten zwei Jahrhunderte
stark beeinflußten Navahos gemein. Die geometrische Zeremonialkunst, die den komplizierten, mit verschiedenen Sandarten
und Farbmehlen ausgeführten Darstellungen zugrunde liegt,
führt die mythischen Erzählungen, die Kosmogonie, die Beziehungen zwischen menschlicher, tierischer, pflanzlicher und
himmlischer Welt auf dieses fundamentale Viererschema zurück (Abb. 201, 202).
Die äußerste Wichtigkeit des räumlich-zeitlichen Repertoires

198. *Schnitt und Grundriß einer* kiva *mit Einstiegsleiter und
dem die zentrale Feuerstelle versorgenden Belüftungsschacht.
Mesa Verde, Colorado (USA).*
199. *Tewa, Pueblo Nambé. New Mexico (USA).*

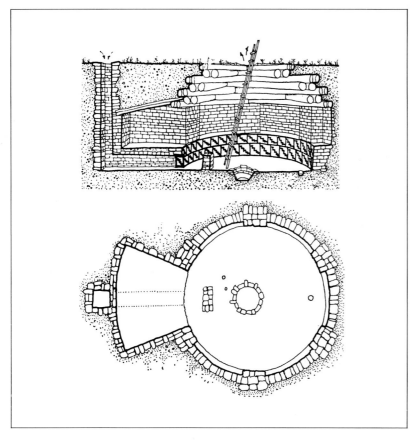

zeigt sich auch in der Aufmerksamkeit, die der Position der
auf- und untergehenden Sonne auf der Horizontlinie während
der verschiedenen Tage des Jahres zugewandt wird. Der natürliche ›Kalender‹ des Pueblo von Sihmopovi, der den Unregel-
mäßigkeiten der Skyline[18] folgt, dient im wesentlichen dazu,
die Zeiten von Aussaat und Ernte und die Daten der heiligen
Hauptzeremonien, die den Jahresablauf bestimmen (die wichtigsten davon fallen auf die Sommer- und Wintersonnenwende),
zu regeln. Doch die Verknüpfung zwischen Mythos und architektonischer Struktur konnte auf direkte Weise während der traditionellen Zeremonien, die in der *kiva* stattfanden, wahrge-
nommen werden. Nach einer mythischen Überlieferung läßt der
Schöpfergott Iatiku, nachdem er die Menschen, ihnen das Modell
zeigend, den Bau des ersten Dorfes gelehrt hatte, von diesen
einen Altar errichten, um den sich rituell die Katchina-Geister
an den vier Himmelsrichtungen anordnen; nur als Schlußakt
seiner Offenbarung lehrt er, um den Altar die *kiva* zu bauen,
die heilige Stätte, die den Katchina während ihrer Besuche bei
den Menschen zum Ausruhen dient. So erinnern die architek-

200. Hopi, Zeremonialaltar im Innern einer kiva. Arizona (USA).
201. Navaho, Zeremonialzeichnung aus Farbmehl. Die vier
weiblichen Gestalten, die das ›Haus der Tautropfen‹ bewohnen, entsprechen den durch die verschiedenen Farbtönungen
angezeigten vier Himmelsrichtungen. Rundum der Regenbogen.

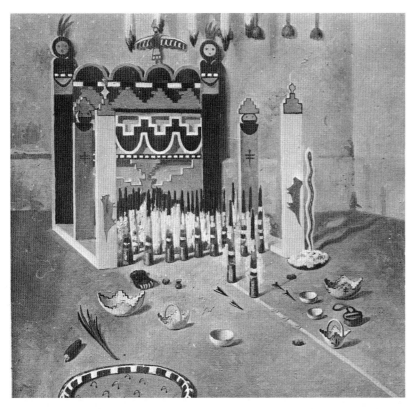

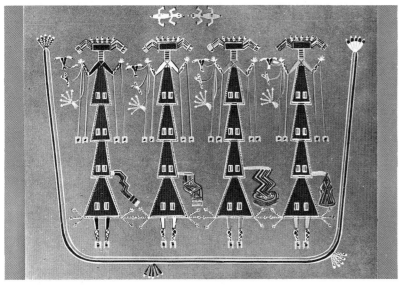

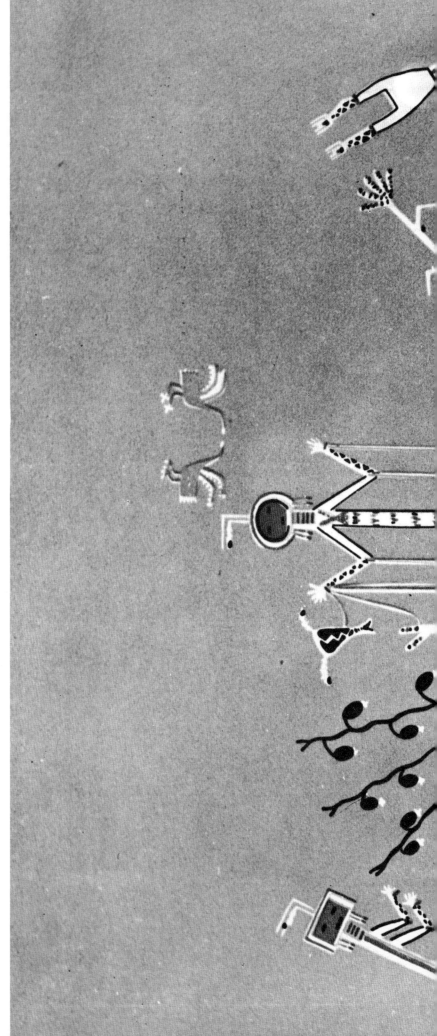

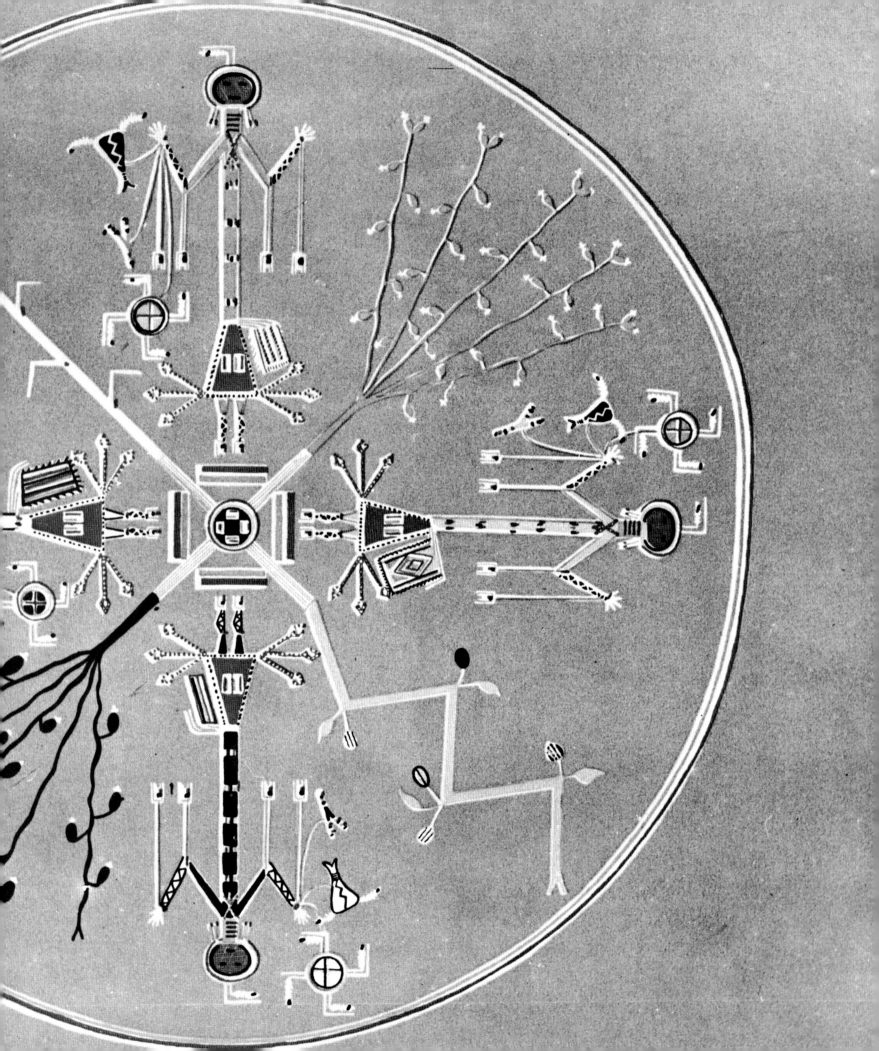

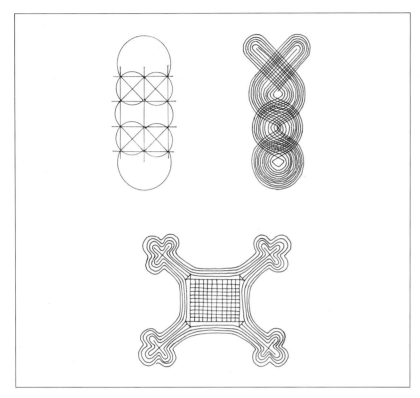

tonischen Elemente der *kiva* an die Berührung der himmlischen Welt der Geister mit der irdischen Welt. Die Überdachung ist die Milchstraße, die Zugangsleiter stellt den Regenbogen dar und die die Wand entlanglaufende Erhöhung ist der Nebelsitz, auf dem die Katchina ruhen[19].

KLAN UND DORF IN MELANESIEN
Die Neuen Hebriden: Männerhaus und Prestigesymbole
Die Stellung eines Individuums innerhalb einer ziemlich starr in Klane strukturierten Gesellschaft, in der auch keine Klassenschichtung besteht wie in der melanesischen, kann trotz dieser Bindungen auf der Ebene des persönlichen Machtprestiges äußerst differenziert sein (vergleiche zum Folgenden die Abb. 205–209). Dies natürlich auch unabhängig vom Alter. Ein Beispiel, das die anfänglichen Zusammenhänge zwischen persönlichen Machtsymbolen und dem gemeinsamen architektonischen und künstlerischen Gut erläutert, wird uns von den Symbolen gegeben, die in der Nordregion der Insel Ambrym (Neue Hebriden) die dreizehn verschiedenen sozialen Stufen darstellen. Sie bestimmen eine Hierarchie *(mage)* unter den Individuen, welche die Möglichkeit haben, diese vorzuweisen[20]. Es handelt sich nicht einfach um ›säkulare Kunst‹ (die der rituellen oder sakralen Kunst gegenübergestellt wird), sondern um die anfängliche, auf dem persönlichen Reichtum gründende individuelle Aneignung der von der Stammesgruppe kodifizierten Symbole. Es ist denn auch bezeichnend, daß, obwohl der größte Teil dieser ›Prestige-Embleme‹ nach Belieben käuflich und verkäuflich ist, ihr konventioneller Gebrauch innerhalb eines Kodex beschränkt bleibt, den wir in weiterem Sinn als ›künstlerisch‹ und überbaulich definieren können, ohne die unbestimmte Anhäufung, noch die Veränderung der Symbole selbst zu gestatten.
Es handelt sich zweifellos um eine Entwicklung des Privateigentums, das jedoch wegen der über ihm stehenden Klaneinheit die grundlegende Struktur des Grundeigentums nicht berührt. Viele dieser Rangembleme greifen auch auf essentielle architektonische Elemente über, doch bleiben sie (außer dem ersten) auf den Bereich der ›Modelle‹ begrenzt: erste Stufe *(fangtasum)*, Erlaubnis, sich eine von der Wohnung getrennte Küche zu bauen; zweite Stufe *(mwel)*, ein am Rande des freien Tanzplatzes gepflanzter Cycas-Baum; dritte Stufe *(wer)*, ein schwarzbemalter Stein; vierte Stufe *(sagran)*, eine Skulptur aus Farnholz, die eine kleine Tanzplattform trägt; fünfte Stufe *(liun)*, ein mit roten Flecken und schwarzen Kreisen bemalter Stein; sechste Stufe *(gulgul)*, eine ein menschliches Antlitz darstellende Skulptur oder ein Stein auf einem Hügelchen; siebte Stufe *(wurwur)*, eine

205. *Von hölzernen Vögeln überragte Trommeln und persön-*
liche Altäre. Insel Vao, Süd-Malekula, Neue Hebriden (Mela-
nesien).

◁ *206. Bau eines rechteckigen mit Dachflächen versehenen Männerhauses (nagamal). Insel Pentecost, Neue Hebriden (Melanesien).*

207. Gerüst eines im Bau befindlichen Klanhauses. Nord-Malekula, Neue Hebriden (Melanesien).

große Skulptur mit einem menschlichen Antlitz, die ein Tier bändigt und eine Tanzplattform trägt; achte Stufe *(simok)*, ein weiß-schwarzer Stein; neunte Stufe *(hiwir)*, eine große männliche, eine Tanzplattform tragende Skulptur; zehnte Stufe *(wet ne mweleun)*, ein weiß-schwarzer Stein auf einem Hügelchen; elfte Stufe *(mage lonbul)*, ein Loch mit je einer männlichen und weiblichen Statuette, die von einem kleinen Satteldach überdeckt werden; zwölfte Stufe *(loghbaro)*, ein Steinrechteck mit einem größeren Stein in der Achsenlage; dreizehnte Stufe *(mal)*, das Gefüge aus Steinen der vorhergehenden Stufe mit zwei skulptierten Pfählen, die einen Firstbalken mit der Falkenfigur tragen, und dem die Tür darstellenden größeren Stein: es handelt sich um die Wiedergabe des ›Männerhauses‹ in verkleinertem Maßstab[21]. Immer auf den Neuen Hebriden haben wir zwei weitere bedeutungsvolle Beispiele, die das im Rahmen präziser Regeln gewonnene persönliche Ansehen an die künstlerische Tätigkeit und an eine bestimmte architektonische Typologie knüpfen. Die (auf Ambrym *tu* genannten) Sandzeichnungen der nördlichen Hebriden sind sicherlich rituellen Ursprungs (Abb. 203, 204), auch wenn ihre kollektive Bedeutung zum Teil verlorengegangen ist, um zum Gegenstand des Wettstreits unter den sie Ausführenden zu werden. Obschon sie totemistische, rituelle, mythologische Sujets darstellen, stuft sie ihr Abstraktionsgrad in die Kategorie, wenn nicht des Labyrinthspiels, so der höchst begrifflichen räumlich-zeitlichen Darstellung ein, wie wir sie bei den australischen territorialen Schemata vorkommen sahen. Die Architektur dieser Figuren besteht in der Verflechtung der gerade nur angedeuteten äußeren ›Glieder‹ in einer von einem orthogonalen ›Koordinatengitterwerk‹ bestimmten zentralen Zone, in einer logischen Entwicklung ihrer Zusammenhänge, die als geometrische Umsetzung der dem Gegenstand innewohnenden Eigenschaften erscheint[22].

Auf Pentecost, einer nördlich von Ambrym liegenden Insel, hat der Wettstreit unter den Männern um Prestigepositionen eine besondere architektonische Form ins Leben gerufen: das hohe Turmgerüst aus Stangen, das ihnen als Sprungbrett dient, um sich kopfüber hinabzustürzen, wobei sie lediglich durch eine Liane, die sie an der Fessel festhält, gesichert sind.

Die Organisation der lokalen Gruppen in bezug auf die Probleme der wechselseitigen Beziehungen und der Autorität drückt sich erschöpfend durch die Festlegung der entsprechenden räumlichen und architektonischen Begriffe aus. Das Männerhaus *(nagamal)* bestimmt so, sich auch auf den davorliegenden Platz erstreckend, das gemeinschaftliche zeremonielle und rituelle Zentrum der engeren Gemeinschaft und identifiziert sich somit

de facto mit der patrilokalen und patrilinearen Gruppe selbst. Symbol des Zusammenschlusses mehrerer lokaler Gruppen, politischer und ritueller Natur, ist der *nasara* genannte Platz, eine Einebnung, die hauptsächlich für die Tänze und die ›Inthronisationszeremonien‹ eines von mehreren *nagamal*-Gruppen anerkannten Häuptlings dient[23]. Dies ist der Ort, wo die großen, horizontal oder vertikal angeordneten skulptierten Trommeln aufgestellt werden und wo die über die lokale Gruppe hinausweisenden Zeremonien stattfinden. Dies wird in den Fällen noch offenkundiger, wo der *nasara* einem Individuum gehört, das die heiligen Versammlungen zum eigenen Vorteil ausrichtet, oder für den Fall, daß *nasara* und *nagamal* im selben Zentrum nebeneinander liegen; in diesem Fall besteht zwischen den beiden Plätzen eine klare Grenze, welche die (vom *nagamal* ausgeschlossenen) Frauen nicht überschreiten dürfen. Der *nagamal* ist also in seinem architektonischen und räumlichen Ausdruck ein Symbol der Klaneinheit, während der *nasara* einen Raum darstellt, der schon ein unabhängiges (individuelles oder vom Stamm ausgeübtes) Machtmittel ist. Er wird sporadisch (für die

Konsekration eines Häuptlings auf dem heiligen Stein oder für große Zeremonien, die im Abstand von vielen Jahren stattfinden) benutzt.

In der Tat stellt das Männerhaus die soziale Einheit dar, die das Gemeinschaftsleben regelt; es ist auch, wie wir gesehen

haben, das von besonderen plastischen und architektonischen Symbolen gekennzeichnete Status- oder Rangzeichen des Individuums und ermöglicht durch einen komplizierten Ausgleichsmechanismus unter Individuen eines unterschiedlichen Status eine wirksame Kontrolle jedes zu großen Mißverhältnisses durch die ständige Trennung zwischen politischer Einheit (und Verwandtschaftseinheit) und dem Besitz oder der Nutzung eines bestimmten Territoriums. Die Erhaltung der sozial-ökonomischen Verflechtung, die auch auf der Ebene des Grundeigentums erfolgt, gewährleistet jeder Sippe eine Rolle, die, wenn auch auf unterschiedlicher Stufe, offiziell anerkannt ist.

Auf den anderen Inseln bestehen verschiedenartige Rangunterscheidungen, die größtenteils wie auf Ambrym an die Errichtung bestimmter Monumente gebunden sind. Auf der kleinen Insel Vao nordöstlich von Malekula gibt es nur zwei ›Ränge‹. Dem ersten Rang entspricht eine Steinplattform. Der zweite Rang ist beträchtlich komplizierter: er besteht aus einer Steintafel, die rückseitig an einem Korallenblock und auf der Vorderseite an einem in anthropomorpher Form skulptierten Pfahl lehnt. Auf diesen beiden Stützen ruht ein waagrechter Balken, der, den Fischadler *(nabal)* symbolisierend, skulptiert ist; die Stützen und die Steintafel werden schließlich durch ein Dach geschützt[24]. Es herrscht also als endgültige Darstellung des höchsten Ranges die Errichtung eines kleinen ›Männerhauses‹ vor, als des Erreichens der höchsten Beteiligung an den Ritualen und am Gemeinschaftsleben der Gruppe. Von den niedrigsten bis zu den höchsten Rängen findet man häufig eine progressive Vervollständigung der Darstellung des Männerhauses *(amèl)*, das zuerst nur von vier durch ein Seil verbundene Eckpfähle, sodann von einer Steinumzäunung und schließlich von einer richtigen kleinen, mit Tür und Dach versehenen Baulichkeit dargestellt wird. Die Abbildung des Adlers oder Falken auf dem Balken, wie auf Ambrym oder auf Vao beim Symbol des höchsten Ranges, bildet den Hauptbalken der Männerhäuser nach.

Die Bedeutung der Rangsymbole, die ein alternatives, jedoch mit jenem der erblichen Macht nicht unvereinbares System bilden, besteht im wesentlichen darin, das Individuum auf immer engere Weise mit der mythischen Tradition zu verbinden und ihm zugleich eine steigende, seinen wirtschaftlichen Möglichkeiten (Verfügbarkeit über Schweine, das für den Erwerb der Ränge benutzte ›Zahlungsmittel‹) entsprechende Würde innerhalb der Gesellschaft zu verleihen. So stellt die Steintafel von Vao den Gott Lehevhev dar, den Wächter des zum Totenreich führenden Weges, und der skulptierte Pfahl ist Symbol des Ahnen, der als erster das rituelle Opfer dargebracht hat[25].

210. Dani, gerodeter und bebauter Abhang (Neuguinea).

211. Dani, von Palmen umgebene Talsiedlung (Neuguinea).

Neuguinea: die Bergdörfer

Im Innern Neuguineas fehlen der Dorfstruktur jene ›öffentlichen‹ architektonischen Kennzeichen (verzierte Männerhäuser, den Klanen gehörende Gebäude usw.), die man in den reicheren Küstengebieten antrifft[26]. Auch das Gemeinschaftshaus ist wenig verbreitet oder wird höchstens für wenige Kleinfamilien erbaut; ob es sich nun um runde oder rechteckige Bauwerke handelt, es besteht aus einem einzigen Raum, in dem häufig die Männer von den Frauen getrennt sind (wie bei den Sayolof und Yarumui). Das Dorf (Abb. 211) umfaßt wenige Behausungen – für gewöhnlich einige Dutzend –, die um einen freien Platz oder einen Straßentrakt angesammelt sind, je nachdem ob das Bezugsmodell das rundliche Lager (Wohnstätte wie Platz sind rundlich) oder die Reihenordnung (gleichgerichtete rechteckige Wohnstätten) ist; in beiden Fällen ist es oft befestigt. Die Baumaterialien bestehen vor allem aus Stämmen, Lianen und Bambus, die auch beim Bau der Hängebrücken, der notwendigen Verbindungsstruktur zwischen den oft durch tiefe Schluchten getrennten verschiedenen Gruppen, verwendet werden. Die Brücken werden ausschließlich mit Seilen oder Lianen erbaut, oder sie haben einen Laufsteg aus Längsbalken (wie im Gebiet der Dani, Abb. 212, 213); in einer Waldumgebung, wo die begrenzten Möglichkeiten der Schweinezucht und des Gartenbaus keine große Bevölkerungsdichte und keine intensiven Beziehungen unter den einzelnen Gruppen und den verschiedenen Dörfern zulassen, bilden sie die wichtigsten dauerhaften architektonischen Eingriffe in das Territorium.

In der Wohnstruktur kommen zahllose Varianten bei der Verwendung der Materialien wie in der Anlage vor; so findet man die rundlichen Dani-Hütten, deren Wände aus mit Steinäxten zugehauenen Holzbrettern bestehen (Abb. 215–218), und die niederen Pfahlbauhütten der Telefolmin, darin jede Kleinfamilie über eine auf der Spitze eines Erdhügelchens befindliche Feuerstelle verfügt. Sie erhebt sich von der Bodenfläche über den Fußboden und schränkt so die Brandgefahr ein und ermöglicht das Kochen direkt auf dem Erdboden. (Vergleiche auch Abb. 219: Pfahlbau an der Küste Neuguineas.)

Kunst und Architektur der Abelam

Im Maprik-Gebiet, das zwischen dem Fluß Sepik, der Nordküste Neuguineas, Wewak, den Torricelli- und Prinz-Alexander-Bergen liegt, hat die Stammesgruppe der Abelam[27] eine äußerst interessante architektonische Tradition, deren wichtigster Ausdruck das riesige ›Zeremonienhaus‹ ist. Jedes aus einigen hundert Individuen bestehende Dorf besitzt eine dieser Baulichkeiten mit

◁ 214. Dani, Verteidigungsumzäunung eines Dorfes (Neuguinea).
215. Dani, Bau der Bretterwand einer Rundhütte (Neuguinea).

216–218. Dani, Rundhütten, mit oder ohne Außenlaube (Neuguinea).

einer fast gänzlich bemalten charakteristischen Dreiecksfassade. Die wirtschaftliche Grundlage der Abelam ist der Gartenbau. Im Sozialsystem hat der Klan, die zentrale Struktur, um die sich die ökonomische und politische Aktivität des Dorfes dreht, die beherrschende Rolle inne. Dem Klansystem gesellt sich ein System dualistischer Entsprechungen hinzu, das die Gesellschaft in zwei miteinander auf produktiver wie zeremonieller Ebene konkurrierende Gruppen *(ara)* teilt. Schließlich besteht eine noch bedeutsamere Kette von Beziehungen zwischen den verschiedenen Dörfern des Gebiets (die Abelam sind ungefähr 30 000);

219. Pfahlbauten an der Küste (Neuguinea).

durch die sie verbindende ›Patenschaft‹ tauschen die Dörfer Lebensmittel aus und nehmen gegenseitig an den Zeremonien teil. Im individuellen Bereich sieht die Übereinstimmung für jede Person zwei Gefährten *(chambara)* vor, einer gehört zum eigenen Dorf und einer stammt aus dem Patenschaftsdorf. Strebt das Individuum ein Ziel an, das ihm durch seine Nützlichkeit innerhalb der Gesellschaft zukommt, so begünstigen der Klan, die *ara* und die Patenschaft die Entwicklung einer Wettbewerbsfähigkeit unter den Gruppen und einen ständigen Umlauf der mythischen und kulturellen Motive, was sich deutlich in der Betonung der Rolle der Kunst in der Gesellschaft widerspiegelt[28].

Ein Dorf der Abelam[29] ist durch den Größenunterschied zwischen den gewöhnlichen Bauten und dem enormen Sakralgebäude gekennzeichnet. Das Zentrum von Kalabu, eine lineare Siedlung, die die Kuppen einiger Hügel in einer Ausdehnung von 3 km einnimmt, ist in zwei Hälften unterteilt. Im Zentrum erhebt sich das Kultgebäude. Die entlang des zentralen Weges angereihten gewöhnlichen Häuser sind mit einem bis zum Boden reichenden, vorn erhöhten und mit Brotbaumblättern bedeckten Satteldach versehene Bauwerke. Jede Familie besitzt mehrere Häuser: eines ist dem Mann, eines der Frau und den kleinen Kindern vorbehalten, eines dient als Küche und eines als Vorratskammer.

Das Kulthaus ist ein mit einem bis zum Boden reichenden Satteldach ausgestatteter Bau; an der Rückseite enden die Dachflächen 2 m über dem Boden, während sie sich an der Vorderseite erhöhen und so eine ungefähr 18–22 m hohe und 10–12 m breite Dreiecksfassade bilden. Die Fassade hängt nach vorn über, um den gemalten Dekorationen Schutz zu bieten; die äußerste Schlankheit des Bauwerks wird auch durch die stark geneigte Lage des Firstbalkens (ungefähr 45 Grad), der oben in einer konischen Spitze endet, unterstrichen.

Im Innern dieser ›Glocke‹ hängt eine lange Weidenrutenkette; darüber erhebt sich eine hölzerne Spitze. Die aus Pfeilern und Balken bestehende Tragstruktur des Baus stützt das aus einem Bambusgeflecht gebildete Wand-Dach. In der unteren rechten Fassadenecke befindet sich der einzige Zugang, eine kleine tunnelförmige Öffnung, in die man nur auf allen vieren hineingelangt; im halbdunklen Innern werden die hölzernen Bilder der Ahnen und Gottheiten aufbewahrt. Die Versammlungen der Männer werden auf dem freien Außenplatz, manchmal unter einem Wetterdach, oder auf der der Fassade vorgelagerten Wiese abgehalten.

Der untere Fassadenteil weist bis zu einer Höhe von 5–6 m

220. *Lageplan des Küstendorfes Boru. Baxter Bay (Neuguinea).*
Die Behausungen eines Klans (dubu) liegen gruppenweise beieinander: 1 Orimu, 2 Lapi, 3 Gundubu, 4 Womong, 5 Warata.
Zivilisationselemente: 1 Kirche mit Wohnung der Missionare, b) Händlerwohnung.

221. *Lageplan des Dorfes der Insel Mailu, mit Unterteilung in vier Klane, von denen jeder verschiedene Untergruppen umfaßt. Goiseoro (Neuguinea).*

X Klan Morau, 1 Maraoraed Dubu, 2 Mageva Dubu, 3 Buma Dubu, *im Zentrum (A) das Männerhaus* (Koporaoro), Y Klan Maradubu, 4 Arisadubu, 5 Motodubu, 6 Maradubu, 7 Baraudubu, 8 Dibodubu, *im Zentrum (B) das Männerhaus* (Danilea), W Klan Urumoga, 9 Banagadubu, 10 Gonudubu, 11 Bariidubu, 12 Boiladubu, 13 Diadubu, 14 Garagoiledubu, *im Zentrum die drei Männerhäuser* (Abauoro, Onibuoro, Dariavara), Z Klan Bodeabo, 15 Udadubu, 16 Abidubu, 17 Arisadubu, 18 Banidubu, 19 Gabinadubu, 20 Warasadubu, *im Zentrum das Männerhaus.*

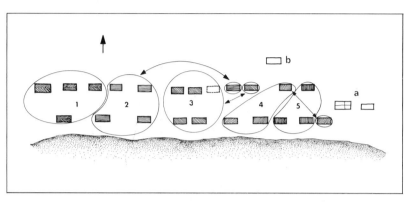

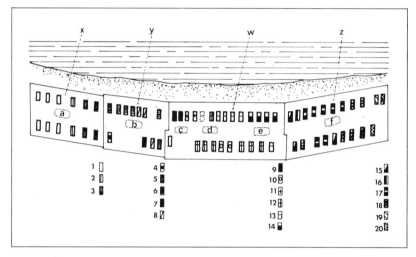

verschiedene, menschliche Körper und geometrische Motive darstellende Folgen aus parallelen Dekorationsbändern oben von einem weiteren, den vorhergehenden ähnlichen Antlitz bekrönt, das sich unter dem glockenförmigen Dachfirst befindet.

Die Bedeutung dieser Gesichter, die sich oft auch auf meist dreieckigen, in den Kulthäusern anläßlich der Zeremonien aufgehängten Paneelen wiederfinden, liegt nicht nur in der Beziehung zur Fassade des Gebäudes und im (zur Unterstreichung der sozialen Funktion der am Kulthaus angewandten rituellen Kunst nach außen gerichteten) Gepräge, das sie dem Bau insgesamt verleihen, sie sind darüber hinaus ein äußerst bedeutungsvolles Element des Verhältnisses zwischen Abbild und Abstraktion in der primitiven Kunst und Architektur. Im Maprik-Gebiet weisen die verschiedenen Abelamgruppen unterschiedliche, bei der Fassadendekoration der Kulthäuser konsequent befolgte ›Stile‹[30] auf. Einem nördlichen Gebiet, in dem das Motiv des Antlitzes vorherrscht, steht eine östliche Zone gegenüber, wo die Dekoration als ›abstrakt‹ angesehen wird. Dieselben graphischen Elemente, verschiedenartig verformt und vor allem mit unterschiedlicher Bedeutung für die einzelnen Abelamgruppen, sind als ›menschliches Antlitz‹, als ›männliche Haartracht‹, als ›menschliche Gestalt‹ usw. auslegbar. Kaum wahrnehmbare Veränderungen in der Form und in der Farbe können die Beziehung zwischen dem Gemälde und seiner Bedeutung sowohl innerhalb des Abelamgebiets als auch innerhalb der mit ihnen in enger Berührung stehenden Gruppen völlig verändern. Wie Forge betont, ist die Fortdauer gerade durch die Veränderung der Bedeutung eines analogen in einen unterschiedlichen Kontext eingegliederten Zeichens gegeben. Es ist jedoch klar, daß die Malereien der Kulthäuserfassaden immer, mit stilistischen und semantischen Varianten, das Element ›Mensch‹ im Zusammenhang mit dem Klan und seiner Mythologie darstellen, hinsichtlich der Benutzung der heiligen Stätte (die den Frauen verboten und daher auch ein ›Männerhaus‹ ist) und zu den Beziehungen Individuum–Künstler–Klan. Die oben angedeutete soziale Struktur mit den Patenschaften zwischen verschiedenen Dörfern und Individuen und dem Austausch von Besuchen anläßlich der Zeremonien hat auch einen beachtenswerten Austausch künstlerischer Erfahrungen zwischen verschiedenen Gebieten begünstigt; doch die ›Kopie‹ eines äußeren künstlerischen Motivs bedeutet nie (und kann es auch nicht bedeuten) eine materielle Wiederholung der ›Form‹ und ›Inhalte‹, sondern eine unterschiedliche Neuschöpfung der imitierten Grundmotive.

Trotz des großen Maßstabs der Malereien (3–4 m hohe Ge-

keine gemalten Dekorationen auf, sondern das Geflecht aus Bambusleisten selbst bildet eine homogene, gänzlich mit sehr feinen geometrischen Motiven (vorwiegend in Zickzackstreifen) durchwirkte untere Zone. Zwischen diesem Unterteil und dem gänzlich bemalten oberen Giebel befindet sich als Trennungselement eine horizontale Leiste mit halbkreisförmigem Schnitt, die aus einem skulptierten und bemalten Holzbalken besteht, auf dem regelmäßig menschliche Masken, Vogelfüße und menschliche Füße einander ablösen; an den beiden Endpunkten stellen zwei Gesichter, wie die Skulpturen des Innern, die Schutzgeister der Ahnen dar.

Der gesamte Teil oberhalb dieses Querrahmens ist mit einer gemalten Dekoration bedeckt, die auf Paneelen aus geglätteten und zusammengenähten Sagopalmblättern ausgeführt sind. Im unteren Teil dieser großen Fläche sind sechs, eines dem andern ähnliche menschliche Gesichter dargestellt, die durch die Abbildung ihres Antlitzes (Geist), jedes mit einem eigenen Namen, den sechs Klanen (*Ngwalndu*) entsprechen. Darüber werden

222. *Garten und Gemeinschaftshaus. Nomad River (Neu-guinea).*

223. *Reste eines alten Männerhauses (Neuguinea).*

224. *Tambanum, Tragstruktur eines Männerhauses. Mittlerer Sepik (Neuguinea).* ▷

sichter!) besteht vom ›stilistischen‹ Blickpunkt aus kein Unterschied zwischen den gemalten Dekorationen kleiner Gegenstände und jenen, die an der Fassade der Kulthäuser ausgeführt werden. Dies bezeugt, daß die in der Architektur angewandte Dekoration immer eine getreue Vergrößerung von bereits längst im künstlerischen Repertoire vorhandenen Motiven und Figuren ist. Somit läßt sich auch diese doppelte Übereinstimmung aufzeigen: einerseits die perfekte ›stilistische‹ Kohärenz der großen Dekorationen mit den kleinen, andererseits die völlige Gleichheit zwischen den an die Zeremonienhäuser gemalten Motiven und jenen, die für bestimmte Zeremonien provisorisch, doch immer auf Sagopalmblättern ausgeführt werden. Das bedeutet, daß der Stabilisierung der Typologie ›Kulthaus mit dekorierter Fassade‹ zunächst die Anbringung von Paneelen an der Fassade der Häuser selbst vorausging. Der Dekoration Endgültigkeit verleihend, bedient sich die Gruppe auch im alltäglichen Leben der Zeremonialkunst als eines wirksamen Mittels des Zusammenhalts und der Überzeugungskraft; sie in die Sakralarchitektur eingliedernd, ändert sie zum Teil deren Rolle als Aufbewahrungsstätte der Masken und Ritualgegenstände, um sie in eine immer offenere (und in der künstlerischen Verwirklichung immer vollendetere) Darlegung der besonderen eigenen mythischen, rituellen und sozialen Schöpfungen umzuwandeln.

Die ›Große Hütte‹ Neukaledoniens
Die ›Große Hütte‹ ist das ständige Symbol der Einheit der Klane, der Macht des Häuptlings und der Beziehung zwischen der Gemeinschaft und der Gesamtheit der mythischen Traditionen. Sie ist auch ein ›Männerhaus‹, doch wird sie bereits als ›öffentliches‹ Gebäude angesehen, im Gegensatz zu den Familienwohnstätten. Eine heilige Feuerstelle ist ihr vorgelagert. Der Ausgewogenheit zwischen der Architektur und den skulptierten Elementen läßt den Bau zum Ausdruck der baulichen Fähigkeiten (auch im rituellen und politischen Sinn) der zu seiner Errichtung beitragenden Klane werden[31].
Die Anlage ist kreisförmig; über einer niederen, von den Tragpfählen der Umfassung begrenzten Wand erhebt sich ein sehr hohes Kegeldach, das in einer Spitze ausläuft; ein zentraler Pfeiler, Symbol der errungenen Einheit des Dorfes, dient der Struktur als Stütze.
Jedes bedeutsame architektonische Element hat als Zeichen der Verbundenheit zwischen dem Bau, den mythischen Vorfahren und der Gesellschaft eine bildhauerische ›Ergänzung‹. Der wichtigste Teil ist die gegen den freien Dorfplatz gerichtete Zugangs-

226. *Männerhaus mit Satteldach und hohen Giebelspitzen. Mittlerer Sepik (Neuguinea).*
227. *Stirnseite eines Männerhauses mit anthropomorphen Elementen (Menschenantlitz). Mittlerer Sepik (Neuguinea).*

228. *Kanigara, Männerhaus; im Vordergrund ein skulptierter Pfahl. Mittlerer Sepik (Neuguinea).* ▷

tür, ein Berührungselement zwischen dem den Frauen verbotenen heiligen Innenplatz und dem gemeinschaftlichen Außenplatz. Die Seitenrahmen *(jovo)*, die aus zwei halbzylindrischen, in einem menschlichen Antlitz endenden Skulpturen bestehen, sind die oft auf den kleineren Seitenpfählen oder auf der Schwellenmitte *(katara)* wiederholten Abbildungen der Ahnen. Auch der Architrav *(pweretu)* selbst ist oft mit einem skulptierten Fries verziert. Mit einer weiteren Abbildung oder Maske der Ahnen ist der Mittelpfahl gegenüber dem Eingang versehen. Der äußere Endteil des Stützpfahls ist das abwechslungsreichste und interessanteste Element. Es handelt sich um eine Art Spitztürmchen, manchmal mit einem Menschenantlitz, öfters mit sehr verschiedenartig eingeschnitzten geometrischen Motiven, das zusammen mit Beschwörungssymbolen auch das Emblem der Gruppe wiedergibt. An die Zusammenarbeit der Klane beim Hüttenbau erinnert die anthropomorphe Ausarbeitung (unterschiedliche bärtige menschliche Gesichter), die häufig bei der Vollendung des Innenteils der Umfassungspfähle, von denen jeder einem Klan entspricht, angewandt wird. Schließlich ist innen der dem divinatorischen Schlaf vorbehaltene Raum durch eine Holzwand abgetrennt, deren Hauptelement ein reich mit Schnitzereien verzierter horizontaler Balken *(boedu)* bildet.

Das Dorf wird von der ›Großen Hütte‹, dem Haus der Männer und des Häuptlings, beherrscht; vor ihr öffnet sich ein rechteckiger, enger und langer (von 10 bis rund 60 m langer und 5–12 m breiter) Platz, der die Zeremonialachse und das Gelände für die Tänze und Feste bildet. Dieser Platz ist leicht erhöht und von Kokospalmen und Araukarien flankiert, von Bäumen, denen wie dem Platz und der ›Großen Hütte‹ eine männliche Bedeutung zugeschrieben wird. An den Seiten befinden sich die Familienhäuser mit weiblicher Bedeutung, die durch kleine, von Pappeln umsäumte Wege verbunden sind. Ihre Umzäunung aus Ästen ist manchmal mit Schädeltrophäen von Feinden verziert. Jede Hütte hält die Verbindung mit den Lebenskräften der Gruppe, vor allem den Ahnen, durch bestimmte, vor die Tür gestellte Gegenstände aufrecht: durch heilige Steine, Sitz der Geister der Ahnen, und einen seitlich aufgestellten sehr hohen Pfahl, der den Kontakt mit der unsichtbaren Welt sichert. Neben das Haus wird eine Jamswurzel oder auch eine Wasserbrotwurzel gesetzt, um mit Hilfe der Ahnen magisch die Fruchtbarkeit der Erde zu sichern.

Auf dem Tanz- und Zeremonienplatz wickelt sich das Gemeinschaftsleben ab, vor allem bei dem großen Pilu-pilu-Fest, bei dem ein Teil des während des Jahres angesammelten Nahrungsüberschusses verbraucht wird. Die außerordentliche Ausgegli-

229. *Innenansicht eines Männerhauses. Mittlerer Sepik (Neuguinea).*
230. *Vorderplattform eines Geisterhauses, mit einem mit Schnitzerei und Malerei geschmückten Eckpfosten. Mittlerer Sepik (Neuguinea).*

231. *Rekonstruktion eines Geisterhauses am Sepik (Neuguinea).* ▷

chenheit zwischen dem Reichtum der einzelnen Kleinfamilien, dem des Klans und dem des Häuptlings, drei sich gegenseitig kontrollierende und bedingende Faktoren, machen aus dem neukaledonischen Dorf ein einzigartiges Gefüge, eine genaue Widerspiegelung und zugleich bestimmende Gegebenheit der präzisen, die Gesellschaft beherrschenden Regeln; und es ist kein Zufall, daß das Dorfleben mit den großen Hütten, den Plätzen und bebauten Feldern im Vordergrund ein bevorzugter Gegenstand der vorwiegend aus dem 19. Jh. stammenden Bambusschnitzereien ist, die ein wertvolles Zeugnis der nur teilweise von den ersten Kontakten mit den europäischen Kolonisatoren beeinflußten räumlichen Darstellung sind[32].

Mythos, Kollektivismus und Hierarchie in Südostasien
Ein enger Zusammenhang besteht bei der seßhaften Bauernbevölkerung der südostasiatischen Dörfer zwischen mythischem Denken, Ackerbau und Haus. Das Sakrale wirkt auf den Rhythmus der Feldbestellung wie auf den Bau und die Benutzung des Hauses ein. Zwischen Feld und Haus, beide Ausdruck des Eigentums, besteht eine klare Wechselbeziehung, da ersteres die Produktionsstätte und das zweite der Ort der Verarbeitung, des Verbrauchs und der Aufbewahrung der landwirtschaftlichen Produkte ist.
Unter den im Lauf der Geschichte von den südostasiatischen Ackerbaukulturen beeinflußten Gebieten weist Madagaskar ein hohes Integrationsniveau zwischen Dorf, Wohnstätte und Territorium auf (Abb. 255–263). Dieser Zusammenhang drückt sich zum Beispiel in der Anlage der rituell nach den Himmelsrichtungen angeordneten Wohnstätten aus. Die Wände und Ecken entsprechen entweder Raumrichtungen oder zeitlichen Unterteilungen (den zwölf Monaten des Jahres), während im Innern, wie üblich, jeder Teil den verschiedenen Familienmitgliedern zugewiesen ist oder eine genau festgelegte rituelle Rolle spielt. Eine relative typologische Gleichförmigkeit (Rechteckhütte mit Satteldach) verhindert keineswegs die Entfaltung einer außerordentlichen Verfeinerung in der Ausführung des Hauses, der Gräber, der Vorratslager, die uns, auch durch die im Vordergrund stehenden pflanzlichen Materialien und Verwendung von Pfahlbauten, in die indochinesisch-indonesische Welt versetzt.
Von Indien über Birma bis Kambodscha (Abb. 264, 265) und Vietnam weisen die Dorfgemeinschaften klar umrissene Bautraditionen auf, je nach den Sprach- und Stammesgruppierungen; darauf folgende Schichtungen und Einflüsse haben im übrigen auch in begrenzten Gebieten das Panorama der Siedlungs- und Bautypologien überaus verschiedenartig gestaltet. So besitzt

232. *Innenansicht eines Geisterhauses am Sepik (Neuguinea).*   233. *Holzmaske, die sich früher an der Frontseite eines Männerhauses am Sepik befand (Höhe 1,20 m).* ▷

234. Abelam, Detail der Männerhausfassade des Dorfes Wingei. Die regelmäßig wiederkehrenden Motive werden als ›männliche Haartracht‹ und als ›Kasuar‹ gedeutet (Neuguinea).

235. Wohnstättenemblem aus bemaltem Holz. Mittlerer Sepik (Neuguinea).

236. Bemalter Rahmen aus Bambus und zusammengenähten Palmbrakteen, der zur Dekoration eines Kulthauses am Mittleren Sepik errichtet wurde (112 × 57 cm) (Neuguinea).

237. *Lageplan des Dorfes Omarakana. Trobriand-Inseln (Melanesien) (in, Schwarz die Jamswurzeln-Vorratslager; die leeren Felder stellen die Wohnstätten dar).*
1 Häuptlingshütte, 2 Vorratshaus des Häuptlings, a) Grabplatz, b) Tanzplatz.

238. *Pfahlbaudorf aus Wohnstätten mit Spitzbogenschnitt, Vordach und vorderem Laufsteg. Admiralitäts-Inseln (Melanesien).* ▷

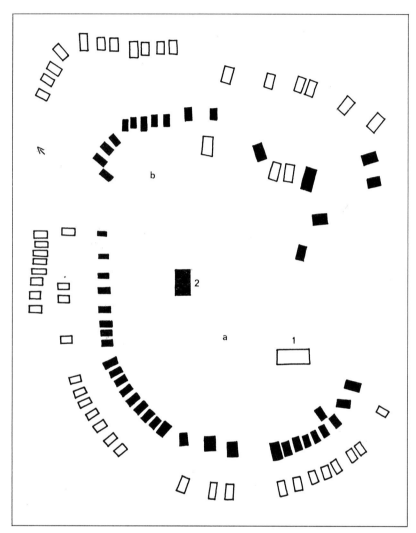

in Südvietnam jede Gruppe eine eigene traditionelle Art, um das Problem der Beziehung zwischen menschlicher Gemeinschaft und Umweltbedingungen zu lösen, und zwar eine eigene architektonische Tradition, ein Zeugnis jahrhundertelanger, ungleichmäßig über das Territorium verteilter kultureller Beiträge. Die Analogien zwischen den verschiedenen Traditionen sind allgemeiner Natur, doch betreffen sie nicht die Details der Bauten, eher spiegeln sie eine Art und Weise wider, die Wohnstätte und das Dorf als Ausdruck der sozialen Geschlossenheit der Gruppe, ihrer Individualität und des Reichtums ihrer Mitglieder zu sehen.

239. *Dekoration einer Männerhausfassade. Salomon-Inseln (Me-lanesien).*
240. *Dorf mit zentralem rundem Tanzplatz. Insel Santa Cruz (Melanesien).*

Die Sre Südvietnams

Die Analyse der Bautätigkeit eines dieser Stämme, der *Sre*[33], kann die Gesamtheit der Elemente erklären, denen in diesem Gebiet in der Konzeption der architektonischen Aktivität der Vorzug gegeben wird. Sie stützt sich auf die Studie von J. Dournes, der parallel die architektonischen Kulturen der Sre und der Jörai untersucht und sie mit jener anderer benachbarter Völker (Södang, Ma', Ködu, Jölöng usw.) vergleicht.

Das auf einer Waldlichtung erbaute Sre-Dorf besteht aus einer Reihe von großen, unregelmäßig in parallelen Reihen angeordneten Familienhäusern *(hiu rôt)*, die auf Pfählen erbaut, rechteckig und mit einem Satteldach versehen sind. Den mittels einer Leiter *(ntung)* erreichbaren Zugang haben sie an einem Wandende der Längsseite (Abb. 266). Das Haus dient vor allem der Lagerung und Aufbewahrung der beweglichen Habe der Familie, von den Kleidern bis zu den Wertgegenständen. Die Gruppe der Reisvorratslager *(ddam)* – Pfahlbauten, die im kleinen die Familienwohnstätten wiedergeben – befindet sich, auch zum Schutz vor Bränden, in einem gewissen Abstand von der Häusergruppe. Der offene Teil unter dem Vorratslager ist eine heilige Stätte *(rum)*, die vor allem anläßlich der Agrarriten benutzt wird; diese Riten folgen der Reisernte und werden mit dem Füllen des *ddam* beendet. Er wird immer zusammen mit dem Haus und den bebauten Feldern als eine untrennbare Einheit, in bezug auf eine bestimmte Familiengruppe, angesehen.

Auch die jahreszeitlichen Unterstände auf den Reisfeldern sind der Hausanlage nachgebildet; der auf den bewässerten Reisfeldern neben dem Dorf erbaute *ku* ebenso wie der besser ausgeführte *mir*, der etwas weiter entfernt auf den Hügel- und Bergfeldern errichtet wird.

Alle diese Baulichkeiten, doch vor allem jene des großen Hauses, bedürfen genau festgelegter Gründungszeremonien. Die Wahl des Ortes erfolgt, indem man ein Reiskorn auf ein Blatt legt. Liegt es am darauffolgenden Morgen noch an seinem Platz, kann man mit dem Bau beginnen, jedoch nur an einem ungeraden Glückstag *(leh)*. Das Haus entsteht durch die gemeinsame Mitarbeit der Männer des Dorfes, unter denen es keinerlei handwerkliche Spezialisten gibt, und wird mit der Einweihungszeremonie beendet. Aus den beim analogen Ritual der Jörai gesprochenen Worten geht der tiefere Zusammenhang zwischen der Architektur und der Welt der Natur, zwischen Dorf und Wald, hervor. Der letztere ist das Reich der geheimnisvollen Kräfte, *yang*, die ausgetrieben und dazu bewegt werden müssen, dem Haus günstig gestimmt zu sein. Sie haben in den Bäumen ihren Sitz und daher – nach dem Fällen und Zuschneiden der ver-

241. Im Bau befindliche Hütte. Stewart-Insel, Salomon-Inseln
(Melanesien).

243. *Mit Palmwedeln und Pandanmatten bedeckte Wohnstätten.*
Stewart-Insel, Salomon-Inseln (Melanesien).

244. *Innenstruktur einer Wohnstätte. Buke-Inseln, Salomon-Inseln (Melanesien).*
245. *Nasioi, Totenpfahl: Detail des hüttenartigen Oberteils als Ablage für Opfergaben. Insel Popoko (Melanesien).*
246. *Männerhaus mit dekorierter Fassade und Vordach. Admiralitäts-Inseln (Melanesien).*

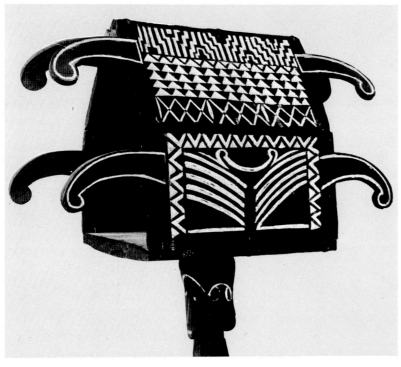

◁ 247. *Weibliche und männliche Figur (Höhe 176 und 205 cm), die als Seitenpfosten einer Tür dienten. Insel Pitiliu, Admiralitäts-Inseln (Melanesien).*
248. *Rekonstruktion eines Totenkulthauses mit* malanggan-*Statuen. Nordwest-Neuirland (Melanesien).*

249. *Bambusschnitzerei, die auf einen rechteckigen Platz blik-kenden ›großen Hütten‹ darstellend. Neukaledonien (Melane-sien).*

250. *Eine Doppelreihe von Hütten darstellende Bambusschnit-zerei. Neukaledonien (Melanesien).*

251, 252. *Rundhütten mit konischer Bedachung von unterschied-licher Höhe und skulptierten Dachspitzen. Neukaledonien (Me-lanesien).*

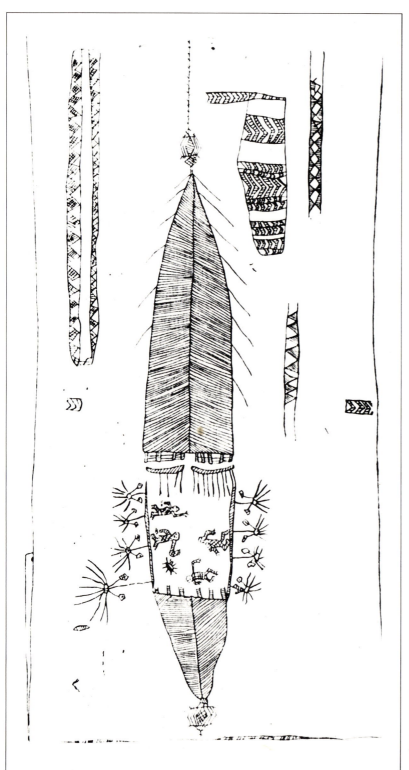

253. *Geschnitzte Elemente des Eingangs einer ›Großen Hütte‹:*
Türpfosten, Architrav, Schwelle, anthropomorphe Seitenfiguren.
In der Mitte die auf dem zentralen Innenpfahl aufgehängte, zur
Tür gerichtete Maske. Neukaledonien (Melanesien).
254. *Betsimisaraca, Dorf mit Achsenstraße, Häuser auf niederen*
Stützen (pilotis) und Außenlaube; das umliegende Gebiet ist
für den Ackerbau gerodet (Ostküste Madagaskars).

255. *Betsimisaraca, Hügeldorf mit Pfahlbau-Zugangsweg (Ost-küste Madagaskars).*
256. *Bezanozano, zentraler Dorfplatz (Nordost-Region Mada-gaskars).*

257. Heiliger Bezirk mit lebenden Bäumen und Palisaden (Madagaskar).
258. Sihanaka, Wohnhaus (Madagaskar).

259. Bezanozano, planimetrisches Schema eines traditionellen Wohnhauses (Nordost-Region Madagaskars).
1 Mittelpfahl, 2 Silo, 3 Lager der Kinder, 4 Lager der Eltern, 5 Beschneidungsfenster, 6 Mörser, 7 Topf, 8 Hühner, 9 Herd, 10 Eingangstür. Die einzelnen Wandsektoren korrespondieren mit den Monaten des Jahres.

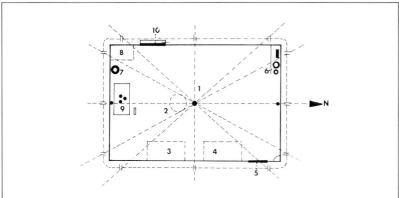

260. Sakalava, Wohnhaus (Westküste Madagaskars).
261. Antaisaka, Wohnhäuser und Reisvorratshaus (Madagaskar).

schiedenen architektonischen Elemente – im Baumaterial. Das Holz wechselt also von einem natürlichen Zustand zu einem menschlichen Bestand, von der Bindung mit den *yang* zu jener mit den Menschen. Es handelt sich dabei weniger um eine Heiligung der Natur als vielmehr um eine Vorsicht und Beschwörungsriten erfordernde Eingliederung der menschlichen Tätigkeit (der Architektur) in das Gleichgewicht der Naturkräfte, das erhalten werden muß.

Die Begräbnisstätte wird wiederum ins Reich der *yang*-Kräfte, den Wald, verlegt; die Gräber werden von einem kleinen provisorischen Unterstand überdeckt, der wiederum ein Haus wiedergibt (vier von einem kleinen Satteldach überdeckte Stäbchen). Die Sakralfunktionen, die beispielsweise bei den Jörai dem großen Gräberdach zugrunde liegen, wickeln sich bei den Sre in der Versammlungshütte *(hiu wer)* ab, die hauptsächlich anläßlich der Feste und periodischen Zeremonien verwendet wird. Es handelt sich um große, von zwei parallelen Pfahlreihen getragene und mit einem Satteldach versehene Wetterdächer. Die dort stattfindenden Agrarriten werden als Ergänzung zu den familiären angesehen, deren Schauplatz die Wohnstätte ist; sie sind an die Erde, an die Bodenfläche gebunden, während die zweiten in der Höhe liegen. Dieser Dualismus ist einem großen Teil der südostasiatischen Architektur gemein und führt zu architektoni-

177

262. *Mahafaly, steinbedeckte Gräber, über die Zebuhörner und skulptierte Pfähle (aloalo) mit Episoden aus dem Leben des Verstorbenen emporragen (Madagaskar).*

263. *Betsileo, Modell eines mit Ochsenschädeln verzierten Totenpfahles (Madagaskar).*

schen Lösungen, die trotz der außerordentlichen Vielfalt immer die Komplementarität von Höhe und Tiefe, von Erdgeschoß und oberem Stockwerk, von Mensch und Nahrung, von Erde und Himmel widerspiegeln. Wir haben gesehen, daß das Sre-Haus das Symbol des familiären Reichtums und Wohlstands ist. Ein genauer Maßstab ist durch die Anzahl der Pfeiler *(jörong)*, aus denen es sich zusammensetzt (d. h. durch seine Länge), gegeben. Das Innere ist rituell in zwei ›Längshälften‹ angeordnet: in den vornehmen Teil an der dem Eingang gegenüberliegenden Seite und den Durchgangsteil[34] gegen den Eingang hin. Im ersteren werden die Lebensmittel und Kleider aufbewahrt, dort werden auch die Gäste empfangen. Zum Schlafen legen sich die Leute nieder, mit dem Kopf zum vornehmen und den Füßen gegen den Durchgangsteil gerichtet. Der vornehme Teil wird als ›Kopf‹ der Wohnstätte bezeichnet. Der Durchgangsteil hingegen ist der Aufbewahrungsort für Geräte und Holz. Gewöhnlich dienen zwei in der vornehmen Hälfte an der Hauptachse gelegene Feuerstellen *(bönha)* für den Empfang der Gäste (zur Tür hin) und zum normalen häuslichen Gebrauch (hinten). Über letzterer ist ein Flechtwerkrahmen zur Aufbewahrung getrockneter Speisen *(pönhör)* angebracht.

Die Dörfer von Nias

Die territoriale Organisation, die Siedlungsanlage und die Architektur des Südteils von Nias[35] spiegeln die Merkmale einer fest auf eine soziale Schichtung gegründeten Dorfgesellschaft wider. An der Spitze der Hierarchie stand der göttliche Häuptling, der durch Unterhäuptlinge regierte, die Vertreter der verschiedenen das Dorf bewohnenden Sippen waren. Ein großer Nahrungsmittelüberschuß, der Besitz von Sklaven seitens der Häuptlinge und die Entwicklung eines komplexen Holz und Stein verarbeitenden Handwerks fanden im rituellen Gefüge ihren Platz.

Nach der Kosmologie von Nias stellten zwei entgegengesetzte und komplementäre Zwillingsgottheiten den Komplex der natürlichen und sozialen Gegensätze wie auch die untrennbare Einheit, die jedem dualistischen Prinzip zugrunde liegt, dar. Die erste *(Lowalani)* war die Gesamtheit der positiven Kräfte (Sonne, Licht, Leben, Hahn, die gelbe Farbe); die zweite *(Latura Dano)* vereinte die negativen Kräfte in sich (Mond, Dunkel, Tod, Schlange, die schwarze Farbe). Die Weltanschauung nahm eine Schichtung in neun übereinanderliegenden Ebenen an, auf deren höchster *Lowalani* mit seiner Gattin, der Mittlergöttin, residierte. Die Dorfanlage, die Lage der Wohnstätten der einzelnen Sippen und das Häuptlingshaus drücken auf verschiedenen Ebenen und durch eine Reihe symbolischer Ausdrucksmittel, die

179

266. Sre, planimetrisches Schema und Hauptnamen des Trag-
gerüstes und der Hausaußenseiten (Südvietnam).

Inneres Gerüst: 1 jörong, 2 röpas, 3, 5 bla, 4 töwör, 6 dra, 7 rökang, 8 öp. Außen: a) ntung, b) mprap, c) rum, d) kölik, e) rököm. Grundriß: a) Durchgang, b) vornehmer Teil, 1 Herd für die Gäste, 2 häuslicher Herd.

267. Jölöng, Gemeinschaftshaus (rong) im Dorf Kön Jökoi:
Außenansicht (Südvietnam).

268. Jölöng, Gemeinschaftshaus (rong) im Dorf Kön Jökoi,
Innendetail der Bedachung (Südvietnam).

269. Jölöng, Detail des rong im Dorf Kön-Möhar (Südvietnam).

270. Jölöng, Gemeinschaftshaus im Dorf Yanlo (Südvietnam).
▷

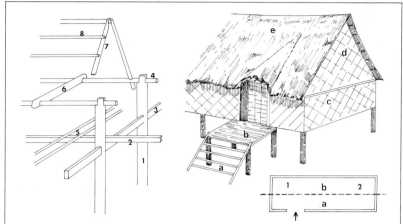

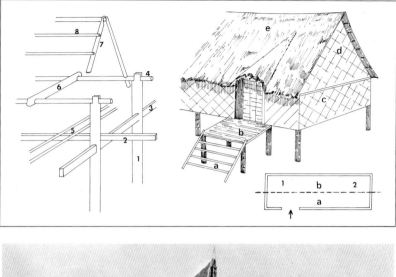

◁ *271. Jölöng, Gemeinschaftshaus im Gebiet von Kontum (Süd-vietnam).*

272. Ifugao, zwei aus Wohnstätten mit pyramidenförmigem Dach bestehende Bauernhöfe aus der Vogelschau. Insel Luzon (Philippinen).

sich auf verschiedene Vergleiche beziehen, den Begriff der Ordnung, der Hierarchie und der ›Abstammung‹ der politischen Macht von oben aus (Abb. 274–276). Diese Übereinstimmung zwischen künstlichem Raum und mythischen Bezugsmodellen verdichtet sich im wesentlichen im Begriff des ›Flusses‹, der Himmels- oder astronomischen Richtungen, des Baums und des Kosmos. Alle diese Verflechtungen werden durch die rigorose Achsenanlage des Dorfes ermöglicht, das aus einem rechteckigen, leicht ansteigenden Platz besteht, der mit dem Häuptlingshaus in der Achsenlage endet und von den Wohnstätten flankiert wird. In der Mitte der Fläche verläuft eine Straße, die zeremonielle Achse, die vom Eingang (unten) zum Sitz der Macht (am höchsten Punkt) führt. Diese Achse richtet sich vorwiegend nach den Himmelsrichtungen aus. Das Gründungsritual des Dorfes besteht in der Auswahl eines geeigneten Ortes, in der sorgfältigen Rodung des Geländes und in der Erstellung des Nabels, des Mittelpunkts der neuen Siedlung *(fuso newali)*. Rund um dieses heilige Zentrum werden, um den wichtigsten Teil, den Platz, abzugrenzen, einige hölzerne Grenzpfähle angebracht, die als Fragmente des kosmischen Baums *(eho)* angesehen werden. Dieser Baum ist Träger der sozialen Struktur: wie in der Stufenfolge der Welt der wohltätige Gott auf der höchsten residiert, so ist der Häuptling auch die Spitze des Baumes selbst, dessen Zweige den an ihn gebundenen und von ihm geförderten Sippen gleichgesetzt werden. Parallel dazu wiederholt sich dieselbe hierarchische Struktur in der Sprache der ›unteren Welt‹, mit der Identifizierung zwischen der kosmischen Schlange und dem Fluß, dem Krokodil, der Milchstraße, und dem Regenbogen.

Diese beiden Figuren, die wahrscheinlich als Überlagerungen anzusehen sind, ergeben ein Interpretationsmodell für die Anlage des Dorfes. Der Baumstamm und die Schlange sind die zentrale Wegachse; die Seitenäste entsprechen den Terrassen und den zu beiden Seiten angeordneten Häusern, während die Spitze (oder der Kopf der Schlange selbst) mit dem Häuptlingshaus und die Wurzeln (der Schwanz) mit dem unteren Teil, dem Eingang und der Zugangstreppe, übereinstimmen. In diesem Fall scheint die ›himmlische‹ Figur des kosmischen Baums *(bahmua*, das Wort, das Dorf bedeutet, gilt auch für Himmel, Kosmos) vorzuherrschen; doch die Anlage erscheint eindeutig auch von der zoomorphen Figur des Krokodils (= Schlange) beeinflußt, das häufig in die zu seiten des Eingangs liegenden Steine eingehauen wird.

Ein ganzer Komplex von Bezeichnungen, die sich auf die Analogie zwischen dem Wasserlauf, der sozialen Struktur und dem

Dorf beziehen, sind Teil eines weiteren Aspektes der immer an die komplementären Begriffe von ›oben‹ und ›unten‹ gebundenen Raumsymbolik. Der obere Teil des Dorfes heißt daher *Sibaloi* (oberer Flußtrakt); der Häuptling wird *si ulu* (der oben am Fluß Stehende) genannt, der Eingangsteil *Jou* (der untere Flußtrakt). Die Hauptstraße ist daher auch der himmlische Fluß (der mit der Milchstraße gleichgesetzt werden kann), der im Zentrum des Dorfes (dem *fuso newali*) die obere mit der unteren Welt verbindet; sein Lauf entspringt der Quelle (dem Häuptlingshaus) und endet, als Siedlungsmodell, mit der Tür und der Zugangsstraße. Der Zusammenhang zwischen Siedlung und

273. *Garoet, Teil eines Dorfes. Java (Indonesien).*
274. *Lageplan des Dorfes Bawamataluwo. Nias (Indonesien).*
1 Zugang, 2 Megalithen, 3 Kultstein für den Ritualsprung, 4 Häuptlingswohnung.
275. *Blick auf den Innenplatz des vom Häuptlingshaus beherrschten Dorfes Hili Mondregeraja. Nias (Indonesien).*

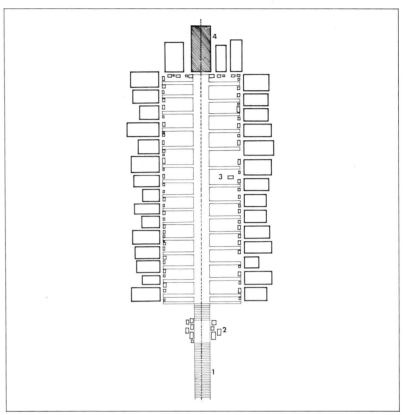

185

276. *Häuptlingshaus im Dorf Bawamatoluwo. Nias (Indonesien).*

278. *Betelbehälter aus gefärbtem Flechtwerk aus Timor; der Form eines Wohnhauses nachgebildet (Indonesien).*

277. *Batak, zentraler Platz eines Dorfes. Sumatra (Indonesien).*

280. Batak, Dorf. Sumatra (Indonesien).
281. Batak, Eckdetail eines Hauses. Sumatra (Indonesien).

189

Raumrichtungen entstammt ebenfalls mehr dem Mythos und der sozialen Struktur als einer realen festen Orientierung. Der Adel ist an den Süden *(raja)* gebunden, während die Seite zu seiner Rechten als mit dem Osten (dem Sonnenaufgang) zusammenfallend angesehen wird; jene zu seiner Linken mit dem Westen. Dies entspricht nicht der üblicheren planimetrischen Lage, bei der die Adelsresidenzen häufig gegen Norden gerichtet sind (und daher den Osten zu ihrer Rechten haben). Dieser Komplex von Zusammenhängen, Bezugsmodellen und ausgewogenen Gegenüberstellungen belegt die Bedeutung des Mythos als Rechtfertigungsmittel der sozialen Ungleichheiten. Die zwei Hälften, in die das Dorf im südlichen Teil von Nias praktisch unterteilt ist, sind nicht so sehr die zwei sich spiegelbildlich an den Seiten der Hauptstraße gegenüberliegenden Häuserreihen, sondern der ›obere‹ Teil des Adels und jener ›untere‹ der gewöhnlichen Leute. Das bedeutet, daß das bestimmende Bezugsmodell der Identifizierung zwischen der kodifizierten Unausgeglichenheit der Gesellschaft und der nach ihrem Bild erbauten Unausgeglichenheit des Kosmos entspringt; die zwei spiegelbildlichen Hälften sind, wie in einem Tier- oder Pflanzenorganismus, die ›Verdoppelung‹ einer linearen Struktur, die sich in Wirklichkeit in einen führenden Teil (den Kopf, die Spitze und den oberen Teil des Stammes und der Zweige) und in einen untergeordneten Teil (die unteren Gliedmaßen, den unteren Teil des Stammes und die Wurzeln) unterteilt. Doch wie bei vielen anderen Gemeinschaften, die Übereinstimmungen zwischen spiegelbildlichen Teilen (zum Beispiel zwischen der rechten und der linken Hand) entwickelt haben, wird der Hierarchie wiederum gerade durch die Symmetrie widersprochen, dem wahrscheinlichen Überbleibsel einer ›dualistischen‹ Organisationsart ohne ›Häuptling‹ (wie wir sie in den Gemeinschaftslanghäusern finden).

Die in bezug auf die Dorfachse vor den wichtigsten Wohnstätten liegenden seitlichen Flächen sind mit Steinen gepflastert und weisen Steindenkmäler auf, die zu Ehren der Vorfahren der jeweiligen Sippen erbaut wurden: Sitze *(osa osa)*, ›Kapitelle‹ *(njogadij)* und ›Säulen‹ *(behoe)*, alles Stätten periodischer Opfer, durch welche die Häuptlinge nicht nur die eigene Genealogie bekundeten, sondern auch den eigenen Reichtum.

Wie auf Nias haben sich auch auf Sumatra, Borneo und Celebes besondere architektonische ›Stile‹ entwickelt, als Frucht einer Jahrhunderte währenden Schichtung von aufeinanderfolgenden, vor allem von den Küsten des Kontinents ausgehenden Wanderungswellen und von lokalen Kulturen, die kühne und komplexe architektonische Lösungen ausarbeiteten. Vielleicht ist dies

eines der Gebiete, in denen uns, fast bis auf den heutigen Tag, die Baukunst der großen Strukturen des *chefferie*-Dorfes am unberührtesten überkommen ist, welche nicht nur die Wohnstätten, sondern auch die gesamte Anordnung der Straßen, Plätze, befestigten Umzäunungen, der Altäre und Gräber im Gefolge einer Tradition umfassen, die wegen der verbreiteten Verwendung des Steinmaterials für gewöhnlich als ›megalithisch‹ definiert wird.

191

284. Minangkabau, Holzmodelle des Hauses und des Getreide-speichers. Sumatra (Indonesien).

285. Minangkabau, Messingmodell eines Hauses aus Sumatra (Indonesien).

286. Minangkabau, ein großes, gänzlich dekoriertes und skulp-tiertes Haus. Sumatra (Indonesien).

287. *Minangkabau, Detail eines erhöhten Wohnhauses. Sumatra (Indonesien).*

DAS POLYNESISCHE UNIVERSUM

Die Ursprungsmythen und die Schiffahrtskunde

Der polynesische Kulturkomplex (mit seiner mikronesischen Variante), in dem der Meeres- und der Himmelsraum die Grundformen sind, in die sich die kleinen aufgetauchten Landmassen einordnen, spiegelt sich in der Ähnlichkeit zwischen Fisch und Insel und im Mythos des Inselfischens seitens des Heros *Maui* wider. In der *Kumulipo*-Dichtung Hawaiis wird der Ursprungsmythos der Inseln historisch auf eine vorherrschende Rolle, die Tahiti als treibende Kraft der ozeanischen Besiedlung gespielt haben soll, zurückgeführt: die Inseln seien nacheinander, in der Reihenfolge ihrer Wichtigkeit vom göttlichen Paar *Wakea* und *Papa* erschaffen worden: ›Als erste von ihnen wurde *Tahiti-ku* von der aufgehenden Sonne geboren, als zweite *Tahiti-moe* von der untergehenden Sonne; als drittes kamen die Grundsteine zur Welt, und auch das (Gewölbe) Gestein des Himmels entstand. Als fünftes erblickte Hawaii das Licht[1].‹ Doch unabhängig von den verschiedenen Traditionen gewinnt das Element des Meeres eine bestimmende Rolle im Zusammenhang mit der Bedeutung des Fisches, der wichtigsten Nahrungsmittelgrundlage des größten Teiles der Archipele.

Nach dem Mythos ist *Tkana Maui*, die Nordinsel und das wichtigste Zentrum des Archipels von Neuseeland, vom jüngsten der fünf Brüder, *Maui*, geangelt worden; das Kanu, das dem wunderbaren Fischfang diente, sei auf dem Hauptberg der Insel, dem Berg *Hikurangi*, verblieben. Dies zeigt, zusammen mit anderen ähnlichen Mythen, seine sozial-territoriale Funktion auf, da es ein ichthyomorphes Koordinationselement der verschiedenen Teile der planimetrisch einem Fisch gleichgesetzten Insel selbst ist. Jeder natürliche Bestandteil und jedes landschaftliche Merkmal fügt sich daher in ein Modell ein, das das Formverständnis des Territoriums, die hierarchischen Beziehungen zwischen seinen Teilen und das Erkennen unter zu verschiedenen Gebieten gehörenden Völkern erleichtert: ›Die Hawake-Bucht zwischen der Halbinsel Mahia und Kap Kidnapper stellt den Angelhaken Mauis dar. Der Maui-Fisch *(te Ika-a-Maui)* wurde mit einem Stachelrochen verglichen. Die Südspitze stellt den Kopf dar, die Ostspitze des Ostkaps und die westliche Ausdehnung von Taranaki sind die zwei großen Seitenflossen. Den Schwanz bildet die schmale Halbinsel von North Auckland[2].‹ Daß der Mythos der politisch-territorialen Aufteilung des Landes dient, in Funktion des hierarchischen Verhältnisses zwischen den Gliedern (in diesem Fall des Fisches) und dem Kopf, dem Sitz der Autorität und Macht, wird durch das Beispiel der Aitutaki-Insel belegt, deren Territorium, obwohl es keineswegs

der Gestalt eines Fisches ähnelt, in dieselben Glieder unterteilt ist: Kopf, Körper, Schwanz und Flossen[3]. Außer der politisch-administrativen Anwendung entspricht diese zoomorphe Unterteilung auch mnemonischen und Erfordernissen der Strukturrationalisierung sowie scheinbar zufälligen natürlichen Komplexen. So berichtet ein Mythos der Gesellschaftsinseln, daß die Inseln ›eine neben der anderen wogend aus den Tiefen des Ozeans wie ein riesiger Fisch mit ebenso vielen Protuberanzen auf dem Rücken auftauchten[4].‹

Die Notwendigkeit, die Inseln, kleine zwischen Meer und Himmel verlorene Landmassen, zu ›fixieren‹, führt häufig dazu, die Beziehung zwischen den beiden vorherrschenden Umweltelementen als direkte, nabelartige Verbindung anzusehen; oft (wie im Fall von Aitutaki) dient eine Liane der fast immer als schwimmend gedachten Insel am Grund des Ozeans als Anker, während ein in Zenitlage über der Insel ›hängender‹ Stern diese mit dem Himmel (wie der über Hawaii hängende Hokulei-Stern) verbindet[5]. Diese Auffassung kann, auf jeder Insel und besonders in ihrem Zentrum (oder auf dem höchsten Berg), als eine Identifizierung der kosmischen Achse mit dem Ursprung des Raums angesehen werden, die den Himmel mit der Erde und den Gewässern verbindet, Pol eines in alle Richtungen ausstrahlenden Koordinatensystems (zum Beispiel auf Tikopia[6], einer polynesischen Kolonie in Melanesien, und auf der Osterinsel). Doch aufgrund der Vorherrschaft des Meeres ist es der der See zugewandte Teil, der die meisten sakralen Bezugspunkte auf sich vereint.

Die Kenntnis des ozeanischen Territoriums seitens der polynesischen und mikronesischen Seefahrer war nicht nur ein nebensächlicher Aspekt ihrer Kultur, sondern die Überlebensgrundlage selbst[7]. Hunderte von Meilen lange Routen wurden regelmäßig zum Handelsaustausch, zur Gründung neuer Kolonien und zur Vergrößerung der Einflußsphären der über riesige, von winzigen Inseln unterbrochenen Meeresgebiete herrschenden ›Reiche‹ befahren. Wie schon bei der Erforschung der Erde verwendete man zur Erkundung des Meeres kartographische Darstellungen, in denen man alle der Schiffahrt nützlichen Elemente (Meeresströmungen, das Festland signalisierende Vögel, Winde, Sterne) berücksichtigte. Diese ›Navigationsmodelle‹ (deren bekanntestes Zeugnis die Seekarten der Marshall-Inseln sind, die *medo*, Gitterwerk aus Holzstäbchen, Schnüren und Muscheln mit Darstellungen der Strömungen, Kurse und Inseln) dienten als Wegweiser, um während der verschiedenen Jahreszeiten und bei unterschiedlichen meteorologischen Bedingungen den ›Weg‹, dem das Schiff folgen mußte, sei es bei Tag (nach

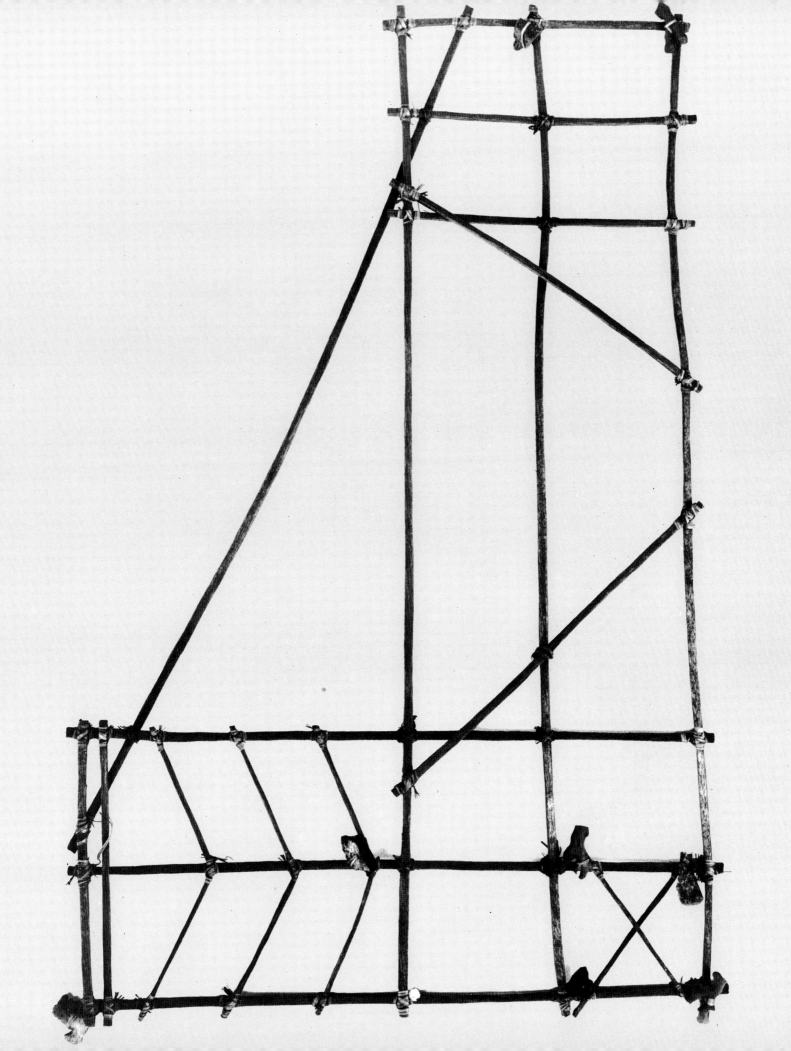

◁ 290. ›Seekarte‹ aus Holz und Korallen, aus Reoupe Ralik. Marshall-Inseln (Mikronesien).
291. Navigationssteine von Arorae. Gilbert-Inseln (Mikronesien).
1 Küstenlinien, a) Stein in Richtung der Insel Onotoa, b,c) Steine in Richtung der Insel Tanana, d) Steine in Richtung der Insel Nukunau.
292. Dekorierte Fassade eines Männerhauses in Melekeiok, Palau-Inseln (Mikronesien).

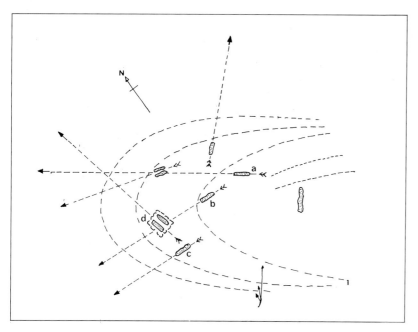

dem Stand der Sonne) oder bei Nacht (mit Hilfe der Sterne), festzulegen (Abb. 290). Zwischen zwei am Horizont ›weidenden‹ Sternen wurde eine sich während der verschiedenen Nachtstunden verändernde Linie gezogen; die Zenitsterne der verschiedenen Inseln ermöglichten es, diese, den Meridianen und Parallelen folgend, zu erreichen, auch wenn man vom Kurs abkam.

Die Orientierung auf See verband durch die Schiffahrtskunde, die der führenden und der Priesterklasse vorbehalten war, jede Insel mit dem Archipel, zu dem diese gehörte, und führte so zu einer ungleichen Konzentration der Interessen in verschiedenen Richtungen des Raums, in Funktion zur Richtung der am nächsten gelegenen oder der wichtigsten Inseln. Davon zeugen die ›Navigationssteine‹, senkrecht an der Küste am Ausgangspunkt der Fahrt eingerammte Steinplatten, welche die genaue Richtung zu den am nächsten gelegenen Inseln (die oft einige Dutzend Meilen entfernt und daher mit bloßem Auge nicht ersichtlich waren) anzeigten. Einige dieser Steine sind am Strand an der äußersten Nordwestspitze der Arorae-Insel – eine der südlichen Gilbert-Inseln – eingerammt (Abb. 291); sie weisen in die Richtung der zwischen 52 und 86 Seemeilen entfernten Inseln Onotoa, Tanana und Nukunau[8].

Die soziale Schichtung: Sippe und ›chefferie‹

Die Klassenunterteilung stellt im historisch durch die Erkundungsfahrten, die Kolonisierung der Inseln und die Ausbeutung der autochthonen Völker oder der Kriegsgefangenen beherrschten polynesischen und mikronesischen Bereich das allgemein verbreitete soziale Organisationsmodell dar. Die Untersuchung von Sahlins[9] hat unterstrichen, daß nur auf den (relativ) wenigen vulkanischen Inseln mit größeren materiellen (landwirtschaftlichen) Möglichkeiten die Schichtung zwischen Adel (den direkten Nachkommen des Stammvaters) und der unteren Bevölkerungsschicht (die, je nachdem, den niederen Adel, die kleinen Grundeigentümer, die unterworfenen Stämme, die Sklaven umfaßt) stattgefunden hat. Auf den Atollen hingegen, wo die Bewässerungsmöglichkeit (das Regenwasser wird in Erdlöchern aufgefangen) sowie verfügbare Holzvorräte fehlen, hat die Gesellschaft einen segmentären Charakter behalten. So blieb, während sich auf den größten Inseln die ›chefferie‹ und manchmal das ›Königreich‹ entwickelte, das sich, außer auf eine peinlichst eingehaltene innere Rangordnung, auf einen regelmäßigen Handelsaustausch mit anderen Archipelen stützte, auf den kleineren Inseln eine relative ›Stammesdemokratie‹ erhalten, was sich in Wirklichkeit als eine historische Unterordnung unter die größeren Inseln (Zahlung von Nahrungsmitteltributen) herausstellte.

Eine kurze Übersicht über die sozial-hierarchischen Bedingungen auf den bedeutendsten Insel-Kulturzentren Mikronesiens und Polynesiens bildet eine unabdingbare Voraussetzung für das Verständnis der architektonischen Ausdrucksformen. In der Tat entwickelt sich im Dienste der Adelsklasse, die auf legale oder indirekte Weise über das Grundeigentum verfügen kann, eine höfische Architektur, die sich entweder auf die Gemeinschaftsfunktionen (jedoch immer auf die Verherrlichung der Macht des Häuptlings gerichtet) der Versammlungshäuser oder auf richtiggehende aus Steinmaterialien errichtete und auf autokratische Weise von der Machtelite oder vom König verwaltete Königspaläste und Kultbauten stützt.

Auf allen großen Archipelen Polynesiens findet sich diese historische Schichtung in zwei oder mehrere Klassen[10]. Auf den Gesellschaftsinseln haben wir den Adel (hui-ari, ariki), die (nicht erblichen) Grundeigentümer (raatira), die im Dienste der höheren Klassen stehenden Feldbauern und Fischer (manahune) und die Sklaven. Auf Mangareva finden wir den Adel (togoiti) und das gewöhnliche Volk (urumanu). In die höchste Macht teilen sich der König (akariki) und der Hohepriester (tahura-tupa). Es folgen sodann eine Zwischenklasse von Kriegern-Grundeigentümern (pakaroa) und die Arbeiter (kiore). Auf Neuseeland haben wir den Erbadel (rangatira), das Volk (tutua, whare) und die kriegsgefangenen Sklaven (taurekareka). Auf der Osterinsel bildeten die ariki (die herrschende Klasse), aus denen der König gewählt wurde, den bedeutendsten der zehn Klane (den Meru-Klan), in welche die Bevölkerung unterteilt war. Auf den Samoa-Inseln regierte, über den Strukturen des nahezu unabhängigen Dorfes, die Klasse der matai, die auf den Rat der Adelsversammlung (fono) hören mußte. Auf Hawaii lag die Macht in den Händen der adligen Bezirkshäuptlinge (alii), die erbliche Grundeigentümer waren; unter ihnen die manahune (das unterworfene autochthone Volk, wie auf den Gesellschaftsinseln) und die Sklaven (kauwa).

In Mikronesien ist der Unterschied zwischen Atollen und vulkanischen Inseln, die historisch mehr oder weniger umfangreiche Hegemonien innehatten, noch ausgeprägter. Auf Ponape war die Bevölkerung in vier Klassen unterteilt, den Adel (mundjab), den niederen Adel (jau-liki), die Arbeiter (aramac-mal) und die Gefangenen-Sklaven (litu). Auf den Marianen bestanden drei Klassen: der Adel (matua), die Zwischenklasse (achaot) und die untere Klasse. Auf den Gilbert-Inseln gab es die adeligen Grundbesitzer (te-tokker), die Mittelschicht der Feldbauern (aomatta), das gewöhnliche Volk (te-torro), die Diener des Adels (te-bei). Auf den Marshall-Inseln den Hochadel (irodji), die Adelsan-

295, 296. *Außen- und Innenansicht eines traditionellen Wohn-hauses, mit Dachbindern, die mit gefärbten Pflanzenfasern be-deckt sind. Fidschi-Inseln (Melanesien).*

297. *Wohnhaus eines Häuptlings, mit Muscheldekoration. Fidschi-Inseln (Melanesien).* ▷

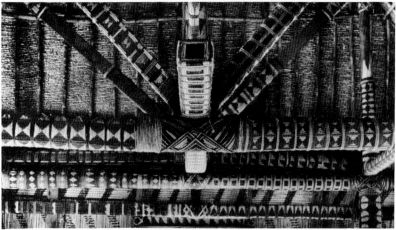

gebieten‹ (auch wegen der geringen Verfügbarkeit an Boden) hat in Polynesien eine unterschiedliche Verteilung der sozialen Klassen, der einzelnen Völker und der verschiedenen Klane über bestimmte Gebiete des Territoriums begünstigt. Diese Verteilung ist stets hierarchischer Art, auch wenn es sich um die einfachste Gebietsaufteilung, jene in zwei Teile, handelt, die an sich im wesentlichen ungleich sind (eine oberhalb der anderen). Auf den in ein ›melanesisches‹ Westgebiet (das die Insel Viti Levu von Norden nach Süden teilt) und in ein ›polynesisches‹ Ostgebiet unterteilten Fidschi-Inseln werden die Einwohner des ersteren, mit einem ausgeprägten landwirtschaftlichen Charakter, *Ra* (die unten Wohnenden), jene des zweiten, mit mehr maritimem Charakter, *Natuidhara* (die oben Wohnenden) genannt. Es handelt sich hierbei nicht um eine konventionelle Unterteilung: ins östliche Gebiet, wo die Häuptlingswürde erblich und die soziale Struktur stärker hierarchisch geordnet ist, wird mythisch das Ursprungs-Heiligtum gestellt. So wird auch die Bevölkerung der Dörfer im Südostteil der Salomoninseln in stärkerem Maße durch die Häuptlinge kontrolliert. Auf den Marquesas, sowohl auf Hivaoa als auch auf Nukuhiva, ist die Insel in einen West- *(nuku)* und in einen Ostteil *(pepane)* unterteilt: Diese Trennung, der wir auch auf Hawaii und Rarotonga begegnen, wird mythisch auf zwei Brüder zurückgeführt. Wahrscheinlich rührt diese Unterteilung von späteren Wanderungen her, welche die Aufteilung der Insel unter autochthonen und neu eingewanderten Völkern zur Folge hatten. Auf der Osterinsel war die Bodenaufteilung traditionell Motiv eines erbarmungslosen Kampfes zwischen den ›dicken Männern‹ *(hanau-eepe)* und den später (im 17. Jh.) hinzugekommenen ›mageren Männern‹ *(hanau-momoko)*, die den Ostteil besetzt hatten.

Im allgemeinen erfolgte, sei es in Polynesien oder in Mikronesien, wie schon beim königlichen Klan auf der Osterinsel erwähnt, die Aufteilung der Inseln in Bezirke (von zwei bis über zehn) nach dem Kriterium der Klan- oder Klassenungleichheit unter den Einwohnern der verschiedenen Gebiete. Nachdem die Bezirkshäuptlinge unweigerlich dem Erbadel angehörten, war es der einen Abschnitt bewohnende Klan (oder die Sippe), der sich das Führungsprivileg (königlicher Klan) vorbehielt. So war es beispielsweise auf Truk. Die Herrschaft einer Insel über andere erfolgte auf ähnliche Weise, indem man die unterworfenen Gebiete in eine untergeordnete Rolle und zur Tributzahlung zwang. Eine Legende mit historischem Hintergrund aus Yap (dessen Macht sich über viele Inseln Mikronesiens erstreckte) führt dieses Abhängigkeitsverhältnis auf eine von acht Paaren unternommene Wanderung zurück, von denen jedes einem der acht Klane

wärter *(burak)*, eine Zwischenklasse *(leadakdak)* und das Volk *(kadjur)*; ferner bestand die Unterteilung in Klane, von denen nur die ersten zwei zum Adel gezählt wurden. Auf Yap umfaßten zwei Klassen neun Unterteilungen in ›Unterklassen‹ (vier in der unteren, fünf in der oberen). Auf den Palau-Inseln bewirkte die Bedeutung der Klane und der Männergemeinschaften, trotz der Trennung zwischen Dorfhäuptlingen *(rupak)* und Volk *(arabuiyk)*, eine weniger ausgeprägte Schichtung. Hier finden wir auch ein hochentwickeltes ›Männerhaus‹.

Die politische Organisation und die monumentalen Komplexe
Die hierarchische Ordnung der Macht und das Fehlen von ›Rand-

298. *Kleines Hausmodell aus geflochtenen Fasern. Fidschi-Inseln (Melanesien).*

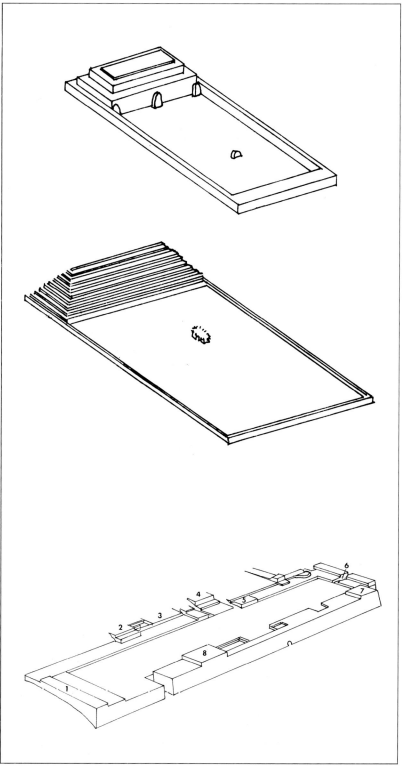

299. *Oben, Rekonstruktion zweier* marae *von Tahiti, Gesellschafts-Inseln; unten, der Versammlungsplatz von Nanauhi. Marquesas-Inseln (Polynesien).*
1 Großes Haus, 2 Frauen und Kinder, 3 Gäste, 4 Haus der Krieger, 5 Haus der Priester, 6 Zugang, 7 große Trommeln, 8 die Alten.

300, 301. Mit Doppelapsis geschlossene Wohnhäuser, mit Bambuswänden und Bedachung aus Pandanusblättern. Tahiti, Gesellschafts-Inseln (Polynesien).

302. *Von König Toubau zu Ehren von General d'Entrecasteaux gegebenes Fest (30. März 1793). Tonga-Inseln (Polynesien).*
303. *Wohnhaus mit teilweise durch Stämme verschlossenen Wänden. Futuna-Inseln (Polynesien).*
304. *Dorf aus der Vogelschau. Samoa-Inseln (Polynesien).*

(kailang) angehörte, unter denen die Insel aufgeteilt war. Da die verschiedenen Klane auf Yap in getrennten, streng hierarchisch geordneten Dörfern siedelten, ist der Versuch, auf den anderen Inseln dasselbe politisch-territoriale Kontrollkriterium herzustellen, offenkundig[11].

Diese Voraussetzungen machen verständlich, weshalb sich die Entfaltung der immer im Dienste des Königs oder der herrschenden Aristokratie stehenden Monumentalarchitektur und vor allem der Steinarchitektur auf einige Beispiele der größten (vulkanischen) Inseln konzentrierte. Die großen Steinbauten, jene mit religiösem Hintergrund (Kultplätze und *marae*)[12] ebenso wie jene für repräsentativere Zwecke (›Paläste‹ und Königsgräber), sind immer an die Verfügbarkeit von Sklavenarbeit oder billigen Arbeitskräften gebunden, was mit der Erhaltung von eine oder mehrere Inseln umfassende ›Reiche‹ zusammenfällt, die fähig sind, regelmäßig Menschen- und Lebensmitteltribute von den verschiedenen ›chefferies‹ zu erzwingen. Die Machtgrundlage des höchsten Häuptlings oder Königs lag nämlich, hier wie anderswo, in der Möglichkeit, unentgeltlich die Gäste und die für die Kultgebäude benötigten Arbeitskräfte zu ernähren. Auf Mangareva speicherte der König in den eigenen Lagerhäusern die Früchte des Brotbaums, ein dem Adel wie den *pakaora* auferlegter Tribut. Die Nahrungsmittelvorräte dienten zur periodischen Erneuerung des hierarchischen Verhältnisses durch die großen, vom König anläßlich der wichtigsten Festlichkeiten bereitgestellten Bankette. Die herausragendsten Persönlichkeiten waren dabei die adligen Sänger der mythischen Heldentaten *(rongo-rongo)* und die Zimmerleute *(tauka rauka)*, denen die Errichtung der für die Zeremonie nötigen Gebäude und deren Ausschmückung anvertraut war[13].

Dorf, Königsresidenz und Kultstätte
Die inneren Gegensätze zwischen den einzelnen Klanen und den verschiedenen territorialen Gruppierungen haben auf einigen Inseln, auf denen die Ackerbauproduktion wichtiger war als anderswo, einen Kampf um den Boden ausgelöst, der sich in der Territoriums- und Siedlungsstruktur widerspiegelt. In Neuseeland waren viele Dörfer *(pa)* befestigt, und zwischen den Bezirken fanden häufig Kriege statt. Hohe Palisaden umgaben die auf Anhöhen oder an schwer erreichbaren, steil zum Meer abfallenden Orten erbauten Siedlungen. Die für den Anbau der Wasserbrotwurzel verwendete Terrassentechnik diente auch dazu, die Abhänge und Kuppen der Hügel zur Unterbringung der Wohnstätten, des Häuptlingshauses und des Versammlungsplatzes herzurichten. Auf Rapa machten sich die verschiedenen

305. *Außenansicht der Gästehäuser. Samoa-Inseln (Polynesien).*
306, 307. *Gästehäuser, Innendetails der Bedachung. Samoa-Inseln (Polynesien).*

309. *Häuptlingshaus; links schützt ein Windschirm das Feuer. Osterinsel (Polynesien).*
310. *Reste eines Steinhauses mit kleinem konischem Turm. Osterinsel, Nordwestküste (Polynesien).*
311. *Fundamentreste langgestreckter, bootsförmiger Hütten, südlich des Ahu Te Peu. Osterinsel (Polynesien).*

Familiengruppierungen der herrschenden Klasse den Besitz des Territoriums streitig, das in Zuständigkeitsgebiete unterteilt war, die vom Häuptlingswohnsitz auf den höchsten Kuppen der Hügel beherrscht wurden (befestigte Siedlungen von Karege und Te Vaitau). Die *pare* oder *pa* von Rapa sind wegen der gebirgigen Beschaffenheit der Insel ein Zeugnis für die Auswertung der von der Natur gebotenen strategischen Möglichkeiten des Neuseeland ähnlichen Ortes:

›Man wählte eine Bergkette mit einem hohen Gipfel und ebnete dessen Spitze so ein, daß sie die höchstgelegene Terrasse bildete. Die Flanken wurden so lange mit Aushubwerkzeugen und rohen Basaltsteinäxten bearbeitet, bis es gelang, eine zweite Terrasse zu schaffen, die breit genug war, einige Häuser aufzunehmen; und so fort, mit immer weiteren Terrassen, die hoher Mauern im Rücken bedurften ... Zu beiden Seiten der Zitadelle hub man außerdem zwei tiefe Gräben aus, um den Kamm der Hauptkette zu unterbrechen; und auf den zur Hauptfestung führenden Nebenketten errichtete man weitere Terrassen für den Bau von Häusern und Verteidigungsvorposten ... Auf der höchsten Terrasse der Zitadelle wohnte der große Häuptling, der im Kriegsfall die Funktion des obersten Befehlshabers innehatte ...[14].‹

Der steinerne Königspalast wies eine Typologie auf, die, soweit man dies aus den archäologischen Resten schließen kann, zum Teil von jener der großen Holzbauten herrührte. Es scheint, als habe nur auf dem Archipel der Tonga-Inseln eine vollständige Einigung unter einer königlichen Dynastie stattgefunden, die als göttlichen Ursprungs galt. Nach der Überlieferung ließ der dreizehnte König, *Tuitatui,* auf Tongatabu zu Ehren seiner zwei Söhne das sogenannte ›triliton‹ erbauen, ein riesiges Portal aus Korallengestein, *Haamonga-a-Maui* (Last des Maui) genannt, das in der Form eine Schultertragstange mit zwei daranhängenden Lasten nachzubilden scheint. *Telea,* der neunundzwanzigste König von Tonga, soll der Urheber des imposantesten der Königsgräber, großer stufenpyramidenförmiger Steinbauten *(langi),* gewesen sein. Im Bezirk Matolenim, dem östlichsten der Insel Ponape, in dem der König residierte, zeugen eindrucksvolle Reste von Steinbauten vom Prunk seines Palastes. Auch auf den Marianen werden die Reste von Säulenhallen mit pyramidenförmigen Schäften und Rundkapitellen als Teile des Königspalastes *(maga-lahi)* angesehen.

Stärker verbreitet und insgesamt besser dokumentiert ist die vom Adel geleitete und unmittelbarer mit dem sozialen Leben der Gemeinschaft verbundene Steinarchitektur religiösen Charakters. Die polynesische Kultstätte, die *marae,* ist ein unbe-

312. *Reste eines am Erdboden errichteten Ofens, südlich des Ahu Te Peu. Osterinsel (Polynesien).*
313. *Reste eines mit einer Scheinkuppel bedeckten Bauwerks, heiliges Dorf Orongo. Osterinsel (Polynesien).*
314, 315. *Petroglyphen im Süden des Dorfes Orongo, mit Darstellung des Vogel-Menschen. Osterinsel (Polynesien).*

deckter rechteckiger Platz, der von Mauern und Terrassenanlagen umgeben ist und an einem Ende sein wichtigstes und heiligstes Element, den *ahu*, eine Stufenpyramide, umfaßt. Als Prototyp der *marae* gilt der dem Gott *Oro* geweihte Komplex in Opoa, dem antiken (später von Tahiti verdrängten) auf der Insel Raiatea gelegenen, politisch-religiösen Zentrum der Gesellschaftsinseln. Diese *taputapu-atea* genannte *marae* hatte einen 3 m hohen *ahu* mit einer Basis von 44×7 m. In der Nähe erhob sich ein Steinpfeiler, der zur feierlichen Investitur des Königs von Opoa *(te papa-tea-ia ruea)* diente. Wir finden hier die architektonischen und symbolischen Komplexe vereint, die auf die zwei höchsten Autoritäten, die Adels- und Priesterklasse und den König, bezogen sind, der als aus ihr hervorgegangen gelten kann; dieselbe Gliederung findet sich auf Rarotonga wieder, wo, neben den *marae*, Einzäunungen mit politisch-zivilem Zweck den *arai-te-tonga* umfaßten, in dem beim Investiturstein *(taumakeva)* die königlichen ›Inthronisationen‹ stattfanden.

Im Innern der *marae* Tahitis waren einige Bäume angepflanzt, die (wie die Kasuare) als heilig betrachtet wurden. Der Zutritt zur Umfriedung war den Frauen streng untersagt. Hier, wie bei jedem anderen großen architektonischen Unternehmen, ist die auf dem Gebrauch von Steinäxten fußende Verfügbarkeit von Sklavenarbeitskraft innerhalb eines sehr streng geordneten Bauplatzes ausschlaggebend: es sind die Adelsfamilien, die, außer daß sie durch die Häuptlinge regieren, die Arbeit der *manahune* der produktiven Klassen ausnutzen, um während der Errichtung der großen Sakralkomplexe und der privaten *marae* die Sklaven erhalten zu können.

Auf Neuseeland und auf anderen Archipelen (Samoa und Tonga) fehlt das Element der *marae*, die kollektive Kultstätte. Die Maori verfügten dementsprechend über die Dorfplätze, die zwar denselben Namen, jedoch beschränktere Funktionen hatten. Die Opfergaben wurden den Göttern an einem heiligen Ort außerhalb der Siedlung *(tuahu)* dargebracht. Initiationsfunktionen hatte der *nanga* auf den Fidschi-Inseln[15].

Diese Abspaltung des Kultplatzes von den normalen Funktionen des sozialen und politischen Lebens – Zeugnis einer Trennung zwischen (an die Ursprungsmythe und an die Stammeseigenart gebundenen) Kultstätten und Regierungssitzen – trifft man in zahlreichen Fällen, von Mikronesien bis zur Osterinsel, an. Die Kultstätte bleibt der ›Ursprungsort‹, der im ozeanischen Umkreis den Berührungspunkt zwischen jeder einzelnen Insel und dem Komplex des Raums (Himmel und Meer) bedeutet. Auf den Gilbert-Inseln hatte jede einen dem Gott *Tabuarik* geweihten Tempel, das sogenannte ›Geisterhaus‹ *(bata n'anti):* ein am

316. *Noch auf einem Ahu befindliche anthropomorphe Statue mit einem auf dem Kopf ruhenden zylindrischen Element. Osterinsel (Polynesien).*
317. *Verlassene Statuen an der Westflanke des Rano Raraku. Osterinsel (Polynesien).*

Meeresstrand gelegener Bau mit Steinmauern und nach Westen gerichtetem Tor[16]. Auf der Osterinsel war die an der Südwestspitze gelegene Kultstätte von Orongo dem Kult von *Tiki-make-make* geweiht, dem Gott, dem die Vermehrung der Nahrungsmittel oblag und der die Gestalt des Seevogels *manu-tara* annahm. Auch in diesem Fall ist die Verwendung der Steine (Scheinkuppelbauten) und der Petroglyphen an ein Kultzentrum gebunden; doch mit größerem Aufwand wurden von den Klanen der herrschenden Klasse Monumentalterrassen in der Nähe des Meeresstrandes errichtet, die Zeremonial- und Bestattungszwecken dienten und von Reihen riesiger anthropomorpher Statuen beherrscht wurden. Diese Monumente sind das Wahrzeichen der Macht des Adels, der durch die Ausbeutung der ärmeren Klassen die eigene Ahnenreihe verherrlichte (die Statuen, *moai*, stellen höchstwahrscheinlich die Ahnen der Familiengruppe dar). Auf den Marquesas-Inseln war die Steinbauweise nicht nur bei den Gemeinschaftsbauten, sondern auch in der Architektur des Hauses stark verbreitet: der Unterbau umfaßt auch Sitzplätze und anthropomorphe Darstellungen. Doch im gesamten polynesischen Gebiet liegt das Familienhaus normalerweise über dem Boden erhöht auf einer mehr oder weniger hohen Steinplattform; ein Zeichen der stetigen Beziehung zwischen höfischer und privater Architektur, die beide zur Bekundung der Macht von der herrschenden Klasse benutzt werden. Jede bedeutende Familie besitzt gewöhnlich mehr als eine Hütte (für den Aufenthalt, die Küche, die sozialen Tätigkeiten). Auf den Samoa-Inseln stellt die Baulichkeit des ›Gästehauses‹, wie wir sehen werden, einen wirtschaftlichen Aufwand dar, dem sich, um ja nur das eigene Ansehen zu erhöhen, keine Familie entzieht.

Die Zimmerleute-Baumeister
Die Holzbauten und Boote sind Vorrecht der Baumeister-Zimmerleute-Bildhauer, die eine Vermittlerrolle zwischen den verschiedenen Klassen haben. In den Diensten des Königs, der Häuptlinge und der einflußreichsten Familien werden die polynesischen Handwerker zu Privilegierten, zu Hütern der Techniken, aber auch der wichtigsten Inhalte des Mythos, in einer Gesellschaft, in der jedes Unternehmen (die weiten Fahrten, die Bautätigkeit, der Krieg) auf höchst selektive Weise von der rationalen Anwendung der komplexen technologischen Prinzipien abhängt. Deshalb bilden die Handwerkervereinigungen, die überdies eigene Schutzherren haben, manchmal eine von den sozialen Klassen getrennte und mehr den priesterlichen als den produktiven Aufgabenbereichen zugewandte Körperschaft. Auf Tahiti beispielsweise wird *Tane*, der Schutzgott der Zimmer-

leute, als Sohn *Taaroas* (höchstes Wesen, *Tangaroa*) und von *Atea* (der Raum) angesehen. Das polynesische Wort *tahunga* (und seine entsprechenden lokalen Abwandlungen) bedeutet Fachmann, Spezialist und wird auf die Priester wie auf die Baumeister angewandt.

Der Zusammenhang zwischen Hausstruktur, Macht, Mythos und handwerklicher Spezialisierung wird beim ›Gästehaus‹ der Samoa-Inseln offenkundig[17], einem großen Privatbau mit sozialer Ausrichtung, in dem die Häuptlinge die Gäste empfingen und ihnen den *kava*-Trunk und ein Mahl anboten. Auch in diesem Fall wird das Prestige von den herrschenden Sippen durch das Anbieten von Speisen, dem untrüglichen Zeichen des Reichtums, aufrechterhalten. Die Handwerkerinnung, der der Bau anvertraut wird, ist in diesem Fall Angelpunkt und Vermittler im sozialen System. Das Gästehaus leitet sich typologisch vom ersten mythischen Modell ab, das der Gott *Tagaloa* im Himmel errichtet und das nun auf Erden getreu nachgebaut wird. Die direkte Abkunft vom Schutzgott und Stammvater der Handwerker klingt in den Namen an, welche die einzelnen Zweige der Körperschaft der Hausbaumeister führen, die ihren Beruf auf den verschiedenen Inseln ausüben: *Sa-Tagaloa, Aigasa-Sao* (Familie von Tagaloa, Familie von Sao). Strenge Normen regeln die Beziehungen zwischen den Handwerkern und dem des Prestiges und der Tradition bewußten Auftraggeber: einem in allen Einzelheiten kodifizierten und nach allen Regeln der Kunst ausgeführten Produkt muß eine regelmäßige und angemessene Verpflegung entsprechen, die durch Geschenke und Bankette, welche der Eigentümer anläßlich der wichtigsten Bauphasen bereitstellt, ergänzt wird. Das Gästehaus, für das vorwiegend das Holz des Brotbaums verwendet wird, ist ein rechteckiger Bau mit Doppelapsis und einem krummlinigen Dach mit durchgehendem Profil, was durch ein Gerüst aus gebogenen Bestandteilen und Querbalken erreicht wird. Die Zahl dieser Balken läßt die Bedeutung des Besitzers erkennen, da sie direkt proportional zur Hauslänge ist. Auch die Umfassungsstützpfosten (zwischen denen Matten angebracht werden konnten, um eine durchgehend geschlossene Wand zu erhalten) zeigten das Prestige des Häuptlings an, da an jedem von ihnen ein Gästesitz lehnte[18]. Immer ermöglichen es die Nahrungsmittelvorräte den Häuptlingen, die Handwerker für die Dauer der Arbeiten zu versorgen.

DIE ARCHITEKTUR DER MAORI
Das Haus und die Götter

In der Mythologie der Maori lebt der höchste Gott, *Io*, in der obersten der zwölf himmlischen Sphären in einem prächtigen

Palast *(Rangi-atea),* vor dem sich eine heilige Umfriedung *(Te Rauroha)* öffnet. Sein Wohnsitz ist das Modell der irdischen Residenz des *ariki,* des obersten Häuptlings, der wie die gesamte Adelsklasse der *rangatira* ein direkter Nachkomme der mythischen Urahnen ist[19].

Der Humanisierung der Götter, die der Vermählung zwischen dem Raum (oder dem Himmel, *Rangi*) und der Erde *(Papa)* entstammen, entspricht eine Umwandlung in sozial-politischem

Sinne der polynesischen architektonischen Elemente mit der Preisgabe einiger spezifisch sakraler Funktionen[20].

Die *malae* ist nicht wie auf den Samoa- und Tonga-Inseln eine den Frauen verbotene Tempelumfriedung, wo religiöse Riten zelebriert werden, sondern ein Innenplatz des Dorfes vor dem Häuptlingshaus, auf dem die Versammlungen abgehalten werden. Die starre Unterteilung in zwei Klassen macht aus den Fachleuten *(Tohunga)*, unter denen die Baumeister eine primäre Rolle spielen, die wichtigsten Vermittler zwischen den Herrschenden und den Untertanen. Das Überwiegen der Ackerbautätigkeit über den Fischfang bewirkte andererseits eine starke Konzentrierung gerade auf die Architektur des Hauses und des Dorfes, der an den sozialen Status gebundenen Werte, die auf den kleineren Inseln direkter mit den verschiedenen Bootstypen zusammenhängen.

Die auf die Architektur angewandte Schnitzkunst übernimmt somit eine Funktion, bei der die Tabus und magischen Weisungen die eindeutige Aufgabe haben, technisches Wissen weiterzugeben. Als Kunst einer Klasse wird sie überaus reichlich bei den Versammlungsgebäuden[21], den Lebensmittellagern und den Zugangstoren zum Dorf eingesetzt, doch vor allem steht sie im Dienste der Adelsfamilien und der Häuptlinge. Die Paneele und die skulptierten Figuren wandeln so eine gleichförmige und einfache architektonische Bauart (die rechteckige Hütte mit Satteldach und vorderseitiger Veranda) in ein überaus reiches Bauwerk um, mit ›stilistischen‹ Variationen, die den verschiedenen Bezirken und dem unterschiedlichen sozialen Rang der Eigentümer entsprechen. (Vergleiche zum Folgenden Abb. 318–328.)

Jeder Bezirk hat seine eigenen Mythen, um den Ursprung der architektonischen Schnitzkunst zu deuten. Immer sind es Götter und Halbgötter, die in einem der himmlischen ›Reiche‹ das erste Modell erbauten, das dann auf der Erde nachgeahmt wird[22]. Nach den Einwohnern der Ostküste wurde diese Kunst durch den Priester-Zimmermann *Rua-i-te-Pu kenga* eingeführt, der sie im vorletzten der zwölf Himmel, im Reich von *Rangi-Tamaku*, erlernt hatte. Eine andere Erzählung berichtet, daß die architektonische Schnitzerei *(whakairo rakau)* erstmals vom Gott *Rua* versucht worden sei, der dann wegen seiner Erfindung zum Schützer der Handwerkerinnung bestimmt wurde. Rua erbaut das erste mit skulptierten Balken dekorierte Haus, mit *Tangaroa* (dem mächtigen Gott des Meeres und der Fische) wetteifernd, der ein nur mit Malereien verziertes Haus errichtet hatte. *Tangaroa* wird von der Schnitzerei so getäuscht, daß er, die Figuren mit menschlichen Gestalten verwechselnd, sich ihnen nähert und die eigene Nase an der Nase eines der skulptierten

321. *Maori, großes Versammlungshaus aus dem späten 19. Jh. (Neuseeland).*
322. *Maori, Schema eines Versammlungshauses (whare) und Nomenklatur.*
1 Ama, 2 Maihi, Mahihi, 3 Koruru, 4 Tekoteko, 5 Parata, Maui, 6 Pare, 7 Whaka-Wae, Waewae, 8 Korupe, 9 Matapihi, Pihanga, 10 Tatau, 11 Pou-koukou-aro, Pou-tou-aroaro, 12 Tekoteko, 13 Raparapa, 14 Paepae-kai-awa, 15 Paepae, 16 Heke, 17 Poupou.

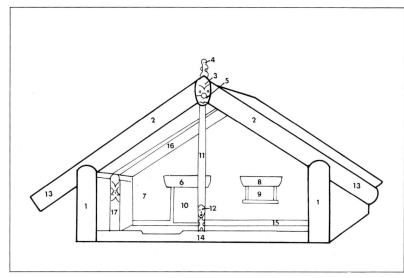

hatte – den Göttern eine Eule geopfert und diese unter der Hinterwand begraben. Auf diese Weise werden die weit aufgerissenen Augen gedeutet, die von nun an von den Handwerkern im Antlitz der Ahnenfiguren nachgebildet werden[23].

Auch der *teko teko*, ein anthropomorphes Dekorationsstück an der Spitze des Frontpfahles der Wohnstätten, ist Gegenstand eines dem Häuptling *Ruapupuke* zugeschriebenen legendären Unternehmens. *Tangaroa* hatte den Sohn des Häuptlings geraubt, um ihn auf das Dach seines Hauses zu setzen. *Ruapupuke* gelang es, ihn zu befreien und die wichtigsten dekorativen Elemente von *Tangaroas* göttlichem Haus zu rauben. So stellt der *teko teko* den Helden dieser Begebenheit dar, die wie die übrigen den göttlichen Ursprung der architektonischen Skulpturen unterstreicht[24].

Die architektonische Skulptur

Die anthropomorphen Holzpaneele zählen zu den Hauptelementen der Außendekoration; zusammen mit dem durchdringenden Blick wird die Macht des Wortes (herausragende Zunge) und die der Tatauierung unterstrichen, die auf den skulptierten Gesichtern eine besondere Bedeutsamkeit annimmt und den Rang der Persönlichkeit hervorhebt. Entlang der Außenwände des Hauses wechseln diese Figuren mit sehr sorgfältig gearbeiteten, *Tukutuku* genannten Paneelen aus Weidengeflecht ab, die horizontal und vertikal verflochten werden, rot bemalt sind und orangefarbene Verknotungen aufweisen. Die geometrischen Motive, die durch die Schnittpunkte zwischen Verknotungen und Weidenstreifen entstehen, haben, so weit sie auch von jeder figurativen Form entfernt sein mögen, auf zoomorphe Details bezogene Namen. So übernimmt das Zickzack den Namen der Rippen (*kao-kao*) und die Dreiecke jenen der Zähne mythischer Ungeheuer, in der Form riesiger Eidechsen (*niho-niho taniwha*)[25]. Auch die übrigen immer wiederkehrenden Dekorationsmotive nehmen auf die Welt der Mythologie Bezug: so z. B. die Spiralen, die Eidechse (die Personifizierung von *Whiro*, dem Gott des Bösen), der Walfisch, der *Manaia* (ein Mensch-Vogel-Zwitterwesen), der *Marakiha* (ein Mensch-Fisch-Hybride mit röhrenförmiger Zunge, die Menschen und Schiffe verschlingen kann)[26]. Jedes Paneel und jeder skulptierte Teil, vor allem des großen Versammlungshauses, hat einen eigenen Namen[27]. An der Fassade hat die den Portikus umrahmende Reihe von Paneelen für das allgemeine Aussehen des Hauses eine entscheidende Bedeutung: die *amo* (senkrechte Seitenpaneele), der *pae-pae kai awa* (die Verandaschwelle), die Bedachungsteile (die oberen Teile: *mahihi*; die vorspringenden Seitenelemente: *rapa-rapa*). Das

Antlitze reibt. Der besondere Ausdruck der die Ahnen darstellenden Basrelieffiguren, welche die Hauswände zieren, findet eine Erklärung, die dieses künstlerische Detail auf eine bestimmte mythische Episode zurückführt. Diese Figuren haben runde, offene, durch eine Muschel nachgebildete Augen, wie die einer Eule, was dem Blick eine besondere Starrheit verleiht. Rongo, der Handwerker, dem dieses Detail zugeschrieben wird, hatte – nachdem er, das göttliche, *whare-kura* genannte Hausmodell nachbildend, die Kunst der architektonischen Schnitzerei erlernt

214

324. Maori, Friesdetail aus Holz und Perlmutter des Außenschwellenbalkens des vorhergehenden Hauses; die Figuren sind gänzlich mit ›Tatauierungen‹ bedeckt (Neuseeland).
325. Maori, Tatauierung auf dem Gesicht eines Häuptlings, 19. Jh. (Neuseeland).
326. Maori, Innenansicht einer whare (Neuseeland).

327. Maori, Rekonstruktion eines Hausinnern mit skulptierten Holzpaneelen, bemalten Balken und Wandverkleidung aus gefärbtem und zu geometrischen Motiven verflochtenem Stroh (Neuseeland).

Schlüsselelement der Fassade ist ein zentraler Pfeiler (pou-koukou aro), der an Basis und Spitze zwei anthropomorphe Skulpturen aufweist, den *teko-teko aro* und den *teko-teko* und eine den Schnittpunkt mit den Dachflächen verdeckende menschliche Maske *(koruru)*. Jedes skulptierte Detail, von den Schwellen bis zu den Öffnungen, hat seinen technischen und symbolischen Platz, innerhalb dem der Handwerker auf Anweisung des Auftraggebers zahlreiche Varianten ausführt.

Starrer ist, wegen der ihr zugrundeliegenden sakralen Prägnanz, die Dekoration der *pataka* oder des Vorratshauses, das Lebensmittellager des Dorfes, das im kleinen die Form des Hauses wiedergibt und erhöht auf einem Pfahl errichtet wird. Hier sind die skulptierten Teile noch innig mit den wichtigsten Werten der Stammesgemeinschaft verbunden, der Vermehrung und Aufbewahrung der Nahrungsmittel, der Fruchtbarkeit des Bodens und des Wohlwollens der Götter. Aus diesem Grunde wurden die Paneele bei Gefahr des Angriffs eines feindlichen Stammes abgenommen und sorgfältig an unzugänglichen Orten versteckt, damit auch im Fall einer Niederlage die Grundlage der Beziehung zwischen der Gruppe und der Gesamtheit der ihr gehörenden Naturkräfte erhalten bleibt. Die Dekoration inspiriert sich hier, sei es bei den senkrechten Frontpaneelen *(te puawai-o-te arawa*, die *arawa*-Blume), den waagrechten *(te oha)* oder bei den Dachflächen, mehr an den Fruchtbarkeitssymbolen (Begattung des mythischen ›ersten Ahnenpaares‹, von dem sich der Stamm ableitet; sexuelle Symbole und Bilder, darunter der Walfisch)[28]. Analoge Motive werden bei den skulptierten Zugangstoren zum Dorf *(pa)* verwendet.

Dekoration, Genealogie und Ausdrucksform

Eine Reihe von Tabus regelt die Tätigkeit des Holzbildhauers (vor allem *totora*-Holz)[29]. Der ursprüngliche Zweck ist der, das technische Wissen einer komplexen Kunst zu bewahren, derer sich der Adel wie eines Schmucks und zur Rechtfertigung der eigenen Macht bediente. Die verwendeten Werkzeuge waren bis zum vergangenen Jahrhundert ausschließlich aus Stein[30]. Die Farben basieren auf den drei Grundfarben Rot (das aus gebrannter Ockererde gewonnen wurde), Weiß (Kreide) und Schwarz (Ruß), die mit Haifischleberöl aufbereitet wurden[31]. Die technologische Entwicklung dieser Architektur, in der das dekorative Element die Struktur überlagert, sie verdeckend und bereichernd, zeigt die Aneignung der die eigene Macht ausdrükkenden Mittel seitens der herrschenden Klasse, die a posteriori den Besitz der Produktionsmittel legitimiert. Dies bedeutet nicht die Aufhebung der Dorfgemeinschaft, sondern im Gegen-

teil ihre Stärkung durch die hierarchisch auferlegte Solidarität. Was die Dekorationsmotive anbelangt, so handelt es sich auch hier um eine Ausdehnung auf die architektonische Ebene von schon in den häuslichen Manufakturen vorhandenen und kodifizierten symbolischen Elementen, insbesondere bei den Federkästchen *(waka-huia)*, die damit vollständig bedeckt waren. Dies ist ein Ausweitungsprozeß, den wir auf verschiedene Art und Weise bei fast allen auf die primitive Architektur angewandten dekorativen Ausdrucksmitteln wiederfinden.

Eine weitere Inspirationsquelle liegt in den Tatauierungen: Wie bereits erwähnt, stellen die Gesichter und Körper der skulptierten Figuren, mehr als die kennzeichnenden anatomischen Merkmale, nicht nur die den wahren symbolisch-sozialen Kontext bildende Tatauierung dar, auf der Ebene des architektonischen Spezifikums wird vielmehr die Gesamtheit der außen an der Struktur angebrachten dekorativen Teile als eine die Fassade und die vom Sozialen her bedeutungsvollsten Teile vollständig bedeckende ›Tatauierung‹ aufgefaßt. Die daraus hervorgehende künstlerische Ausdrucksform weist besondere Merkmale auf und ist im Gesamtkontext der Bedeutung der architektonischen Dekoration äußerst kennzeichnend. Diese wird, obwohl sie ihre Motive dem mythologischen Gut entlehnt, nicht mehr in Funktion der Einheit und Macht des Klans oder des Gleichgewichts unter den Klanen verwendet. Als Kontrollmittel über die Arbeitskräfte und als sprachliches Ausdrucksmittel des Ruhms der Ahnen, der direkten Abstammung des Hauseigentümers vom Stammvater steht sie nunmehr im Dienste der Familie *(hapu)*. Dies geht Hand in Hand mit der Entwicklung des familiären (und individuellen) Privateigentums, das in der Maori-Gesellschaft allmählich de facto die ungeteilten Grundbesitze der Gemeinschaft verdrängte.

Die Geschichte der Sippe muß daher soweit wie möglich zeitlich zurückgreifen, bis zu den göttlichen Urahnen. Sie wird auch von der Architektur erzählt, der Kunst schlechthin, die Mythen mit der Wirklichkeit, die Materialien untereinander (und es ist kein Zufall, daß die Verknotungen für viele Gebiete des Pazifik der dekorativ bedeutsamste Teil sind, da sie den Bauritus selbst verkörpern), die Lebenden mit den Ahnen zu ›verbinden‹:

> ›Die Sippe reicht zurück,
> Zurück bis zur Zeit des Vaters Himmel.
> Die Ahnenreihe reicht zurück,
> Zurück bis auf Area.
> Bindet eng die Kenntnisse:
> Daß die Bindung stark sei,

221

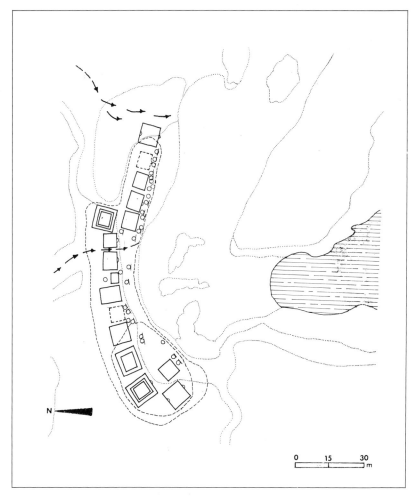

329. *Haida, schematischer Lageplan des Dorfes Nistints, mit nach Osten gewandten Wohnhäusern sowie (Front- und Toten-) Pfählen. Königin-Charlotte-Inseln, British Columbia (Kanada).*
330. *Haida, Dorf Skidegate. Königin-Charlotte-Inseln, British Columbia (Kanada).*

Daß der Knoten fest sei,
Daß er halte.
Die Sippe stammt
Aus einer weit zurückliegenden Zeit.
Von der Familie Ikis
Von den Kindern Ateas und Hakahotus[32].

Das immer wiederkehrende metrologische Mittel ist der menschliche Körper, eine Maßeinheit, in ihren bedeutsamsten Dimensionen, des künstlichen Universums[33]. Er dient dazu, den heiligen Maßen des Baus die Proportionen zu verleihen, verborgene Beziehungen, die die Verflechtung zwischen dem Augenblick des Ritus und jenem der Architektur darstellen[34].

Das Herausbilden einer Ausdrucksform bedeutet auch eine teilweise Desemantisierung des Repertoires an mythischen Zeichen und Figuren zugunsten einer kohärenten und immer variierten Umarbeitung derselben Bestandteile eines einheitlichen umfassenden Kontextes. Wie beim Mythos kann man bei der ›künstlerischen‹ und handwerklichen Akzentuierung der Werte des Hauses eine ständige Verzerrung der originalen Darstellungen beobachten, die herkömmlicherweise als ›Matrizen‹ komplexerer Modelle angesehen werden können. Daß die Architektur, nach den anderen dekorativen Künsten der Tatauierung und der Verzierung der Gegenstände und Bestandteile der Natur, als letzte kommt, erklärt sich aus der besonderen wirtschaftlichen Bindung zwischen Bauwerk und Grundeigentum. Ziel ist, durch die künstlerische Sublimierung des Gebrauchsgegenstands (des Hauses) nicht nur einen sozialen, sondern einen wirtschaftlichen Status hervorzuheben. Die architektonische Dekoration ist in diesem Sinne das bevorzugte Feld der Verschwendung von Nahrungsvorräten, dies um so mehr, als diese reichlich vorhanden, aufbewahrbar und in den Händen weniger konzentriert sind. Die Aufgabe der Dekoration wandelt sich von einer rituellen Wiederbestätigung der wesentlichen Konsistenz der Gruppe zu einem Beweis ›a posteriori‹ des wirtschaftlichen Wohlstands der Familie. In diesem Sinn handelt es sich bereits um eine historisch überprüfbare Kunst, da sie direkt in eine in raschem Umbruch begriffene sozial-ökonomische Welt hineingestellt und nicht mehr einzig auf die Wiederholung des mythischen Modells, sondern auf ein ständiges, qualitatives Überbieten des von den anderen (und von der eigenen) Familiengruppen erreichten Standards ausgerichtet ist.

332. *Haida, Dorf Massett. Königin-Charlotte-Inseln, British Columbia (Kanada).*
333. *Haida, Dorf Kasaan. Alaska (USA).*
334. *Dorf am Salmon River. British Columbia (Kanada).*
335. *Dorf. British Columbia (Kanada).*

DIE ARCHITEKTUR DER INDIANER DES AMERIKANISCHEN NORDWESTENS

In einem anderen, zum polynesischen Universum korrelativen Gebiet an der nordwestamerikanischen Küste hat eine auf eine noch stärker betonte Entfaltung der dem Hausbau innewohnenden künstlerischen Möglichkeiten gründende architektonische Tradition ähnliche, auf die letzten Konsequenzen gebrachte Voraussetzungen als sozial-ökonomische Grundlage. Zwar sind die historischen Zusammenhänge des auf den transozeanischen Routen erfolgten kulturellen Austausches noch nicht restlos geklärt, jedoch können· sie nicht angezweifelt werden, und die Mal-, Bildhauer- und architektonische Kunst der Indianer des Nordwestens entwickelt, mit einer Vielfalt an Variationen, übereinstimmende Aspekte der Beziehung Kunst–Architektur–Gesellschaft. (Vergleiche zum Folgenden Abb. 329–358.)

Eine Ballung von absolut außergewöhnlichen natürlichen Reichtümern, eine hierarchisch geordnete soziale Organisation, ein Wettstreit unter den verschiedenen Sippen innerhalb des Klans: das sind die materiellen Grundlagen, aus denen sich die Architektur der amerikanischen ›Indianer des Nordwestens‹ entwickelte[35]. Von Nordkalifornien bis Alaska weist ein Gefüge von Stammesgruppierungen, ›chefferies‹ und Dorfeinheiten, die einen schmalen Küstenstreifen und die nahen Archipele besiedeln, eine gemeinsame Tendenz auf, durch die zum vollständigen Ausdruck der künstlerischen Möglichkeiten gewordene Architektur die Rang-, Prestige- und Reichtumsunterschiede zu bekunden. Diese zentrale Stellung der architektonischen (und künstlerischen) Sprache ist andererseits direkt an die enorme Entfaltung der handwerklichen Tätigkeiten gebunden, die sich ihrerseits nur durch das wirklich außergewöhnliche wirtschaftliche Modell erklären läßt.

Jagd und Fischfang (vor allem letzterer) waren bis zum vorigen Jahrhundert so ergiebig, daß sie einerseits ein beachtliches Speichern von Nahrungsmitteln (durch Konservierung wie Räuchern und Trocknen) und andererseits die Ausübung anderer, nicht produktiver Tätigkeiten gestatteten. Darüber hinaus sind sie Mittel und Ursache einer klaren sozialen Differenzierung, die sich deutlicher als bei den Beispielen, mit denen wir uns befaßten, auf die Arbeitsteilung und das Privateigentum gründete. Jedes dieser seßhaften Völker hat einen eigenen ›Stil‹ entwickelt, jedoch mit weitgehend vergleichbarer Ausführungsart und Zweckgebundenheit, die die tiefen ethnisch-sprachlichen Unterschiedlichkeiten überwinden. So finden wir dieselben grundlegenden Elemente der Rolle der Architektur in der Gesellschaft bei den Skokomish, Quilente, Makah, den Salish der Küste,

den Nootka, Kwakiutl, Bella Coola, Haisla, Tsimshian, Haida und den Tlingit wieder, Völkern, die von Süden nach Norden entlang der Küsten der Staaten Washington (USA), British Columbia (Kanada) und Südostalaska (USA) aufeinanderfolgten.

Eine Wettbewerbsgesellschaft: ›potlatch‹ und Handwerk

Das Anhäufen der Überschüsse zugunsten der Familien höheren Ranges (unter denen von Fall zu Fall der Häuptling eines Dorfes oder eines Gefüges mehrerer Dörfer erwählt wird) wird andererseits durch charakteristische Regeln gebremst, die die Folgen etwaiger Mißverhältnisse unter Kontrolle halten. So liegt der tiefere Sinn des *potlatch* – der Ausrichtung eines Festes, zu dem die reichsten Familien ihre Gegner laden, um die Ärmeren zu demütigen – und der großen architektonischen Kunstwerke (die Frontdekorationen des Hauses, die Ornamentalskulpturen, die riesigen skulptierten Pfähle) in der Verschwendung und der ›Vernichtung‹ von Arbeit (d. h. der Erhaltung, innerhalb ganz bestimmter Grenzen, eines Gleichgewichts zwischen Familien und zwischen den Häuptlingen). Dies bezeugt der Wettstreit, der sowohl dem (bei den Kwakiutl besonders verbreiteten) *potlatch* zugrunde liegt als auch der zwanghaften Suche nach der wirkungsvollsten Art, durch die Unterschiedlichkeit der stilistischen Eigenart und die Gewichtigkeit der handwerklichen Arbeiten die eigene Überlegenheit über den Gegner herauszustellen.

Einmal mehr ist es nicht der Gewinn, sondern das Prestige, das in der ersten Zeit des Kontakts mit den Kolonisatoren (19. Jh.) die Einbeziehung von Mitteln begünstigt, die dazu geeignet sind, in der Gesellschaft bereits vorhandene innere Tendenzen zu vergrößern. So werden die von den Weißen gelieferten ›Metallmünzen‹ (gehämmerte Kupferplättchen) dazu verwendet, das Kreditsystem, auf das gewöhnlich jene zurückgreifen, die ein *potlatch* zu geben gedenken (mit Zinsen von 20 bis 200%), ins Riesenhafte anwachsen zu lassen, während die Metallgerätschaften vom Beginn des 19. Jhs. an eine enorme Entfaltung der Skulpturen und der Totempfähle ermöglichten. Es ist nicht möglich, bei den letzten monumentalen künstlerischen Äußerungen, die oft schon von einem echten Gemeinschaftsleben losgetrennt sind, genaue Grenzen zwischen einer ›autonomen‹ Entwicklung und einer durch äußere Faktoren herbeigeführten Entfaltung zu ziehen. Doch es kann keinem Zweifel unterliegen, daß die Architektur der Indianer des Nordwestens aus technologischer, sozialer und kultureller Sicht als emblematisch für die Rolle des Handwerks anzusehen ist, das sich, obgleich keiner bestimmten ›Klasse‹ unterworfen, wie in Polynesien dazu eignet, ein Mittel sozialer Differenzierung zu werden.

337. *Skulptierter und bemalter, von einem Falken bekrönter Pfahl. Alaska (USA).*

338. *Haida, Schema eines Hauses mit Zugang durch den Frontpfahl; der eingetiefte Teil ist gestrichelt dargestellt. British Columbia (Kanada).*

339. *Haida, Haus mit Frontpfahl; dahinter der für die Gewinnung des Baumaterials abgeholzte Hang. Königin-Charlotte-Inseln, British Columbia (Kanada).*

340. *Haida, kleines Hausmodell von den Königin-Charlotte-Inseln, British Columbia (Kanada).* ▷

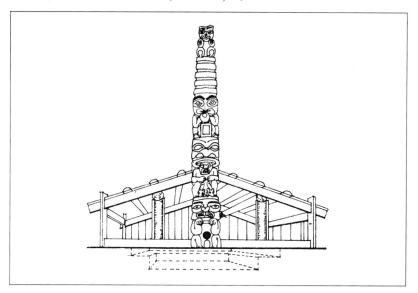

341. Nootka, Struktur eines Hauses. Vancouver Island, British Columbia (Kanada).
342. Kwakiutl, isometrischer Aufriß eines Hauses mit bemalter Fassade. British Columbia (Kanada).

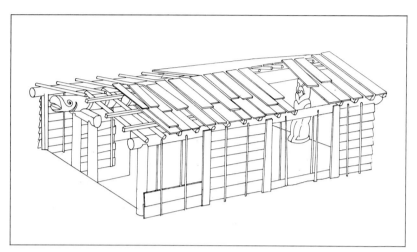

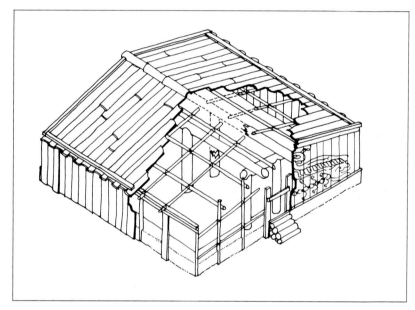

Auch für die Architektur der Indianer des Nordwestens gilt die Beziehung zwischen der individualistischen Evolution der (durch das Kunsthandwerk geschaffenen) der Wohnstätte eigenen Charakteristiken und dem Grundeigentum. Dieselben Gründe, die den der Jagd, dem Fischfang und dem Sammeln zugewandten Völkern eine vollkommene Seßhaftigkeit (sieht man vom Pendeln zwischen Sommer- und Winterwohnung, die jedoch beide eine ähnliche Anlage aufweisen, ab) ermöglichten, haben eine Privatisierung des Stammesgebietes bewirkt. Doch dies wird völlig verständlich, denkt man daran, daß der Grundbesitz die wahre wirtschaftliche Grundlage jeder Tendenz ist, der Architektur eine Schlüsselstellung gegenüber den anderen expressiven Akti-

vitäten zuzuerkennen. Das Territorium ist außerdem der Ort, wo das Zedernholz gesammelt wird, das Material, das für die Herstellung der künstlerischen und rituellen Gegenstände, der Wohnstätte, der Gräber und der Totempfähle, der Lachsfallen und der Boote für die Walfischjagd verwendet wird. Es erfüllt daher die Funktionen der Rohstoffversorgung, die, in Produktions- und vor allem in Prestigemittel umgewandelt, zum Reichtum des Besitzers beitragen.

Das einheitliche Wohnmodell ist ein rechteckiger Mehrfamilienbau aus Stämmen und Planken mit Satteldach und Eingang an der Frontseite. Die parallele Entwicklung verschiedener architektonischer Traditionen, die dadurch begünstigt wird, daß sich die Handwerkerfamilien, den Beruf vom Vater auf den Sohn weitergebend, innerhalb der Gesellschaft zu unterscheiden beginnen, führt zu einer großen Vielfalt an Techniken und festgelegten ›Dekorationsstilen‹. Die manuelle Holzbearbeitung erreicht Höchstleistungen an äußerster Verfeinerung, so auch jene, die zu Hauptbalken bestimmten Zedernstämme mit dem Beil so zu behauen, daß sie allmählich vollkommen zylindrisch werden. Dies ist auf die Auffassung des Hauses als eine völlig ›künstlerische‹ Gegebenheit zurückzuführen, das daher derselben gewissenhaften Sorgfalt wert ist, die den kleinen geschnitzten und bemalten Gegenständen zugewandt wird. In der Tat rührt die auf die Architektur angewandte bildhauerische wie malerische Dekoration, bei einer Vergrößerung des Maßstabs, unmittelbar von den Kunstgegenständen (Masken, Kästchen, Pfeifen usw) her; ein Phänomen, dem man auch im Bereich der Bedeutung und der stilistischen Formgebung wiederbegegnet[36].

Die Errichtung des Hauses

Der hohe Grad an handwerklicher Spezialisierung der Zimmerleute ist vor allem während der Zeit vor der Einführung der Metallgeräte klar ersichtlich, als sie über Keile, Beitel und Äxte aus Knochen oder Stein verfügten. Die auf dem Bau sehr stabiler Wohnstätten aus Rotzedern begründende Architektur der Nootka[37] erreicht ein ausgewogenes Verhältnis zwischen permanenten Elementen (die Pfähle der Tragstruktur) und entfernbaren Teilen (die Bretter der Wände und der Überdachung Abb. 341). Die jahreszeitlich bedingte Wanderung erforderte die Verlegung von den (in den Buchten des Inneren gelegenen) Winter- zu den Sommerwohnsitzen an der offenen Meeresküste. Die Bretter wurden abgenommen, auf Kanus verladen und auf Tragstrukturen mit genau denselben Ausmaßen wieder aufgebaut. Auf diese Weise konnte man – die zu transportierenden

343. *Kwakiutl, Haupttragstruktur einer Wohnstätte in Mem-kumlis: die Ebenmäßigkeit der Stämme wurde durch mit der Axt ausgeführte ›Strigilierung‹ erreicht. Königin-Charlotte-Inseln, British Columbia (Kanada).*

Bestandteile auf ein Minimum beschränkend – zu jeder Jahreszeit über ein großes und an den Tragteilen, wie den Stützpfosten und dem Firstbalken, reich dekoriertes Haus verfügen und dennoch die für die verschiedenen Jagd- und Fischfangaktivitäten nötige jahreszeitliche Beweglichkeit beibehalten.

Eine besondere Technik wurde von den Nootka angewandt, um aus den Zedern mittels einfachster Geräte Bretter zu gewinnen. Nachdem der Handwerker eine Zeder mit einem glatten und geraden Stamm ausgewählt hatte, brachte er mit dem Beitel zwei Längskerben an, die erste auf ungefähr 1 m Höhe über den Wurzeln, die zweite höher, je nach der gewünschten Länge der Bretter. Hatte man den oberen Spalt mit Keilen und durch das Dazwischenklemmen eines Pfahles erweitert, so vergrößerte sich der Spalt durch die Schwingungen des Baums von selbst nach unten und bewirkte schließlich die Abtrennung eines Baumteils, ohne daß der Baum selbst gefällt werden mußte.

Die weitere Bearbeitung erfolgte mit Keilen und Äxten. Der Transport der Baumstämme (durch Flößen) sowie die Errichtung der schweren Baustruktur wurde von einer erweiterten Mitarbeitergruppe ausgeführt, die dem Familienoberhaupt unterstand, das während der ganzen Dauer der Arbeiten für die Ernährung der Beteiligten sorgte. Die figurative Skulptur des Nootka-Hauses beschränkte sich auf zwei Hauptstrukturteile: den hinteren Pfahl, in anthropomorpher Form, und das vordere Ende des Firstbalkens. Doch auch die Eckpfeiler, die zwei Fassadenpfosten und der kurze Verbindungsbalken waren von großen Ausmaßen und sehr sorgfältig bearbeitet, da sie mehrere Jahrzehnte überdauern sollten. Die Bretter, die Dach und Wände bildeten, waren weniger haltbar. Sie wurden nicht einfach übereinandergelegt, sondern dachziegelartig aneinandergereiht und durch Zedernrindenstücke zusammengehalten, um das Eindringen des Regenwassers zu verhindern. Die Verbindungs- und die Vervollständigungsarbeiten wurden mit Steinbohrern, Werkzeugen zur Glättung und zumeist aus Sandstein bestehenden Schleifsteinen durchgeführt; manchmal wurde auch die Krümmung unter Dampf und die Oberflächenbehandlung mit Feuer angewandt. Messungen wurden mittels zehn verschiedener, vom menschlichen Körper, insbesondere von den Fingern, Händen und Armen, abgeleiteter Model durchgeführt. Die kleinste Maßeinheit entsprach der Spanne zweier Finger, die größte den ausgebreiteten Armen[38].

Die Zweiteilung des Bauprozesses (feste Struktur – bewegliche Verkleidung) stellt einen grundlegenden Aspekt des nordamerikanischen Architekturverständnisses dar. Die festen Bestandteile erfahren eine sorgfältigere Bearbeitung; an ihnen wird stets die

346. Kwakiutl, Pfahl, welcher einen Bären darstellt, der einen Menschen in den Vordertatzen hält; die Figur darunter hält zwei große ›Münzen‹ aus Kupfer in Händen. Insel Hope, British Columbia (Kanada).

347. Grabstätten mit skulptierten Abbildungen der Verstorbenen. Salmon River, British Columbia (Kanada).

348. Tsimshian, den Wohnstätten gegenüberliegende Einzelpfähle. British Columbia (Kanada).

352. Haida, das Meeresungeheuer Ts'um'àks darstellende Tatauierung. British Columbia (Kanada).
353. Haida, einen Frosch darstellende Malerei auf einer Schach-
tel. British Columbia (Kanada).

354. Kwakiutl, den Donnervogel darstellende Malerei an einer
Hausfassade. British Columbia (Kanada).
355. Kwakiutl, einen Raben darstellende Malerei an einer Hausfassade. British Columbia (Kanada).

bildhauerische Dekoration angewandt, während die beweglichen Bretter nur dem praktischen Aspekt des Hauses dienen. Daraus ergibt sich, daß die Tragstruktur des Hauses, zusammen mit den Gräbern der Häuptlinge und den großen heraldischen Pfählen, als Inbesitznahme eines Ortes von seiten einer Stammesgruppe oder einer Familie oft bedeutsamer ist als die vollendete Wohnstätte.

Kunst, Mythos und Familienmacht

›Der Fußboden des Hauses war aus Stein. Da zerbrach ihn der Häuptling, nahm den Jungen und warf ihn auf unsere Erde herunter. Das Wasser stand noch hoch, und aus der Wasseroberfläche ragte einzig die Spitze seines Totempfahls heraus. Der Junge fiel auf die Spitze des Pfahls und schrie: ›kraa‹ und nahm die Gestalt eines Raben an. Der Pfahl spaltete sich entzwei, als er darauffiel. Daraufhin begannen die Wasser zu sinken, und seine Wanderungen nahmen ihren Anfang[39].‹ An dieser Stelle einer Haida-Erzählung stellt die Verbindung zwischen dem Haus des Schöpfers, dem demiurgischen Helden (der Rabe) und der Architektur des Hauses (bei welchem dem großen frontalen Pfahl, in dem sich die ovale Türöffnung befindet, ein absoluter Vorrang zukommt), einen Zwischenaspekt zwischen dem Komplex der Ursprungsmythen und der Erzählung des alltäglichen Lebens dar. Vor allem bei den Nordvölkern, den Tlingit, Haida und Kwakiutl, zeigen Kunst und Architektur mehr oder weniger komplexe Entwicklungen der Darstellung von Gestalten (oder Erzählungen) des Mythos, der auch die bildliche Grundlage der sozialen Struktur ist. Die den exogamen Klanen eigenen ›totemistischen‹ Tiere sind die am häufigsten vorkommenden Figuren: sie entsprechen den beiden ›Hälften‹ (Rabe und Adler, Rabe und Wolf) der Tlingit und der Haida oder den vier exogamen Gruppen der Tsimshiam (Rabe, Adler, Wolf, Bär). Doch ausgehend von dieser primären Funktion, vervielfältigt sich der mythologische Stoff, um die Genealogien der engeren Familiengruppen darzustellen, und erfüllt somit eine Funktion, die man bereits als heraldisch definieren kann. So verfügt jede Nachkommenschaft über ein eigenes Tierkennzeichen und über ein besonderes Erzählgut, das die Grundlage für die Vermehrung der figurativen Gegenstände bildet.

Die *Haida* stellen für die architektonische Bildhauerei (Abb. 331–333, 338–340), die *Kwakiutl* für die architektonische Malerei (Abb. 354, 355) die Endpunkte der heraldischen Manipulation dar, die den Zweck hatte, das Prestige und die soziale Stellung der Eigentümer sowie die vorwiegend ›totemistischen‹ Abbildungen des Mythos zu mehren. Es sind Motive, die sich

nur durch die Bearbeitung weniger Details unterscheiden (Augen, Klauen, Schwanz, Flügel, Flossen), jedoch die wichtigsten Tiergattungen einschließen: von den Vögeln (Rabe, Falke, Adler, Geier, Kormoran) zu den Landsäugetieren (Wolf, Bär, Ziege, Biber) und Meeressäugetieren (Seehund, Walfisch, Seelöwe), den

Weichtieren, Amphibien und Fischen (Schnecke, Frosch, Hai, Lachs), bis zu den Fabelwesen (Drache, Seeungeheuer, Fisch-Mensch, Donnervogel). Bei den von den Haida errichteten Pfählen (Abb. 340, 345) endet die vertikale Folge der oft äußerst synthetisch ausgeführten Sujets manchmal oben mit der Hauptfigur, um so eine himmlische Abstammung anzuzeigen. Die realistisch dargestellten menschlichen Gestalten verquicken sich mit den tierischen in einer ›geschichtlichen‹ Reihenfolge von nicht eindeutiger Interpretation. Sie kann ebenso den Ursprungsmythos des Klans oder Stammes wie die Ruhmestaten der Familie betreffen[40]; unter letzteren steht die den rivalisierenden Familien anläßlich des *potlatch* zugefügte Demütigung an erster Stelle. Sind das Haus, das Kanu, die Einrichtungs- und persönlichen Gegenstände einmal zum Symbol des ›privaten‹ Reichtums geworden, so übertragen sich auf diese, den Maßstab wechselnd, doch die auf den Gegenständen bereits erprobte Ausdrucksweise unverändert beibehaltend, die Abbildungen, die die Kästchen, den Bug der Kanus und die Holzmasken zieren.

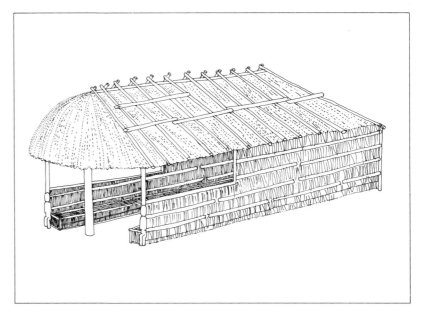

Die Kwakiutl, denen auch musterhaft gearbeitete, immer von den Wohnstätten getrennt errichtete Pfähle (Abb. 346) und die an der Dachspitze wie an den Giebelseiten skulptierten heraldischen Insignien zu danken sind, haben die Häuserfassaden mit herrlich stilisierten Dekorationen versehen. Bei den Völkern des Nordwestens sind sie auch auf den Gegenständen des täglichen wie rituellen Gebrauchs, auf Stoffen und Kanus verbreitet. Dies verweist auf eine tiefe Veränderung des Wohnverständnisses selbst. Die ›reine‹ architektonische Dekoration leitet sich immer von bereits vorher in kleinerem Maßstab angewandten künstlerischen Motiven ab (Tatauierungen, dekorierte Gegenstände) und muß der Erlangung einer ›privaten‹ Bedeutung des Hauses selbst zugeschrieben werden. In diesem Fall ist der eindeutige Auflösungsprozeß der Klaneinheit offensichtlich, da der Beginn einer wetteifernden Anwendung der Kunst vollkommen dem Prozeß der Reichtumsanhäufung entspricht.

Doch die Stammeseinheit, jene im wesentlichen paritätische Gliederung der Macht, die bei Fehlen eines, wenn auch embryonalen ›staatlichen‹ Systems, das durch Zwangsarbeitsleistungen öffentliche Werke fördern könnte, dazu neigt, die Mißverhältnisse in die präzisen Regeln des Wettbewerbs zurückzuführen, reiht die Architektur der Indianer des Nordwestens in den Bereich der Dorfaktivitäten ein; hier schlagen sich die sozialen Unterschiede zwischen dem Familienoberhaupt, den jüngeren Kleinfamilien und den Sklaven nicht in einer Schichtung der Wohnweise nieder, sondern erschöpfen sich einfach innerhalb ein und desselben ›Hauses‹ in den persönlichen Machtverhältnissen. Jede Familie

361. Bamum, Türrahmen. Fumban (Kamerun).

362, 363. Bamum, die Ahnen darstellende, skulptierte Pfähle. Fumban (Kamerun).

364. *Bamileke, Lageplan des* chefferie-*Dorfes Batoufam (Kamerun).*

1 Haupteingang, 2 Markt, 3 Schädel und Ahnenstatuen, 4 Eingangstor, 5 Gästehaus, 6 Häuptlingsresidenz, 7 Ort der Initiationsriten, 8 Hütten der Ehefrauen.

365. *Bamileke, vor seiner Haustür sitzender Häuptling. Dschang (Kamerun).* ▷

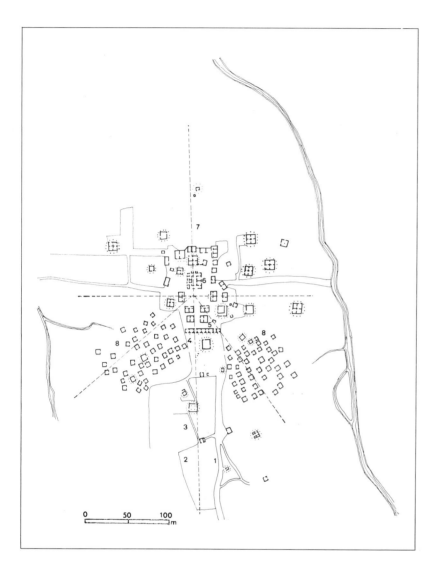

DORF, KULTBAU UND ›CHEFFERIE‹ IN WESTAFRIKA

Die kulturelle Einheit, die Verwandtschaft unter den verschiedenen Völkern, die, obgleich nicht durch politische Bande verknüpft, in herkömmlichem Bezug auf ein einziges ›Weltzentrum‹ einen gemeinsamen Ursprung erkennen, findet einen ganz besonderen Ausdruck beim Kultbau: dem ›geschichtlichen‹ Ursprungsort der Welt und der Menschen, dessen durch den Ritus periodisch gedacht wird. Die Übereinstimmung zwischen den kosmologischen und kosmogonischen Mythen vieler Stammesvölker Westafrikas (z. B. der Mandingo, Bozo, Bambara, Dogon und Fali) gehen über eine einfache Analogie hinaus und berühren den verborgensten Aspekt des Raumsymbolismus. Unterschiedlich sind, wir werden dies besonders bei den Dogon und Fali sehen, die architektonischen und baulichen Traditionen, die soziale Struktur und die Produktionsquellen; doch der Interpretationsmechanismus der Realität, seine Ausweitung zur Darstellung der Welt in allen ihren räumlichen und zeitlichen Aspekten, kann als weitgehend vergleichbar angesehen werden.

Alle sieben Jahre feiern die Keita in dem von den Mandingo besetzten Gebiet die Welterschaffung, indem sie die Malereien erneuern, die die Wände der überstammlichen, ›Vorhalle des Mande‹ genannten Kultstätte bedecken. Die verborgenste Symbolik der Abbildungen ergibt sich gerade aus der zeitlichen Folge der Malereien. Der Kultbau von Kangaba hat eine Rundanlage; das Strohdach mit sechs ›Kämmen‹ stellt die spiralförmige Entwicklung des Samens des Universums dar, durch dessen Ausweitung die Welt ihren Ursprung fand. Außen geben die symbolischen Abbildungen den erläuternden statischen Moment der Beziehungen und Übereinstimmungen zwischen allen Elementen der Schöpfung wieder, von den Menschen über die Tiere zu den Feldern und angebauten Pflanzen, bis zu den Gestirnen und den Vorfahren. ›Doch als man der Ausführung der Gestalten beiwohnte, wurde ihr verborgener Sinn klar. Die für die Arbeiten verantwortliche Frau malte mit nach Osten gewandtem Gesicht zuerst einmal einen schwarzen Kreis, dann, sich nach Norden wendend, einen Kreis über einer vertikalen Achse, gefolgt von einer analogen Figur, die jedoch quer einen armförmigen Schrägstrich aufwies; in einer vierten stellt ein weiterer Schrägstrich die Beine dar. Diese vier Werke sollten schließlich zu elementaren Gestalten vervollständigt werden. Zunächst handelte es sich darum, an der Wand den Schöpfungsbeginn darzustellen. Der ursprüngliche Samen (der Punkt) zerbirst unter der Einwirkung eines ersten Bebens (die Achse), dem ein zweites folgt (die Arme), aus dem die vier Himmelsrichtungen, d. h. die Szenerie des Universums hervorgehen; ein drittes läßt die

(die auch die Sklaven umfaßt) nimmt daher innerhalb des Systems auf paritätische Weise am Wettstreit um eine Vormachtstellung teil, die, die Ausdrucksmittel der Architektur ihren Zielen unterordnend, in Wirklichkeit danach strebt, das substantielle Gleichgewicht zwischen den verschiedenen Gruppen zu stärken, indem sie durch die Verschwendung des *potlatch* und der Handwerksarbeit jede weitere Anhäufungsmöglichkeit bremst.

366. Bamileke, Häuptlingshaus: Statuen der Ahnen, Pfosten, Architrav, Schwelle und geschnitzte Türpfosten. Bafoussam (Kamerun).
367. Bamileke, Türrahmen eines Häuptlingshauses. Banganete (Kamerun).
368. Bamileke, Statuen der Ahnen zu seiten der Tür des Häuptlingshauses. Dschang-Baham (Kamerun).

369. Bamileke, Detail der Laube eines quadratischen Hauses mit Kegeldach, Bafoussam (Kamerun).

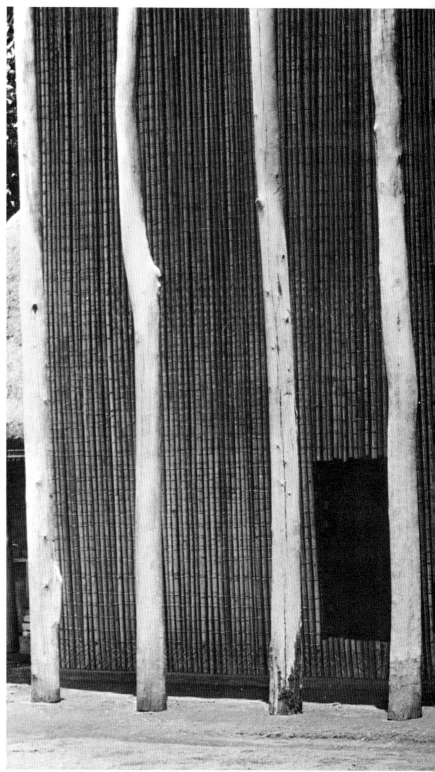

370. Bamileke, Detail eines Häuptlingshauses: Außenpfosten, Struktur aus Bambus und Pflanzenfasern und geschnitzter Eckpfeiler. Bafoussam (Kamerun).

unteren Gliedmaßen und das Geschlecht der irdischen Wesen entstehen. Für wenige Augenblicke behalten die Figuren dieses unvollständige Aussehen bei, das bei einmal fertiggestelltem Gebäude seine Bedeutung verliert; nun sind die Skizzierungen zu Gestalten geworden[1].‹

Das Problem, das sich für das gesamte Gebiet der ›sudanesischen‹ Völker stellt, ist, zwischen der tatsächlichen Schichtung und Unterschiedlichkeit der sozial-politischen, territorialen und architektonischen Strukturen und der symbolischen Auslegung zu unterscheiden, die diese Phänomene durch die verschiedenen Völker erfahren. Vielleicht in keinem anderen Kulturraum ist die architektonische ›Typologie‹ als kritische Kategorie so irreführend in bezug auf die semantische Realität, den sozialen Zweck und die Sprachunterschiede, da sie in scheinbar belanglosen Details wesentliche Unterschiede und bei völlig ungleichen Formen Analogien findet. Die Bausysteme, die Siedlungstechniken, die elementaren Typologien sind wegen der verschiede-

nen Traditionen etwas ›schon Gegebenes‹, das vollständig neuerlebt, neu interpretiert und fest mit dem allgemeinen Komplex der Mythen und Produktionszusammenhänge verbunden wurde; Haus, Feld und Dorf werden als im Entstehen begriffene Einheiten angesehen, die am kosmischen Leben teilhaben. Jede Besonderheit des sozialen Lebens wie jedes auch noch so kleine Detail der Sakralgebäude, der Getreidespeicher und der Wohnstätten ist andererseits ein für allemal auf eine ganz bestimmte Rolle festgelegt, auch wenn gerade deswegen ihre Deutung nie eindeutig ist. Der Bau des bewohnten Raumes erscheint als ein ausschlaggebendes Mittel für die Erhaltung eines dynamischen universellen Gleichgewichts, jenseits aller historischen Spannungen. Der Begriff des architektonischen ›Typus‹ erscheint aus dieser Sicht im Mittelpunkt des Interesses, nicht nur, da er einem bestimmten sozial-kulturellen Kontext entspricht, sondern weil er ein grundlegendes Mittel für die Weitergabe der traditionellen Werte darstellt. Der Wert des ›Typus‹ liegt nicht so sehr in seiner physischen Beschaffenheit, sondern vielmehr in der Beziehung zu allen anderen Aspekten der kulturellen Wirklichkeit und im Sinn, der ihm beigemessen wird.

Ein Beispiel der ›historischen‹ Aufteilung des Territoriums in sieben Teile, die sieben Dörfern entsprechen, stellt die Tradition der Samake, eines Stammes der Bambaragruppe, dar. Die sieben Dörfer waren von sieben Vorfahren, den Söhnen ein und desselben Stammvaters, gegründet worden; drei davon liegen im nördlichen Teil des Gebiets (Jitumu), vier im südlichen (Kurulamini). Jedes der drei in der Nordregion gelegenen Dörfer

373. *Fali, Grundriß der Wohnstätte eines Monogamen (Kamerun).*

a) Küche, b) Kammer, c) Getreidespeicher. Die Symmetrieachse und die konstruktiven Entsprechungen sind eingezeichnet.

374. *Fali, Wohnstätte eines Patriarchen mit einer einzigen Ehefrau (Kamerun).*

a) Küche, b) Kammern, c) Getreidespeicher, d) Abstellraum.

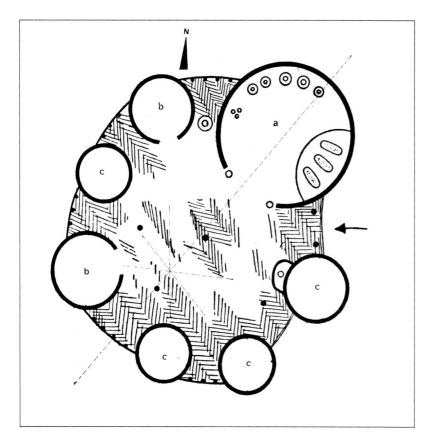

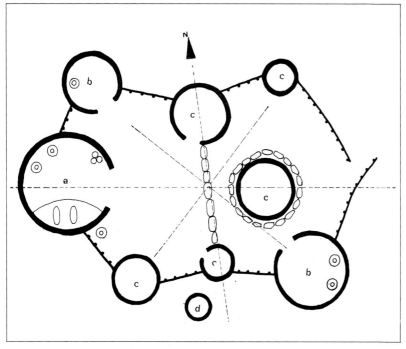

hat sich sodann in zwölf Dörfer unterteilt; ebenso auch die vier im Süden. Jede dieser Gruppierungen hat ihren Hauptort. Die Aufteilung knüpft offensichtlich an den Mythos des ersten Opfers an; jedes territoriale Element nimmt darauf Bezug. Die Aufteilung des Territoriums in zwei Hälften erinnert an das kreuzförmig angeordnete Ur-Zwillingspaar. So wird beispielsweise eine bescheidene, die Kurula-Ebene beherrschende Erhebung als kosmischer Berg, als ›erstes Gestein‹ oder als Feuerstern (Ursprung des Kosmos) angesehen, und rundherum ›kreist‹ das gesamte Gebiet der Samake. Außer den alljährlichen Opfern, die in der Ebene wie am Fuß des ›Berges‹ dargebracht werden, findet alle sieben Jahre ein Welterneuerungsritus statt[2].

Eine auf ihre wesentlichen Elemente reduzierte kosmische Abbildung wird in fast jedem Dorf nachgebildet: es handelt sich um einen in der Mitte eines kleinen Weihers befindlichen Stein. Der Stein-Berg und der Weiher sind komplementäre Symbole der Einheit des Kosmos, des Territoriums und des Dorfes. Die Siedlung war in ihrer Einheit vom Gründer-Ahnen eingesetzt worden; doch wie die Welt und das Territorium erweitert sie sich, sich als Folge der ›Opferexplosion‹ in Teile spaltend. So befinden sich im Dorf N'Tintu um den vom Stammvater gegründeten zentralen Kern acht periphere, von seinen acht Frauen geschaffene ›Viertel‹. Wie bei der soeben angeführten Unterteilung herrscht in anderen Dörfern eine rituelle Aufgliederung des Körpers des Vorfahren in sieben Teile vor, von denen je ein Siedlungsabschnitt stammt.

In der Architektur der ›chefferies‹ des zentralwestafrikanischen Waldgebiets (insbesondere bei den Siedlungen der Bamum und der Bamileke) offenbart jeder Aspekt das Bestehen einer Machtschichtung, an deren Spitze die Häuptlingsfamilie steht. Das Dorf ist einer Achse entlang angelegt, und die großen Häuser des Häuptlings wie die der Würdenträger beherrschen den Zeremonialplatz. Das Ganze wird durch die Symmetrie, die hierarchische Ordnung und die deutliche Geometrie der Bauten geregelt. Die architektonische Plastik (Türrahmen, Pfosten, vereinzelt stehende Statuen) steht im Dienste der herrschenden Dynastie, die sich dadurch durchsetzt, daß sie in der Genealogie die Unterscheidung zwischen göttlicher Abstammung und gewöhnlichen Menschen, den beiden untrennbaren Polen der Macht, verherrlicht. (Siehe dazu die Abb. 361–363.)

DIE FALI

Geschichte und Mythos, Typologie und Bedeutung der Architektur stellen sich als zwei entgegengesetzte und komplementäre Interpretationsregister in der Organisation des von einem

375. *Fali, Wohnstätte eines Patriarchen (Kamerun).*
a) Küchen, b) Kammern, c) Getreidespeicher, d) Abstellräume.

376. *Fali, Anthropomorphismus des Gehöftes (Kamerun).*
a) Kammern, b) Getreidespeicher, c) Hauptspeicher, d) Vorraum.

377. *Fali, Schlafkammer eines Erwachsenen, Frontseite und Schnitt.*

378. *Fali, Grundriß und Schnitt eines Komplexes (tim qyu), der den Getreidespeicher (in der Mitte), zwei Silos (bintin) und zwei durch ein Mäuerchen getrennte, als Küche dienende Stellen umfaßt (Kamerun).*

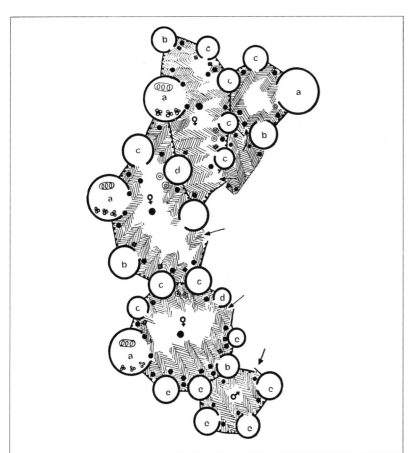

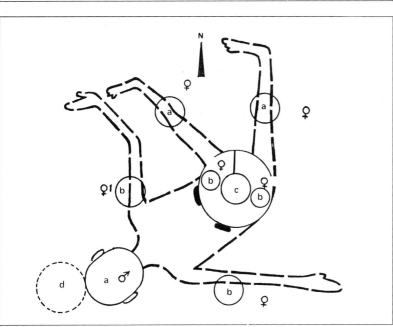

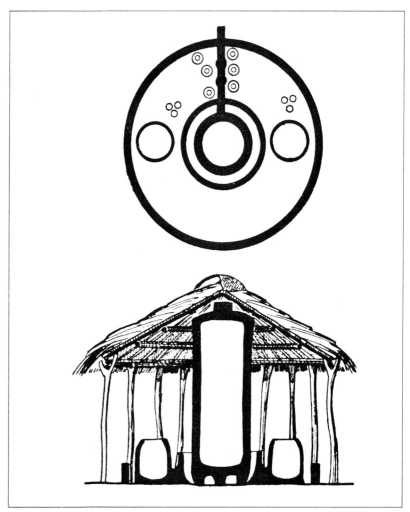

379. Fali, Grundriß und Aufriß eines Getreidespeichers (ma beli), dem eine Feuerstelle, zwei Mahlsteine und ein kleiner Silo (bintin) hinzugefügt wurden (Kamerun).

380. Fali, Schnitt eines Getreidespeichers (bal do) (Kamerun).

381. Fali, zwei Getreidespeicher (ma) (Kamerun).

382. Fali, ein mit dem mythischen Krötenmotiv bemalter Getreidespeicher (Kamerun).

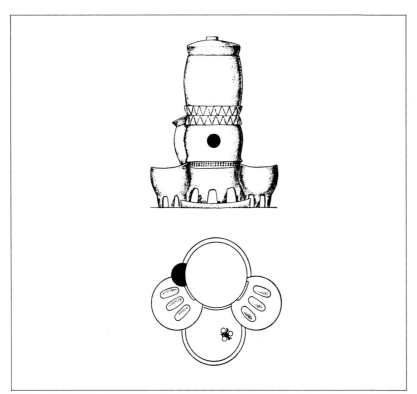

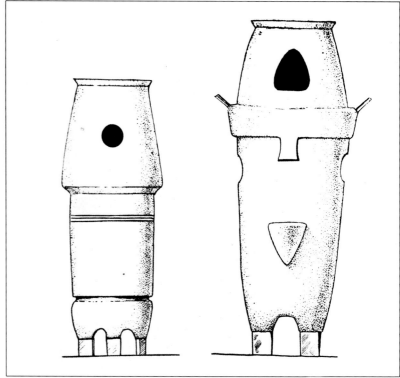

kleinen Bergvolk Nordkameruns, den Fali, ›erbauten Universums‹ heraus. (Siehe zum Folgenden die Abb. 373–383.) Eine beispielhafte Wissenserkundung[3], eine sorgfältige und globale kritische Überlegung ermöglichen es uns, den Gegensatz zwischen Gesellschaft und Architektur, in einem nicht besonders originellen Kontext, der deshalb um so bedeutsamer und potentiell auf andere ethnische Einheiten ausdehnbar ist, in deren verborgensten Zusammenhang zu erfassen. Die materiellen Lebensgrundlagen, die im wesentlichen im Anbau der verschiedenen Süßgräserarten zusammenfaßbar sind, und die auf die Struktur der mehr oder weniger erweiterten Familie gründende soziale Organisation sind auch vielen anderen Völkern des südlich an die Sahara angrenzenden Gebietes gemeinsam. Allgemein üblich ist die Siedlungsform des einzelnstehenden Gehöfts, das sich aus einer Reihe von zylindrokonischen Hütten und rund um einen oder mehrere überdachte Höfe angeordneten Getreidespeichern zusammensetzt. Wirtschaftlich und politisch bestehen innerhalb der verschiedenen Gruppen keine realen Schichtungen. Da der Wettbewerb unter den verschiedenen Nachkommenschaften fehlt, beteiligt sich jede durch ihr ältestes Mitglied an den Versammlungen. Die Macht liegt in den Händen der Alten, die die Pflicht haben, das religiöse und mythologische Gut weiterzugeben, aber immer innerhalb einer segmentären Organisation der Beziehungen zwischen den Dörfern, Fraktionen und Familien.

Die heutige geographische Verteilung der Fali scheint die Folge verschiedener aufeinanderfolgender Wanderungen vom 16. bis zum 19. Jh. zu sein, welche die innere und äußere Gliederung der einzelnen Gruppen ständig veränderten. Der ›irrationalen‹ Dynamik der Geschichte stellt sich jedoch der den vier Gruppen (von Norden nach Süden Bossoum, Bori-Peské, Kangou und Tinguelin) gemeinsame Ursprungsmythos entgegen, der eine vollständige Interpretation aller Aspekte der räumlichen Wirklichkeit, vom Territorium bis zu den architektonischen Details, liefert. Es ist eben dieser Glaubenskomplex, der durch unbestimmte ›Übereinstimmungen‹ den inneren Zusammenhalt zwischen den verstreuten Elementen, die ein für allemal festgelegte ›geschichtliche‹ Einheit unter den in ständigem Werden begriffenen Organisationsmodellen verwirklicht. Die wichtigsten Organisationshilfen sind die Vierteilung des Raums und der hierarchisch geordnete Zusammenhalt unter den verschiedenen Elementen, das durch das Modell der menschlichen Gestalt verwirklicht wird.

Jede Interpretation kann auf den Erschaffungsmythos des Universums zurückgeführt werden, das aus der ausgewogenen Über-

einstimmung der beiden ›kosmischen Eier‹, des Schildkröten- und des Kröteneies, hervorgeht. Diese Unterteilung in zwei ungleiche, der Schildkröte und der Kröte entsprechenden ›Hälften‹ schlägt sich auch in der Organisation der in zwei übereinstimmende Gruppen geteilten menschlichen Gesellschaft nieder, wie auf jene des Territoriums (bewohnter Teil und Wildnis) und des Hauses. Jede folgende Differenzierung wird durch eine Reihe von abwechselnden und entgegengesetzten ›Schwingungsbewegungen‹ ausgelöst, die den universellen Fortbestand des Gleichgewichts zwischen den Gegensätzen sichern. Jedes Gebiet, jede Gruppe und jedes architektonische Element besitzt

384. Musgu, Grundriß und Schnitt eines Familiengehöfts (Kamerun).

a) Häuptlingshütte, b) Eingang, c) Küche, d) Lieblingsfrau des Häuptlings, e) Stall, f) Frauen und gemeinsame Küche, g) Frauen, h) Küche, i) Frauen, l) zwei Frauen und Gerätelager. Die Getreidespeicher befinden sich zwischen den Hütten.

385. Musgu, Außenansicht eines landwirtschaftlichen Familiengehöfts, mit Häusern und Getreidespeichern aus Lehm. Außenrippen in Form eines umgekehrten V (Tschad).

386. Musgu, Wiederherstellung des Oberteiles einer Wohnstätte (Außenrippen mit getrennten Vorsprüngen) (Tschad).

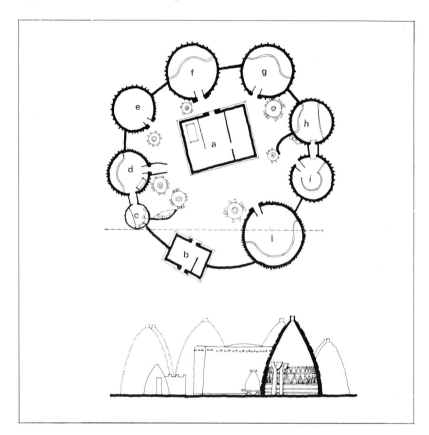

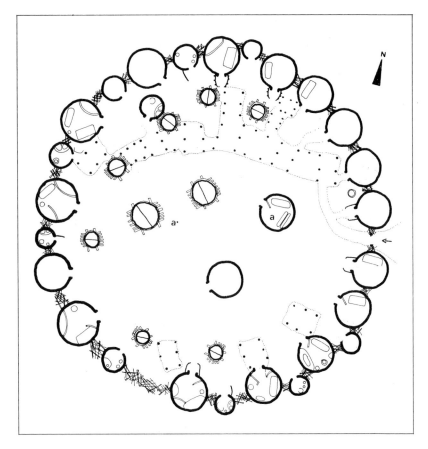

eine dieser virtuell komplementären Bewegungen (Rotationen) oder dient als fixer Punkt, als Bewegungsmitte der umliegenden Teile. Diese wechselseitige Dynamik aller (in männliche und weibliche unterteilte) Elemente bildet virtuell eine rechts- oder linksdrehende Rotationsbewegung, die vor allem die beiden wesentlichen Teile der Wohneinheit mit einbezieht: den gemauerten zylindrischen (weiblichen) Teil und die konische (männliche) Überdachung aus Balken und Stroh, die sich beide in entgegengesetzter Richtung drehen. Die Schildkröte hat dem Menschen das Modell des Hauses gegeben; auf ihre Lehren hin hat das Ur-Paar das in allen baulichen und dekorativen Details bereits klar umrissene Ur-Haus erstellt, als dessen Nachbildung alle Wohnstätten der Fali erbaut werden müssen (Abb. 40, 42).

Die Interpretation des Territoriums wie auch jene des Hauses und des Getreidespeichers bezieht sich vorzugsweise auf die menschliche Gestalt. Sie entspricht jedoch keineswegs einem statischen Abbildungsschema, sondern einem Schema, das man als funktionell definieren könnte. Die verschiedenen menschlichen Körperteile können in ihrer wechselseitigen Beziehung, aber auch getrennt betrachtet werden, und die Glieder können sich in Fläche und Raum in einer Bedeutungsfolge verteilen, die nicht immer den tatsächlichen gegenseitigen Zusammenhang berücksichtigt. Neben dem von vorn gesehenen Menschen, dessen Glieder symmetrisch am Rumpf zusammenlaufen, haben wir somit auch ›anthropomorphe‹ Abbildungen, bei denen die Gestalt zusammengedrückt, die Glieder verschlungen, die wichtigsten Gelenke (wie das Schlüsselbein) losgetrennt erscheinen. Innerhalb des Territoriums betrachten sich die vier Fali-Gruppen als in den vier Himmelsrichtungen angesiedelt. Die verschiedenen ›Fraktionen‹ sind in jeder Gruppe anthropomorph auf vier komplementäre und symmetrische Arten angeordnet. Die makrokosmische Ordnung (die Erde ist in vier Teile aufgegliedert: Kopf, Rumpf, obere und untere Gliedmaßen; das Zentrum wird vom Geschlecht gebildet) entspricht den unterschiedlichen Stellungen, die der Mensch-Mikrokosmos in den vier verschiedenen Gruppen beim Zeugungsakt einnimmt; doch die gesamte Wirklichkeit ist in eine Reihe von Übereinstimmungen einbezogen, deren Bezugsmedium der menschliche Körper ist. Auf der Ebene der Wohnstätte kann jedes Element ebenso gedeutet werden: dies gilt für das Gehöft als Ganzes wie für das Wetterdach, die Küche und den Hof, mit einem ständigen Pendeln zwischen männlich und weiblich, Schildkröte und Kröte. Auch die Dekoration wird als Ganzes und im Detail in anthropomorphem Sinn ausgelegt. Dasselbe gilt für die Inneneinrichtung und die Details der Altäre, der Hochöfen und Gerätschaften. Den Kernpunkt der gesamten Interpretation stellen die Getreidespeicher[4] dar, bei denen die menschliche Gestalt – in direkte Beziehung zur äußeren Ansicht der Bauten und zu den komplexen Inneneinteilungen gebracht – dem organischen Zusammenhang der verschiedenen strukturellen und dekorativen Elemente seinen Sinn gibt.

In diese globale Interpretationsperspektive eingegliedert, erscheint die Architektur der Fali also nicht nur als Ergebnis von Anpassungen an Umwelt, soziale und familiäre Struktur und verfügbare Materialien, sondern vor allem als komplexer und autonomer Ausdruck einer Ideologie. Die Raumplanung ist kein sekundäres, sondern ein in bezug auf die lebenswichtigen Erfordernisse der Gesellschaft zentrales Geschehen. Die Folgerichtigkeit der Zusammenhänge zwischen den verschiedenen formalen Lösungen ist nicht auf ästhetische Voraussetzungen zurückzuführen, sondern auf konkrete, notwendige und konsequente Überprüfungen der Einheit alles Realen, was sich vor allem in der inneren Kongruenz aller materiell vom Menschen erbauten Objekte äußert. Es handelt sich um eine spezifische

390. Innenansicht eines Ringgehöft-Komplexes (tata) (Tschad).
391, 392. Ansicht und Detail der Bedachung des tata von Lamido.
Leregebiet (Tschad).

kulturelle ›Produktionsweise‹, die auf die Erhaltung der materiellen ›Produktionsart‹ abzielt, jedoch, sich in der konkreten Baurealität, in den materiellen Zusammenhängen der Produktion und Relation bestätigend, nicht auf eine rein ›überbauliche‹ Rolle begrenzt werden kann.

Die Errichtung des Hauses wird nicht spezialisierten Handwerkern anvertraut, sondern ist das gemeinschaftliche Werk der interessierten Familiengruppe. Eine Arbeitsteilung weist den Männern die schwersten Arbeiten zu, den Frauen grundsätzlich das Sammeln und den Transport der Materialien, die für die Vorbereitung des beim zylindrischen Teil der Wohnstätte verwendeten *torchis*-Gemischs (Stroh und Lehm) nötig sind, der Steine für den Fußboden, des Strohs für die Dachverkleidung. Alle innerhalb jeder Gruppe konstanten, für den Bau verwendeten Maßeinheiten beziehen sich auf den menschlichen Körper: den Abstand zwischen dem Ellbogen und dem Mittelfinger der offenen Hand, jenen zwischen dem Ellbogen und dem Ende der geschlossenen Faust, die Spannweite der Arme, den Abstand zwischen Nabel und Fußsohlen, jenen zwischen den Schultern und den Füßen, jenen vom Kinn zu den Füßen, die Mannshöhe, jenen zwischen Daumen und Mittelfinger der geöffneten Hand. Diese Maße wirken sich direkt auf die Ausmaße der architektonischen Bestandteile, der Innenräume wie der Öffnungen aus und tragen dazu bei, die materielle Wirklichkeit mit Hilfe des Mythos zu verstärken.

Die feste Einrichtung der Schlafräume und Küchen besteht, wie bei den anderen Völkern Nordkameruns (z.B. den Mandara), immer aus Bodenerhöhungen, Konsolen, gemauerten Feuerstellen, Lagerstätten, Mahlflächen, *torchis*-Tischen; alles plastisch bearbeitete Elemente mit krummlinigen Formen, die so miteinander verbunden werden, daß sie den Eindruck erwecken, aus einem einzigen Block gefertigt zu sein.

Eine unerschöpfliche bildhauerische Erfindungsgabe, die nur konventionell auf eine sehr umfangreiche Reihe von ›Typen‹ zurückzuführen ist, liegt dem Bau der Getreidespeicher, der auch aus symbolischer Sicht wichtigsten Gebäude, zugrunde. Da in ihnen eßbare Samen aufbewahrt werden, stellen sie die in mythischer Zeit vom Himmel heruntergekommene Arche dar, die unter anderem alle Pflanzenarten enthielt. Die Getreidespeicher der Fali werden, wie jene sehr vieler anderer afrikanischer Völker, als enorme, über den Boden erhöhte, stehende Krüge aufgefaßt, die in derselben Technik wie die Wohnstätten und das rohe Tongeschirr gefertigt werden. Die Inneneinteilungen ermöglichen, ohne die Verwendung von kleineren Krügen, in einem einzigen Behälter zahlreiche Getreidesorten in verschie-

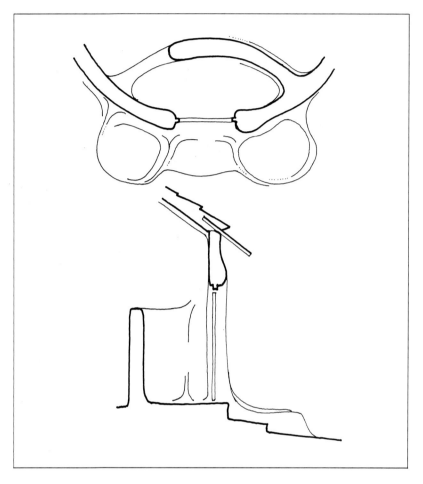

denen, einer rituellen ›Übereinstimmungsordnung‹ unter den Lebensmitteln selbst entsprechenden ›Fächern‹ aufzubewahren (Abb. 379–382). So kann man beispielsweise in einer einzigen Baulichkeit (*ma beli* Speicher, Bossoum) gelbe Hirse, weiße Hirse, rote Hirse, weißen Sesam, Melonenkerne, Reis unterbringen. Der Bau entwickelt sich, bei den Tragsteinen beginnend, über einer starken, runden Plattform, der Grundfläche des Speichers. Daraufhin entsteht der große Behälter, indem *torchis*-Ringe übereinandergereiht werden, wobei eine rundliche, später mit einer Tonpfanne verschließbare Seitenöffnung belassen wird. Die Höhe der Speicher entspricht etwa der eines Menschen. Sogar in den Bau- und Dekorationsdetails und in der komplexen Innenstruktur werden die Speicher je nach den männlichen oder weiblichen Baugruppen und -typen mit der menschlichen Gestalt verglichen. Einem ›Kopf‹ oben folgen der Hals, der Rumpf und die unteren Gliedmaßen (die Tragsteine des Speichers). Verleiht die Übertragung der Töpfertechniken

396. *Gurunsi, befestigtes Gehöft mit Außendekoration (Obervolta).*
397. *Gurunsi, befestigtes Gehöft mit Getreidespeicher-Wetterdach und Trennwand aus konischen Pfeilern (Obervolta).* ▷

398. *Burgartiges Gehöft; links gegenüber dem Eingang die konischen Altäre und heiligen Pflanzen. Lehmbauwerk aus waagrechten Schichten (Dahomey).*
399. *Burgartiges Gehöft des vorigen Typs; im Vordergrund ein bebautes Feld (Dahomey).*

400–402. *Somba, burgartiges Gehöft im Gebiet von Taiakon (Dahomey).*

403. Dogon, buguturu-*Altar. Bandiagara (Mali).*
404. Dogon, buguturu-*Altar. Bandiagara (Mali).*
405. Dogon, mama-*Altar (Mali).*

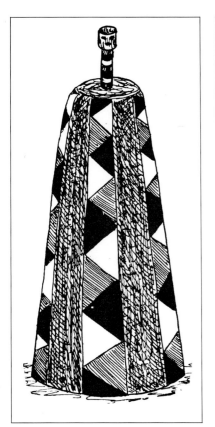

auf die architektonische Dimension den Innenräumen der Hütten und Küchen einen besonderen Wert, so ist ihre kompliziertere und gegliederte Anwendung bei den Speichern noch interessanter. Eine schematische Klassifizierung der verschiedenen Formen bei den Faligruppen vermag einen Eindruck über die Vielfalt der Typen zu vermitteln. Bei den Kangou beispielsweise haben wir sieben Speicher: die *do* òder *doy*, die *doy tasa ta*, die *porom*, die *ma*, die *bal do*, die *bemdi* (kleine Innensilos) und die *do*. Insgesamt haben die Fali elf Speicher-Haupttypen, denen die einzelnen Gruppen verschiedene Namen geben. Praktisch stellen die Speicher, mit allen lokalen Varianten, den Zusätzen und den Unterschieden in Ausmaßen und Erstellung, ein Bauwerk dar, dessen unbestimmbare Veränderlichkeit dazu beiträgt, die verschiedenen Gruppen, Fraktionen und selbst die einzelnen Familienkomplexe genau zu kennzeichnen. Der Getreidespeicher ist oft mit kleinen Silos, Mahlflächen, Feuerstellen und Mäuerchen verbunden. Die Folge der plastischen Formen verbindet die Größenordnung des Geräts mit jener der Architektur, das Äußere mit dem Innern, die festen Bestandteile mit den beweglichen. Die Stärke der durchgehenden Struktur wechselt je nach den baulichen Erfordernissen. Der äußere Schutz vor Unwettern wird gewöhnlich durch ein Kegeldach aus Holz und Stroh gesichert, das jenem üblicherweise bei den Wohnstätten verwendeten entspricht.

Eine wichtige Rolle in der Architektur der Fali und anderer Völker des sudanesischen Kulturgebiets spielen geflochtene Matten, mit denen nicht nur die Höfe ausgelegt werden, auf die die einzelnen Baulichkeiten führen, sondern die auch, und das nicht nur gelegentlich, als Trennwände, als leichte ›Zwischenwände‹ und als Verschlußelemente für Türen dienen. Kreisförmige oder konische Matten werden bei der Überdachung der Getreidespeicher, zum Überdecken von Veranden und an der Außenseite der zylindrischen Wand der einzelnen Baueinheiten gebraucht, um die Lehmoberfläche vor Regen zu schützen.

Die Bauphasen jedes Gehöfts passen sich schrittweise der Evolution des in ihr wohnenden Familienkerns an. So finden wir die kleinen Gehöfte mit drei, vier zylindrokonischen Hütten und einem einzigen Getreidespeicher der Junggesellen und der jungen Ehepaare, bis hin zu den Residenzen mit mehreren Höfen der Polygamen und der Patriarchen.

Das alle Mitglieder einer Familie beherbergende befestigte Gehöft ist das über weite Gebiete Westafrikas, wo noch die bäuerliche Wirtschaft und die segmentäre politische Struktur vorherrschen, am stärksten verbreitete Wohnmodell. Das am häufigsten wiederkehrende architektonische Motiv ist die mehr oder

◁ 407. Dogon, Blick aus der Vogelschau auf das Dorf Banani mit Familienhäusern (ginna) (Mali).
408. Dogon, das Dorf Diamini Na (Mali).

409. *Dogon, aus Familienhäusern (ginna) bestehendes Dorf (Mali).*

weniger stark hervorgehobene plastische Fusion zwischen den einzelnen Bauelementen (die für jede Gruppe charakteristische Wohnzelle, das rituell wiederholte ›Ur-Haus‹) und der Außenumfassung, die sie, zusammen mit den Getreidespeichern, zu einem einzigen gegliederten Komplex verbindet. Extreme Lösungen stellen die ›Lehmburgen‹ Dahomeys und Togos dar. Die einzelnen Hütten verlieren hier jede Eigenständigkeit gegenüber dem als untrennbare Einheit geplanten Komplex, der architektonischen Entsprechung der Überlegenheit der Familienstruktur über den einzelnen. In der Familie, dem wahren Individuum, die wie ein Organismus perfekt abgrenzbar und kohärent ist, sind daher die formalen Grundlagen einer Architektur zu suchen, die den Höhepunkt der kreativen Tätigkeit des Menschen darstellt.

DIE ARCHITEKTUR DER DOGON

Nach einem kosmogonischen Mythos der Dogon ist die runde, von den Gewässern des Ozeans und von einer riesigen, sich in den Schwanz beißenden Schlange *(yuguru-na)* umgebene Erde eine der vierzehn Sphären des Universums. Sie ist die höchste der sieben unteren Scheiben. Über ihr liegen die sieben oberen Sphären, wovon jede mit Sonne und Mond ausgestattet ist. Jede Scheibe dreht sich um ihr eigenes Zentrum, durch das der kosmische Pfeiler *amma dyĩ* geht (dyĩ wird der Gabelpfahl genannt, der das Dach der Wohnstätte trägt; *Amma* ist der Schöpfergott). Die unteren Welten werden von Menschen mit Schwänzen, die oberen von Menschen mit Hörnern bewohnt. Jedem Himmel steht ein Amma vor[5].

Alle Wesen stammen vom Schöpfungsakt Ammas ab: die Erde, der Himmel, das Wasser und der Genius *Nommo*, das Chamäleon und die Schildkröte, die Felsen bewohnenden *Yéban*-Genien, die auf großen Bäumen hausenden *Gyinou*-Genien, die Tiere, die Pflanzen und die Menschen.

Die Mythen der Dogon erzählen von einer Wanderung aus dem Land Mande zu dem Ort, wo sie heute leben, der gebirgigen Bandiagara-Region und der darunterliegenden Ebene. Diese Wanderung hängt mit dem zeitweiligen Tod eines Ahnen *(Lébé)* zusammen, der später in Form einer Schlange wiedererstand; die Dogon wanderten aus dem Land Mande aus, nahmen heilige Erde vom Grab des auferstandenen Vorfahren mit sich und errichteten damit einen konischen Altar; so begann der *Lébé*-Kult. Jede der Gruppen, die später das neue Territorium unter sich aufteilten, nahm einen Teil dieses ersten Altares mit sich. Vier Hauptstämme sind Nachkommen der zwei Söhne *Lébés*: die Dyon, die Domno, die Ono und die Arou. Die Dyon er-

△ 410. Dogon, *das Dorf Pegue samt Getreidespeichern und ›Ahnenhöhlen‹ in der darüberliegenden Felswand (Mali).*
411. Dogon, *Vorratshäuser und Holzvorräte unter einem Felsen (Mali).*

bauten in jedem Dorf einen *Lébé* geweihten Altar, während die Arou einen einzigen Altar hatten, das religiöse Zentrum des Stammes, der in Arou bei Ibi errichtet wurde. Kult und Aufsicht über die Altäre sind jedenfalls dem *Hogon*, dem ältesten Mann, anvertraut, dem die Leitung der Dorfgemeinschaft obliegt. Innerhalb desselben Agglomerats jedoch gehorchen die Gruppen, je nach Zugehörigkeit zu den verschiedenen Stämmen, dem lokalen *Hogon*, der dem Rat der Ältesten vorsitzt, oder, bei den Arou, dem einzigen *Hogon* in Arou bei Ibi[6]. Das Dogon-Territorium weist eine segmentäre politische Struktur auf; die verschiedenen Gruppen fühlen sich wegen der gemeinsamen Ursprungsmythen und religiösen Überzeugungen verwandt. Doch die Bindung jeder Gruppe an das ihr zugehörige Gebiet ist äußerst bedeutsam; die produktive, die an die heiligen Stätten, welche den wahren Verbindungspunkt der Gruppe mit den mythischen Vorfahren darstellen, gebundene rituelle und die bauliche Aktivität sind untereinander und mit den Besonderheiten der Landschaft, vor allem im gebirgigen Bandiagara-Gebiet, innig verquickt.

Bei der Architektur der Dogon ist die Trennung zwischen der ›theoretischen‹ Sphäre der in das mythische Ritual eingegliederten perfekten Lösungen und ihrer praktischen Anwendung besonders nützlich. Doch im Unterschied zu anderen Völkern, die den landschaftlichen und architektonischen Formen mit einem größeren Verbreitungsgebiet symbolische Bedeutungen beimessen, und die daher unterschiedlich interpretiert werden können, gewinnt bei den Dogon die kulturelle Eigenständigkeit der schöpferischen Tätigkeit eine außergewöhnliche Bedeutung, aufgrund der erarbeiteten originalen Ausdrucksform, in der der Mythos nie eine Entstellung der räumlichen und architektonischen Wirklichkeit, sondern einzig und allein deren rationale Erklärung darstellt. (Siehe Abb. 22, 33, 43, 44, 403–430.) Das Verfügenkönnen über eine anregende Umwelt und über komplexe kulturelle Wurzeln, die jedenfalls weitgehend mit denen anderer Völker des ›sudanesischen‹ Gebiets verflochten sind, sowie die anpassungsfähige und verfeinerte Holz- und Lehmbautechnik machen aus der Dogon-Architektur nicht nur eine der bekanntesten und fortgeschrittensten auf expressiver Ebene, sondern stellen auch eine grundlegende Etappe zum Verständnis der ›kultivierteren‹ Entwicklungen der islamischen Städte und Denkmäler des nigerischen Gebiets dar. Sie muß daher aus der Sicht der innig mit der ›Philosophie‹ des Ursprungsmythos verquickten Gestaltungslogik analysiert werden, wie aus jener der artikulierten Anpassung an die Umwelt, an die ständig wechselnden sozialen Erfordernisse und an die verfügbaren Materialien.

413. Dogon, *unter Felsen erbauter Tempel von Binu im Dorf Diamini Na (Mali).*

414. Dogon, *Fassade eines an die Felswand angebauten Tempels mit schachbrettartigen Verzierungen und Opferspuren (Mali).* ▷

Heilige Zentren und der ›toguna‹

Das für das Leben der Dogon-Gemeinschaft wichtigste öffentliche Gebäude ist das der Aufnahme der Versammlungen und des Männerrates dienende Wetterdach. Jedes Dorf verfügt über wenigstens eines davon. Zum Zeitpunkt der Gründung wird das größte und wichtigste *(toguna)* auf dem Hauptplatz erbaut; aber auch die übrigen werden an besonderen Stellen, auf felsigen Erhebungen oder auf einem breiteren Platz der Siedlung errichtet[7].

Die ideale Anlage des *toguna* ist rechteckig, nach den Himmelsrichtungen geortet; doch sind die Varianten, je nach Form und Verwendung der Materialien, überaus zahlreich. Im allgemeinen handelt es sich um einen niedrigen Bau, der aus drei Stützenreihen (aus Stein oder Holzpfosten) besteht und mit einem Gebälk bedeckt ist, das eine aus übereinanderliegenden pflanzlichen Materialschichten bestehende Überdachung trägt. Die Anlage kann bei den Steinbauten gerundet sein. Als Material für die Überdachung wird häufig Hirsestroh in dicken Schichten übereinandergelegt. Die praktische Funktion ist im wesentlichen die, wirksam vor der Sonne zu schützen, ohne die Be-

lüftung zu verhindern, da die Versammlungen während der heißesten Tagesstunden stattfinden.

Der *toguna* bildet die Unterkunft nach, wo sich die acht Ur-Ahnen versammelten; jeder von ihnen wird mit einem Pfosten identifiziert. Drei Pfahlreihen, die zwei seitlichen aus drei, die mittlere aus zwei Elementen bestehend, werden oft mit Bezug auf diese mythische Bindung verwendet. Aus diesem Grund sind die Pfähle häufig mit den Skulpturen anthropomorpher Figuren (Abbildungen der Ahnen) versehen. Die Reihenfolge der Pfähle folgt, von Nordwesten nach Süden, einer spiralförmig gedachten Linie (= die Schlange). Der Haupttoguna hat oft eine beherrschende Lage und entspricht dem heiligsten Ort innerhalb der Siedlung. In *Yugo Dogoru* steht er auf der Spitze eines riesigen, etwa 20 m hohen Felsens im Zentrum des Dorfes, zu dessen Füßen sich die Hauptkultstätte öffnet, die teilweise in den Fels gebaut wurde.

Die heiligen Stätten der Dogon sind im allgemeinen Verdichtungspunkte der jedem Lebewesen innewohnenden Lebenskraft *(nyama)*. Der Ursprung dieser Lebenszentren wird auf besondere mythische Ereignisse zurückgeführt; ihre Kraft wird ständig erneuert und durch Tieropfer aufrechterhalten, vor allem das Blut, das den ›Energievorrat‹ des Altars fortdauern läßt.

Die Altäre können einem Klan gehören, der sie aus mythischer Zeit ererbt oder sie erworben hat; vor allem im ersten Fall sind sie heilige Zentren mit territorialen Funktionen. Verschiedene Kategorien heiliger Stätten und regelrechter Altäre sind jeweils Anlaß zu einer besonderen architektonischen Aktivität oder einer bestimmten Eingliederung in die ›besonderen Orte‹ des Territoriums. So finden wir Kultstätten in Höhlen (z. B. zur Aufbewahrung der Masken), jene unter Felswänden, die Gründungsaltäre der Dörfer, die privaten Altäre, die Altäre für den Maskenkult und schließlich die komplexeren Bauten der ›totemistischen Kultstätten‹[8]. Beispielsweise erinnert der *buguturu*-Altar an die Tötung eines Löwen, nach der Verwundung einer jungen *Andoum-boulou*. Rund um eine Pranke des Tieres wurde ein stumpfkegelförmiger Altar mit einem kleinen zylindrischen Pfahl *(dannu)* darüber errichtet. Der Altar ist mit roten, weißen und schwarzen geometrischen Motiven verziert. Das Ganze erinnert an die oben aus der rundum aufgehäuften Lehmmasse herausragende Pranke. Die Farben sind die üblicherweise den Löwen kennzeichnenden, dessen so angesammelte Energie *(nyama)* wirksam wird, sobald die große Maske auf den Altar gelegt wird.

Komplexer sind Bedeutung und Struktur des Altars vom Typ *donikere*, der im Innern der Ortschaften erbaut wird. Der

⊲ 415. Dogon, große unter Felsen erbaute kegelförmige Lehmgetreidespeicher im Dorf Yugo Doguru (Mali).
416. Dogon, Ansicht des Dorfes Yugo Doguru, rechts auf dem
Felsen ein toguna (Mali).

mãma-Altar im Dorf Barna besteht aus einer trocken gemauerten Steinumfassung, in deren Ostecke ein kleines rechteckiges Bauwerk liegt, in dessen Innerem ein *pisé*-Altar in eine Ecke gebaut ist: außen befindet sich eine Feuerstelle[9]. Das Hauptelement ist eine einzeln, in der Mitte der Umfassung stehende halbkugelförmige *pisé*-Kuppel.

Dies ist der eigentliche, auf einer runden Plattform ruhende Altar, der einen Durchmesser von ungefähr 1,60 m hat. Die Oberfläche wird wenigstens einmal jährlich, vor der Regenzeit, erneuert und mit Figuren der Masken *kanaga* und *satimbe,* beides geometrische Schematisierungen der menschlichen Gestalt, neu bemalt.

Zwei Elemente werden in die halbkugelförmige Oberfläche eingefügt: ein mit roten, weißen und schwarzen Kreisen bemalter Gabelpfahl *(dannu)* und eine in die Altarmasse eingelassene Schüssel. Der Pfahl, der die Hörner der waru-Antilope symbolisiert, ist der Initiationsaltar *(olubaru);* in der Schüssel werden die Heilwurzeln verwahrt.

Die außerordentliche Mannigfaltigkeit der Kultbauten im Gebiet der Dogon findet nicht nur im Beziehungsreichtum der Mythen, sondern auch im Landschaftsgefüge selbst ihre Entsprechung. Am interessantesten sind die vereinzelten, mit symbolischen Malereien bedeckten Gebäude, regelrechte Tempel des Mythos. Es handelt sich zumeist um Kastenbauten mit einer zwischen zwei runden ›Ecktürmen‹ eingeschlossenen Fassade und einem Tor, über dem zwei Nischen liegen, was dem Mitteltrakt des Hauses oder einem auf die wesentlichen Teile beschränkten Haus gleicht.

Der im Viertel Do von Unter-Ogol[10] liegende Kultbau Binu Sangabilu stellt das Grab des *Lébé* dar, die Esse des Schmieds (oben auf der Fassade ist der Ur-Amboß nachgebildet); die Terrasse symbolisiert das erste bebaute Feld. Die während der Zeremonien rituell erneuerten Fassadenmalereien sind eine Synthese des mythischen Gedankenguts, die durch die Abbildung ritueller Figuren und Gegenstände verwirklicht wird. So ist das über der Tür befindliche ›Schachbrett‹ das Abbild der rationalen Organisation der Welt. Es symbolisiert die Nachkommenschaft der acht Vorfahren, die bebauten Felder, die Fassade des Familienhauses mit seinen Nischen und schließlich den Lageplan des Dorfes oder, noch umfassender, das ganze, von Menschen bewohnte und organisierte Territorium.

Die Gesamtheit der Malereien, ein regelrechtes ›Weltsystem‹, hat den Sinn, das Keimen der angebauten Pflanzen und ganz allgemein das harmonische Fortdauern des Lebens zu fördern. Der Tempel ist, mehr noch als das Haus, ein vollkommen pla-

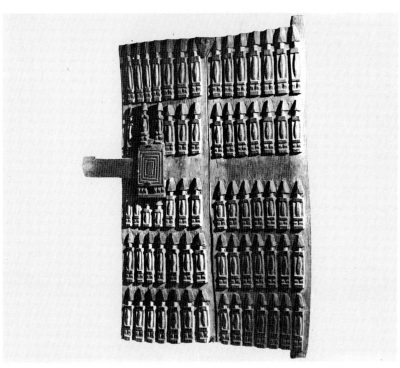

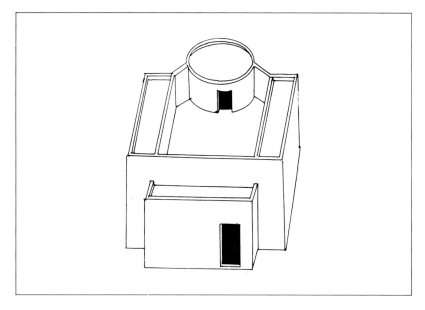

stisches Bauwerk, bei dem wie bei den Altären, den Hochöfen und der Hausfassade die Form direkt ins Material eingedrückt wird und so einen einzigen Skulpturblock bildet. Jede geometrische Form wird mit dem angrenzenden Element zu einem Kontinuum verkettet und verschmolzen, das die jährlichen Oberflächenerneuerungen, die sie gegen den Regen widerstandsfähiger machen sollen, nur hervorheben. Die Architektur wird hier zu einem Integrationsprozeß zwischen künstlichem Bau und natürlicher Umwelt und verliert das spezifische Merkmal, das die kreative Tätigkeit des Menschen von jener der Natur unterscheidet, und stützt sich hingegen auf die Vergrößerung zu städtischen Ausmaßen der handwerklichen Verfahren der Kunst des Töpfers, des Tonbildners, des Dekorateurs von Geräten und Masken. Es wird mehr die Masse des Tonmaterials *(pisé)* hervorgehoben denn die Komplementarität zwischen der Tragfunktion des Holzbalkens und seiner plastischen Verkleidung, wie bei einigen Häuserfassaden.

Diese Arbeitsweise wird bei den Kultbauten unter Felsen besonders augenfällig, wo die Wandfassade aus Lehm fast wie eine Vervollständigung des natürlichen Felsens erscheint.

In der Architektur sowie bei der Weihe der Altäre und der wichtigsten natürlichen Orte spielen die Malerei und das Basrelief eine bevorzugte Rolle. Erstere bildet in ihrem rituellen und bedeutungsvollsten Aspekt *(bammi)* vor allem Masken nach. Die Basreliefs aus demselben Material wie die Wände werden gewöhnlich an Getreidespeichern ausgeführt und haben analoge Sujets[11]. Große bemalte Felsflächen, wie der berühmte Unter-

stand von Songo (Abb. 412), geben ein Bild, gleich dem Komplex der Masken, von der geordneten Vielfalt der Motive und Gestaltungen. Zwei Masken stellen unmittelbar architektonische Modelle dar: die Maske *sirige* (= das mehrgeschossige Haus, Symbol der Autorität, da dem *Hogon* vorbehalten) und die Maske *ammala* (= *Amma*-Tür: eine Getreidespeichertür über einem gehörnten Tierschädel). In die Getreidespeichertüren sind oft reiche, vom Mythos abgeleitete Motive geschnitzt.

Das Familienhaus

Der Wohnsitz der Familie ist das ›gewöhnliche Haus‹, *ginu sala*, ein Gefüge, das eine Umfassung mit den Ställen, den Getreidespeichern und der Wohnstätte einschließt[12]. Durch die auf die Straße führende Tür erreicht man eine Vorhalle *(dolu)* und einen Hof *(gono)*, der in einem dem Vieh bestimmten Teil und in einen die Getreidespeicher *(guyo togu)* und die eigentliche Wohnstätte umfassenden Trakt unterteilt ist. Diese besteht aus einem Eingang *(day)*, der in ein zentrales Zimmer *(deũ bere)* führt, das von zwei Seitenräumen und einer runden Küche *(obolo)*, durch die man auf die Terrasse steigt, auf der sich ein oder zwei Lagerräume öffnen, flankiert wird. Das Baugefüge mit den die Überdachung tragenden Stützen und Holzbalken wird symbolisch als eine anthropomorphe Figur gedeutet: ›Der Fußboden des Erdgeschosses ... symbolisiert die Erde und den in der Erde wiedererstandenen Lébé. Die Terrasse, viereckig wie jene des ›schwebenden‹ Getreidespeichers, ist das Abbild des Himmels und der Decke, die den ersten Stock vom Erdgeschoß trennt, ist der Raum zwischen Himmel und Erde. Rund um die Hauptterrasse zeigen die vier kleinen rechteckigen Terrassen, wie auch die Feuerstelle, die vier Himmelsrichtungen an. Die Feuerstelle wird vom himmlischen Feuer belebt, das dem vom Schmied geraubten Feuer entstammt. Hat das Haus die rechte Ausrichtung, d. h. öffnet es sich gegen Norden, so zeigt die über die Flamme gesetzte Schüssel diesen Punkt an. Die Steine weisen nach Osten und Westen. Die Mauer, die dritte Stütze des Gefäßes, zeigt nach Süden.

Das Hausinnere und die verschiedenen Zimmer sind die von den Menschen bewohnten Höhlen dieser Welt.

Die Vorhalle, das Zimmer des Besitzers, stellt den Mann im Paar dar; die Außentür ist sein Geschlecht.

Das große zentrale Zimmer ist das Reich und Symbol der Frau; die seitlichen Abstellräume sind ihre Arme, die Verbindungstür ist ihr Geschlecht. Zimmer und Abstellräume stellen die mit offenen Armen auf dem Rücken liegende, zur Vereinigung bereite Frau dar.

426. Dogon, toguna *mit Wand aus Schlamm und Steinen, bedeckt mit einer dicken Schicht von Pflanzenstengeln. Tonyogou (Mali).*
427. Dogon, *Detail eines* toguna *mit anthropomorphen Pfosten. Diankabou (Mali).* ▷

Der dahinterliegende Raum, in dem sich die Feuerstelle befindet und der von der Terrasse Licht erhält, bekundet die Atmung der Frau, die von der Decke, dem Symbol des Mannes, dessen Skelett die Balken bilden, bedeckt wird. Der Atem des Paares entweicht durch die obere Öffnung. Die vier Pfähle (eine weibliche Ziffer) sind die Arme des Paares, und jene der Frau tragen den Mann, der sich an der Erde auf die seinen stützt …
Die als Bettstelle dienende Erdanhäufung liegt in Nord-Süd-Richtung, und das Paar ruht darauf mit dem Kopf im Norden, wie das Haus selbst, dessen Fassade das Gesicht ist[13].‹
An dieser berühmten Stelle von Griaule offenbart sich der Zusammenhang zwischen Hausstruktur, den Motiven des Mythos und der humanisierten Interpretation der Architektur als ebenso viele feste Punkte der ›primitiven‹ Interpretation eines in Nordafrika südlich der Sahara weit verbreiteten Bautypus mit Kreuzgrundriß. Im Haus der Dogon sind einige Elemente, wie die rund angelegte Küche, noch direkt der menschlichen Gestalt (Kopf) nachgebildet, doch ist der Abstraktionsprozeß schon beträchtlich fortgeschritten. Der ›Typus‹ des Hauses in menschlicher Form besteht somit in seinen traditionellen Teilen fort, durch das aneinandergefügte und harmonische Gebilde der einzelnen Räumlichkeiten und deren Zweckbestimmung, die durch die ›lebendige‹ Interpretation des Hauses selbst belebt wird. Diese Auffassung ist wichtig, da wir deren Spuren fast ohne Unterbrechung in den Wohnstätten und Sakralbauten der Städte des nigerischen Gebiets, von der islamischen Neudeutung kaum verschleiert, wiederfinden.
Im Haus die Merkmale der menschlichen Gestalt erkennend, besser des Paares (dessen Fruchtbarkeit das Haus nicht nur beschützen, sondern auch begünstigen soll), unterstreichen die Dogon den Wert der Familie in der sozialen Organisation. Das den Alten zuerkannte Ansehen und ihre Entscheidungsgewalt setzt sich auf architektonischer Ebene in eine ›repräsentative‹ Differenzierung des ›Gesichts‹ des Hauses, der Fassade, um. Der älteste Vertreter der Großfamilie (ginna bana) wohnt im ›Familienhaus‹ (ginna, von ginu na, großes Haus), das sich von den gewöhnlichen Wohnstätten wegen seiner Geräumigkeit und Größe und vor allem wegen der Fassade der Residenz des Familienoberhaupts an der Außenwand der Vorhalle abhebt[14].
Die Fassade[15] ist symmetrisch um die Hauptachse angelegt, wo sich die Zugangstür und im Geschoß darüber die Tür zum Hauptgetreidespeicher öffnet, der dem Hausbesitzer (jele) gehört. Dies ist ein heiliger Sammelpunkt, wo der Altar der Vorfahren (vageũ) aufbewahrt wird. Die Tür dieses Getreidespeichers ist traditionsgemäß gänzlich mit Basreliefs bedeckt, mit

288

428, 429. Dogon, *mit weiblichen Figuren skulptierte Pfosten eines* toguna.

430. Dogon, *großer* toguna *mit skulptierten Pfosten. Madougou (Mali).*

Darstellungen des Urahnen-Paares (auf dem Türschloß) und der darauffolgenden Generationen, die die Erde bevölkert haben. Wir haben also in diesem Gefüge über der Eingangstür eine der Familie heilige ›Kultstätte‹, deren Form jener des von uns beschriebenen ›totemistischen‹ Kultbaus in allem analog ist, und eine Tür, zwei darüberliegende Nischen sowie in Fortsetzung der die Fassade teilenden Pfosten eine Spitztürmchen-Bekrönung umfaßt. Eine Reihe von vertikalen Stützen und Querbändern teilt deren Oberfläche in zahlreiche Fächer oder Nischen, die im Erdgeschoß rechteckig, im ersten Stockwerk kleiner und viereckig sind. Diese werden ›Schwalbennester‹ genannt und als Sitz der Ahnen angesehen. Man hinterlegte dort die Opfergaben. Ihre ebenfalls mit der Fortpflanzung der Generationen harmonisierende Zahl war üblicherweise ein Vielfaches von acht (die acht Vorfahren der Dogon). Dieselbe konventionelle Zahl bezieht sich auf die über die Terrassenlinie ragenden kleinen kegel- oder zylinderförmigen Säulen, über denen eine Steinplatte liegt, und die, wie die entsprechenden Elemente des Kultbaus, als ›Altäre‹ der acht Vorfahren gedeutet werden. Die senkrechten Pfosten hingegen sind herkömmlicherweise zehn, ›wie die Finger zweier Hände‹. Der durch die Fassade ausgedrückte allgemeine Sinn ist jener der Vermehrung der Menschen und ihrer Werke (durch das Symbol der weiß-schwarz-karierten ›Totendecke‹ bezieht er sich auch auf das bebaute Feld und den gerodeten Boden). Die Generationenfolge verläuft konventionellerweise von der obersten zur untersten Nischenreihe, und an sie wird ausdrücklich in den Skulpturen der Getreidespeichertür erinnert.

Es sind diese Nischen (die in den verschiedenen Dogondörfern und auch innerhalb der Siedlung selbst eine sehr unterschiedliche Behandlung erfahren), die das originalste Architekturmotiv der *ginna*-Fassade bilden. Die Nischen (*vele komo*) werden als persönliche Altäre benutzt, wie zum Beispiel der der *nyama*, der individuellen Lebenskraft, der heilige *ku togolo* (= Schädel) und der *jabie*, das Symbol des Körpers des Individuums.

Die hölzernen Torflügel sind mit zweierlei Schlössern versehen. Das erste, *duro kunu* genannte, wird vorwiegend dazu benutzt, die zum großen zentralen Raum führende Haupttür des Hauses zu verschließen; das Schloß ist immer versteckt, und um es zu öffnen, wird der Arm mit dem Schlüssel durch ein eigenes, links von der Tür in der Wand belassenes Loch geschoben. Der zweite Typus, *ta kog̃uru*, wird vor allem für die Türen der im oberen Stockwerk der *ginna* gelegenen Getreidespeicher verwendet.

Die Tür öffnet sich nach außen, und gerade das Schloß mit Abbildungen von Tieren oder des mythischen Urahnen-Zwil-

lingspaares stellt das wichtigste dekorative Element dar[16]. Im ganzen erscheint die Wohnstätte der Dogon als ein ausgewogenes architektonisches Modell, das, obwohl es sich ständig auf die mythische Tradition bezieht, eine große Vielfalt an Lösungen und Interpretationen aufweist. Die Struktur macht, obgleich vorwiegend aus *banco*, nur begrenzten Gebrauch von Steinen (die für die Grundmauern und in einigen Gebieten für die Getreidespeicher, die Wohnstätten und die heiligen Umfassungen verwendet werden) sowie von Holz, das wegen seiner Seltenheit nur sehr sparsam eingesetzt wird. Das Holz ist die Seele der waagrechten mit *banco* bedeckten Streifen, nach einem Bauprinzip, das jenem des Stahlbetons nahekommt. Als Skulpturmaterial verwendet, erlaubt es, den komplexen mythischen und sozialen Bedeutungen zu entsprechen (wir erinnern an die Türen der Getreidespeicher und an die Masken), im Gegensatz zur strengen architektonischen Ausdrucksweise der Bauten, bei denen das Werk des Menschen ständig wechselnde ›Umweltbereiche‹ und ›Formen‹ bildet und sie der Verfügbarkeit des natürlichen und sozialen Raums anpaßt. Betrachtet man die Kunst als eine für die Überlieferung eines Kulturkomplexes geeignete ›Schrift‹, so gilt dies für die Architektur der Dogon nur zum Teil; sie wird von Fall zu Fall, den konkreten Interferenzen zwischen der gleichförmigen ›Geschichte‹ des Mythos und den ›Vorfällen‹ der sozial-kulturellen Wirklichkeit folgend, geformt.

Das Dorf

Die Klarheit der Gliederung der Dogonwohnstätte spiegelt sich auch in der idealen Anlage des Dorfes, der überfamiliären sozialen Einheit, wider, in der der Mythos einmal mehr die Beziehung zwischen der Gliederung des menschlichen Körpers und der Ordnung der Raumzusammenhänge aufzeigt. Anfänglicher Bezugspunkt des Dogondorfes ist der Körper des ersten Vorfahren, der von acht Steinen (dazu noch einem neunten für den Kopf) anstelle der Gliedmaßen dargestellt wird; sie sind die acht Nachkommen, vier Männer und vier Frauen, die Stammeseltern der heutigen Menschen. ›Der Siebte Nommo hat den Alten mit dem Kopf voraus verschluckt und an seiner Stelle die *dougué*-Steine zurückgegeben und diese wie einen ausgestreckten Körper angeordnet. Es war wie eine mit Steinen ausgeführte Zeichnung eines Menschen ... Er hat, die *dougué* – die das Profil einer Menschenseele vorzeichneten – erbrechend, die Welt geordnet. Einen nach dem andern legte er die Steine auf den Boden, beginnend mit dem des Kopfes und den acht wichtigsten *dougué*, einen für jeden Vorfahren, die die Gelenke des Beckens, der Schultern, der Knie und der Ellbogen anzeigten;

der rechten Seite wurde der Vorrang gegeben. Die Steine der vier männlichen Vorfahren befanden sich an den Gelenkverbindungen des Beckens und der Schultern, d. h. am Ansatz der Gliedmaßen; jene der vier weiblichen an den übrigen Gelenken[17].‹ Diese Struktur gibt den Anthropomorphismus der Welt und des Dorfes wieder und liegt auch der Regelung der Verwandtschaftsbeziehungen zugrunde. Sie ist daher auch eine eminent soziale mnemonische Figur. In der schematischen Dorfanlage unterscheidet Griaule die wesentlichen Teile: die Esse des Schmieds, den Platz und das Rathaus im Norden (Kopf), die Häuser der Frauen im Osten und Westen (Hände), die Familienhäuser in der Mitte (Brust); der Ölstein und der Gründungsaltar (männliches und weibliches Geschlecht) und die Altäre (Füße) beschließen das Bild gegen Süden hin. Interessanter als dieses abstrakte Schema scheint uns jenes des sozialen Systems zu sein, da es den Kernpunkt des gesamten Verhältnisses zwischen Architektur, Gesellschaftsstruktur und menschlicher Gestalt berührt. Nach der Dogon-Mythologie selbst ordneten sich die acht von den acht Vorfahren abstammenden Familien zu seiten einer Nord-Süd-Achse an, die im Norden von der Esse (und dem Haus) des Schmieds abgeschlossen wurde: die ganze Anordnung gibt jene des ersten bebauten Feldes wieder. Entscheidend unter so vielen Bedeutungsschwankungen ist die Bestimmung des hierarchischen Verhältnisses zwischen den acht Familieneinheiten (dem sozialen Körper) und dem neunten Element (dem Oberhaupt), dem wahren Symbol der Dorfeinheit, der nunmehr zum Vorrecht des ›Ältestenrats‹ gewordenen politischen Macht.

Wenn die mythische Interpretation die Dogon hinsichtlich der ›idealen‹ Vorstellung des Dorfes mit den anderen Völkern von Mali vereint (bis zur Stufe der den teilweise islamisierten Gesellschaften eigenen städtischen Siedlungen, wie Pâques nachgewiesen hat), so bekunden die Dörfer tatsächlich in Anlage und Standort im Territorium eine große Verschiedenartigkeit. Sie umfassen oft mehr als nur eine der vier ›historischen‹ Gruppierungen des Dogonvolkes, von denen jede, relativ autonom, in einem eigenen ›Viertel‹ wohnt. Die charakteristischste und bekannteste Lage ist jene der am Fuß der steil abfallenden Felsen der ›Bandiagara-Klippen‹ liegenden Siedlungen.

Die Wohnstätten sind am Felsabhang zwischen den großen aus der Wand gebrochenen Blöcken erbaut, um nicht wertvolles Ackerland zu vergeuden. Am Fuß des Abhangs und in der unmittelbar darunterliegenden Ebene sind die Felder angelegt; rechteckige, sorgfältig in Sektoren unterteilte Grundstücke (wie wir gesehen haben, sind sie als Nachahmung des ersten recht-

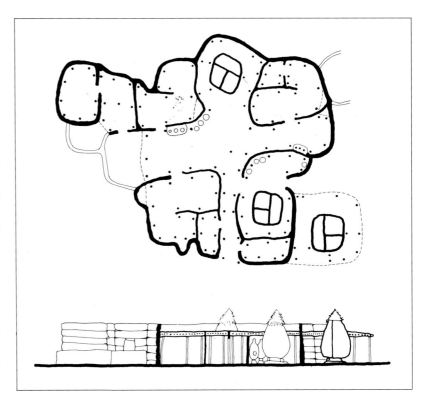

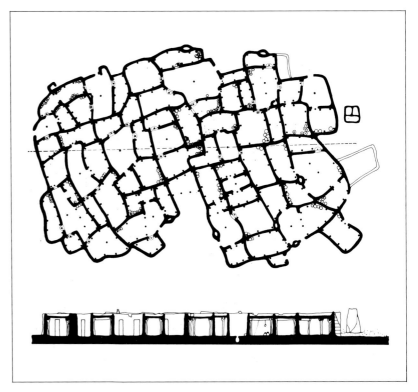

433. *Teil eines Dorfes mit Wohnhäusern mit krummlinig verlaufenden Wänden. Bobo-Dioulasso (Obervolta).*

eckigen Feldes, oder der weiß-schwarz-karierten ›Totendecke‹
gedacht). Weiter oben sind an den steilsten Stellen und unter
Felsen, häufig bis unter die natürlichen Überhänge die Getreidespeicher, die Kultbauten, die Verwahrungsräume für die Masken
und die Begräbnisstätten errichtet. So scheinen einige Dörfer,
wie beispielsweise Banani, den Bruch zwischen der darüberliegenden imposanten natürlichen Formation und den darunterliegenden Gartenbaukulturen szenisch zu verdecken, beinahe als
wollten sie zwischen göttlicher Anwesenheit (die ›a priori‹ als
gegeben gilt) und produktiver menschlicher Tätigkeit mit Hilfe
der Architektur vermitteln.

DIE ›PRIMITIVEN‹ AFRIKANISCHEN STÄDTE
Geschichte und Mythos

Im Afrika südlich der Sahara bestehen keine traditionellen Fach-
begriffe, die die Stadt als vom Dorf oder vom königlichen Hof
verschieden erscheinen ließen. In den meisten Fällen macht man
keinerlei qualitativen Unterschied zwischen den Siedlungsarten
und hebt statt dessen den quantitativen Aspekt hervor: eine
Stadt wird als großes Dorf bezeichnet, oder ihr Eigenname wird
sich auf ihren Ursprungsmythos beziehen[18]. Der Name der
Hauptstadt des Kongoreiches, Banza (Mbanza Congo), bedeu-
tete nach der ›Relatione‹ des Filippo Pigafetta von 1591 ›Hof,
Residenz des Königs[19]‹.

Selten gibt das Fehlen eines Fachbegriffs so viele Probleme auf
wie in diesem Fall. Sind die Städte der afrikanischen Reiche
regelrechte Städte oder halburbane Agglomerate, die wesentliche leitende, politische und verwaltungstechnische Funktionen
über das umliegende Territorium, jedoch nicht genügend Unter-
scheidungsmerkmale haben, um ihre historische Evolution mit
denselben Größen zu messen, die auf die Geschichte der Städte
des Westens oder des Ostens angewandt werden? Die Beant-
wortung dieses Problems hat den verschiedenartigsten Deutun-
gen Raum gegeben. Doch wenn es auch stimmt, daß man Fall
für Fall untersuchen müßte, so läßt die logische Vergleichbarkeit aller Phänomene ökonomischer, demographischer und
machtpolitischer Konzentration es als Arbeitshilfe nützlicher erscheinen, ohne weiteres den Fachbegriff Stadt, wenigstens für
die großen Zentren, die historischen Hauptorte des ›sudanesischen‹ Gebiets, zu verwenden[20].

Anders liegt der Fall bei den ›Städten‹ des zentralen Südafrika,
wo man, da die islamische Komponente fehlt, treffender von
Königshöfen sprechen kann, die für mehr oder weniger lange
Zeiträume als territoriale Pole und als Koagulationselemente
der verschiedenen politischen Komponenten der ›Staaten‹ wirk-

434. *Teil eines großen kreisförmigen Komplexes: ein Familien-wohnsitz (Obervolta).*
1 *Eingang, 2,3,4 Haupträume. Die Nebenräume und Nischen sind in die Wände ein-gebaut.*

435. *Teilansicht der Oase Siwa aus der Vogelschau mit krumm-linig angelegten Steinhäusern (Westägypten).*

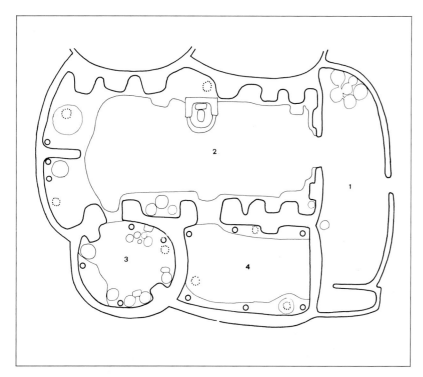

ten. Es handelt sich vor allem um Residenzen, die als Abbild der vom herrschenden Geschlecht einer Reihe von unterworfe-nen Sippen aufgezwungenen, familiären und bürokratischen Macht geschaffen wurden. Dieser eng an die Person des Königs gebundene Hof verwaltet direkt die außerlandwirtschaftlichen

Tätigkeiten, die Gerichtsbarkeit und das Militärsystem, ohne die Entwicklung einer ›bürgerlichen‹ Mittelklasse zu fördern, die dem (noch nach dem Modell der *chefferie* angeordneten) zentralen Agglomerat einen urbanen Charakter verleihen könn-te[21]. In dieser Betrachtungsweise finden wir die äußerste Er-weiterung des einheitlichen Begriffs des herrschenden Ge-schlechts, das die figurativen ›totemistischen‹ Formen dazu verwendet, die eigene Macht glaubwürdig zu machen. Ein sehr deutliches Beispiel ist die Anlage der alten Hauptstadt des Lundareiches in Zentralafrika, wo die Gebäude des königlichen Hofs untereinander nach dem zoomorphen Modell der Schild-kröte angeordnet sind[22]. Berücksichtigt man auch die diesem Tier in Afrika wie anderswo zugeschriebenen Bedeutungen, so können wir diese ›Hauptstadt‹ eher als ein enormes Haus aus-legen, das in Funktion der territorialen Machtausübung die Familienmitglieder des Königs und die wichtigsten Amtsperso-nen vereint; hierbei ist noch in erstaunlich offenkundiger Form das Prinzip der Aufteilung des Opfertiers als Grundlage der Unterteilung der Ausrichtungen von Raum und Territorium ver-treten. Es ist die ›königliche Macht‹, die sich des traditionellen kulturellen Substrats bedient, um die eigene Legitimität in Funk-tion der dynastischen Kontinuität zu beweisen. Die Architektur steht im Dienste des einzelnen Oberhauptes, an der Spitze der Pyramide, verwendet jedoch noch Figuren und Inhalte, die wir beispielsweise als dem mythischen Gut der Fali eigen gesehen haben[23].

Im Waldgebiet, in dem die Ashantireiche (Ghana) liegen, haben die ökonomischen Bindungen an die islamische Wirtschaftswelt nicht die autonome Entwicklung einer Architektur verhindert, die von der Dekoration bis zu den Typologien einen beispiel-haften Kompromiß zwischen den Erfordernissen der islamisier-ten Schicht und den Traditionen der animistischen Völker dar-stellt. Das traditionelle Haus kann noch auf einen gemeinsamen Ursprung in Westafrika zurückgeführt werden: ein rechteckiger unbedachter Platz, der von vier überdachten Nutzbauten umge-ben ist (die Analogien zur *ginna*, beispielsweise, liegen auf der Hand). Diese elementare Form hat während der letzten zwei Jahrhunderte eine stufenweise Erweiterung der Ausmaße und eine Ersetzung der traditionellen Dekorationen und Materialien erfahren. Die Residenz des Oberhauptes jeder *chefferie* der ›Ashantination‹ wies im Kern die Merkmale eines Königshofes auf, mit einer Vervielfachung der Höfe und einem größeren Ab-stand gegenüber dem umliegenden Wohngefüge.

Die weitgefächerte Übersicht von Palau Marti über die Reiche und Hauptorte Ifé, Oyo, Kétu, Benin (Edo), Alada, Puerto-

436. Teilansicht des ksar *von Boukhaïs aus der Vogelschau, mit krummlinig angelegten Steinhäusern (Algerien).*

437. *Sitz eines den Hof des Königs von Dahomey, Kana, ver-tretenden Würdenträgers.* ▷

438. *Skulptierte Pfosten des heute zerstörten Königspalastes von Kétu (Dahomey).* ▷

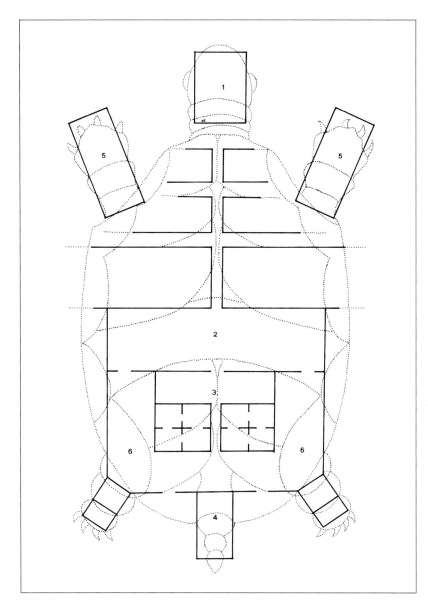

Nuevo und Dahomey zeigt eine überwiegende Bedeutung des königlichen Palastes, der weite Flächen einnimmt, mit dauerhaften architektonischen Techniken erbaut ist und sich deutlich gegenüber den umliegenden bewohnten Zonen abhebt[24]. Die Stadt Kétu z. B. wird von einer starken, oval angelegten Steinmauer abgegrenzt und innen von einer an Nord-Süd ausgerichteten gedachten Linie in die zwei ›Hälften‹ rechts (gegen Westen) und links (gegen Osten) unterteilt. Die durch die Befestigungen erzielte Einheit des Gefüges verhindert nicht, daß eine klare innere Unterschiedlichkeit den königlichen Hof vom Rest der

Siedlung trennt, die den Charakter eines großen Dorfes hat. Nach einer Erzählung sind die Befestigungen unter dem vierzehnten und fünfzehnten König von Kétu (Sa und Epo) mit Hilfe zweier Riesen, Ajibodun und Oluwodu, errichtet worden, die die Arbeit nachts ausführten. Die zum Verputzen der Steine verwendete Erde wurde mit Palmöl vermischt, das Epo in großen Mengen, zusammen mit unbezahlten Arbeitsleistungen von seinen Untertanen, forderte, bis er von diesen getötet wurde.

Unter den Toren ist das nördliche *(Idena)* das wichtigste: Es befindet sich am Ende der idealen Nord-Süd-Achse, die im Süden beim königlichen Palast *(afin)* endet, der den anderen Schlußpunkt bildet. Dem *Idena*-Tor wurden wie der Schutzgottheit der Stadt Opfer dargebracht *(Idena* = Bollwerk, Wächter). Durch dieses Tor schritt der König bei seiner Inthronisation, einem Ritualweg folgend, der einiges Licht auf das innere Gleichgewicht der Struktur von Kétu wirft. Er mußte sich nacheinander in vier heiligen Hütten aufhalten, die im Innern bei den Mauern lagen, und zwar jeweils drei Monde (er benötigte also ein Jahr, um den königlichen Palast zu erreichen). Der Weg begann mit der im Nordwesten gelegenen *Ilé Era* (Haus der Zauberei), wo der König die Magie erlernte; es folgte die *Ilé Jjiumo Kétu* im Westen auf der Querachse von Kétu, danach die *Ilé Alalumon* auf derselben Achse symmetrisch gegen Osten, um in der *Ilé Eru* im Süden beim königlichen Palast zu enden[25]. Der Weg des Königs wird als Inbesitznahme der Stadt, nämlich der beiden (rechten und linken) Hälften und vor allem der zwei kosmischen Achsen (Nord-Süd und Ost-West), die auch den territorialen Besitz versinnbildlichen, angesehen. Er beschreibt ein großes S, in dem sich der obere und der untere Teil symmetrisch im Verhältnis zum Zentrum gegenüberliegen. Dies alles hat keine reale Verbindung zur physischen Struktur der Stadt, außer daß durch den Ritus die verborgenen Bedeutungen offenbar werden, die häufig in Widerspruch zur scheinbaren Wirklichkeit stehen. Die verborgene Struktur der Stadt – wir werden jedoch noch weitere symbolische Verflechtungen aufzeigen – läßt sich auf das orthogonale Richtungskreuz zurückführen, das die vier Windrichtungen und die ›Bindung‹ an das Territorium zusammenfaßt.

All dies ist so sehr von der realen physischen Struktur unabhängig, daß es vorkommen kann, daß eine Kolonialstadt im traditionellen Sinn ›interpretiert‹ wird, obgleich ihre Struktur gänzlich verschieden ist. Die Hauptstadt des Haussastaates Gobir, die 1946 nach westlichen Kriterien gegründet wurde (eine Radialstruktur mit flächenartiger Straßenanlage), wird von den eingeborenen Einwohnern nicht auf die reale Struktur bezogen

440. *Ashanti, Lageplan des Dorfes Kwamo mit Wohnstätten,*
die einen Innenhof aufweisen (Ghana).
1 *Hauptplatz, 2 Häuptlingsresidenz, 3 Begräbnisplatz, 4 Kultbau (abosomfie).*

441. *Ashanti, Grundriß des Palastes eines Häuptlings (Ghana).*
1 *Eingangshof, 2 Gäste, 3 Audienzhöfe, 4 Speiseküche.*

442. *Ashanti, Grundriß und Schnitt eines mit einem Innenhof*
versehenen traditionellen Hauses (Ghana).

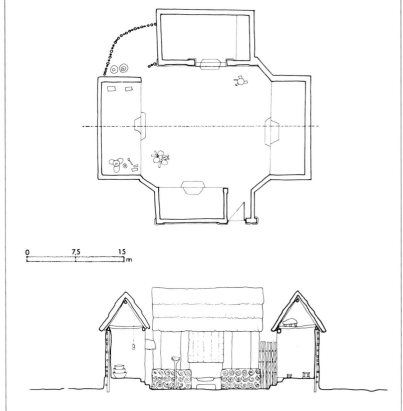

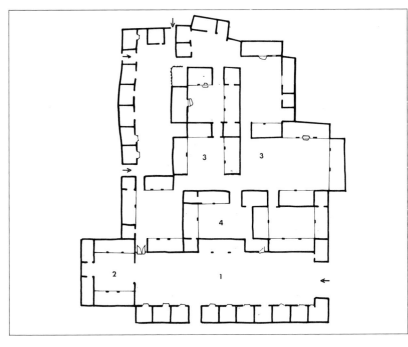

interpretiert, sondern auf das ideale Modell der Stadt mit vier Toren an den vier Himmelsrichtungen[26]. So besteht über und als Ersatz der wirklichen Stadt eine ›unsichtbare Stadt‹, deren Struktur nur von den fünf Punkten (dem Zentrum und den vier ›Toren‹ im Osten, Westen, Süden und Norden) angezeigt wird, wo zu Füßen heiliger Bäume und Steine rituell die traditionellen Beschwörungsopfer wiederholt werden, die dazu dienen sollten, die Stadt zu schützen und sie im Schutz ihres unsichtbaren Mauergürtels ›leben‹ zu lassen.

Die Lokalisierung des örtlichen göttlichen Prinzips *(genius loci)* in einem heiligen Baum ist einer der wichtigsten Verbindungspunkte zwischen der Auffassungsweise des Dorfes und jener der Stadt. Der Baum ist beim Gründungsakt der Siedlung immer vorhanden und bleibt später als wichtigstes Zeichen des göttlichen Schutzes über die Inhaber der lokalen Autorität. In Kétu befindet sich der Baum im Osten neben der heiligen Hütte von *Ilé Alalumon.* Selbst die Umsiedlungstechnik einer Gruppe an einen neuen Sitz hat oft den Baum als wichtigsten anfänglichen Bezugspunkt, der fast als ›Gastgeber‹ angesehen wird, der die Gruppe in einem neuen Territorium aufnimmt.

443. *Ashanti, Grundriß und Schnitte des Kultbaus* (abosomfie)
von Bawjwiasi (Ghana).
444. *Bildliche und geometrische Dekorationsdetails (Ghana).*

445. *Planimetrischer Stadtplan von Matari (Tschad).*

1 *Zentralbereich* (Holmé), 2 *Halaka-Bereich*, 3 *Alagué-Bereich. Gruppen: a) Gocelo,
b) Bodo, c) Dadji, d) Maguio, e) Hargué, f) Modo, g) Ouagadji, h) Ouelia, i) Mada.

446. *Luftbild von Logone-Gana (Tschad).*
447. *Grundriß des Königspalastes von Kousseri (Tschad).*

1 *Eingang*, 2 *Höfe*, 3 *Audienzsäle und Residenz des* Me, 4 *Frauenquartier*, 5 *Diener
und Vorräte.*

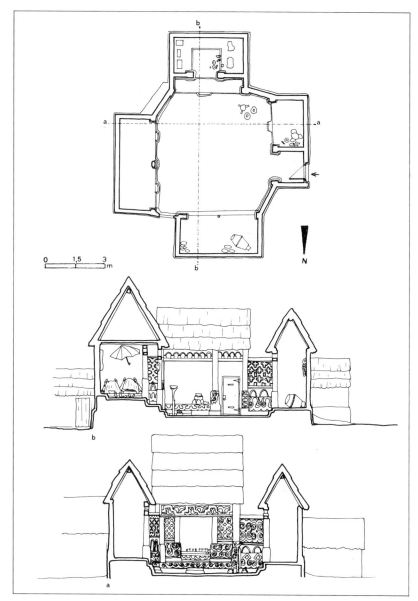

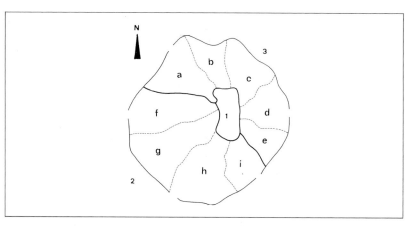

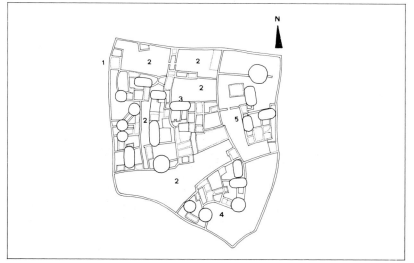

Zwei Beispiele können die Bedeutung dieser Auffassung, die jene komplexere des kosmischen Baums einleitet, klären. Die erste Maßnahme bei der Niederlassung einer Bambaragruppe ist die Auswahl eines Baums, der von nun an den Schutzgeist der Gemeinschaft darstellen wird. Die Krieger hängen an seinen Ästen die Waffen auf, die Arbeiter lehnen die Geräte an den Stamm; der Häuptling bringt dem Baum Opfer dar. Der heilige Baum wird das neue Dorf und seine Bewohner vor allen Übeln bewahren; dafür erneuern periodische Opfergaben das Abhängigkeitsverhältnis der Einwohner und des Häuptlings vom Schutzgeist des Baums, der auch Schutzgeist des Ortes ist[27].
Dieses Zentrum des Wurzelschlagens der Gruppe am Ort nimmt mit der Zeit – entwickelt sich die Siedlung und akzentuieren sich innerhalb der Gemeinschaft die Unterschiede zwischen den verschiedenen Sippen – das politische Gepräge eines Machtzentrums an, das sich der Häuptling und seine Familie aneignet. Der Baum wird somit Sitz des Schutzgottes der Häuptlingsfamilie, die ihn als Quelle der eigenen Kraft und Macht gegen die rivalisierenden Familien verteidigt und verhindert, daß fremde oder feindliche Individuen sich ihm nähern. So ist der Baum der *chefferie* und auch noch im Königreich ein integrierender Bestandteil des *compound* (oder des Königspalastes); manchmal wird er durch einen Stamm ersetzt, der ebenso durch eine Reihe von Tabus ›geschützt‹ ist, die in Wirklichkeit nur dem Machthaber dessen ausschließlichen Besitz erhalten sollen. Die Gründungslegende des Baguirmi-Reiches berichtet, daß der erste König (*mbãg*), der mit 22 Gefährten das Gebiet erreicht hatte, das Gründungsopfer (rituelle Tötung eines Ochsen) unter einem Gummibaum (*mbaya*) vollzog; doch nach einer anderen Überlieferung ist es derselbe heilige Baum (*jan*), der sich in sechs Radialteile aufspaltend, Ursprung des Baguirmi-Reiches war[28]. Die Bedeutungsvielfalt des heiligen Baums bezieht auch die Identifikation der Begräbnisstätte des Gründervorfahren mit ein, der ihm gleichgesetzt wird. Insgesamt ist der Baum die natürliche territoriale Achse, an den die vom Menschen geschaffenen urbanen Strukturen und selbst die politische Macht gebunden bleiben. Nicht selten ist es der Fall, daß ein oder mehrere Bäume beim Gründungsritual der Stadt an dem Ort gepflanzt werden, wo das menschliche Beschwörungsopfer dargebracht worden war. Im Gründungsmythos von Logone-Birni opfern die zwei Häuptlinge der ethnischen Gruppen, *Saldoma* und *Roudama*, zwei ihrer Kinder und begraben sie zu seiten des Westtors der Stadt. Neben den Gräbern werden eine Akazie (*lufu*) und ein Gummibaum (*zara*) gepflanzt, die ihre Zweige ineinander flechten[29].

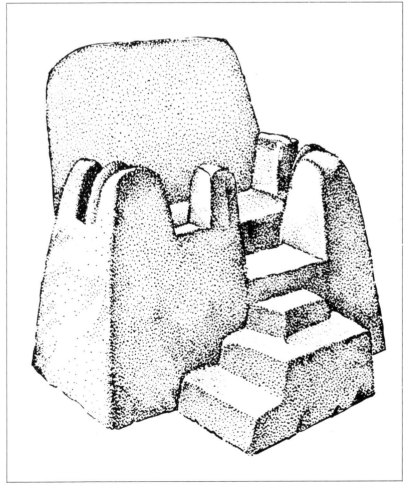

450. Ein Tor des Mauergürtels von Zinder (Niger).
452. Hausfassade. Zinder (Niger).
451. Oberteil eines dekorierten Hauses. Zinder (Niger).

454, 455. Bauphasen eines compound, *in Zusammenhang mit der Vergrößerung der Familie. Die Rundhütten werden durch bequemere Rechteckwohnstätten ersetzt. Zaria (Nigeria).*
1 Eingang

456. *Fassade eines dekorierten Hauses. Zaria (Nigeria).*

457, 458. *Wiederherstellung eines Hausverputzes. Kano (Nigeria).*

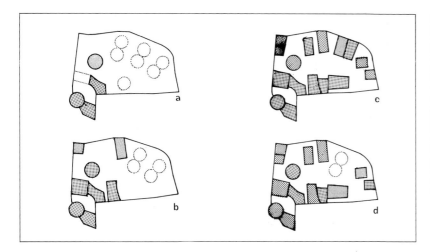

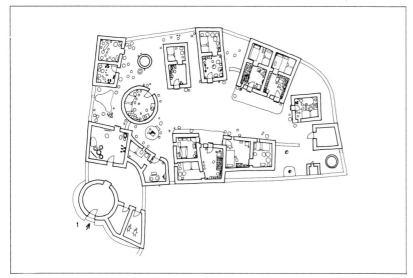

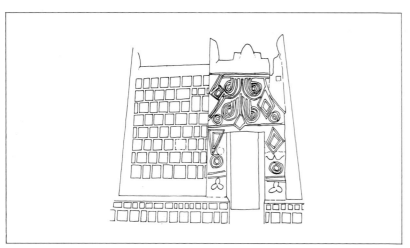

460, 461. Haus in Kano (Nigeria).

462, 463. Bemalte ›Arabesken-Dekoration‹ von Oualata (Mauretanien).

464. *Ansicht von Timbuktu (Mali).*

465. *Planimetrisches Schema von Timbuktu, das die symbolische Struktur hervorhebt (Mali).*

1 Markt (Bauch), 2 Grab des Sidi Mahmud, 3 Kopf, 4 Füße, 5 linker Arm, 6 rechter Arm. Die Kreuzchen lokalisieren ›Heiligengräber‹ und korrespondieren zum Teil mit Planeten, Sternen, Konstellationen.

466. *Aufriß und Grundriß eines Hauses von Timbuktu (Mali).*

1 Eingang und Vestibül, 2 Gesinde, 3 großer Hof, 4 Zimmer der Frau (Bauch), 5 Zimmer des Mannes (Bauch), 6 großes Zimmer der Frau (Kopf des Mannes und der Frau), 7 kleiner Nebenhof.

467. *Eine Straße von Timbuktu, mit einer Hausfassade und einem Minarett im Hintergrund (Mali).*

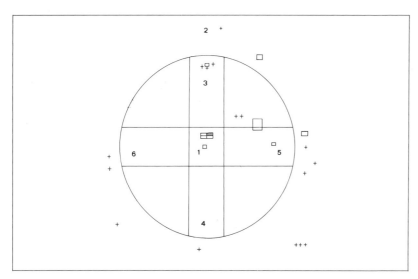

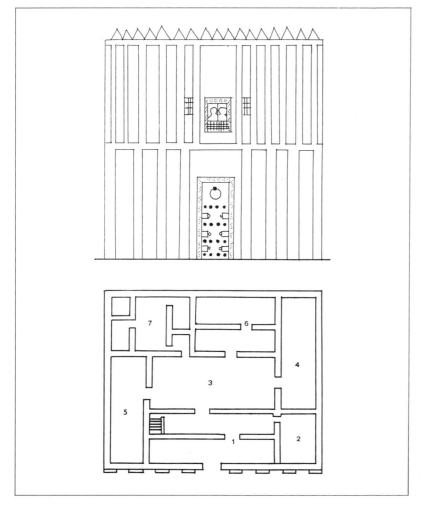

Ist der Baum das Symbol der Bindung der Gruppe an den *genius loci*, d. h. der Beziehung zur Erde, so stellt die ideale Ausrichtung nach den Himmelsgegenden die Verbindung mit den himmlischen Regionen dar. Diese beiden komplementären Elemente sind ein Zeugnis der ›Zentralität‹ jedes Dorfes und jeder Stadt in bezug auf das Territorium, da sich jede Siedlung im Ursprungszentrum des Raums schlechthin befindet. Das erste Element, das wir oft als Unterscheidungsmerkmal des Ortes antrafen, wird durch das zweite ergänzt, welches das Kennzeichen des Raums ist. An den Endpunkten des ›Richtungskreuzes‹ befinden sich fast immer äußere Ursprungspunkte (beispielsweise der älteren Siedlungen), die das Gebiet abgrenzen, in dessen Zentrum die neue Stadt entsteht, und die dazu dienen, dieselben Achsen auf Orte zurückzuführen, denen eine ganz bestimmte Funktion und eine präzise Bedeutung zugrundeliegt. Die zwei Kotoko-Städte Logone-Birni und Makari befinden sich so im ›Zentrum‹ eines Territoriums, das vier äußere Bezugspunkte hat, die ungefähr den Himmelsrichtungen entsprechen: jeweils (von Norden nach Osten), *Gala, Malafana, Zemade, Ounkoual* und *Mosso, Ngame, Fima, Selo*[30].

Doch vor allem ist es die Residenz des Königs, die die sichtbaren Symbole ihrer zentralen Lage in bezug auf das Territorium und das soziale System auf sich vereinigt. Einer der imposantesten Königssitze war der alte Palast des Königs von Benin, der zu Beginn des 18. Jhs. von Bosman beschrieben wurde, der seinerseits auf den Reisebericht über Benin von Van Nyendael zurückgreift. ›Der Königshof, der den ansehnlichsten Teil des Dorfes einnimmt, darf nicht vergessen werden. Er liegt auf einer großen eingeebneten Fläche, wo keine Häuser stehen, und ist, sieht man von ihrer Weiträumigkeit ab, nichts Besonderes. Er beginnt mit einem sehr langgestreckten Gang, der von achtundfünfzig als Pfosten dienenden, ungefähr elf oder zwölf Fuß hohen Pfählen gestützt wird … Hat man diesen Gang durchschritten, so steht man vor einem Erdmauerwerk, in dem sich drei Tore öffnen, eines in der Mitte und je eines an den Endpunkten. Über dem mittleren Tor erhebt sich ein kaminförmiger, 60 oder 70 Fuß hoher Holzturm. An diesem Turm hängt oben eine bronzene Schlange mit dem Kopf nach unten. Diese Schlange ist so perfekt gegossen und bildet eine lebende Schlange so genau nach, daß es das Wunderbarste ist, was ich in Benin zu sehen bekam. Tritt man durch eines dieser Tore, so findet man noch einen großen, ungefähr eine Viertel Meile breiten, viereckigen Platz, der von nicht besonders hohen Erdmauern eingeschlossen ist. Verläßt man diesen Platz, so stößt man auf einen weiteren, dem ersten ähnlichen Gang, nur daß

469. *Schema einer Hausfassade von Djénné (Mali).*
1 loburu, 2 kadye, 3 Saraf har, 4 gu, 5 hume, 6 titi, 7 potige, 8 potige-tita, 9 potige-diye.

470. *Hausfassade in Bandiagara (Mali).*

471. *Teilansicht von Agadès, mit der Moschee. (Niger).*

hier weder Mauern noch Türme sind ... Es gibt nur zwei Tore, eines an jedem Ende. Geht man durch eines dieser Tore, so trifft man noch auf einen dritten Gang, der sich von den vorhergehenden dadurch unterscheidet, daß sich anstelle der Stützbretter Statuen befinden ... unsere Begleiter unterschieden unter ihnen Kaufleute, Soldaten, Fuhrleute usw. Hinter einem weißen Teppich kann man elf kupferne Männerköpfe sehen, alle in ungefähr derselben Anfertigung, und jeder davon trägt einen Elefantenzahn; dies sind nur einige der Götzenbilder des Königs. Verläßt man nun diese Gänge durch eines der Tore, so findet man einen weiteren großen Platz und einen vierten Gang vor, hinter dem die Residenz des Königs liegt. Wie auf dem ersten Mauerwerk befindet sich auch über diesem Gang ein Turm mit einer Schlange. Das erste Gemach, das man betritt, ist der Audienzsaal des Königs, wo ich ihn sehen konnte und die Ehre hatte, mit ihm, auf einem elfenbeinernen Ruhelager, unter einem Baldachin aus indischem Tuch sitzend, in Anwesenheit dreier großer Männer ein Gespräch zu führen[31].‹

Djénné

Die Zentren des sudanesischen Gebiets umfassen außer dem Sitz des ›Königs‹ oder des Häuptlings und dem wichtigsten Sakralgebäude (die Moscheen der islamisierten Städte) den Markt, die wahre Antriebskraft der städtischen Betriebsamkeit, durch den sich symbolisch und ökonomisch die Stadt von der *chefferie* unterscheidet. Das bewohnte Gebiet gliedert sich unter die Familieneinheiten auf, die in einem System von Wechselbeziehungen, doch mit einer beachtlichen internen Autonomie, die Struktur des von allen Mitgliedern eines Klans oder einer Sippe bewohnten *compound* nachahmen. Dies ist, je nach den wechselnden Erfordernissen des Wohnens, des Rangs und der Anzahl der Familienmitglieder, eine in ständiger Wandlung begriffene Struktur. Bedeutungsvoll ist, daß in den Städten, im Unterschied zu dem, was in den vereinzelten Komplexen geschieht, wegen der geringen Bodenverfügbarkeit und der äußeren Bedingungen eine stetige Entwicklung des Familienkomplexes durch Hinzufügen neuer Wohnsitzeinheiten nicht möglich ist. Er ist von Anfang an von öffentlichen Wegflächen begrenzt, und daher erfolgen die Umwandlungen (im wesentlichen das stufenweise Auffüllen des verfügbaren Raums, dem Zuwachs der Familienmitglieder entsprechend) außerhalb der Umfassungsmauer in einer einzig und allein ›privaten‹ Sphäre.

Diese vom städtischen Leben aufgezwungenen Merkmale haben die Durchsetzung von Gebäuden und Massen und den Verlust der für die verschiedenen, in den Städten zusammenfließenden

Völker charakteristischen äußeren Gestaltung begünstigt (man denke nur an den nicht begrenzten Umfang der befestigten Komplexe der ›Lehmburgen‹ und Gehöfte) und die Entwicklung einer homogenen architektonischen Ausdrucksweise gefördert, die sich auf Kastenanlagen und auf ein wechselseitiges Durchsetzen der Zelleneinheiten stützt und in der dem Haupteingang entsprechenden Fassade des wichtigsten Baukörpers den symbolisch-darstellerischen und kompositorisch-plastischen Konzentrationspunkt findet.

Jede der Städte des nigerischen Zentralgebiets, in denen Handel und Handwerk die vorherrschenden Tätigkeiten waren, hat einen komplexen städtischen Wohntyp entwickelt, der, obgleich ihm die traditionelle Behausung der Ackerbauern als Ausgangspunkt diente, im dekorativen und funktionellen Sinn den Erfordernissen der herrschenden islamisierten Klasse entspricht. Neben Elementen, die in Technik und Bedeutung an die Architektur der Dörfer und der befestigten Gehöfte anknüpfen, finden wir so dekorative Schemata, die dem islamischen Kulturraum einzugliedern, jedoch in Wirklichkeit ›volkstümliche‹ Varianten sind. Sie sind Ausdruck des reichen eingeborenen Bürgertums, das in die Architektur Elemente einfügt, die direkt von den in den islamischen Mittelmeerländern hergestellten oder bei der Rückkehr von der Pilgerfahrt nach Mekka mitgebrachten Gegenständen stammen. Innenstruktur und Fassadendekoration der Stadthäuser sind also das Resultat einer Bereicherung des vorhergehenden dekorativen und mythischen Gutes, unter dem ständigen Druck geometrischer Motive von genau feststellbarer Herkunft[32]. Djénné und Timbuktu, die Zwillingsstädte des Niger, bieten uns eine gegliederte, nach Klassen geschichtete architektonische Tradition, in der die Typologie mittlerweile nicht mehr einer bestimmten ethnischen Gruppe, sondern einer eine bestimmte Tätigkeit ausübenden Klasse zu eigen ist. Was die Bauten von Djénné (Abb. 469, 484) und seines Territoriums betrifft, beziehen wir uns auf das Werk von Charles Monteil[33], der deren Arten und technischen Bauverfahren beschreibt. Für Timbuktu (Abb. 464–467, 483) können wir auf die jüngste Gesamtstudie von Pâques[34] zurückgreifen, die – gerade die tiefe Einheitlichkeit in der Auffassung von Territorium, Stadt und Haus unterstreichend – den islamischen Einfluß als weniger bedeutend erachtet und jenes Fortdauern der den Dorfkulturen eigenen mythischen Zusammenhänge aufzeigt, was uns die Architektur dieses weiten afrikanischen Gebiets als noch im wesentlichen ›primitiv‹ definieren ließ[35]. Wie auch aus Caillés[36] Ansicht von Timbuktu (Abb. 464) hervorgeht, sind drei grundlegende Wohntypen in der Stadt vertreten, in ihrer Peripherie und im Territorium: die aus pflanzlichen Materialien erbaute Hütte, das einstöckige Haus aus pisé und das Stadthaus. Die Peul-Nomaden benutzen die zerlegbare, strohbedeckte Hütte aus Ästen (sudu). Das pisé-Haus der seßhaften Völker dieses Gebiets, ein Parallelepipedon, hat die Eingangstür als einzige Öffnung. Die Struktur besteht aus (4–5 cm dicken, 40–50 cm langen und 20–25 cm breiten) Rohziegeln, die aus mit zerkleinertem Stroh vermischtem Lehm hergestellt sind. Das Dach, dessen Holzgerüst von Gabelpfählen getragene Balken stützen, ist mit Ästen sowie mit einer Lehmschicht bedeckt. Das Stadthaus hat einen geräumigen Innenhof (batuma), den man durch einen Eingangsraum (sifa) und einen kleinen Gang

(sorodyĭde) erreicht; eine Leiter (kalikali) führt zum oberen Stockwerk. Rund um den Hof sind die Zimmer angelegt; über den direkt oberhalb der Tür liegenden Räumen der Vorderseite, liegt für gewöhnlich das zweite Geschoß. Die Zwischendecke besteht aus einem Astgitterwerk, das je nach Länge der Räumlichkeit verschiedenartig angeordnet wird: das einfache Querflechtwerk (sorodyĭde) für die Gänge, ein diagonales Flechtwerk, mit einem orthogonal gekreuzten Band für die größeren Räume (Al Maruba). Bei noch größeren Räumlichkeiten werden zuerst die Ecken, sodann der Mitteltrakt mit einem Kreuzflechtwerk (tafarafara) bedeckt. Schließlich haben einige Zimmer eine auf die vier Ecken beschränkte Überdachung (barmame). In diesen Räumen können die Frauen, ohne in den Hof hinuntersteigen zu müssen, arbeiten und ein Bad nehmen (der wasserdichte Fußboden ermöglicht den Wasserablauf). Die Struktur der Wände besteht aus ungefähr 10–12 cm hohen zylindrischen Ziegeln (tufa), mit einem ebensolchen Durchmesser.

Der interessanteste Teil des Bauwerks ist die Fassade, ein Zeichen der sozialen Stellung des Besitzers und Ausdruck einer komplexen architektonischen Sprache. Eine starre Symmetrie regelt vor allem die Ausführung des zentralen Teils, der die Tür und den potige, ein darüberliegendes dekoriertes Paneel, umfaßt.

Zu seiten der Tür sind symmetrisch die sich gegen oben verjüngenden ›Lisenen‹ angelegt, die die ganze Fassade, deren zentralen und wichtigsten Teil abgrenzend, durchlaufen; sie stützen manchmal ein kleines Schutzdach über der Tür und laufen oben in einer kleinen (40–50 cm hohen) Pyramide aus. Diese Lisenen (kådye) sind nicht nur in Djénné ein dominierendes Motiv (Abb. 469), sondern sie bilden auch ein fundamentales Element der Sakralarchitektur, vor allem der Moschee. Die Eckpfosten enden oben mit einem konischen Motiv; sie werden lôburu (= Mann-Spitze) genannt, wahrscheinlich im Zusammenhang mit einer phallischen Bedeutung.

Über der Tür öffnet sich ein viereckiges Fenster (gŭ). Weiter oben ist der potige, ein durch eine vertikale Lisene zweigeteiltes rechteckiges Paneel, an dessen Seiten sich zwei (potige-idye genannte) Reliefs befinden. Auf dem den potige unten angrenzenden Querband läßt man einige Balken vorragen, die wie die entsprechenden Elemente, welche einen großen Teil der hohen Erdflächen der Gebäude des ›sudanesischen‹ Gebiets (darunter die Minarette der Moscheen) charakterisieren, den Maurern bei Ausbesserungsarbeiten am Gebäude als Stütze dienen. Schließlich sind oft zu beiden Seiten der Tür zwei Lehmbänke (tĭtĭ) errichtet.

474, 475. Bobo, *zwei Ansichten der Moschee von Bama (Ober-volta).*

Timbuktu

Die kosmogonischen Mythen der islamisierten Gebiete nehmen ohne Unterbrechung die wesentlichen Motive wieder auf, die der Architektur der ›primitiven‹ animistischen Völker zugrunde liegen. Es sind dies in der Hauptsache der Himmel und Erde verbindende kosmische Berg und das Opfer (= die Schöpfung), das durch die Aufteilung eines heiligen Körpers die natürlichen Phänomene, die sozialen Strukturen und die Macht auf geordnete Weise vermehrt.

Pâques' Untersuchung über Timbuktu neigt dazu, durch den Mythos die Organisation der Stadt und des Territoriums, die Geschichte der Stadt und die Struktur des Hauses zu deuten[37]. Bei diesem Beispiel und bei vielen weiteren in Nordafrika sind die Grenzen zwischen ›primitiv‹ und ›volkstümlich‹ äußerst schwankend. Sicherlich stützt sich die Islamisierung völlig auf eine mythische Struktur und auf eine um vieles ältere Bautradition, die oft auch deren charakteristischste Äußerungen verzerrt. Nur bei ganz bestimmten Motiven kann man von Äußerungen einer ›volkstümlichen‹ Religiosität sprechen, die sich auf die Kultstätten (die Moscheen) und die Gräber der die Stadt beschützenden ›Heiligen‹ bezieht.

Das beherrschende Motiv der Schöpfung ist die Opferung des göttlichen Schlangen-Berges *(miniã)*, die eine Aufteilung seines Körpers zur Folge hatte, von der sich die arithmetische Rechnung (nach einer Drei- oder Vierteilung) und im Grunde alle Phänomene und Übereinstimmungen ableiten lassen, die sich aus späteren Unterteilungen ergeben.

Die fundamentale Weltstruktur ist die Unterteilung des Raums in sechs Teile (die ersten sechs von Gott gesprochenen Worte). Sie entspricht einem anthropomorphen Bild (der Kopf ist der Zenit, die Gliedmaßen sind die vier Himmelsrichtungen, der Nadir ist das Geschlecht). Die Worte sind: *Ina Ateinaka* (der Osten; weiß; Sechsteilung; die Welt); *Al Qasara* (der Westen; gelb; Vierteilung; die Ahnen); *Fasalli* (der Süden; weiß; Vierteilung; das Wasser); *Li Rabika* (der Norden; weiß; Vierteilung; Getreide und andere Nahrungsmittel); *Wen hari* (der Zenit; grün; Vierteilung; Salzwasser); *Walabtar* (der Nadir; gelb; Sechsteilung; Teufel, Genien usw.).

Das *miniã*-Opfer ist das Leitmotiv der familiären und sozialen Organisation wie der verschiedenen Lebensabschnitte des Individuums und schließlich der historisch-politischen Interpretationen der Stadt. Doch erst auf territorialer und auf der Ebene der Beziehungen zwischen verschiedenen Städten beginnt die Anwendung eines anthropomorphen Modells, das sich vollkommen mit den bereits angedeuteten territorialen Interpretationen deckt. Die menschliche Gestalt wird auf verschiedene Weise hervorgehoben, doch stellt Timbuktu auf jeden Fall den wichtigsten Punkt, den Kopf, dar. Nach einer Interpretation sind die Zwillingsstädte Timbuktu und Djénné jeweils der Kopf und der Bauch, die miteinander durch drei ›Hals-Städte‹ (mit Vermittlerfunktion) verbunden sind: Mopti (im Zentrum), San (rechter Arm), Sofara (linker Arm). Andererseits bildet das Gefüge der eben genannten fünf Städte den Kopf und Tindouf den Bauch eines größeren Organismus, dessen Hals-Stadt Tawdeni ist. In bezug auf seinen Nigerhafen (Kabara) ist Timbuktu der Kopf und der Hafen der Bauch.

Die Legende der Stadtgründung bezieht sich auf die Opferung einer Frau *(Tim Buctu),* die das Austrocknen der Sümpfe und das Auftauchen der Festlandinsel mit dem heiligen Baum in der Mitte, wo Timbuktu erstehen sollte, bewirkt haben soll. Nur neun Wasserlöcher oder heilige Weiher sollten im umliegenden Territorium verbleiben, mit denen der Körper der geopferten Frau identifiziert wird. Als Vollstrecker des Ritualmordes an *Buctu* gilt *Sidi Mahmud,* der Gründer und Schutzherr der Stadtgemeinschaft, der mit dieser Tat die Gegend trockenlegte und so den Beginn der Ackerbautätigkeit ermöglichte. Die Stadt stellt seinen Körper dar. Sie ist – in Nachahmung der im Schöpfungsmoment erfolgten Aufteilung – in fünf Teile unterteilt (in den doppelten zentralen und die vier Himmelsrichtungen); die zentrale Zone ist der Bauch, im Norden liegt der Kopf, im Westen der rechte Arm, im Osten der linke Arm und im Süden die unteren Gliedmaßen.

Jede dieser Zonen ist mit einer bestimmten Konstellation und Tätigkeit verknüpft. Im Norden, außerhalb der Stadt, befindet sich das Grab des Gründers *Sidi Mahmud,* das dem Polarstern gleichgesetzt wird. Sowohl im Norden als auch in den übrigen astronomischen Hauptrichtungen bilden eine Reihe weiterer Gräber historischer Persönlichkeiten, die als ›niedere Schutzherren‹ angesehen werden, ›Konstellationen‹ heiliger Zentren, die die Stadt vor bösen Mächten schützen. Traditionell sind es 333 Heilige, die wie die heilige Schlange die Stadt mit einem vitalen Gürtel umgeben.

Die fünf Teile Timbuktus, die von den fünf Gliedern *Buctus* und von jenen *Sidi Mahmuds* selbst herrühren, sind die fünf Stadtviertel, aus denen sich, wenngleich voneinander grundverschieden und historisch zu verschiedenen Zeiten entstanden, dennoch ein einheitliches Stadtbild ergibt. Es sind dies: im Norden *Sãkore,* im Osten *Bella Farãji,* im Süden *Sarekaena,* im Westen *Jingareyber* und im Zentrum *Baga Jindo (Ba Jnde).* In letzterem, das als Herz (oder Bauch) der Stadt angesehen

wird, liegt die bedeutendste Moschee, *Sidi Yayah.* Die andere Moschee, *Kankan Muosa,* befindet sich im Viertel *Jingareyber.* Jedes Viertel weist eine komplexe Innenunterteilung auf, bezüglich der Wohnsitze der einflußreichsten Familien, der ethnischen Einheiten sowie der Kunst- und Handwerkergilden. Dennoch war es nur beim zentralen Viertel, dem Lebenskern der Stadt, der aus drei Familien besteht, möglich, eine ordnungsgemäß mit dem Ursprungsmythos und im besonderen mit dem ›kosmischen Baum‹ zusammenhängende Struktur aufzuzeigen. Die drei Familien betrachten sich als Ausdruck des Zentrums, des rechten wie des linken Arms. In diesem zentralen Teil liegt auch nördlich der Moschee der Markt, der wahre Mittelpunkt der zum überwiegenden Teil aus Händlern und Handwerkern bestehenden Stadt.

Auch die Anlage der beiden Moscheen folgt einem anthropomorphen Bild. Die Moschee von *Jingareyber* stellt so einen im Gebet versunkenen, mit dem Kopf nach Norden gewandten Mann, jene von *Sãkore* – mit perfekter Symmetrie – eine betende, mit dem Kopf nach Süden gewandte Frau dar.

Für die Moschee von *Sãkore* haben wir zwei verschiedene, jeweils anthropomorphe Auffassungen, die auf sehr unterschiedliche Weise die wirkliche Struktur des Gebäudes interpretieren. Die Tradition der Marabut erkennt im Grundriß eine betende Frau: das Minarett ist der Kopf (im Süden), der zentrale Hof der Bauch, die westliche Galerie (für die Frauen) entspricht den unteren Gliedmaßen und der Raum im Norden dem linken Arm. Jede Galerie symbolisiert, wie in der Moschee von *Jingareyber,* eine Gebetshaltung. Die Außenwand schützt diese hingestreckte Gestalt auch durch die Anwesenheit der Gräber dreier Heiliger: im Osten *Sidi Belgasem,* im Westen *Nana Mama,* im Süden *Amma guna Arasul.*

Nach der Tradition der Maurer ist das Gebäude in zwölf rechteckige Teile unterteilt, die zwölf Teile von ʿAli, dem Baumeister des Mausoleums und des Hauses von *Sidi Mahmud.* Der *Miḥrāb* im Osten ist der Kopf; die Ostgalerien sind die Brust, der Hof entspricht dem Bauch, die Westgalerien den Füßen, der Nordraum dem linken Arm und die Räume im Süden, die Residenz des Imām, dem rechten Arm. Das Minarett stellt das Geschlecht des Maurermeisters oder ihn selbst in aufrechter Stellung dar. Während die erste dieser beiden Interpretationen mehr an die religiöse Funktion des Gebäudes gebunden ist, finden sich in der zweiten und wichtigeren einmal mehr die Spuren des Mythos der Aufteilung des Ur-Organismus (entweder des Opfertiers oder des Schmieds), die den bebauten Feldern und den Gebäuden zugrunde liegt. Andererseits umreißt die Aufstellung der ver-

476. *Senoufo, Moschee von Sinematiali (Elfenbeinküste).*
477, 478. *Ansicht von Bondoukou und Detail der Moschee (Elfenbeinküste).*

schiedenen sozialen Klassen beim Gebet im Innern der Moschee deutlich die hierarchische Ordnungsfunktion der die Stadt bildenden Elemente, wie man es beispielsweise bei der Moschee von *Jingareyber* (der bedeutendsten der drei wichtigsten Moscheen von *Timbuktu*) sehen kann. Vor den Miḥrāb stellt sich der Imām; in die erste Galerie die Marabut und die Nachfahren des Gründers *Sidi Mahmud;* in die zweite die Würdenträger der Stadt, das Stadtoberhaupt, die Oberhäupter der Stadtviertel und der Altersklassen; in die dritte die *gabibi* (Klasse der den angesehensten Familien hörigen ›Schwarzen‹); in die vierte die Sklaven und schließlich die Fremden und Frauen.

Die soziale Struktur der Stadt behält, trotz der starken Hierarchisierung der Klassen, die Vereinheitlichung der verschiedenen Völker unter dem Zeichen der islamischen Religion und der überwiegenden Handelstätigkeit, einige bedeutsame Merkmale der Dorforganisation bei. Jedes Viertel ist relativ unabhängig, und in ihm wickeln sich, wie in einer *chefferie* (jedes Viertel wird von einer Familie und einem Oberhaupt beherrscht), die wichtigsten, an das tägliche Leben und an die Entfaltung der Persönlichkeit des Individuums gebundenen Zeremonien ab. Ein entscheidender Faktor ist die Unterteilung in Altersklassen, die durch das Fortbestehen der Beschneidungsrituale (von jenem gleichartigen der Exzision ist man seit Jahrhunderten abgekommen) bestimmt wird, welche mit ihren Zeremonien den Kern des städtischen Lebens bilden. Alle beschnittenen Individuen gehören zu der von einem *gabibi* geführten Gemeinschaft *(kõdey)*. Der wirtschaftliche Charakter dieser Gruppierung entspricht der Notwendigkeit gegenseitigen Beistands, die jeder Einordnung der Individuen in Altersklassen zugrunde liegt. Dieser Organisation steht jene der verschiedenen Familiengeschlechter gegenüber, von denen jedes einen bestimmten Bereich innerhalb der einzelnen Stadtviertel innehat, die ebenfalls hierarchisch geordnet sind und der mächtigsten Familiengruppe unterstehen (die traditionsgemäß als Nachkomme des Gründers des Stadtviertels angesehen wird).

Schließlich hat jede der verschiedenen Handwerkerkategorien nicht nur eine präzise Ortszuordnung, sondern auch eine genau festgelegte Führungsfunktion im Leben des Viertels wie der Stadt. Sie sind (am kosmischen Baum beteiligt) auch integrierender Bestandteil der mythischen Struktur, was besagt, daß klare Beziehungen zwischen den verschiedenen Tätigkeiten, den sie ausübenden Familien (wobei den Sklaven eine besondere Bedeutung zukommt) und dem sozial-kulturellen Gefüge festgelegt sind. So wird auch der Markt ordnungsgemäß nach den verschiedenen Tätigkeiten von zwei sich rechtwinklig kreuzenden

479. *Luftbild eines modernen Viertels von Koutiala: Wegenetz aus der Kolonialzeit, Moschee und* compounds *in traditioneller Technik erbaut (Mali).*

480, 481. *Teilansicht von Mopti aus der Vogelschau und Detail der Moschee (Mali).*

482. Moschee von San (Mali).
483. Die große Moschee von Timbuktu (Mali).

484. Bedachungsdetail der Moschee. Djénné (Mali). ▷

Straßen in vier Teile unterteilt: im Nordwesten befinden sich die Fleischer, im Nordosten die Schuster und Schneider, im Südwesten die Stoffhändler und im Südosten die Krämer. Entlang der Hauptstraßen wird der von den Frauen durchgeführte Lebensmittelmarkt abgehalten.

Das Hausmodell Timbuktus ist ein nach den Himmelsgegenden ausgerichtetes Rechteck, das man gewöhnlich von Süden oder von Norden her betritt (Abb. 466). Es stellt symbolisch den Körper des Schmieds, aus dessen Opfer die Welt hervorging, und das ebenfalls anthropomorphe Grab des *Sidi Mahmud* dar, das erste aus *banco* erbaute Gebäude der Stadt. Das anthropomorphe Bild hat die Arme ausgebreitet und den Kopf nach Süden gewandt; es entspricht den bebauten Feldern und der beim Ur-Opfer vollzogenen rituellen Unterteilung. Heilige Steine

und Opfergaben sind an den vier Ecken des Bauwerks, unter den Pfosten des Haupttors und unter dem zentralen Pfeiler eingegraben; unter die Steine werden zauberkräftige Gegenstände gelegt.

Traditionsgemäß mußte das Haus zwölf (oder neun) Türen haben und, mit Ausnahme der Türpfosten, gänzlich aus Lehm erbaut sein. Der rechteckige Platz im Innern der Umfassungsmauer wird in neun rechteckige Abschnitte unterteilt, die den Gliedern des geopferten Mannes entsprechen, dessen Kopf die Vorhalle ist. Das anthropomorphe Bild ist wie beim Dogonhaus androgyn und stellt den Schmied und dessen Frau dar.

Der zentrale Hof ist der Bauch, die Seitenräume sind die Arme und Beine; die Gleichsetzung dieser Teile ist bei den verschiedenen Häusertypen unterschiedlich. Beispielsweise kann die Trennung zwischen männlichen und weiblichen Elementen mit einer Zweiteilung des Hauses gemäß islamischem Brauch zusammenfallen: es handelt sich dann um einen Mann, der ›den Fuß (das Geschlecht) auf den Kopf (das Geschlecht) der Frau legt‹. Dieses Beispiel eines Marabuthauses ist wegen der eindeutigen Komplementarität der beiden Organismen interessant: der Mann hat nur einen Arm, den rechten, und ein Bein, das linke (= das Geschlecht), während die Frau nur einen linken Arm und zwei Beine hat. Andere Interpretationen von Familienhäusern nehmen auf die mythische Schlange Bezug.

Die Fassade der Häuser wird, wie üblich, als deren ›Gesicht‹ angesehen; die obere Bekrönung ist der ›Turban‹. Bei dem von Pâques zitierten Beispiel stellt die Fassade den kosmischen Baum dar, das in Teile zerlegte Opferwesen (betont durch die Pfeilerunterteilung); die Tür ist eine Darstellung des Gesichts; doch die Fassade ist auch in jedem ihrer Teile eine Abbildung von Konstellationen und des Umlaufs der Gestirne.

DIE ARCHITEKTUR DER MOSCHEEN

Als zwischen 1352 und 1353 der arabische Reisende Ibn Battutah (1304–1377) das an die Sahara anschließende Westafrika besuchte, war Djénné bereits eine befestigte Stadt. Ihre beinahe vollständig islamisierte Führungsschicht (allen voran der König *Koy Komboro*) hatte vor kurzem den Bau der großen Moscheen angeordnet und begünstigte mit allen Mitteln die Zuwanderung aus den umliegenden Gebieten. Die urbane Entwicklung und vor allem die städtische Lebensweise sind hier wie anderswo bei den komplexen und nicht synchronen Geschehnissen der verschiedenen Stadtstaaten an die islamische Komponente gebunden. Auch in Timbuktu werden die Moscheen zugleich mit der endgültigen Stadtanlage während des 14. und 15. Jhs. er-

richtet; doch sind sie uns, wie jene von Djénné[38] und vielen anderen Städten, nicht in ihrer ursprünglichen Gestalt erhalten geblieben. Kleineren Änderungen waren hingegen die Königsgräber unterworfen, die, da sie keine andere Aufgabe hatten, als die heilige Machtkontinuität zu verkünden, häufig die ältere Struktur beibehielten.

Die mit dem Gedenken an die ›Heiligen‹ und die Könige verbundenen Baulichkeiten behielten ebenso wie die Moscheen auch bei den jüngsten Umbauten eine Bauweise aus Lehm und Holz bei, die sich auch für große Dimensionen eignet und auf einem stumpfpyramidenförmigen Modell beruht, das sowohl bei Gräbern als auch bei Sakralbauten nachgebildet wird (Grabmal von Askia Mohammed in Gao[39], 16. Jh.; Minarett von Agadès in Niger, 15. Jh.; Moscheen von Sãkoré und Jingareyber in Timbuktu[40], im 16./17. Jh. umgebaut). Die sich verjüngenden viereckigen Türme, die der gesamten islamischen Architektur des Saharagebiets gemeinsam und wahrscheinlich in der Verwendung der Schlamm- und Holzstruktur arabischer Herkunft (Jemen) sind, erschöpfen jedoch nicht die Kasuistik der öffentlichen Gebäude (Abb. 471, 472); oft knüpfen sie an eine ältere lokale Tradition an, die sich mit den Traditionen der nicht islamisierten und nicht urbanisierten animistischen Völker identifiziert. Wenn es nämlich den Tatsachen entspricht, daß sich die Geschichte des Sahel und Sudan konkret im Einklang mit den Geschehnissen der islamischen Welt entfaltet, der sich dieses Gebiet nach dem 11. Jh. immer mehr anschließt (einen wesentlichen Teil dieses Prozesses stellt die Einführung der Schrift dar), so stimmt jedoch auch, daß die ›primitive‹ Welt der allgemeine Hintergrund bleibt, auf dem die Konzentrationspunkte des Handelsreichtums und der territorialen Macht der neuen urbanen Zukunftsaussicht in Erscheinung treten.

Aus dieser Sicht kann man annehmen, daß in einigen spezifischen Merkmalen der Moscheearchitektur (und nicht nur soweit es sich um die Bedeutung handelt, sondern auch in der plastischen Sprache) ein Endergebnis der primitiven Architektur in diesem Gebiet zu erkennen ist. In diesem Sinne möchten wir jene effektive territoriale Unabhängigkeit in der architektonischen Realität verstanden wissen, die wir als Unterscheidungsmerkmal unserem Untersuchungsfeld zugrunde legten. Dies gilt auch für die königlichen Residenzen, die ebenfalls ständig umgebaut wurden, und die, obschon sie im Vergleich zur lokalen Bautradition oft neue Motive aufnahmen, im allgemeinen doch die politisch-administrative Autonomie der *chefferie* und des Stadtstaates widerspiegeln und daher als direkte Fortsetzung der Dorfarchitekturen angesehen werden können.

Wie die Religion, die politische Ordnung und die wirtschaftliche Struktur der urbanen Gesellschaften kann auch die Architektur der Moscheen nicht nur als das Produkt einer an der Macht befindlichen Klasse angesehen werden, sondern auch als das Ergebnis eines Zusammenfließens von ›heidnischen‹ Traditionen im größten Sakralbau, die innerhalb der einzelnen, die Stadtgemeinschaft bildenden Völker bereits gefestigt und verbreitet sind. Die Durchsetzung im Bereich der Bedeutungen und Technologien zwischen animistischer Wohnsitz-Architektur und dem Stadthaus innerhalb der Familieneinheit des ›compound‹ wurde bereits angedeutet. Wir schließen nun mit einem Hinweis auf die Struktur der Moscheen ›mit konischen Pfeilern‹, dem höchsten plastischen Ausdruck der Ausdehnung eines in der Erfahrung der sudanesischen ›Lehmburgen‹ und Dörfer gereiften bestimmten Repertoires auf ein islamisches Gebäude. Als heilige Umfassung entwickelt die Moschee, vor allem in ihren kleineren Beispielen, sowohl die Konzeption des Familienhauses als auch jene des territorialen Kultgebäudes. So übernimmt die ›elementare Moschee‹ oft das Modell des rechteckigen Raums mit dem in die heilige Richtung weisenden ›Kopf‹ (Apsis) und einer, der *ginna* der Dogon analogen anthropomorphen Anlage[41]. Die Vervielfachung der konischen Pfeiler in der Umfassung wie in der Anlage der Außenwände und der Endteile des Gebäudes knüpft an eine reihenweise Vervielfachung des elementaren baulichen und symbolischen Elements an, des Altars mit stumpfkegelförmigem oder konischem Profil (mit oder ohne hölzerner Innenstruktur), der aus einer gepreßten Lehmmasse *(banco)* besteht, die an der Außenfläche alljährlich erneuert wird. Wir haben bereits die Dogon-Variante, den *buguturu*-Altar gesehen; doch auch der Gründungsaltar der Dörfer, mit offenkundig phallisch-kosmologischer Bedeutung, ist als eine abgerundete Lehmmasse konzipiert. Der wiederholte Gebrauch dieses Bauelements, das die Konkretisierung einer sakralen Verwurzelung mit dem Ort darstellt, liegt der Rhythmik der Schlußteile der Kultbauten und der *ginna*-Fassaden sowie den Terrassen und Umfassungsmauern der Moscheen zugrunde. Das sich wiederholende Element ist der Schlammerde-Pfeiler, mit oder ohne ›Holzkern‹, in seiner archaischsten Form vorwiegend mit ovalem oder rundem Schnitt, wodurch die Strukturen vertikal betont werden; die horizontalen Verbindungsstücke bestehen aus schlammverputzten Balken. Es handelt sich nicht um rein materielle Analogien und Baupraktiken; vielmehr sind es semantische Interferenzen auf jeder Ebene, wobei (wie bei den Siedlungstypologien von Timbuktu und Djénné erwähnt) das Prinzip des ›primitiven‹ Zusammenhangs selbst als totalisierende Interpretation der

Wirklichkeit lange Zeit die Oberhand über die soziale Schichtung, die handwerkliche Spezialisierung und über die von der islamischen Durchdringung hartnäckig vorangetriebene puristische Trennung der Räume behält. In dieser Verquickung von Tendenzen, die sich der einfachen von oben gesteuerten Verbreitung eines gleichförmigen Haus- und Moscheenmodells entgegenstellt (was auch im substantiellen Synkretismus der religiösen und sozial-kulturellen Modelle seinen Ausdruck findet), kann man, in den konkreten architektonischen Strukturen und Dekorationen, die Kehrseite der historischen Wechselbeziehung zwischen ›Animismus‹ und Islam erkennen. In den wenigen direkt mit den transsaharischen Karawansereien – dem historischen Träger der von der Mittelmeerküste und von Marokko ausgehenden islamischen Durchsetzung – in Berührung kommenden Reiche gehen die in den Städten (von Aalata bis Kano) vorherrschenden geometrischen Arabeskenmotive in der Dekoration manchmal figurative Kompromisse ein. So nimmt die traditionelle Architektur der Ashanti, eines ›heidnischen‹ Reiches, das jedoch kommerziell an die nördlichere Stadtkette des Sahel gebunden ist, in der Dekoration mit ›totemistischen‹ Darstellungen vermischte islamische Elemente auf. Bei der ›Konische-Pfeiler-Architektur‹ abschließend (deren vielleicht höchster Ausdruck die Moschee von Bobo-Dioulasso ist, Abb. 474, 475), kann

man nicht umhin, deren Wurzeln in der Architektur der Ackerbauvölker wiederzufinden, die in einen ganzen Klan oder eine Familie umfassenden Dörfern und Gehöften gruppiert sind. Verschiedene Typologien, wie der Getreidespeicher und der Altar, können zur Gestaltung dieser Ausdrucksform beigetragen haben; beispielsweise kann man deren Anwendung als Grundlage der Umfassung beim elementaren *compound* der Nabdam (Ghana) aufzeigen[42]; aus semantischer Sicht ist dieses Element eindeutig auf die weite Verbreitung der Interpretation des vertikalen Bauelements als ›Termitenhügel‹ zurückzuführen. Aus dieser Analyse geht hervor, daß in einer historisch genau abgegrenzten Phase gegenseitiger Akkulturation zwischen Dorfgesellschaften und staatlichen wie religiösen Systemen, die diese zu überlagern trachten, die primitive Architektur eine mehr oder weniger beständige Möglichkeit finden kann, den eigenen typologischen Horizont zu erweitern. Es ist dies allerdings eine Phase, die in der Geschichte der modernen Kolonisation gewöhnlich raschestens durch die darauffolgende brutale Aufsplitterung der ›anderen‹ Kulturen übergangen wird. Doch in diesem Teil Afrikas, wo die lokalen Königreiche in der Lage waren, eine bereits verwirklichte kulturelle und ökonomische Integration zwischen Dorf und Stadt entgegenzustellen, konnte sie bis vor wenigen Jahrhunderten weiterbestehen[43].

ANMERKUNGEN

EINLEITUNG

[1] Zu einigen dieser Einflüsse siehe P. Oliver (Hrsg.), Shelter and Society, London 1969, erster Teil: Attitudes in the Modern Movement, S. 16–21; und J. Rykwert, On Adam's House in Paradise, New York 1972.

[2] B. Rudofsku, Architecture without Architects, New York 1964.

[3] C. Daryll Forde, Habitat, Economy and Society, London 1934 (14. Aufl., London 1963); ein wegen der historistischen Ausrichtung bemerkenswertes Werk ("How far that history is known will make all the difference to the degree of our understanding; but unless there is realization of the existence of that specific history, both of internal change and external contact in one or several specific environments, understanding cannot begin," S. 466) und wegen der Ablehnung des Begriffes ›Wirtschaftsstufe‹ bei der Analyse der spezifischen kulturellen Bereiche ("Peoples do not live at economic stages. They possess economies; and again we do not find single and exclusive economies but combinations of them," S. 461).

[4] Wie Forde behauptet (a. a. O., S. 468), wechseln die einfachen und weniger eng an den sozialen Komplex gebundenen Techniken schneller.

[5] Siehe beispielsweise N. Davey, Storia del materiale da costruzione, Mailand 1965; und M. Collura, Architettura del legno, Palermo 1968.

[6] Zum äußerst aktuellen Problem, von verschiedenen Blickpunkten aus, doch auf einer gemeinsamen Linie der totalen Revision der Rolle der Anthropologie, R. Jaulin, La paix blanche. Introduction à l'éthnocide, Paris 1970; N. Zitara, Il proletariato esterno, Mailand 1972; G. Leclerc, Anthropologie et colonialisme, Paris 1972; V. Lanternari, Antropologia e imperialismo e altri saggi, Turin 1974, S. 349–410.

[7] H. Kühn, Die Kunst der Primitiven, München 1923; F. Boas, Primitive Art, Oslo 1927; L. Adam, Primitive Art, London 1954; D. Biebuyk (Hrsg.), Tradition and Creativity in Tribal Art, Berkeley 1969; A. Forge (Hrsg.), Primitive Art & Society, London–New York 1973.

[8] D. Fraser, Village Planning in the Primitive World, London 1969; P. Oliver, a. a. O.; A. Rapoport, House, Form and Culture, Englewood Cliffs 1969.

[9] D. Fraser, a. a. O., Einleitung, Schlußfolgerungen, Inhaltsverzeichnisse.

[10] A. Rapoport, The Pueblo and the Hogan. A Cross-Cultural Comparison of Two Responses to an Environment, in: Shelter and Society, a. a. O., S. 66–79.

[11] Derselbe Autor schlägt in ›Australian Aborigines and the Definition of Place‹, Sydney University, 1972, zahlreiche Klassifizierungen in bezug auf die Verwendung von Territorium und Raum vor. Bezüglich des Vorherrschens der sozial-kulturellen Faktoren wie des Begriffes der Relativität der verschiedenen Elemente ist Forde bereits sehr deutlich, a. a. O., S. 6–7.

[12] Zur Beziehung zwischen Unbebautem und Architektur, C. Norberg-Schulz, Intentions in Architecture, Oslo–London 1963.

[13] E. Guidoni, Etnologiche culture, in: Dizionario Enciclopedico di Architettura e Urbanistica, Bd. II, Rom 1968, S. 286–302, Tafeln XLV–LXIV.

[14] V. Lanternari, L'abitazione, in: V. L. Grottanelli, Ethnologica, Bd. II, Mailand 1965, S. 240–371.

[15] Wir berufen uns besonders auf C. Lévi-Strauss, Anthropologie structurale, Paris 1958, Kap. VIII, und Le symbolisme cosmique dans la structure sociale et l'organisation cérémonielle de plusieurs populations nord- et sud-américaines, in: Le symbolisme cosmique des monuments religieux, Rom 1957.

[16] Nach einer wirkungsvollen Wendung von V. Pâques handelt es sich um ein «système appartenent au vieux fond africain», «recouvert d'une légère croûte islamique» (s. Anm. 18).

[17] J. P. Lebeuf, L'habitation des Fali, montagnards du Cameroun septentrional. Technologie, Sociologie, Mythologie, Symbolisme, Paris 1961.

[18] Wir erinnern vor allem an die während der letzten 20 Jahre im ›Journal de la Societé des Africanistes‹ erschienenen Arbeiten von C. Dieterlen, G. Nicolas, A. M. Lebeuf, C. Meillassoux, M. Izard, V. Pâques. Methodologisch fundamental sind die Werke von V. Pâques, L'arbre cosmique dans la pensée populaire et dans la vie quotidienne du nord-ouest africain, Paris 1964; und A. M. Détourbet-Lebeuf, Les principautés Kotoko. Essai sur le caractère sacré de l'autorité, Paris 1969, in denen die Architektur oft bei den sozialen Zusammenhängen, der historischen Entwicklung und bei den rituellen Inhalten eine Hauptrolle spielt.

[19] L. Morgan, Ancient Society, London 1877; F. Engels, Der Ursprung der Familie, des Privateigentums und des Staats, Ausgabe 1891; C. Meillassoux, Anthropologie Economique des Gouro de Côte d'Ivoire, Paris 1964; E. Terray, Le marxisme devant les sociétés «primitives», Paris 1969; M. Godelier, Horizon, trajets marxistes en anthropologie, Paris 1973.

[20] Zur Möglichkeit, die mythische Dokumentation und das Raummodell in historischem Sinne zu verwenden und die physische Struktur als notwendigen Vergleichspunkt der wirtschaftlichen Struktur zu verstehen, siehe E. Guidoni, Storia dell'urbanistica e società «precapitalistiche», Referat beim Treffen über «La Storia dell'architettura: problemi di metodi e di didattica» (›Die Geschichte der Architektur: methodologische und didaktische Probleme‹), Florenz, 16.–18. Mai 1974. Bezüglich der bereits von Morgan hervorgehobenen Bedeutung der territorialen Ordnung, siehe E. E. Evans-Pritchard, The Nuer, Oxford 1940, sowie den Hinweis bei G. Balandier, Anthropologie politique, Paris 1967. Zum Begriff des Raumes in bezug auf die Architektur: ›Die moderne Definition der Architektur als Kunst des Raumes verneint nicht die Beiträge der traditionellen Interpretationen, vielmehr wertet sie diese, ihren Einheitswert bestätigend, auf: rund um den Raum finden alle Phänomene der Architektur ihre Entsprechung und bilden ein System. Die politischen und sozialen Bedingungen, die Wünsche der Auftraggeber, die zivilen Bräuche, die religiösen Bestrebungen, das technische Wissen, sind alle Gegenstand der kulturellen, psychologischen, symbolistischen, funktionalistischen und technizistischen Interpretationen und zeigen die Voraussetzungen des Raumprogrammes auf, die äußere Materie aus künstlerischer Sicht, die jedoch bei der entwicklungsgeschichtlichen Rekonstruktion des architektonischen Schaffens von grundlegender Bedeutung ist …‹ (B. Zevi, Stichwort Architettura [Architektur], in: Enciclopedia Universale dell'Arte, Bd. I, Florenz 1958, Spalte 639.)

[21] Damit soll die Notwendigkeit der Ausarbeitung möglichst breitgefächerter Untersuchungsmethoden bei Einzelstudien unterstrichen werden, von denen jede die Beweise eines oder mehrerer, potentiell auch für andere Forschungen als Arbeitshypothesen bedeutsamer Zusammenhänge liefern kann. Zum Zusammenhang zwischen ›Hauptort‹ und Territorium der Inkakultur siehe z. B. E. Guidoni, R. Marchi, Civiltà Andine, Mailand 1972, S. 126–138.

[22] Lévi-Strauss, Anthropologie …, a. a. O., Kap. VIII, führt den Fall der doppelten, diametralen und konzentrischen Interpretation des Winnebago-Dorfes an, nach Informanten, die zu den beiden ›Hälften‹ gehörten.

[23] Forde, a. a. O., S. 6: "… the spread of crafts and customs are but contributing factors, the movements of the raw materials, as it were out of which human life is built up."

[24] Angesichts der in anderen Bereichen der afrikanischen Kultur durchgeführten Analysen scheinen beispielsweise diese ›Rätsel‹ der Kikuyu nicht bloß unbegründete Begriffsassoziationen zu sein, sondern Fragmente der geschichtlichen Beziehung zwischen Mythos und Architektur, die nunmehr von ihren ursprünglichen Zusammenhängen losgelöst sind: ›Der weiße Widder meines Vaters, dessen Rippen man nicht zählen kann‹ (= Hütte – Getreidespeicher); ›eine Hütte mit sieben Fenstern‹ (der Kopf); ›ich habe einen Baum zu fällen versucht, aber es war unmöglich‹ (der Fluß); ›ich habe eine Hütte ohne Stützpfahl gefunden‹ (der Himmel); ›ein nur aus ‚mūiri'-Pfählen erbauter Pferch‹ (die Augenbrauen); ›ein auf drei Bäumen sitzender Adler‹ (der Kochtopf). (V. Merlo Pick, Ndaī na gīcandī, Kikuyu enigmas – Enigmi Kikuyu, Bologna 1973.)

[25] E. Guidoni, Antropomorfismo e zoomorfismo nell'architettura «primitiva», in: L'architettura. Cronache e storia, N. 222, April 1974, S. 752–763.

[26] ›... jede Diskussion über den Symbolismus ohne seinen soziologischen Zusammenhang ist unnütz, ebenso wie jede Behauptung, die Kultur könne ohne gleichzeitiges Auftreten der Manufakturwaren, Techniken, Organisation und Symbolismus entstehen.‹ (B. Malinowski, A Scientific Theory of Culture and Other Essays, Washington 1944.) Es ist das höchste, was man dem Funktionalismus zugestehen kann; diskutabel sind die symbolistischen, gestaltpsychologischen, semiologischen und typologischen Formulierungen, die sich in den letzten Jahren vermehrt haben, so sie nicht in einem streng historisierten zweckdienlichen Kontext angewandt werden. Über die hintergründigen Motive der ›Personifizierung‹ der ›höheren Gemeinschaft‹ (Stamm und Staat), für die die Überschüsse bestimmt sind, K. Marx, Forme economiche precapitalistiche, Rom 1956 (2. Ausg., 1967), und Godelier, a.a.O., Einleitung und «Parties mortes, idées vivantes dans la pensée de Marx sur les sociétés primitives. Marxisme et évolutionnisme», S. 133–173. Bei den Beziehungen zwischen Stammesfigur und höchstem Wesen ist auch die Rolle zu beachten, die letzteres als ›Beschaffer von Nahrungsmitteln‹ spielt. ›Wie bei den primitiven Bodenbaukulturen das höchste Wesen die Mutter Erde ist, da die Erde den Unterhalt des Menschen sichert, und bei den Hirtenkulturen der Vater Himmel das höchste Wesen ist, da vom Himmel der Regen fällt, der das zum Weiden der Herden und zum Leben der Menschen nötige Gras sprießen und wachsen läßt, so ist bei der Jagdkultur der Herr der Tiere das höchste Wesen, da von ihm das Erlegen des Wildes und der Ausgang der Jagd abhängen, die für den Menschen von lebenswichtiger Bedeutung sind‹ (R. Pettazzoni, L'essere supremo nelle religioni primitive, Turin 1957 [2. Ausg., 1965], S. 121/22).

[27] Oliver, Shelter and Society, a.a.O., I. Teil. Zur Kunst im allgemeinen siehe G. Cocchiara, Stichwort: Popolare, in: Enciclopedia Universale dell'Arte, Bd. X, Florenz 1963, Spalten 783–802, wo entschieden der Parallelismus zur primitiven Kunst bestritten wird, jedoch mit der Motivierung, daß nur die Volkskunst ›Produkt reifer Individualitäten‹ sei (Spalte 785) und auf sie allein die historische Methode anwendbar sei. Zum Begriff des Primitiven siehe F. L. Hsu, Rethinking the Concept "Primitive". In: Current Anthropology, V, Juni 1964, S. 169–178. Fraser (a.a.O., S. 113, Anm. 1), benützt den Ausdruck "primitive world" "as a conventional designation for the traditional societies of Africa, Southwest Asia, Oceania and the New World that, until recently, had not been strongly influenced by the high cultures of Europa, Asia, or pre-Columbian America."

[28] Für die Folklore ist noch die Definition von Gramsci stichhaltig: ›... Welt- und Lebensauffassung‹ gewisser (*in Zeit und Raum festgelegter*) Gesellschaftsschichten, die zu den ›offiziellen‹ Weltanschauungen (oder in weiterem Sinne zu jener der gebildeten Kreise der historisch bestimmten Gesellschaften), die in der historischen Entwicklung aufeinanderfolgten, in (auch hier selbstverständlichem, mechanischem, objektivem) Gegensatz standen. (A. Gramsci, Letteratura e vita nazionale, Turin 1950, S. 215. Den

Gegensatz unterstreicht auch A. M. Cirese, L'antropologia culturale e lo studio delle tradizioni popolari intese come dislivelli interni di cultura delle civiltà superiori; in: De Homine, N. 17–18, 1967, S. 239–247, und in: Folklore e antropologia tra storicismo e marxismo, Palermo 1972. Ein Verfechter des Historizismus ist E. De Martino, Naturalismo e storicismo nell' etnologia, Bari 1941.

[29] So definiert Cirese (Folklore, a.a.O., S. 32) den Begriff ›Volk‹: ›Wenn man jede metahistorische Auffassung zurückweist, kann der Begriff Volk nur eine Bedeutung beibehalten, so man ihn als summarische Bezeichnung der Gesamtheit von Klassen, Gruppen, Untergruppen und Individuen begreift, die im Laufe der Geschichte Träger von kulturellen Formen und Inhalten waren oder sind, welche die Unterschiede bilden‹; was unser Thema betrifft, müßte man dem ›Unterschied‹ (als Synonym von ›volkstümlich‹) die ›Verschiedenheit‹ (als Synonym von ›primitiv‹) hinzufügen. Der Kolonialismus neigt dazu, die Verschiedenheit in Unterschied umzuwandeln und die Verschiedenheit nur als Merkmal des Unterschiedes gelten zu lassen.

[30] «Nous rejetons résolument la méthode qui consiste à détacher d'une culture un ou plusieurs éléments pour établir des rapprochements et conclure à des influences tant que n'est pas faite l'analyse des institutions dans lequelles il sont inclus. L'analogie de certains traits culturels ne permet pas de préjuger de celle des civilisations où il sont observés et l'accumulation de faits isolés arbitrairement pose à l'intelligence d'un système plus de problèmes qu'elle ne l'éclaire» (A. M. D. Lebeuf, Les principautés ..., a.a.O., S. 8).

I. KAPITEL

[1] Über die Mbuti-Pygmäen, C. Turnbull, The Forest People, London 1961, und The Mbuti Pygmies: An Ethnographic Survey; in: Anthropological Papers of the American Museum of Natural History, L, 3, 1965, S. 137–262; Fraser, Village ..., a.a.O., S. 11–13; C. S. Coon, The Hunting Peoples, Gloucester (Mass.) 1971. Die Verbindungen, die vor allem die Bogenschützen-Jagdgruppen schon seit langer Zeit mit den Ackerbau betreibenden Gemeinschaften aufgenommen haben, werden hier nicht berücksichtigt.

[2] Turnbull, The Mbuti ..., a.a.O., Planimetrie a. S. 194 (nach Purnam). Bei der Jagd mit Netzen, an der alle kräftigen Mitglieder der Gruppe beteiligt sind, wird eine ringförmige, der des Lagers ähnliche Anordnung eingehalten: ›Die Netze sind 1,20 m breit und von 3,5 m bis zu 10 m lang. Eine von sieben bis dreißig variierende Zahl von Netzen dieser Art wird halbkreisförmig angeordnet und an Äste oder Kletterpflanzen gebunden, worauf sich jedermann hinter seinem Netz versteckt. Normalerweise befinden sich die älteren Männer in der Mitte und die jüngeren an den Seiten, wobei Brüder es vorziehen, Seite an Seite zu arbeiten‹ (Coon, a.a.O., S. 126).

[3] Über die Semang der Halbinsel Malakka, Forde, a.a.O., S. 11–17.

[4] Ein analoges Beispiel von Privatbesitz einzelner Bäume ist jenes der Bunya-Bunya-Pflanzen (Araucaria Bidwilli), die alle drei Jahre Früchte tragen (Queensland, Australien); die Nähe und Vielzahl der Bäume bietet in diesem Fall mehreren hundert Menschen für viele Monate eine Aufenthaltsmöglichkeit (Coon, a.a.O., S. 206).

[5] Über die Buschmänner Südafrikas, Fraser, Village ..., a.a.O., S. 15–17; L. Marshall, Kung Bushman Bands, in: Africa, XXX, 1960, S. 325–355.

[6] Galton beschreibt in der Mitte des letzten Jahrhunderts eine dieser Einzäunungen: ›Wir sahen eine wunderbare Grubenanlage, die von den auf diesen Hügeln lebenden Buschmännern ausgehoben worden war. Das ganze Tal war von Pfählen und Reisig-

haufen umgeben. In Abständen wies die Einzäunung Breschen auf, die ebenso vielen Gruben entsprachen ... Wenn zwischen den Hügeln eine Herde gesichtet wurde, trieben die Buschmänner sie durch dieses Tal bis zur Einzäunung. Diese war zu hoch, als daß die Tiere sie hätten überspringen können, und so waren sie gezwungen, durch die Breschen zu schlüpfen, durch die sie sodann in die Gruben stürzten‹ (Coon, a.a.O., S. 117). Auf dieses Jagdsystem kommen wir noch bei den Schwarzfußindianern zurück.

7 Nach Rapoport (Australian ..., a.a.O., S. 9), "Aborigines structure their existing physical landscape mentally, mythically and symbolically without building it." Wenn man auch die die Umwelt verändernden zeitweiligen Werke (wie Zeremonienfelder, Schnitzereien auf Bäumen, Felszeichnungen usw.) nicht als Architektur ansehen will, so muß dennoch wenigstens den Anreihungen von Steinen ein architektonischer Wert in engerem Sinne zugestanden werden. (Siehe z. B. I. McBryde, An Unusual Series of Stone Arrangements near the Serpentine Bay, Ebor District, New South Wales; in: Oceania, XXXIV, 2, 1963, S. 137–146, mit vorhergehender Bibliographie S. 145/46.)

8 Die archäologischen Untersuchungen bestätigen bei den Australiern ein außergewöhnliches Weiterbestehen von homogenen Lebensbedingungen durch die Jahrtausende hindurch: R. A. Gould, Living Archaeology: the Ngaljara of Western Australia; in: Southwestern Journal of Archaeology, XXIV, 2, 1969, S. 101–112, und The Archaeologist as Ethnographer: a Case from the Western Desert of Australia, in: World Archaeology, III, 2, 1971, S. 143–177. In Puntutjarpa (im Territorium der Ngatatjara) zeigten die Ausgrabungen die ununterbrochene Anwesenheit des Menschen seit 10 000 Jahren.

9 M. Eliade, Religions Australiennes, Paris 1972, vertritt die Geschichtlichkeit der religiösen Äußerungen, die oft, besonders in jüngster Zeit, eine äußerst schnelle Verbreitung haben (S. 172 ff.). «Il n'existe donc pas de civilisation sans une histoire, sans des transformations et une évolution provoquées par des influence extérieurs» (S. 76). Zur Religion der Australier, siehe W. E. H. Stanner, On Aboriginal Religion, Sydney 1964, ein an Bezügen auf die kosmologischen, symbolischen und räumlichen Aspekte äußerst reiches Werk (außer den zuvor in ›Oceania‹ erschienenen Artikeln).

10 Eliade, a.a.O., S. 37–52.

11 A. P. Elkin, The Australian Aborigines (1938), 3. Ausg., Sydney–London 1953. Elkin spricht von einer ›Personifizierung‹ der Natur.

12 W. Arndt, The Australian evolution of the Wandjinas from Rainclouds, in: Oceania, XXXIV, 3, 1964, S. 161–169; der Autor nimmt eine stilistische, geometrische und symbolische Abstammung vom naturalistischen Bild durch Vergleiche mit anderen Kulturbereichen an (siehe vor allem Abb. 2 auf S. 168).

13 W. Arndt, The dreaming of Kunukban, in: Oceania, XXXV, 4, 1965, S. 241–259.

14 Ibidem, Abb. 2–3 der Taf. II auf S. 248. Zum ›wissenschaftlichen‹ Aspekt des klassifizierenden Totemismus, siehe Elkin, a.a.O., S. 201.

15 Elkin, a.a.O., S. 37; zusammen mit Fuß (gina) und Auge (mil). Die Statistiken der Ortsnamen zeigen zugleich mit dem Überwiegen der Pflanzen- und Tiernamen die Häufigkeit der menschlichen Körperteile (Kopf, Nase, Hals usw.) auf; die Lagernamen leiten sich oft vom sozialen Leben ab (B. J. S. Ryan, Some Aboriginal Place Names in the Mid-North Coast of New South Wales, in: Oceania, XXXIV, 4, 1964, S. 278–307); z. B. "Yee Warra = the place of assembly for sport" und "Urandagie = to meet and sit down" (S. 284).

16 Manchmal sind die Verbindungen zur Außenwelt unterbrochen: so befinden sich im Falle der Aljawara alle mythischen Wege, lokalisiert werden konnten (Pfade des Känguruh, des Feuers, der Honigameise, der Papageien, des Dingo, der Eidechsen;

dem Honig und dem Emu geheiligte Stätten), innerhalb ihres Territoriums: C. L. Yallop, The Aljawara and their Territory, in: Oceania, XXXIX, 3, 1969, S. 187–197.

17 Elkin, a.a.O., S. 146–150 und passim.

18 Elkin, a.a.O., S. 148.

19 Über die Walbiri, siehe M. Meggitt, Desert People. A Study of the Walbiri Aborigines of Central Australia, Sydney 1962; Gadjari among the Walbiri Aborigines of Central Australia, in: Oceania, XXXVI, 1966, 3, S. 173–213; XXXVI, 4, 1966, S. 283–315; XXXVII, 1, 1966, S. 22–48; XXXVII, 2, 1966, S. 124–147; N. D. Munn, The Spatial Presentation of Cosmic Order in Walbiri Iconography, in: Forge (Hrsg.), a.a.O., S. 193–220.

20 Über das zwischen den Stämmen Tasmaniens verlaufende ›Straßennetz‹, das besonders die Stein- und Ockerlager verband, siehe Coon, a.a.O., S. 241 und 347–351.

21 Rapoport, Australian ..., a.a.O., S. 3.

22 B. Spencer, F. J. Gillen, The Northern Tribes of Central Australia, London 1904, S. 388; E. De Martino, Angoscia territoriale e riscatto culturale nel mito Achilpa delle origini, in: Studi e materiali di Storia delle Religioni, XXIII, 1952, S. 52–66; Eliade, a.a.O., S. 60–62.

23 Elkin, a.a.O., S. 230.

24 Eliade, a.a.O., S. 42/43.

25 Ibidem, S. 77 ff.

26 R. H. Mathews, The Bora or Initiation Ceremonies of the Kamilaroi Tribe, in: The Journal of the Royal Anthropological Institute of Great Britain and Ireland, XXIV, 1895, S. 411–427, zusammengefaßt bei Eliade, a.a.O., S. 92/93. Siehe auch die Beschneidungszeremonie von Djunggan der Waiwilak (Arnhemland), zusammengefaßt bei Coon, a.a.O., S. 422–434, Abb. 31, basierend auf W. L. Warner, A Black Civilization, New York 1937: der Zeremonialboden bildet die Schlange in einem schmalen Dreieck nach, das in einem kreisförmigen ›heiligen Haus‹ endet.

27 Munn, a.a.O., Abb. 5a, 6a und b, Taf. 5; Abb. Tab. 4, S. 200/201 und 208–210.

28 Ibidem, S. 211–215.

29 C. G. von Brandenstein, The Symbolism of the North-Western Australian Zigzag Design, in: Oceania, XLII, 3, 1971, S. 223–238.

30 R. Piddington, A note on Karadjeri local Organization, in: Oceania, XLI, 4, 1971, S. 239–243; Zeichnung auf S. 241.

31 Forde, a.a.O., S. 107–128, stützt sich auf die klassischen Werke von Boas, Mathiassen, Wissler. Zu den territorialen Darstellungen W. J. Hoffman, The Graphic Art of the Eskimos, Washington 1897.

32 C. Lévi-Strauss, La vie familiale et sociale des Indiens Nambikwara, Paris 1948 (Abb. 12–14). Die dargestellte Anlage ist kreisbogen- oder halbringförmig, mit einem vereinzelt stehenden ›inneren‹ Brennpunkt. Zu Recht sieht Lévi-Strauss davon ab, das Fehlen von Niederlassungsregeln zuzugeben (S. 74), und glaubt eher an einen Untersuchungsmangel.

33 Ibidem, S. 164/65 und 176/77.

34 E. Biocca, Mondo Yanoama, Bari 1969, S. 36–39. Über die Unterteilung der Dörfer, S. 78/79.

35 ›Die besondere Form der großen Umfassungsbauten mit Pultdächern und das Fehlen eines in der Mitte abgedeckten Daches ermöglichen es, mit größter Leichtigkeit, je

nach Bedarf, den *sciapuno* zu erweitern oder zu verkleinern, ohne deshalb den ganzen Baukomplex zu gefährden; es ist daher möglich, auch sehr große Gruppen zu vereinen, was zweifelsohne von enormer Bedeutung für die Verteidigung ist. Gleichzeitig gibt der zentrale Platz mit all den Feuerstellen ringsum die Gewähr, daß nichts geschehen kann, ohne daß alle es unmittelbar bemerken und die nötigen Maßnahmen ergreifen könnten.‹ (Biocca, a. a. O., S. 39.) Wegen der einheitlich ›stumpfkegelförmigen‹ Lösung siehe vor allem die Abb. 45 und 46.

[36] C. Wissler, The Influence of the Horse in the Development of Plains Culture, in: American Anthropologist, XVI, 1914, S. 1–24; R. und G. Laubin, The Indian Tipi, Norman (Okl.) 1957.

[37] Zu den Schwarzfußindianern siehe Forde, a. a. O., S. 45–68, eine auf den Arbeiten von C. Wissler gründende Zusammenfassung.

[38] Fraser, Village . . ., a. a. O., S. 19–22, auf dessen Bibliographie wir verweisen.

[39] Zu den nachfolgenden Berichten und dem bäuerlichen Ursprung der Siedlungsunterteilungen, siehe Korvin Krasinski, Mikrokosmos und Makrokosmos in religionsgeschichtlicher Sicht, Düsseldorf 1960; und W. Müller, Die Religionen der Waldlandindianer Nordamerikas, Berlin 1956, und Glauben und Denken der Sioux, Berlin 1970.

[40] Korvin Krasinski, a. a. O., S. 210/11.

[41] Zu Berichten über die Kasachen, Forde, a. a. O., S. 328–344; S. A. Togarev, Etnografija narodov SSSR, Moskau 1958.

[42] Über die Ruwala, Forde, a. a. O., S. 308–327, der sich vor allem auf die Arbeiten von A. Musil (1927–1938) stützt.

[43] "The Ruwala scorn to camp in a circle like the weaker Badawin, who thus endeavour to protect their stock by herding them at night inside this compound of tents" (Ibidem, S. 317).

[44] Ibidem, S. 310.

[45] Über das Tsonga-Dorf, siehe A. Jorge Dias, in: Ethnologie Régionale, I, Paris 1972, S. 950–953, Abb. 6, S. 951.

[46] Über die Massai, Forde, a. a. O., S. 287–304.

[47] Siehe B. Biermann, Indlu: The Domed Dwelling of the Zulu, in: P. Oliver (Hrsg.), Shelter in Africa, London 1971, S. 96–105.

[48] Ibidem, S. 98/99.

[49] Ibidem, S. 100.

[50] Regelrechte Bauten werden für die Initiationszeremonien der Yaghan-Fischer (Feuerland) errichtet; eine lange eiförmige Hütte mit zwei längsseitigen Eingängen, die einst bis zu achtzig Menschen aufnehmen konnte (›Ritus der großen Hütte‹), und eine konische Struktur aus Baumstämmen (›Ritus des Männerhauses‹), beide stehen in einem bestimmten Verhältnis zum aus Kuppelhütten bestehenden Lager (Coon, a. a. O., S. 437–445).

[51] Coon, a. a. O., S. 215–220, Abb. 29 (Unterteilung des Känguruhs, nach Gould), und S. 156–158, Abb. 121 (Unterteilung des Wales, nach Van Stone).

[52] Guidoni, Antropomorfismo . . ., a. a. O., und Bezugnahmen im 4. Kapitel.

II. KAPITEL

[1] Wir beziehen uns auf diesen Seiten auf eine besondere Organisation der Produktion, der Gesellschaft und der Architektur, die innerhalb bestimmter Grenzen insgesamt als repräsentativ für die Bautätigkeit der jeweiligen Gruppe gelten kann; die detaillierte Analyse der Unterschiede zwischen Langhaus, Mehrfamilienhaus und Gemeinschaftshaus, die die historischen Schichtungen und lokalen Entwicklungen beachten muß, geht über die von uns gewählte, kurze erläuternde Übersicht hinaus. Dennoch wollen wir hier nicht einfach von einer Bautypologie sprechen, sondern von einem sozialen und baulichen System, das über den Komplex der weiteren ökonomischen und architektonischen Tätigkeiten hinausweist.

[2] A. Pigafetta, Il primo viaggio intorno al mondo (1519), Mailand 1929, S. 83/84.

[3] H. von Staden, Wahrhaftige Historia, Frankfurt (Main) 1556. Hrsg. Karl Klüpfel, Stuttgart 1859.

[4] H. von Staden, a. a. O., S. 172.

[5] Es handelt sich um eine Verteilung, die im wesentlichen einen geordneten Kern in jeder Hausecke vorsieht; die Mindestzahl ist festgesetzt, doch können durch Verlängerung der Seitenwände weitere Gruppen hinzukommen. Außer bei zahlreichen sibirischen Völkern, wurde diese Anordnung auch von den Indianern im Nordwesten Nordamerikas befolgt (siehe Kap. III).

[6] Für die folgenden Ausführungen, siehe V. G. Reichel-Dolmatoff, Desana, Simbolismo de los Indios Tukano de Vaupés, Bogotá 1968.

[7] Über den Symbolismus der *maloca*, siehe Reichel-Dolmatoff, a. a. O., S. 133–139; wegen der Beziehungen zum Anthropomorphismus, Guidoni, Antropomorfismo . . ., a. a. O., passim.

[8] Reichel-Dolmatoff, a. a. O., S. 136/37.

[9] Recherches Ethnographiques dans les Bassins des Rios Caqueta et Putumayo (Amazonie Colombienne), in: Journal de la Société des Américanistes, LVIII, 1969.

[10] Korvin Krasinski, a. a. O., S. 202/03.

[11] Ibidem, S. 214–216.

[12] D. Miles, The Ngadju Longhouse, in: Oceania, XXXV, I, 1964, S. 45–57, mit einer Vergleichstabelle der Wohnstätten der Iban, Dayak, Kenyak, Kayan, Tagal-Murut, Kelabit (S. 49).

[13] Nach den gesammelten Informationen wäre für jeden Pfeiler ein Tier nötig gewesen; Miles (a. a. O., S. 55/56) unterstreicht die Seltenheit des Rinderopfers, das gewöhnlich nur anläßlich des Begräbnisritus des *pesta tiwah* stattfand.

[14] "One was originally part of the joint estate of Antang's extended family; the other was part of the joint estate of Ideng's extended family. The foyer was part of the joint estate of the extended family of Antang, who financed its construction. Thus the households of this Ngadju longhouse represent two corporate groups, each with a joint estate" (Miles, a. a. O., S. 56/57).

[15] Die Schwierigkeit, die Bauarbeit zu organisieren und die nötigen Männer und Nahrungsmittel aufzutreiben, erklärt die geringe Verbreitung des ›Langhauses‹, ebenso wie seinen Weiterbestand, sozusagen aus Trägheit, in Gebieten, wo es den normalen Ausdruck der Produktionsverhältnisse darstellt.

[16] Über die Pueblos, s. Forde, a. a. O., S. 220–245; Rapoport, The Pueblo . . ., a. a. O., mit Bibliographie, S. 78/79; L. Sebag, L'invention du monde chez les Indiens pueblos, Paris 1971; B. L. Whorf, Linguistic Factors in the Terminology of Hopi Architecture, in: International Journal of American Linguistic, XIX, 2, 1953; C. Mindeleff, A Study of Pueblo Architecture: Tusayan and Cybola, 8th A. R. B. E., 1891, S. 3–228. Über die Beziehungen zwischen den den Klanen gehörenden Siedlungen und bebauten Feldern, s. Forde, a. a. O., Abb. 74, 78.

[17] Sebag, a.a.O., passim, Tabelle S. 90, Abb. auf S. 131.

[18] Forde, a.a.O., Landschaftsschema auf S. 227.

[19] Sebag, a.a.O., Schema S. 84.

[20] J. Guiart, Sociétés, rituels et mythes du Nord-Ambrym (Nouvelles Hébrides), in: Journal de la Société des Océanistes, VII, 1951, S. 5–103; id., L'organisation sociale et politique du Nord-Malekula, in: Journal de la Société des Océanistes, VIII, 1952, S. 149–220; id., Océanie, Paris 1963; id., Les Nouvelles Hébrides, in: Ethnologie Régionale I, a.a.O., S. 1150–1173.

[21] Guiart, Oceania, a.a.O., S. 108–110.

[22] A. B. Deacon, Geometrical Drawings from Malekula and other Islands of the New Hebrides, in: The Journal of the Royal Anthropological Institute of Great Britain and Ireland, LXIV, 1934, S. 129–175, mit rund hundert graphischen Schemata. Es handelt sich um mehr oder weniger ›geheime‹ Figuren, deren Gegenstand innerhalb eines symbolischen, alle potentiell räumlichen Aspekte der menschlichen und natürlichen Welt umfassenden Kodex wechselt. Vom architektonischen Gesichtspunkt ist es wichtig, zu unterstreichen, daß sie fast immer die Skizze des Gegenstands wiedergeben; ob es sich nun um die menschliche Begattung, eine Konstellation, ein Tier (z. B. die Schildkröte), einen auf einen Stein fallenden Wassertropfen handelt. Ein andersgearteter, doch vergleichbarer Kodex liegt den Schnürchenfiguren in Neuguinea zugrunde: H. Maude, C. H. Wedgwood, String Figures from Northern New Guinea, in: Oceania, XXXVII, 3, 1967, S. 202–229 (siehe vor allem den rechteckigen Grundriß des ›großen Hauses‹, Abb. 8 auf S. 210).

[23] Guiart, Les Nouvelles Hébrides …, a.a.O., vor allem S. 1156–1158 sowie die planimetrischen Schemata auf S. 1157.

[24] J. Layard, Stone Men of Malekula. The small Island of Vao, London 1942; Guiart, Oceania, a.a.O., S. 52, und Les Nouvelles Hébrides, a.a.O., S. 1156 ff.

[25] Ibidem, S. 1167.

[26] Siehe vor allem S. Hatanaka, L. W. Bragge, Habitat, Isolation and Subsistence Economy in the Central Range of New Guinea, in: Oceania, XLIV, I, 1973, S. 38–57, mit den schematischen Häuseranlagen der Sayolof und der Yarumui. Über das Whagi-Tal, siehe J. und P. Villeminot, La Nouvelle-Guinée, Paris 1966, S. 99/100, 108; über die Telefolmin, ibidem, S. 200–205 und B. A. L. Cranstone, The Tifalmin: a ›Neolithic‹ People in New Guinea, in: World Archaeology, III, 2, 1971, S. 132–142.

[27] Über die Abelam, siehe P. M. Kaberry, The Abelam Tribe, Sepik District, New Guinea. A Preliminary Report, in: Oceania, XI, 1940–41, S. 233–258 und 345–367; J. Whiteman, Change and Tradition in an Abelam Village, in: Oceania, XXXVI, 2, 1965, S. 102–120; Villeminot, a.a.O., S. 293–310; A. Forge, Style and Meaning in Sepik Art, in: Primitive Art & Society, a.a.O., S. 169–192.

[28] Villeminot, a.a.O., S. 296.

[29] Zu dieser Beschreibung, ibidem, S. 296–300.

[30] Forge, Style …, a.a.O., Abb. 1, S. 176 und passim.

[31] Über Neukaledonien, siehe M. Leenhardt, Notes d'ethnologie néo-calédonienne, Paris 1930; id., Gens de la Grande Terre, Paris 1937; Hinweise auf die Architektur bei Guiart, Oceania, a.a.O., S. 252/53.

[32] Bambusfragmente mit eingeschnittenen Darstellungen von Szenen des Dorflebens, in: Ethnologie Régionale, I, a.a.O., Abb. 3 auf S. 1108 und Abb. 8 auf S. 1121 sowie bei Guiart, Oceania, a.a.O., Abb. 88, S. 117.

[33] J. Dournes, Aspects de l'habitat et techniques de construction des Sre aux Jörai, in: Objets et Mondes, XI, 3, 1971, S. 281–320.

[34] Ibidem, Abb. 21, S. 304.

[35] Zu den Angaben über die Struktur des Dorfes in Nias und den Vergleichen mit anderen indonesischen Regionen, siehe Fraser, Village …, a.a.O., S. 35–40, Abb. 36–45.

III. KAPITEL

[1] V. Lanternari, R. Pettazzoni, Miti e Leggende, Bd. II, Oceania, Turin 1963, S. 454.

[2] Te Rangi Hiroa (P. Buck), The Vikings of the Sunrise, New York 1938; siehe auch die Version der Maui-Legende bei Lanternari-Pettazzoni, a.a.O., S. 472–486.

[3] Te Rangi Hiroa, a.a.O., S. 66.

[4] Lanternari-Pettazzoni, a.a.O., S. 378.

[5] G. Puglisi, Navigatori senza bussola, Rom 1971, S. 45–55.

[6] Auf diese kleine Insel konzentrieren sich die gründlichsten Interpretationsbemühungen der Raumauffassung der polynesischen Gesellschaft, beginnend mit den fundamentalen Beiträgen von R. Fyrth, WE, the Tikopia, London 1957 (I. Ausg. 1936), und History and Tradition of Tikopia, Wellington 1961. Die jüngsten Betrachtungen stammen von D. B. Eyde, On Tikopia Social Space, in: Bijdragen tot de Taal-, Land-en Volkenkunde, CXXV, 1969, S. 40–63, und schließlich von J. Park, A consideration of the Tikopia ›Sacred tale‹, in: The Journal of the Polynesian Society, LXXXII, 3, 1973, S. 154–175.

[7] Zur polynesischen und mikronesischen Nautik sind, außer den zahlreichen einzelnen und allgemeinen Beiträgen (W. Dröber, Die Kartographie bei den Naturvölkern, Erlangen 1903), die, aufgrund der Angaben der die traditionelle Schiffahrtstechnik bewahrenden Experten, gesammelten Reiseerfahrungen interessant. Siehe P. S. Smith, Notes on the Geographical Knowledge of the Polynesians, in: Australian Association for the Advancement of Science, 1891, I, S. 280–310, und A. Sharp, Ancient voyages in Polynesia, Los Angeles 1964 (1. Ausg., 1956). Die These der zufälligen Entdeckung und Bevölkerung der Inseln verliert endgültig an Boden (J. Golson [Hrsg.], Polynesian Navigation: a Symposium on Andrew Sharp's Theory of Accidental Voyages, Wellington 1962), auch aufgrund der jüngsten Untersuchungen, welche die äußerste Komplexität und Präzision der Orientierungssysteme nachweisen: D. Lewis, Stars of the Sea Road, in: The Journal of the Polynesian Society, LXXV, I, 1966, S. 84–94, und S. H. Riesenberg, The Organization of Navigational Knowledge on Puluwat, ibidem, LXXXI, I, 1972, S. 19–56. Die Reisekarten von Puluwat (Insel der Zentralen Karolinen) sind großen ›Fischen‹ nachgebildet, die aus einer Reihe von nach den Diagonalen übereinanderliegenden Quadraten bestehen. Über den göttlichen Ursprung der Nautik auf der Insel Ifaluk (Mikronesien), siehe Lanternari-Pettazzoni, a.a.O., S. 543.

[8] Puglisi, a.a.O., S. 48–50, Abb. auf S. 49; nach Golson, a.a.O., S. 84–88.

[9] M. D. Sahlins, Social Stratification in Polynesia, Seattle 1958. Siehe auch R. Williamson, Religion and Social Organization in Polynesia, London 1937, und B. Finney, Polynesian Peasants and Proletarians, Wellington 1965 (über die Gesellschaftsinseln). Eine jüngere Synthese bietet B. Danielsson, La Polynésie, in: Ethnologie Régionale I, a.a.O., S. 1126–1329. Man beachte, daß die Atolle und vulkanischen Inseln oft verschiedene Gottheiten hatten (Te Rangi Hiroa, a.a.O., S. 139).

¹⁰ Die Angaben über die soziale Schichtung stammen vor allem von Lanternari-Pettazzoni, a.a.O., passim.

¹¹ Ibidem, S. 362 und 496.

¹² Aus der sehr umfangreichen Bibliographie über die *marae* zitieren wir hier K. Emory, A Re-examination of East Polynesian Marae, in: Studies in Oceanic Culture History, I, Pacific Anthropological Records, XI, 1970, S. 73–92.

¹³ Te Rangi Hiroa, a.a.O., S. 222/223.

¹⁴ Ibidem, S. 188/189.

¹⁵ ›Die Nanga (wörtlich ‚Bett‘) sind viereckige Steinumzäunungen, die sich auf der Insel Viti Levu, hauptsächlich in der zentralen (mit Ausläufern gegen Westen und Süden), von den Nujamalo, Nujakoro, Nujaloa und anderen Stämmen bewohnten Region finden. Der Nanga ist von Osten nach Westen ausgerichtet und innen in zwei oder drei Abteile getrennt; an den Innenecken befinden sich für gewöhnlich vier pyramidenförmige Steinhaufen (Altäre)‹ (Lanternari-Pettazzoni, a.a.O., S. 363).

¹⁶ Lanternari-Pettazzoni, a.a.O., S. 511.

¹⁷ Te Rangi Hiroa, a.a.O., S. 308–311.

¹⁸ Ibidem, S. 309.

¹⁹ Ibidem, S. 279/80.

²⁰ Über die Architektur und die architektonische Skulptur der Maori siehe vor allem A. Hamilton, The Art and Workmanship of the Maori Race in New Zealand, Dunedin 1896, Kap. II (1897), S. 69–171; R. Firth, The Maori Carver, in: The Journal of the Polynesian Society, XXXIV, 1925, S. 277–291, und Te Rangi Hiroa, Maori Decorative Art. House Panels, New Zealand Institute Transactions, LIII, 1921, S. 452–470. Über die neuseeländische Gesellschaft im allgemeinen siehe Te Rangi Hiroa, The Coming of the Maori, Wellington 1952.

²¹ Über die Geschichte und die detaillierte Bedeutung eines dieser ›öffentlichen‹ Gebäude siehe J. Phillips, Historical Notes of the Carved House Nuku Te Apiaki, in: The Journal of the Polynesian Society, LXXX, I, 1970, S. 71–85; das 1906 nach dem traditionellen Ritual eingeweihte Haus wurde in den dreißiger Jahren restauriert.

²² Phillips, a.a.O., S. 83: der Name des Hauses war jener, welcher der Wohnstätte von Maui zugeschrieben war (*whare whakairo*), die sich im zwölften Himmel befand und daher nur von einem Häuptling, der als direkter Nachkomme Mauis galt, benutzt werden konnte.

²³ T. Barrow, in: A. Bühler, Ozeanien und Australien, Baden-Baden 1961.

²⁴ Der *teko-teko* ist das höchste, dem Himmel (und der Erde) am nächsten gelegene Element in den kosmogonischen Mythen, die vom ›Fischen‹ des Hauses aus dem Meer handeln; es wird vom Angelhaken Mauis berührt, bevor dieser, die eingekerbten Balken hinabgleitend, sich in der Schwelle verfängt (Lanternari-Pettazzoni, a.a.O., S. 480).

²⁵ Barrow, a.a.O., S. 205–207.

²⁶ Ibidem, S. 213/14.

²⁷ Die Nomenklatur ist jene bei S. M. Mead, The Art of Maori Carving, Wellington–Auckland–Sydney 1961 (2. Ausg. 1967), Kap. VIII, Schema auf S. 22, wiedergegebene.

²⁸ Barrow, a.a.O., S. 213 und Abb. auf S. 215.

²⁹ So beschreibt Hamilton die Vorbereitung des Materials für einen Hausbau: "A whare consisted of a framework of timber, carefully notched, and lashed together with flax, the wall spaces being filled in with screens made chiefly of kakaho, the reeds of the toetoe plant (Arundo conspicua), the whole being covered with bundles of raupo (Typha angustifolia), bound on with strips of flax (Phormium tenax). For months, and perhaps years, the materials would be sought for, collected, and prepared. Suitable timbers would be slowly and laboriously dressed down to be required size by the application of fire and stone tools. The timber most desired for building purposes was that which had been brought down by floods and then buried for years in the bed of the river, and in course of time had lost its sap wood and become well seasoned." "... The kakaho, or reeds, the flower stalks of the Arundo (toetoe), had to be cut at the proper season, if possible from a forest locality, and carefully died. Huge stores of the leaves of the Typha or bulrush (Raupo) would be required for the sides and the roof of the house, together with quantities of the invaluable Phormium or Muka, the socalled New Zealand flax. In the northern districts, the wiry creeping fern (Lygodium scandens) Mange-mange was utilized to fasten down the outside layers of thatch on the roof; in other districts, plaited ropes of flax, or a light lattice of thin manuka rods. If suitable timber could not otherwise be obtained, it was necessary to fell some huge Totara or other pine, and to do this, fire and the stone axes (toki) had to be used. The branches were removed, and the trunk then split with wedges made of hard wood" (Hamilton, a.a.O., S. 60).

³⁰ Von den Schwierigkeiten, die für die polynesischen Bauwerke und die Kanus nötigen Stämme zu schlagen, leitet sich eine Reihe von Regeln, Mythen und Tabus ab. Die Erzählung von Rarotonga, bezüglich des Kanubaus von Te Ara tanga-nuku, ist ein Beispiel dafür: der ohne Beachtung der Regeln gefällte Baum wird vom Gott Tangaroa zu neuem Leben erweckt und erst nach der Neuweihe der Axt wird er endgültig gefällt und zu dem Ort transportiert, wo ein ›Zimmermannsgeist‹ mit acht Gehilfen daraus in einer einzigen Nacht ein Kanu herstellt (Te Rangi Hiroa, I Vichinghi ..., a.a.O., S. 122/23).

³¹ Barrow, a.a.O., S. 205.

³² Te Rangi Hiroa, I Vichinghi ..., a.a.O., S. 138/39.

³³ Die Maßeinheiten waren an der Ostküste der ungefähr 1,80 m lange *maro* und an der Westküste der *takoto* "... the length from the foot to the hand extended beyond the head as the measurer lay at full length on the ground" (Hamilton, a.a.O., S. 81).

³⁴ Über die Aufzeichnung des Hausgrundrisses: "The lines for the two ends, known as roro, the front, and tuarongo, the back, were first laid down, and the building squared by measuring the diagonals hauroki. Finally, for some occult reason, the corner on the right-hand side of the roro, looking into the house, was displaced a very slight distance towards the tuarongo, or back" (Hamilton, a.a.O., S. 81; nach Williams).

³⁵ Forde, a.a.O., S. 69–95; Boas, Primitive ..., a.a.O., S. 183–298; P. Drucker, Indians of the Northwest Coast, New York 1955, und The Northern and Central Nootkan Tribes, in: Bureau of American Ethnology, Bull. 114, Washington 1951; Fraser, Village ..., a.a.O., S. 23–26, der sich teilweise auf J. Vastokas, Architekture of the Northwest Coast Indians of America, maschinengeschriebene Diss., Columbia University, 1966 stützt; Coon, a.a.O., S. 47–54.

³⁶ Boas, Primitive ..., a.a.O., passim.

³⁷ Coon, a.a.O., S. 51–54 und Abb. 9 (nach Drucker).

³⁸ Ibidem, S. 51.

³⁹ R. Pettazzoni, Miti e leggende, Bd. III, America Settentrionale, Turin 1953, S. 52.

⁴⁰ Siehe das bei Boas, Primitive ..., a.a.O., S. 209–212, Abb. 199 angeführte Beispiel.

41 Gegen die naiv ›kapitalistische‹ Auslegung des potlatch, der (mit der Architektur) als ein Mittel des sozialen Ausgleichs angesehen werden muß, siehe C. Meillassoux, Ostentation, destruction, reproduction, in: Economies et Sociétés, II, 4, 1968.

IV. KAPITEL

1 M. Griaule, Africa, in: L'Arte e l'Uomo, Bd. I, Turin 1959, S. 87–88.

2 Pâques, L'arbre . . ., a. a. O., S. 175–179.

3 Die Angaben und Interpretationen zur Architektur der Fali beziehen sich auf das Buch von J. P. Lebeuf, a.a.O.; zu einigen Aspekten der symbolischen Bedeutung, siehe Guidoni, Antropomorfismo . . ., a.a.O., wo sie zugleich mit anderen Bauernvölkern besprochen werden.

4 Über die Getreidespeicher, s. Lebeuf, a.a.O., passim.

5 M. Griaule, Masques Dogons, Paris 1938, Kap. I und Abb. 15 auf S. 44. Siehe weiter M. Palau Marti, Les Dogon, Paris 1957.

6 Griaule, Masques . . ., a.a.O., S. 25–39 und 45.

7 Über den *toguna* siehe die Beispiele bei Griaule, Masques . . ., a.a.O. (S. 18–20, Abb. 9, S. 19), und über den Symbolismus der Anlage, M. Griaule, Dieu d'eau, Paris 1948.

8 Griaule, Masques . . ., a.a.O., S. 743–762.

9 Ibidem, S. 756–758, Abb. 255/56.

10 Über die Kultstätte, Griaule, Dio d'acqua, a.a.O., S. 120–138.

11 Über Masken, Griaule, Masques . . ., a.a.O., S. 419–604; über Malereien, ibidem, S. 618–698.

12 Außer den Arbeiten von M. Griaule, a.a.O. (vor allem Masques . . ., S. 14–18, Abb. 5–8), siehe G. Calame-Griaule, Notes sur l'habitation du plateau central nigérien, in: Bull. IFAN, XVII, 3/4, 1955, S. 477–499, und F. N'Diaye, Contribution à l'étude de l'architecture du pays dogon, in: Objets et Mondes, XII, 3, 1972, S. 269–286.

13 Griaule, Dio d'acqua, a.a.O., S. 114/15.

14 N'Diaye, a.a.O., passim.

15 Griaule, Dio d'acqua, a.a.O., und N'Diaye, a.a.O.

16 Über Türen und Schlösser, siehe Calame-Griaule, a.a.O.

17 Griaule, Dio d'acqua, a.a.O., S. 63.

18 Über die vorkoloniale urbane Terminologie des ›sudanesischen‹ Gebietes, B. Kamian, L'Afrique Occidentale pré-coloniale et le fait urbain, in: Présence Africaine, 22, 1958, S. 76–80.

19 F. Pigafetta, Relatione del Reame di Congo et delle circonvicine contrade, Rom 1591, Buch II, Kap. I.

20 Zum nigerianischen Gebiet siehe E. W. Bouill, The Golden Trade of the Moors, Oxford 1958 (2. Ausg. 1968), und A. L. Mabogunje, Urbanization in Nigeria, London 1968, die den Akzent auf den Handelsfaktor legen und die urbane Qualität der Zentren erkennen; außerdem P. Morton Williams, Some Factors in the Location, Growth and Survival of Towns in West Africa, in: Ucko, Tringham, Dimbleby (Hrsg.), Man, Settlement and Urbanism, London 1972, S. 883–890.

21 Wir können der Meinung von W. G. L. Randles, Pre-colonial Urbanization in Africa South of the Equator, in Ucko, Tringham, Dimbleby (Hrsg.), a. a. O., S. 891–902, beipflichten: "We would hesitantly suggest that all three (d. h. die Zentren von São Salvador, Musumba, Zimbabwe; Anm. d. A.) may be called 'towns,' but more because they were centres of political control that attracted settlement through the advantages offered of personal security and hopes for political advancement, rather than as economic centres of specialization and of division of labour" (S. 859).

22 A. Margarido, La capitale de l'Empire Lunda, un urbanisme politique, in: Annales, XXV, 1970, 4, S. 857–861.

23 Zu diesen Problemen siehe Guidoni, Antropomorfismo . . ., a.a.O.

24 M. Palau Marti, Le roi-dieu au Bénin. Sud Togo, Dahomey, Nigeria occidentale, Paris 1964, worauf sich die folgenden Angaben beziehen.

25 Ibidem, S. 54 und Abb. auf S. 45.

26 G. Nicolas, Fondements magico-religieux du pouvoir politique au sein de la principauté hausa du Gobir, in: Journal de la Société des Africanistes, XXXIX, II, 1969, S. 199–231; Plan auf S. 227.

27 C. Monteil, Une cité soudanaise. Djénné, métropole du delta central du Niger, Paris 1932, S. 137/38: «C'est encore au devin que l'on a recours pour le choix de la nouvelle résidence. Au moyen de signes tracés sur la sable le devin vaticine et désigne l'endroit propice; dans cet endroit, il indique la ou les demeures du ou des esprits. Souvent le genius loci habite un arbre qui est désormais sacré pour les nouveaux venus, ils le considèrent suivant l'expression indigène come l'hôte qui leur offre l'hospitalité» (S. 137).

28 Pâques, Origine . . ., a.a.O., passim.

29 Détourbet Lebeuf, Les principautés . . ., a. a. O., S. 57.

30 Ibidem, S. 56–64, Abb. 4 und 5.

31 Palau Marti, Le roi . . ., a.a.O., S. 66–68, Abb. auf S. 67.

32 Ein wichtiger Beitrag zur Kenntnis des Bildungsprozesses der architektonischen Dekoration, der das traditionelle Dekorationsgut als Ausgangspunkt hat, ist die Untersuchung von M. Wenzel, House decoration in Nubia, London 1972; es wird ein wirklich detailliertes Repertoire der in diesem Jahrhundert, in den 1964 von den Wassern des Staudammes von Assuan überfluteten Dörfern Nubiens blühenden ›volkstümlichen‹ Kunst geboten.

33 Monteil, a.a.O., S. 184–197.

34 Pâques, L'arbre . . ., a.a.O., S. 181–289.

35 In ihrer Untersuchung benützt Pâques zu Recht den Begriff ›volkstümlich‹, da der symbolische Gedanke unter der einigenden Perspektive der islamischen Interpretation rekonstruiert wird; sie ist jedoch, wie wir gesehen haben, nur eine ›légère croûte‹ (S. 14).

36 R. Caillé, Journal d'un voyage à Toumbouctou et à Jennè dans l'Afrique Centrale . . ., Bruxelles–London 1830.

37 Die folgenden Beschreibungen und die symbolische Interpretation beziehen sich auf das Werk der Pâques; siehe vor allem die Abb. 47 auf den Seiten 241/42 und 48 auf S. 259.

38 Die Moschee von Djénné wurde 1830 von Cheikou Amadou zerstört und 1906/07 wiederaufgebaut; siehe S. M. Cissoko, Histoire de l'Afrique Occidentale, Moyen-âge et temps modernes, VIIe siècle–1850, Paris 1966, S. 71 (rekonstruierte Abbildung des Gebäudes im 14. Jh.) und S. 110.

[39] Ibidem, Abb. 9 auf S. 113 und S. 275.

[40] Ibidem, Abb. auf S. 168 und S. 59, S. 52 (Diinger-Ber).

[41] P. Deffontaines, Géographie et Religions, Paris 1948; er gibt einige islamische Gebetsstätten des westlich vom Tschadsee gelegenen Gebiets wieder (S. 67, Abb. auf S. 78/79). Es handelt sich um kleine Moscheen (z. B. die N'Guigmi-Moschee), oder um *m'salah*, eingezäunte und unbedeckte Gebetsstätten (z. B. den m'salah von Bourra), die oft eine rechteckige, ›mit Apsis versehene‹ anthropomorphe Anlage aufweisen.

[42] I. Archer, Nabdam Compounds, Northern Ghana, in: Shelter in Africa, a. a. O., Abb. auf S. 49.

[42] Die jüngste Dekadenz der architektonischen Tradition auch in Westafrika entspricht, von diesem Blickpunkt aus, all dem, was mit der Architektur der Indianer des Nordwestens und der Maori (s. Kap. III) geschah, die ihre größte Entwicklungsphase nach den Handelsbeziehungen mit den Weißen und der Einführung neuer technischer Mittel erfuhr und die erst, nachdem in der zweiten Hälfte des 19. Jhs. die Kolonialbesetzung der besagten Gebiete erfolgt ist, zu einem Produkt des Unterschieds (der Folklore) wird.

ARKTISCHE UND SUBARKTISCHE ZONEN

LAPPEN (Abb. 102–112)

Halbnomadisches, ursprünglich nur Jagd und Fischfang betreibendes Volk von Rentierzüchtern der europäischen arktischen Zonen (Norwegen, Schweden, Finnland und Halbinsel Kola, UdSSR). Als Behausung dient vorwiegend die Zelthütte, die während der Sommerszeit und bei den Nomadengruppen in den beiden Hauptarten, konisch oder stumpfkegelförmig mit runder Grundfläche (Kohte) und konisch mit innerer Bogenstangenstruktur bei elliptischem Grundriß (Goatte), verwendet wird. Erstere hat einen Durchmesser von ungefähr 4 m und eine Struktur, die aus einer Gabelstütze, auf der die Außenträger ruhen, besteht. In der Mitte befindet sich die Feuerstelle und gegenüber dem Eingang die Vorratskammer. Oben ist eine Öffnung für den Rauchabzug belassen. Die Innenstruktur des Goatte besteht aus zwei parallelen Holzbögen, die aus vier zusammengefügten, durch drei Pflöcke verbundene Bogenstangen gebildet sind; auf diesen ruhen die weiteren Stangen. Die Bedachung besteht aus Wolltüchern, Stoffen oder Rentierfellen. Der Fußboden ist mit Birkenreisig bedeckt. Eine Abart des Goatte, die als Winterbehausung oder als Lagerraum verwendet wird, weist ein aus zwei gekreuzten Bogenpaaren bestehendes Gerüst auf, dessen oberer Teil durch zwei Kreuzbalken auseinandergerückt wird und auf dem schräg einige Pfähle liegen. Der Belag ist doppelt: die Rindenschicht wird außen von Rasenstücken überlagert, was die thermische Isolierung begünstigt; der Eingang ist durch eine Holzlade geschlossen. Der Bau mit quadratischem Grundriß gleicht von außen einem Pyramidenstumpf. In den Waldgebieten haben die Winterblockhütten niedere Wände und ein stumpfpyramidenförmiges Walmdach: in der Mitte bleibt eine viereckige Öffnung für den Rauchabzug. Der Aufbewahrung von Lebensmitteln dient eine kleine, auf einem Pfahl (Njalla) befestigte Holzhütte, die man mittels einer in einen Baumstamm eingekerbten Leiter erreicht.

CHANTEN (Ostjaken) und MANSI (Wogulen)

Fischer- und Jägervölker, die in den Nordtälern des Ural und am Becken des Ob (UdSSR) ansässig sind. Eine halbversenkte (ungefähr 50 cm tief eingegrabene) Behausung war bei den Chanten gebräuchlich. Sie hatte einen Seiteneingang, einen Ofen und ein pyramidenförmiges Dach. Die originalste architektonische Bauart ist jedoch der Kot, eine zylindrisch-kegelförmige Zelthütte. Das Traggerüst besteht aus einer Reihe von Dreifüßen, die einen Balkenring stützen, auf dem eine stumpfkegelförmige Bedachung ruht, die häufig von zusätzlichen Stangen gestützt wird. Die Verkleidung besteht winters aus Leder, sommers aus Rentierfellen mit starken waagrechten Verbindungen. Den Winter über ist der Kot praktisch eine halbunterirdische Grubenwohnung, da der Schnee zum Schutz gegen die eisige Kälte rund um den zylinderförmigen Unterbau angehäuft wird. Der mit einer Holztür verschließbare Eingang ist dann auf die Überdachung verlegt. Bei älteren Exemplaren bestand in der Mitte ein durch herabhängende Decken abgegrenzter Raum, der mittels einer Öllampe beheizt werden konnte.

KETEN

Jäger- und Fischervolk, das im unteren und mittleren Jenissejbecken (UdSSR) siedelt. Das Winterhaus ist halbunterirdisch und ungefähr 1,5 m eingetieft. Das konische Sommerzelt ist mit in siedendem Wasser aufgeweichten und vernähten Birkenrindenstreifen bedeckt.

NENZEN

Samojedisches Nomadenvolk von Rentierzüchtern, das das Gebiet zwischen den Flüssen Mezen' und Jenissej (UdSSR) besiedelt. Die traditionelle Wohnstätte ist das Kegelzelt, das jenem, von tungusischen Sprachgruppen verwendeten Großzelt (bis zu 9 m Durchmesser) gleicht. Das Stangengerüst wird während des Winters mit Fellen, den Sommer über mit Birkenrinden bedeckt. In der Mitte befindet sich die Feuerstelle.

JAKUTEN

Viehzüchtervolk Ostsibiriens (Lenabecken, UdSSR). Die traditionelle Behausung (balagan) ist eine komplexe viereckige Konstruktion mit nach innen geneigten Wänden und flacher oder leicht konvexer Überdachung. Von außen gleicht sie einer stumpfkegelförmigen Pyramide. Die Struktur besteht aus vier (oder acht) Eckpfosten, die oben durch Balken vereint werden. Die Wände sind durchgehend mit Stämmen verkleidet, die mit Zweigen, Lehm und Mist sowie mit einer isolierenden Außenschicht (sommers Erde, winters Schnee) bedeckt sind. Die Bedachung wird von einem Firstbalken getragen; der Belag besteht aus Rinde, Erde und Mist. Der Eingang ist gewöhnlich gegen Osten gerichtet, während sich nach Süden und Westen hin Fenster öffnen, die den Sommer über mit Tierblasen oder -haaren, im Winter mit Eisplatten verschlossen werden. Im Norden schließt sich außen häufig ein Stall an. Im Innern läuft eine erhöhte Holzverkleidung (Oron) die Wände entlang, die in Abteile für die Familienmitglieder und die Gäste unterteilt ist. Rechts vom Eingang befindet sich in einem rechteckigen Tongehäuse der Ofen mit Kamin. In den nördlicheren Gebieten war eine Kegelhütte aus mit Erdschollen bedeckten Stangen gebräuchlich. Eine leichtere, mit Rinden verkleidete Art diente manchmal im Süden als zweite Sommerwohnstätte.

TSCHUKTSCHEN

Volk von Rentierzüchtern der äußersten Nordostspitze Sibiriens (UdSSR). Entlang den Nordküsten war bei seßhaften Fischern eine halbeingetiefte Behausung gebräuchlich: wie bei den Eskimos wurden dazu auch die Rippen und Kinnladen von Walen verwendet. Die Behausung der Nomaden besteht aus einem komplexen doppelkegelförmigen Zelt mit zwei konzentrischen Strukturen: die höhere innere stützt den obersten Teil der Überdachung, die stumpfkegelförmige äußere ist fest mit der ersteren verbunden. Das Stangengerüst ist mit zwei Tüchern aus zusammengenähten Rentierfellen verkleidet. Im Innern befindet sich gegenüber dem Eingang ein Ofen, der aus einem mit Rentierfellen verschlossenen Holzgehäuse besteht, dessen Innenraum mittels einer Öllampe beheizt wird.

EWENKEN

Jäger-, Fischer- und Viehzüchtervolk tungusischer Sprache, das das weite Gebiet zwischen dem Fluß Ob, dem Pazifischen Ozean, dem Arktischen Eismeer und der Mandschurei (UdSSR) bewohnt. Die Behausung ist ein charakteristisches Kegelzelt (Tschum), das jenem anderer sibirischer und nordamerikanischer Nomaden gleicht. Das aus in den Boden gesteckten und oben zusammengebundenen Ästen bestehende Gerüst wird im Sommer mit Birkenrinde, im Winter mit Filz oder häufiger mit zusammengenähten Rentierfellen überzogen. Ein verschiebbarer Teil der Verkleidung bedeckt den Eingang, während eine höher liegende Öffnung den Rauchabzug ermöglicht. In der Mitte ist die Feuerstelle angebracht. Den Wänden entlang befinden sich mit Fellen bedeckte Sitzlager.

KORJAKEN

Fischer- und Rentiervolk, welches das nördliche Gebiet der Halbinsel Kamtschatka (UdSSR) besiedelt. Die seßhaften Gruppen leben der Küste entlang in kleinen, aus halbunterirdischen Häusern bestehenden Siedlungen, die Nomaden in aus zerlegbaren Zelten bestehenden Lagern. Das traditionelle Haus ist ein großer oktogonaler, halbunterirdischer Bau (Länge ungefähr 15 m, Breite 12 m, Höhe bis zu 7 m) mit Holzgerüst und doppeltem Eingang, seitlich für die Sommerzeit, an der Spitze für den Winter. Der obere Eingang dient auch als Rauchfang, und häufig wird diese Funktion durch eine trichterförmige Erhöhung begünstigt. Die Zelthütte der Nomaden ist jener der Tschuktschen sehr ähnlich: eine komplexe, mit Fellen verkleidete Stangenstruktur.

ITELMEN (Kamtschadalen)

Seßhaftes Fischer- und Jägervolk, das in kleinen Siedlungen die Ufer des Meeres und der Flüsse bewohnt (Halbinsel Kamtschatka, UdSSR). Die parallelepipedonförmige Winterbehausung mit Dach und Wänden aus Balken ist ein halbunterirdisches Mehrfamilienhaus mit Erdüberdachung und Haupteingang an der Spitze (rechteckige Öffnung, an die ein Stufenholz gelehnt wird); ein Seiteneingang ist den Frauen vorbehalten. Die Sommerwohnung, eine niedere und weiträumige, auf einer Plattform erbaute Kegelhütte weist gleiche Merkmale auf wie jene eines im 18. Jh. von G. W. Steller beschriebenen Dorfes: die runden Behausungen ruhten auf einer quadratischen, von neun oder zwölf Pfählen gestützten Plattform. Die Überdachung war aus Stroh; zwei jeweils nach Norden und Süden gerichtete Türen gaben Zugang zu den nahe liegenden Bauten, die ein großes Dorf bildeten, das rund hundert Familien beherbergte.

NANAI, OLTSCHEN, OROKEN

Vorwiegend seßhafte und Fischfang betreibende Völker tungusischer Sprache, die im Amurgebiet (UdSSR) siedeln. Die Dörfer, die aus halbunterirdischen Häusern bestehen, liegen entlang der Flüsse; die Winterwohnstätte war jedoch chinesischen und russischen Einflüssen ausgesetzt. Satteldachhäuser aus mit Lehm verkitteten Baumstämmen finden sich im Iminbecken. Als Sommerwohnstätte dient eine rechteckige, mit Lärchenrinde bedeckte Hütte. Bei den Oroken der Pazifikküste findet sich auch eine mit gefetteten Fischhäuten bedeckte Zeltart; unter den Nanai und Oltschen ist eine, dem nordamerikanischen Wigwam ähnliche Behausung mit einer halbkreisförmigen Struktur von in die Erde gerammten und an den Enden verbundenen, mit Rinde bedeckten Bogenstangen nunmehr verschwunden.

GILJAKEN

Seßhaftes Fischervolk, das in den nördlichen Gebieten der Insel Sachalin und an der Amurmündung (UdSSR) siedelt; die jahreszeitlich bedingten Wohnsitze haben begrenzte Ausmaße und befinden sich entlang der Flüsse oder der Meeresküste. Die traditionelle Winterwohnstätte ist ein halbunterirdisches (ungefähr 1,5 m), rechteckiges, mit abgerundeten Ecken versehenes Haus mit zentraler Feuerstelle und gangförmigem Eingang; längs der Wände befinden sich große erhöhte Bänke, die eine bis drei Familien aufnehmen können. Durch chinesischen Einfluß wird häufig ein Heizsystem von Tonrohrleitungen verwendet, die den Rauch unter den Bänken sammeln; der Rauch stammt aus einem in der Nähe der Wohnstätte erbauten Kamin. Ein weiteres charakteristisches Element der sibirischen Zone ist das mit Fischblasen verschlossene Fenster. Als Sommerwohnung dient eine große rindenbedeckte Bretterhütte mit rechteckiger Pfahlbauanlage, mit einer als Lagerraum bestimmten Vorderseite; zur Sommerszeit wird auch das Kegelzelt verwendet.

AINU

Jäger- und Fischervolk, das die südliche Hälfte der Insel Sachalin, fast die gesamte Insel Hokkaido und den Kurilen-Archipel (UdSSR, Japan) bewohnt. Die antike sibirische Baukultur (halbunterirdische Winterhäuser mit Rundgrundriß und Seiteneingang; Sommerkegelzelt mit dreipfähliger Tragstruktur) wurde unter japanischem Einfluß von ständigen, aus rechteckigen Häusern bestehenden Wohnsitzen ersetzt. Die traditionelle Wohnstätte ist daher eine ebenerdig erbaute Walmdachhütte; die Außenpfähle tragen einen Rahmen, auf dem die getrennt erbaute und in einem Block angebrachte Überdachung ruht. Die Wände sind mit einem außen wie innen mit Matten verstärkten Schilfgitterwerk verschlossen. Das Dach wird von zwei Dreifußböcken getragen, die an den Enden des rechteckigen Rahmens befestigt und durch einen Firstbalken verbunden sind: die Dachverkleidung besteht aus Brettchen, die mit flachziegelartig parallel aufgelegten Strohstreifen bedeckt sind. Der Firstbalken steht vor, einen begrenzten Schutz über die kleineren Dachflächen bildend. Das Haus wird als Eigentum der Genien Kamui (dem Kamui Shiramba gehört das Bauholz, dem Kamui Fuchi der Feuerstelle) angesehen, die von einem an der östlichen Außenseite angebrachten Kreis von Stäbchen dargestellt werden. Die Hauptachse weist in Ost-West-Richtung; an der Südwand befindet sich gewöhnlich der durch ein Vordach geschützte Haupteingang; die Fenster öffnen sich nach Norden und Westen. In der Mitte des Innern befindet sich in einer rechteckigen Umzäunung die Feuerstelle,

die vom Einweihungstag des Hauses an ständig angefacht bleibt; Zwischenwände aus Matten trennen den Raum in Abteile (im Norden für die Eltern und das Haushaltsgerät, im Südosten für die Kinder); die Ostwand und besonders die Nordostecke wird als heilig angesehen und den Gästen vorbehalten.

ALEUTEN

Seßhaftes Fischervolk der Aleuten-Inseln (USA), dessen traditioneller Winterwohnsitz ein großes unterirdisches Gemeinschaftshaus war. Die Anlage war rechteckig (seltener rund), der Zugang erfolgte vom Dach aus; die Tragstruktur aus Balken, vervollständigt durch eine Wandverkleidung aus Stämmen, schuf einen Raum mit trapezförmigem Schnitt mit zwei stark geneigten Dachflächen, die vom Flachdach des Mitteltrakts unterbrochen wurden; entlang der Wände befanden sich auf durchgehenden Hängeböden die Lagerstätten der Familiengruppen. Die Winterhäuser konnten Hunderte von Menschen beherbergen; im Sommer lebte die Bevölkerung in mit Fellen verkleideten Zelten.

ESKIMOS

Jäger- und Fischervölker, die die amerikanischen subarktischen Gebiete, von der Beringsee bis Grönland, bewohnen; die einzelnen Gruppen haben verschiedene architektonische Traditionen, die jedoch im allgemeinen auf dem doppelten Sommer- und Winterwohnsitz gründen. Die Wintersiedlungen umfassen kleine Wohnungsgruppen, die entweder miteinander verbunden oder freistehend entlang der Meeresküste gereiht sind; den Sommer über verliert sich die Bevölkerung in den riesigen Gebieten; dann wird das Zelt benützt. Das traditionelle Winterhaus ist halbunterirdisch, für zwei bis drei Familien (in Grönland kann es auch rund zehn Familien beherbergen), häufig mit doppeltem Eingang versehen, von oben und seitlich durch einen Gang (Alaska, Beringstraße). Die verwendeten Materialien unterscheiden sich beträchtlich je nach den Möglichkeiten der verschiedenen Gebiete: für die Tragstruktur werden häufig Rippen und Kinnladen von Walen (mit Ausnahme von Grönland), Steine, Holzstrandgut (Alaska und Grönland) und Erdschollen verwendet. Der kashim, eine halbunterirdische Behausung der Westgebiete, weist runde, ovale oder viereckige Arten auf, mit stumpfpyramidenförmiger Überdachung (Alaska, Beringsee); manchmal ist er ganz aus Stein, mit einem mit Erde und Moos bedeckten Scheingewölbe, Plattenboden mit darunterliegendem Zwischenraum, zentralgelegener Feuerstelle und Seitenplattformen. Ein Wohnmodell an der Flußmündung des Mackenzie mit kreuzförmigem Grundriß, doppeltem Eingang und doppeltem Zugangskorridor wies einen quadratischen Hauptraum auf und an den Seiten drei weitere, trapezförmige, erhöhte Räume (Ruhestätten für drei Familien); die in der Mitte von Gabelpfosten gestützte Struktur ist völlig mit Brettern verkleidet und mit einem Erdhügel bedeckt. Neben den Wohnungen sind häufig Holz- oder Steinplattformen für die Vorräte errichtet; eigene Kulthäuser, wie die kashim des Westgebietes, werden nur zur Winterszeit benützt und bleiben von März bis November geschlossen (Prince-of-Wales-Kap an der Beringstraße). In Nordalaska wird auch ein mit Fellen verkleidetes Kuppelzelt verwendet,

das zur Winterzeit mit Schnee bedeckt wird. Unter den Zentraleskimos und den Labrador-Gruppen ist der *iglulak* (oder Iglu) verbreitet, ein kuppelförmiges, winterliches Schneehaus, das aus hochkantig aufeinandergeschichteten Eisblöcken, die mit losem Schnee verbunden werden, und einer spiralenförmigen Linie folgend, erbaut wird und oben mit einem von außen eingeschobenen Schlüsselelement, das statische Prinzip der Kuppel ausnützend, geschlossen wird.
Der Iglu kann in wenigen Stunden erbaut werden; in Alaska und Grönland (Polareskimos) wird er, in verkleinerter Form, als zeitweiliger Wohnraum während der Wanderungen und Jagden verwendet. Es ist jedoch bei den Zentraleskimos, wo diese Schneebehausung komplexe Formen und beachtliche Ausmaße (bis zu 5 m Durchmesser und 4 m Höhe) erreicht und so während der ganzen Winterzeit auch mehrere Familien beherbergen kann. Über dem Eingang, meist nach Süden gerichtet, befindet sich ein mit Seehundsdarm oder mit einer Eisplatte verschlossenes Fenster; ein Loch an der Spitze ermöglicht die Belüftung. Vor dem Eingang wird häufig ein Schneetunnel angelegt (so z. B. bei den Iglulik), der aus einer fortlaufenden Reihe von niederen kuppelförmigen Räumlichkeiten besteht, die als Lagerräume und als Unterkunft für die Hunde dienen. Im Innern, das mit Rentierfellen ausgekleidet und mit Steatitöllampen erwärmt wird, werden, begünstigt durch die perfekte Isolierung und durch die menschliche Körperwärme, Temperaturen von 15–20 Grad erreicht. Häufig sind die Iglus in Gruppen zusammengestellt und miteinander verbunden; ein Raum größeren Ausmaßes dient dann als Versammlungsort. Das verbreitetste Sommerzelt besteht aus einem konischen Teil und einer vordachförmigen Verlängerung über dem Eingang und bildet somit eine Hufeisen-Anlage (Apsidialteil mit strahlenkranzförmiger Struktur und leicht trapezförmige, mit zwei Dachflächen versehene Vorderseite); häufig ist es stark nach der Windrichtung geneigt, um so geringeren Widerstand zu bieten (Grönland).

NORDAMERIKA

IROKESEN

Vorwiegend Feldbau betreibende Stämme im Gebiet der Großen Seen (USA, Kanada), schon seit dem 16. Jh. in der ›Liga der fünf Nationen‹ (Ongwano Sionni = Wir gehören alle zum großen Zelt) zusammengeschlossen, die zahlreiche Stämme durch ein komplexes ökonomisches, politisches und kultisches System vereinigte. Das Gebiet der ›fünf Nationen‹ wurde symbolisch als ein großes Haus gedeutet, in dessen Innerem fünf Feuer brannten; es erstreckte sich vom Hudson im Osten (Gebiet der Mohawk), zum Genesee im Westen (Gebiet der Seneca); die Stützpfosten des Hauses waren die Häuptlinge (Sachem). Das Dorf bestand aus Gemeinschaftshäusern, die rund um das ›Rathaus‹, das den Versammlungen, Festen und religiösen Riten diente, errichtet waren; jeder Stamm besaß besondere befestigte Siedlungen, während die Wohnorte Verlegungen unterworfen waren (ungefähr alle 15 Jahre), da der Ackerboden sich erschöpfte. Das traditionelle Gemeinschaftshaus (Langhaus) kann zwei bis vierundzwanzig Familien beherbergen und erreicht ein Ausmaß von 50 × 12 m (bei den Huronen); die Anlage ist rechteckig mit Sattel- oder Tonnendach. Die Tragstruktur aus gekreuzten Stangen wird mit Ulmen- oder Eschenrinden bedeckt und außen durch Astgitter befestigt. Das Innere, das man durch zwei an den Endpunkten angebrachte Türen erreicht, besteht aus zwei Eingangsräumen und einem großen Hauptraum. Dieser stellt den Gemeinschaftsraum dar, den durchgehend Hängeböden entlanglaufen und in dessen Mitte sich eine Reihe von Feuerstellen (eine für zwei bis vier Familien) befindet; jede Familie hat ein gesondertes Abteil; der Rauch zieht durch rechteckige, verschließbare Löcher ab, die sich über jeder Feuerstelle in der Bedachung öffnen. Die Verbindung der Wohnung mit dem kosmischen Raum drückt sich durch die Ost-West-Richtung der Hauptachse aus; die Trennung der Gesellschaft in die zwei ›Hälften‹, des Wolfes und der Schildkröte, spiegelt sich vor allem im Verlauf der Zeremonien wider, während deren sich die zwei Gruppen an den Raumenden sammeln.

YUCHI

Vorwiegend Ackerbau betreibendes Volk, das zur Sprachgruppe der Algonkin gehört und das Gebiet um den Fluß Savannah (Georgia – South Carolina, USA) besiedelt. Die traditionelle Behausung war eine tonnenförmige Mehrfamilienhütte mit Spitzschnitt. Die Querlagen waren mit Längsverstrebungen verflochten; in der mit Zypressenrinden verkleideten Überdachung wurde über der Feuerstelle ein Loch als Rauchabzug belassen.

SEMINOLEN

Jägervolk aus dem Südosten der USA (Florida), algonkinschen Ursprungs, das mit Palisaden umgebene Dörfer, die meist zahlreiche Hütten umfaßten, bewohnte. Die Behausung, manchmal auch ein Pfahlbau, hatte vorwiegend einen rechteckigen Grundriß und ein Satteldach; verbreitet war auch eine zylinderförmige Art mit Kegeldach.

CREEK

Bauernvolk aus dem Südosten der USA, der Muskhogee-Sprachgruppe, das zu Beginn der Kolonisierung in großen ständigen Zentren wohnte, von denen nur archäologische Zeugnisse und antike Beschreibungen verblieben. Die ›Städte‹ der Creek waren um einen rechteckigen Hauptplatz angelegt, umgeben von Erdwällen, auf denen die wichtigsten öffentlichen Gebäude trugen. Im Zentrum von Cussetah war ein weiträumiger ›Platz‹ mit einer Stele in der Mitte längs der Hauptachse von zwei Erdwällen abgegrenzt; auf dem rechteckigen ersten befanden sich vier Gebäude, die einen Hof umgrenzten; auf dem kreisförmigen zweiten die ›Rotunde‹, das Gemeinschaftsgebäude für die Versammlungen. Dieses war in der Mitte oben offen, während entlang der Wände (wie bei den Beispielen der Yamasi und der Cherokee) die einzelnen Zellen angebracht waren. Bertrams Beschreibung (18. Jh.) des Zentrums von Kulum bestätigt nicht nur die Existenz der Platzanlage, sondern bezeugt auch, wie sich die ›Städte‹ der Creek aus der Ansammlung der Gruppen von je vier, einen quadratischen Hof umgrenzenden Wohnstätten, mit Zugang von den Ecken aus, ergaben:

die einzelnen Mehrfamilienhäuser hatten ein verputztes Holzgerüst und eine Bedachung aus Zypressenrinde oder Holzschindeln.

WINNEBAGO – KICKAPOO

Vorwiegend dem Ackerbau zugewandte Völker der Sioux- und Algonkin-Sprachgruppe, die am Mississippioberlauf (USA) siedeln: die traditionelle Behausung war ein im Algonkingebiet weitverbreitetes Winterhaus, der *wikiup*, mit rechteckigem oder ovalem Grundriß und einem gewölbeförmigen Gerüst aus Bogenstangen. Der ovale *wikiup* (ungefähr 6 × 4,20 m, größte Höhe 2,70 m) hat ein starkes Gerüst aus Quer- und Längsstangen, verstärkt durch einen von zwei gegabelten Pfählen getragenen Firstbalken, an dem über der Feuerstelle die Töpfe aufgehängt werden. Eine Öffnung im Dach ermöglicht den Rauchabzug; der längsseitige Eingang ist zumeist nach Osten gerichtet. Die Verkleidung der Wände und der Bedachung besteht bei den Kickapoo aus Matten (ungefähr 2 × 4,50 m); bei den Winnebago aus Blättern und Rinden. Im Innern befindet sich in der Mitte die Feuerstelle, während entlang der Wände die Lagerstätten angebracht sind.

MANDAN

Jägervolk der Siouxgruppe, das im Missouribecken (USA) ansässig ist; die halboffenen Dörfer und die traditionelle Behausung (eine Abart der ›earth-lodge‹) zeugen von einer vor dem Übergang zum Nomadentum bestehenden Ackerbauphase. Die häufig von einer Palisade umgebene Siedlung umfaßte auch Dutzende von kuppelförmigen Rundbauwohnstätten mit einem quadratischen Loch für den Rauchabzug in der Mitte und einem durch einen kurzen Gang geschützten Eingang. Im Innern stützten vier Pfosten die Überdachung und umgrenzten einen Hauptraum, in dem die runde, von vier Sitzplätzen umgebene Feuerstelle angebracht war; an der dem Eingang gegenüberliegenden Seite eine Erhöhung als gemeinsame Lagerstätte. Zwei Trennwände, eine hinter dem Eingang, die andere seitlich, dienten als Abschirmung: die zweite grenzte einen den Pferden vorbehaltenen Teil der Hütte ab.

PAWNEE

Im Missouribecken (USA) ansässiges Bauern- und Jägervolk der nordamerikanischen Prärien, der Caddo-Sprachgruppe. Die traditionelle Behausung ist eine ›earth-lodge‹ mit halbunterirdischem, gangförmigem Vorraum; der Hauptteil des Fußbodens ist eingetieft, während entlang der Wände eine Abstufung, die als Lagerstätte dient, belassen wird. Auch eine leicht eingetiefte, teilweise mit Erde bedeckte Kuppelhütte mit Rundgrundriß wurde benutzt.

CHEYENNE

Im oberen Missouribecken (USA) siedelndes Bauern- und Jägervolk, das, vom 18. Jh. an, infolge der Einführung des Pferdes seine Wirtschaft völlig veränderte. Ausschließlich zu Bisonjägern geworden, verwenden die

Cheyenne den Tipi, das zerlegbare Kegelzelt der Prärieindianer, das zu Lagern mit rundlicher Anlage zusammengestellt wurde, die einer genau festgelegten rituellen Ordnung folgten. Der Lagereingang war gegen Osten (oder Nordosten) gerichtet; jeder Sektor war einer ›Horde‹ zugeteilt; die Lager konnten auch an die tausend Zelte umfassen und über einen Kilometer Durchmesser aufweisen. In der Mitte war manchmal das große Versammlungszelt errichtet. Der Tipi, der bei allen Nomadenvölkern der zentralamerikanischen Prärien verbreitet ist, kann rund oder leicht oval angelegt sein; die Ausmaße sind sehr unterschiedlich, ebenso auch die Anzahl der Stangen und der bei der Überdachung verwendeten Bisonfelle. Die Struktur besteht aus einer pyramidenförmigen Ansammlung von Stangen, von denen die erste neben dem Eingang, der den Himmel symbolisiert, die wichtigste ist; die anderen vier stellen die vier Erdteile dar, und dieselbe Bedeutung haben auch die vier außen angebrachten Fellsterne. Die Fellplane wird an der, durch herabhängendes Fell geschützten Eingangsseite vernäht; oben eine Öffnung für den Rauchabzug belassen, die von zwei verschließbaren ›Ohren‹ geschützt ist. Im Innern dient ein mannshoher Überzug als zusätzlicher Schutz gegen Wind und Regen; in der Mitte befindet sich die Feuerstelle, und entlang der Wände sind die Lagerstätten angebracht. Der Aufbau des Tipi, das Gerben der Felle, das Nähen und Verzieren des Tuches sind den Frauen überlassene Aufgaben; der Transport wird mit Pferden nach dem ›à travois‹-System durchgeführt.

WICHITA

Bauernvolk der Caddo-Sprachgruppe, das im Norden des Red River (Oklahoma, USA) siedelt; die traditionelle Wohnstätte ist eine Rundhütte in Spitzbogenschnitt. Das Traggerüst besteht aus von waagrechten Ringen zusammengehaltenen Bogenstangen, die in der Mitte gesammelt und im Innern von einem Kreis durch Querbalken verbundener Gabelpfosten gestützt werden. Die zwei Eingänge (der gegen Osten wird vormittags, jener gegen Westen nachmittags benützt) und die vier über die Bedachung (aus wechselweise vorstehenden trockenen Grasbündeln) vorragenden Pfähle bezeugen die Verbundenheit des Baues mit den vier Erdteilen, ein immer wiederkehrendes Element in der Kosmologie der nordamerikanischen Bauernvölker.

PAIUTE

Vorwiegend Sammlervölker, die das ›Große Becken‹ östlich der Sierra Nevada, zwischen den Flüssen Columbia und Colorado (Kalifornien, USA), bewohnen; die aus einigen Dutzend Personen bestehenden Scharen bewohnten den Winter über ein einziges Lager, während sie sich sommers in kleinere Gruppen aufteilten. Die winterliche Wohnart war ein konischer *wikiup* mit Feuerstelle und Rauchabzugsloch an der Spitze und einer mit Gezweig und Gräsern bedeckten Struktur von Wacholderstangen; immer war eine neben einem Wasserlauf gelegene Schwitzhütte (sweat-house) vorhanden, die man auch für Versammlungen der Männer verwendete. Den Sommer über wurden von vier Pfosten getragene Wetterdächer oder halbkreisförmige Windschirme, die die Feuerstelle und die Lagerstätten schützten, benützt.

POMO

Seßhaftes Jäger- und Sammlervolk Kaliforniens (USA); die traditionelle Behausung war ein Rundbau mit rinden- oder bretterverkleideter, halbkugeliger Überdachung, mit dem Zugang vom Dach aus; manchmal ließ sich durch eine außen angebrachte Stufenreihe die Kuppel besteigen. Zahlreich waren die Sozialbauten, wie die Menstruationshäuser, die Zeremonialhütten für die Tänze, die Schwitzhütte (sweat-house), die den Männern auch als Versammlungsort diente.

YUROK

Seßhaftes Jäger- und Sammlervolk Kaliforniens (USA); die Behausung war rechteckig angelegt und mit einem Satteldach, das bis zum Boden reichte, bedeckt. Zu den besonderen Gebäuden zählten die Menstruationshütten und eine komplexe Schwitzhütte (sweat-house).

ZUÑI, HOPI

Mais anbauende, seßhafte Völker, die im Südwesten der Vereinigten Staaten (Arizona, New Mexico) ansässig sind und zur Gruppe der Pueblos (spanischer Name der kompakten Dörfer) gehören. Die Pueblos finden wir in Gruppen vorwiegend in den Tälern des Little Colorado und des Rio-Grande-Oberlaufes; der größten Entfaltung dieser Siedlungen (12.–13. Jh.) folgten eine merkliche Verminderung der Anzahl und Ausdehnung und zahlreiche Veränderungen der Bautechniken. Die Dörfer waren vorwiegend in den Tälern (Valley-Pueblos) oder auf überragenden Hügelvorsprüngen (Mesa-Pueblos), im Innern riesiger natürlicher Höhlen oder in fast unzugänglichen Felswänden (Cliff Dwellings) erbaut. Die Wohnanlage war ein aus verschiedenen rechteckigen Räumen und einem Flachdach bestehender Bau, mit Wänden aus Steinplatten, die durch Schotter oder Lehm verbunden waren; unter den ältesten Beispielen war pisè verbreitet. Eine Mischung aus Kalk und Kies wurde in Gitterwerke geschüttet und festgestampft, und man erhielt so die Wand-Blöcke direkt an Ort und Stelle; die bis zu 2 m dicke Wand wurde schließlich geglättet, verputzt und innen getüncht. Jüngeren Ursprungs ist die Rohziegeltechnik (adobe). Der einfachen Zelle wurden Räume für verschiedene Zwecke hinzugefügt; die Wohnstätten waren in fortlaufenden Reihen angeordnet und bildeten dichte, mehrstöckige, terrassenartig gestaffelte Blöcke, die in Tiefe wie Höhe fünf bis sieben Raumanordnungen erreichten. Die Überdachung bestand aus sechs übereinanderliegenden Schichten: einem Gebälk aus außen vorragenden Stämmen, einem Gefüge aus kleinen Sparren und je einer Schicht aus Reisig, Häcksel und Stampferde. Der Fußboden bestand aus Steinplatten oder aus adobe. Das traditionelle Haus war ohne Fenster; der Zugang erfolgte im allgemeinen von oben, durch Luken auf den Terrassen, die mittels einziehbarer oder gemauerter Leitern erreichbar waren. Die Notwendigkeit der Verteidigung zeigt sich vor allem bei den Cliff Dwellings durch die Entwicklung mehrstöckiger Türme; die Pueblos der Ebenen (Aztec, Bonito) waren rechteckig oder halbkreisförmig angelegt, mit hohen Außenwänden, und die Terrassenwohnungen fielen gegen einen weiträumigen Innenplatz ab, der Gemeinschafts- und Zeremonialzwecken diente. Hier, wie bei

den Mesa-Pueblos und den Cliff Dwellings, befanden sich die halbunterirdischen heiligen Gebäude (kiva), mit kreisförmigem Grundriß und Balkenbedachung; der Zugang erfolgte von oben über eine Leiter; in der Mitte befand sich die Feuerstelle; ein kleines Loch im Fußboden (sipapu) stellte den Eingang zur Unterwelt dar. Die Bedeutung der kiva ist eindeutig kosmologischer Natur (ein Durchgangsort zwischen drei Welten, jener niederen der Geister, der der Menschen und der des Himmels); die Zuñi feierten hier ihre heiligen Zeremonien und erbauten Altäre, die als Modelle der kosmischen Ordnung gelten können.

NAVAHO

Ackerbau und Viehzucht betreibendes Volk athapaskischen Ursprungs, das in die ariden Gebiete von Arizona und New Mexico (USA) auswanderte; die Siedlungen bestehen aus wenigen Hütten. Die traditionelle Behausung ist der hogan, eine mit einem Erdhügel und Steinen bedeckte Winterwohnung. Die Tragstruktur besteht aus drei, 3–3,5 m hohen Gabelpfosten, die oben zusammengefaßt und schräg in einen kreisförmigen Untergrund eingerammt werden; einer der Pfähle ist nach Westen, ein anderer nach Norden und ein weiterer nach Süden gerichtet, während gegen Osten, wo der Eingang liegt, zwei weitere, leicht einander zugeneigte Pfähle als Türpfosten dienen. Die trapezförmige Öffnung ist durch einen, ungefähr 1,20 m hohen, gangförmigen Vorraum mit flacher Überdachung verlängert; über dem Eingang dient ein Fenster der Beleuchtung und dem Rauchabzug. Die Verkleidung besteht aus Rinden, auf denen eine Erdschicht liegt. Eine jüngere Bauart ist eine Blockhütte mit erdbedecktem Dach, sechs- oder achteckigem Grundriß, eine Abart der earth-lodge, doch gänzlich über dem Erdboden liegend; in der Mitte gestattet ein Loch den Rauchabzug. Als Kulthaus dient ein großer hogan mit ungefähr 6 m Durchmesser, in dessen Innerem die Zeremonien stattfinden; dazu zählen die Malereien mit gefärbtem Sand, die den ganzen Fußboden bedecken.

SALISH

Fischer- und Jägerstamm, der teils im Staate Washington (USA), teils in British Columbia (Kanada) siedelt; die Küstengruppen, seßhafte Fischer, wohnen in Dörfern mit Häusern aus Stämmen und Zedernbalken, ähnlich jenen der Nootka; an der Mündung des Flusses Fraser tragen sie ein Pultdach. Die Salish des Landinnern (Becken des Fraser und der Columbia) haben eine halbunterirdische Winterwohnung, die zur Gattung der >earth-lodge< gehört, mit Zugang von der Dachmitte aus, mittels eines Kerbpfostens; sommers wird eine Zelthütte mit Kegelprofil benützt.

NOOTKA

Vorwiegend seßhafter Fischerstamm, der im südwestlichen Teil der Insel Vancouver (British Columbia, Kanada) siedelt; die Sommer- und Winterdörfer umfassen eine Reihe von Häusern, deren Tragstruktur an Ort und Stelle belassen wird, während die Bretterverkleidung, je nach Jahreszeit, von einer Siedlung zur anderen transportiert wird. Die Häuser sind den Strand

entlang gereiht; die Ausmaße können 30 m Länge und 12 m Breite erreichen. Die Struktur stützt sich auf zwei große, an den Seiten des Vordereingangs befindliche Zedernpfosten, die durch einen Querbalken, der den Firstbalken trägt, verbunden sind; dieser ruht rückseitig auf einem einzigen, in anthropomorpher Form skulptierten Pfahl. Die Struktur der Wände besteht aus zwei, parallel zum ersten liegenden Balken, die vier, an den Bauecken befindliche Pfosten verbinden. Es ist ein Mehrfamilienhaus, das mindestens vier, an den vier Ecken untergebrachte Kleinfamilien beherbergt; die überzähligen Familien lassen sich längs der Seitenwände nieder. Außer den Familienfeuerstellen befindet sich in der Mitte noch eine gemeinschaftliche Feuerstelle; das Gruppenoberhaupt besetzt die hintere rechte Wohnecke.

KWAKIUTL

Vorwiegend seßhafter, das Küstengebiet von British Columbia (Kanada) bewohnender Fischerstamm; die Dörfer bestehen aus entlang der Meeresküste erbauten Häusern, die nur jahreszeitlich bewohnt sind, doch auch während der schlechten Jahreszeit, wenn es der Fischfang erfordert, verlassen werden. Eine breite Straße, die häufig von einem Holzgerüst getragen wird und mit über den Strand überhängenden Plattformen versehen ist, die als Versammlungsort im Freien dienen, verbindet die Häuserfronten. Außer den üblichen >Totempfählen< der nordwestamerikanischen Stämme haben die Kwakiutl eine verfeinerte Kunstform bei ihren Wohnstätten angewandt: komplexe Malereien, die mythische Sujets, wie den Walfisch, den Donnervogel, den Raben, bevorzugen und oft fast die ganze Fassade bedecken. Das Haus aus Stämmen und Brettern weist eine Innenstruktur auf, die sich auf ein doppeltes vorderes und hinteres Pfostenpaar stützt, das durch zwei, untereinander mit zwei Längsbalken verbundenen Querbalken zusammengehalten wird.

HAIDA

Vorwiegend seßhafter Fischerstamm, der die Königin-Charlotte-Inseln (British Columbia, Kanada) und die Südspitze des Alexander-Archipels (Alaska, USA) bewohnt; die Siedlung besteht, wie bei den anderen nordwestamerikanischen Stämmen, aus einem entlang der Meeresküste angeordneten Wohngefüge. Eine in der ersten Hälfte des 19. Jhs. durchgeführte Volkszählung im Ort Nistints auf der Insel Anthony ergab eine Bevölkerung von mehr als 300, auf zwanzig Häuser verteilte Personen. Die Häuser gehören den einzelnen Sippen, die in die zwei exogamen Hälften des Adlers und des Raben geteilt sind. Der aus Stämmen und Brettern bestehende Bau weist ein nur leicht geneigtes Satteldach auf; ein >Totempfahl< ist häufig in die Mitte der ebenfalls verzierten Fassade eingelassen; der Zugang erfolgt dann durch eine im Pfahl selbst angebrachte Öffnung. Das Innere besteht aus einem einzigen Raum, der mehrere Familien in durch vom Dach herabhängende Matten getrennten Abteilungen beherbergt; in der Mitte eines aus dem Boden ausgehobenen rechteckigen Platzes befindet sich die Feuerstelle, rund um diese sind auf einer Abstufung die Sitzplätze und Lagerstätten angebracht. Die Häuser können ständig oder nur den Winter über bewohnt werden.

SÜDAMERIKA

MOTILONES

Jagd und Ackerbau betreibende Stämme im Westgebiet des Maracaibosees (Kolumbien, Venezuela); als Wohnung dient eine große Gemeinschaftshütte mit Doppelapsis, die ungefähr 50 m lang ist und bis zu dreihundert Personen aufnehmen kann. Die Überdachungs-Wand reicht bis zum Boden und wird von zwei parallelen, durch Balken verbundenen Pfahlreihen getragen, die das Innere in drei ›Schiffe‹ teilen: das mittlere ist den Feuerstellen der Gemeinschaft vorbehalten, während die seitlichen von den einzelnen Kleinfamilien besetzt sind.

TUKANO

Jagd und Feldbau betreibender, im Gebiet des Rio Vaupés (Ostkolumbien) beheimateter Stamm. Als Wohnung dient eine große Gemeinschaftshütte mit fast quadratischem Grundriß (ungefähr 29 × 21 m; Höhe rund 10 m), die mit einem strohbedeckten Satteldach versehen ist; die Tragstruktur besteht aus sechs, durch Balken verbundenen, parallelen Pfahlreihen an der kleineren Achse, während der Firstbalken auf Dachbindern ruht, da die mittlere Stützenreihe fehlt. Die Giebel der Vorderwände sind mit Matten, der Unterteil, in dessen Mitte sich die Eingangstür befindet, ist mit Brettern verkleidet, die häufig verziert werden. Im Innern sind die Familiengruppen entlang der Wände in rechteckigen, durch niedere Trennwände gesonderten Abteilen untergebracht.

DESANA

Bauern-, Fischer- und Jägerstamm, der das Becken des Rio Papurí und des Rio Tiquié (Kolumbien, Brasilien) bewohnt; jeder patrilineare Klan benützt im allgemeinen eine einzige große, gemeinsame *maloca* (wi'i), die vereinzelt in einer Waldlichtung gegenüber einem Wasserlauf liegt.

Jede *maloca* beherbergt einige Dutzend Personen; die Anlage ist rechteckig mit Satteldach; manchmal ist der dem Haupteingang gegenüberliegende Teil abgerundet. Die einzelnen Familien verfügen über Räume entlang der Wände; im Verlauf der Zeremonien und Tänze zeigt sich die symbolische Bedeutung der gesamten Innenarchitektur mit eindeutigen Beziehungen zu kosmogonischen Mythen. Der Raum ist in zwei Hälften, die vordere männliche, die hintere weibliche, unterteilt; in der Mitte befinden sich die Feuerstellen. Die drei ›Jaguare‹ genannten Holzrahmen, die die Überdachung tragen, sind rot mit schwarzen Flecken bemalt und erinnern an die Verbindung zwischen dem Klan und der befruchtenden Kraft von Sonne und Natur.

PIAROA

Jäger- und Bauernstamm der Urwälder des mittleren Orinoco (Venezuela). Die über ein riesiges Gebiet verstreuten Gruppen bewohnen jeweils einen einzigen großen Gemeinschaftsbau (churuata), der in der Mitte einer kleinen gerodeten und bepflanzten Lichtung errichtet wird.

An den Urwaldrändern befindet sich das ›Männerhaus‹, das aus einem fast völlig mit Palmblättern bedeckten Wetterdach besteht, dessen kleinen Eingang man kriechend betritt. Die *churuata* ist eine große Hütte mit Kreisgrundriß (ungefähr 18 m Durchmesser, 12 m Höhe), mit einem durchgehend konvex-konkaven, oben zugespitzten Profil. Die Innenstruktur besteht aus einem Hauptgerüst von vier, an den Ecken eines quadratischen Raumes von ungefähr 6 m pro Seite, eingerammten Pfosten, die 2 m über dem Boden durch Balken verbunden werden, auf deren Endpunkten der Dach-Wand-Rahmen (bestehend aus meridian- und parallelgekreuzten biegsamen Zweigen) aufsitzt. Die Spitze wird von einem komplizierten Gitterwerk getragen; die Überdachung besteht aus Astwerk und Palmblättern. Der einzige Eingang ist durch eine Doppeltüre geschützt; provisorische Öffnungen erhält man vom Innern aus, indem mit Stangen, dem Lauf der Sonne folgend, das Blätterwerk der Überdachung beiseitegeschoben wird. Die Familien bewohnen genau festgelegte Abteile entlang der Bauumfassung; jede verfügt über eine Reihe von Hängematten und über eine Feuerstelle. Im Mittelteil befinden sich, außer dem Behälter mit Maisbier, zwei gemeinschaftliche Feuerstellen; der Gruppenhäuptling nimmt die Achsenposition gegenüber der Tür ein.

YANOAMA

Jäger- und Sammlervolk, in jüngerer Zeit auch Ackerbauer, welches das Gebiet der Orinocoquellen, zwischen dem Casiquiare und dem Rio Branco (Venezuela, Brasilien), bewohnt. Die traditionelle Siedlung ist das *sciapuno*, ein kreisförmiger oder elliptischer, um einen Platz liegender Ring von Wohnstätten: die einzelnen Elemente bestehen aus einem großen Pultdach, können freistehend oder angebaut sein und so eine durchgehende, stumpfkegelförmige, in der Mitte offene Überdachung bilden. Der Durchmesser eines *sciapuno* ist unterschiedlich, von ungefähr 30 bis zu 100 m, und es kann bis zu hundert Menschen aufnehmen. Der Mittelplatz ist überhöht und dräniert, um einen Wasserstau während der Regenzeit zu verhindern; oft ist der Komplex durch eine Palisade geschützt, und die Eingänge werden nachts mit Reisighaufen verschlossen. Während der Jagdzüge und Übersiedlungen werden kleine provisorische Familienwetterdächer (tapirí) erbaut, die, zu einem Kreis geschlossen, nur für wenige Tage bewohnt werden.

BORO

Bauern- und Jägervolk, das im Amazonasgebiet, zwischen den Flüssen Japura und Putumayo (an der Grenze zwischen Peru, Kolumbien und Brasilien), ansässig ist; die verschiedenen Gruppen, die fünfzig bis zweihundert Personen umfassen, leben auf isolierten Waldlichtungen in einem großen Gemeinschaftshaus. Der Bau ist quadratisch, mit abgerundeten Ecken, mit einem Walmdach bedeckt, das fast den Boden erreicht und das einen Firstbalken und zwei Giebel aufweist; die Verkleidung besteht aus Palmblättern. Der Hauptraum im Innern dient Gemeinschaftszwecken; jede Familieneinheit hat entlang der Wände ihren eigenen Raum mit Hängematten und Feuerstelle.

JIVARO

Im Gebiet des Rio Santiago (Peru, Equador) siedelndes Jägervolk. Die traditionelle Wohnstätte besteht aus einer großen Gemeinschaftshütte (jivaria), mit Rechteckanlage und Einzelapsis, mit einem vorne in einen Halbkegel mündenden Satteldach. Zwei getrennte Eingänge sind den Frauen und den Männern vorbehalten; über der Männertüre wird die große Signaltrommel aufgehängt. Entlang der Außenwände ist eine Lagerstättenplattform errichtet, die erhöht über dem Boden liegt und gegen die Mitte geneigt ist, wo sich die Feuerstelle befindet; jede Familie belegt einen genau festgelegten Plattformabschnitt.

VAPISIANA

Jäger- und Bauernstamm der Aruaca-Sprachgruppe, der das Gebiet des Rio Branco (Nordbrasilien) bewohnt. Das Dorf, das verschiedene Einzel- oder Mehrfamilienwohnungen und ein Gemeinschaftsgebäude umfaßt, liegt am Rande des Urwalds, in dessen Innerem jedoch Lichtungen für die Pflanzungen gerodet sind. Die Wohnstätte ist rechteckig, rund oder oval angelegt; sie beherbergt eine bis vier Familien. Das Innere ist streng nach den zwei Geschlechtern getrennt, von denen jedes bestimmte Gruppen von Hängematten belegt und sich verschiedener, einander gegenüberliegender Eingänge bedient. Während der Jagdzüge wird ein provisorischer dreieckiger Unterstand benützt, der aus an einen Baumstamm gelehnten und mit Palmblättern bedeckten Stangen besteht.

TUPINAMBÁ

Ackerbauvolk der Tupí-Guaraní-Sprache, das die brasilianischen Küstengebiete bewohnt; die inzwischen verschwundene traditionelle Dorfanlage wurde von dem deutschen Reisenden H. von Staden (16. Jh.) beschrieben. Die Wohnstätte war eine rechteckige, tonnenförmige Gemeinschaftshütte, mehrere Dutzend Meter lang, mit Zugang von der längeren Seite aus; das Balkengerüst war mit Blättern und Stroh verkleidet. Diese Gebäude, die zahlreiche Familiengruppen beherbergten, waren in Gruppen, von drei bis sieben, rund um einen gemeinsamen Platz errichtet. Meistens war die Anlage quadratisch mit vier, nach den Himmelsrichtungen angeordneten Wohnungen; das Dorf war häufig durch Befestigungen geschützt, die aus Stämmen in einer oder mehreren Anordnungen bestanden, im allgemeinen eine rundliche Form und Verteidigungsanlagen im Eingangsbereich aufwiesen.

TIMBARA

Der Sprachgruppe Gé zugehöriger Sammler- und Jägerstamm, der die Hochebenen Zentral- und Ostbrasiliens bewohnt. Das Dorf, ein ›Rundling‹, ist ideell in zwei Hälften (Osten und Westen) und in zwei ›konzentrische‹ Gruppen geteilt, die *Kamakra* (= jene des Dorfplatzes) und die *Atukmakra* (= jene des Äußeren). Am Hauptplatz befinden sich zwei, den Männern vorbehaltene Feuerstellen und die Zeremonienhütte; diese sind in sechs Gruppen unterteilt, die zu je drei und drei, an den beiden Hälften Osten und Westen, zusammengeschlossen sind. Von der ›heiligen‹ Zone der Männer führen strahlenförmig in jede Richtung Pfade zu den Hütten der Frauen (rechteckig mit Satteldach), die kreisförmig aufgestellt sind und vor denen eine breite Ringstraße liegt, wo die ›profanen‹ Tätigkeiten, wie das Zubereiten der Speisen, stattfinden.

CHERENTE, CHAVANTE

Der Sprachgruppe Gé zugehörige Sammler- und Jägerstämme (Hochebenen Zentral- und Ostbrasiliens). Die Dorfanlage und die architektonische Struktur des in der Mitte gelegenen ›Männerhauses‹ entsprechen der Unterteilung in sechs Klassen (vier + zwei). Das ›Männerhaus‹, ein Kuppelbau mit Kreisgrundriß und genau festgelegter Ausrichtung (Durchmesser 10 m, Höhe ungefähr 3,50 m), die Eingangstüre nach Osten und acht Öffnungen, um die strahlenförmige Einteilung des Innenraumes hervorzuheben. Die vier Hauptgruppen sind um die Mitte nach den Himmelsrichtungen angeordnet, die zwei ›zusätzlichen‹ Gruppen im Osten und Westen. Im Dorf sind die beiden, ihrerseits jeweils aus zwei Klassen (+ eine) bestehenden Hälften im Norden und im Süden angeordnet; die Anlage der Familienwohnungen ist hufeisenförmig, bedingt durch die beiden äußeren Gruppen. Die Behausung während der Regenzeit ist eine Rundhütte mit einer Struktur aus Meridianbögen, die durch eine waagrechte Umreifung und einen Hauptpfosten verbunden werden.

BORORO

Jäger-, Sammler- und Bauernvolk des Mato Grosso, das im Quellgebiet des Rio Paraguay (Südwest-Brasilien) beheimatet ist. Das Dorf besteht aus einem runden Platz, der von den Familienwohnungen umgeben ist (einstmals in Form mehrerer konzentrischer Ringe aufgebaut): in der Mitte befindet sich das ›Männerhaus‹ (beitemmannageo), rechteckig mit Satteldach, von ungefähr 8 × 20 m; daran schließt sich der Platz für die Tänze an. Selbst in den provisorischen Lagern, die nur für eine Nacht bewohnt werden, wird dieselbe Anordnung befolgt: die Frauen und Kinder werden außen untergebracht, die Männer in der zentralen Zone. Nach den Studien von C. Lévi-Strauss trennt eine Ost-West-Achse, die selbst das gleich ausgerichtete ›Männerhaus‹ teilt, das Dorf in zwei Hälften, wo die acht Klane, zusammengeschlossen in Escerare (starke, höhere: im Norden) und Tugarege (schwache, niedere: im Süden) wohnen; eine Nord-Süd-Achse trennt die Siedlung nochmals in eine ›obere Hälfte‹ und eine ›untere Hälfte‹. Jeder der acht Klane ist in drei Klassen unterteilt, deren Mitglieder eine genau festgelegte und symmetrische Stellung innerhalb des idealen Dorfschemas einnehmen. Die den Frauen zugeteilte Wohnstätte weist, je nach Jahreszeit, verschiedene Formen auf: während der Trockenperiode ist es eine einfache kegelförmige Unterkunft, die aus an eine Hauptstütze gelehnten Stangen besteht und mit Palmblättern bedeckt ist. Während der Regenzeit werden rechteckige Satteldach-Hütten erbaut, die manch-

mal über dem Erdboden liegen; der Firstbalken ruht auf zwei Gabelpfosten.

CARAJÁ, SHAMBISA, JAVAHÉ

Fischer- und Bauernstämme des Mato Grosso (Westbrasilien), die zur Sprachgruppe der östlichen Tupi gehören. Die Dörfer, in denen immer auch das ›Männerhaus‹ vorhanden ist, ein großes Gebäude, das auch zur Aufbewahrung der Masken und zur Abhaltung der Feste dient, haben bemerkenswerte Ausmaße: bei den Shambisa dreißig bis neunzig Wohnungen, bei den Carajá und Javahé des Bananal über zwanzig. Diese letzteren, die während der Trockenzeit in Hütten wohnen, die längs der Flußufer in einer oder zwei parallelen Reihen aufgestellt sind, transportieren diese während der Regenzeit nach oben auf die Böschung.

Die Hütte der Shambisa im Nordgebiet des Rio Araquaya hat einen rechteckigen Grundriß mit Doppelapsis, ein konvexes Satteldach, Strohverkleidung und einen Stützrahmen aus drei parallelen gegabelten und durch Längsbalken verbundenen Pfahlreihen. Auf den Balken ruht die Überdachung aus Bogenstangen; weitere zu Bögen gekrümmte Äste kleinerer Ausmaße, die senkrecht auf den ersten liegen, stützen die Apsiden. Die Carajá und die Javahé der Insel S. Anna und des Bananal, am Araquaya, haben zwei Wohnanlagen, beide rechteckig und mit einem Gerüst aus Stämmen, die mit Palmblättern bedeckt, leicht zerlegbar und transportabel sind. Die erste Art, ungefähr 1,50 m hoch, hat eine bis zum Boden reichende Überdachung und wird von einer einzigen Familie benützt; die zweite, bis zu 4 m hoch, kann rund zwanzig Personen aufnehmen und hat ein auf den Seitenwänden aufruhendes Dach.

CHIPAYA

Ackerbau und Fischerei betreibender Stamm im Gebiet des Titicacasees (Bolivien), der in Dörfern mit Zentralanlage siedelt; diese behielten die Unterteilung in zwei ›Hälften‹ (Maha-Saya und Arah-Saya) auch dann bei, als in jüngerer Zeit die Schule und die Kirche am Hauptplatz das Gemeinschaftshaus verdrängten. Die traditionelle Wohnstätte hat Rundgrundriß, ist leicht stumpfkegelförmig, mit einem Durchmesser von 3–5 m, und ist aus an der Sonne getrockneten Tonlaiben erbaut; die Bedachung ist flach oder hat ein kuppelförmiges Profil, mit einem Innenrahmen aus Ästen. Weitere Bauten, mit Scheinkuppel und parabolischem Schnitt, aus nach innen vorspringenden Tonlaiben dienen als Lagerräume; die jüngere Wohnart ist rechteckig mit einem schilfbedeckten Satteldach.

TOBA

Sammler- und Jägervolk des Zentral-Chaco (Nordargentinien); die traditionelle Wohnstätte ist eine Kuppelhütte aus Bogenstangen mit rundem oder ovalem Grundriß. Das Dorf umfaßt wenige, rund um einen Hauptplatz angeordnete Hütten. Die Gruppe der Pilagá weist eine Siedlungsart auf, bei der die ovalen Hütten eine mit der Längsachse zu einem Kreis gekrümmte Anlage annehmen, die es erlaubt, die Bauten der rundlichen Platzumfassung anzupassen.

ARAUKANER

Bauernvolk im Andengebiet des zentralen Nordchile. Die traditionelle Wohnstätte ist eine große Gemeinschaftshütte (ruka), die dreißig bis vierzig Personen aufnehmen kann. Die Anlage ist unterschiedlich, je nach den verschiedenen Gruppen: sie kann rechteckig, rechteckig mit Doppelapsis oder polygonal sein; die Struktur besteht aus Balken, Schilfrohr oder Brettern, und die Flächen des strohbedeckten Daches reichen, die Wände verdeckend, bis zum Boden.

Bei der fensterlosen Art wird die Belüftung durch die unverschlossene Tür ermöglicht; ein Loch dient oben als Rauchabzug.

TEHUELTSCHE

Jäger- und Sammlervolk von Südpatagonien (Argentinien). Vor der mit der Einführung des Pferdes verknüpften Benützung des *toldo* war die traditionelle Wohnstätte eine Hütte mit Kreisgrundriß und Bogenschnitt und einer Struktur aus zusammengebundenen Bogenstangen; die Winterbedachung bestand aus Fellen, jene des Sommers aus Rinden, Zweigen und Gras. Es wurde auch ein mit Schilfmatten bedeckter Windschirm benützt. Der von den Tehueltschen nach der Einführung des Pferdes verwendete *toldo* hat ein Gerüst aus senkrecht eingerammten Gabelstangen, die in mehreren parallelen Reihen (meist in vier, deren mittlere in verschiedener Höhe) aufgestellt und durch Querstangen verbunden sind. Die aus zusammengenähten Fellen bestehende Plane bedeckt das Zelt auf drei Seiten, während eine offen bleibt; an der gegenüberliegenden Seite wird der Innenraum durch aufgehängte Felltrennwände in Abteile quergeteilt.

ALAKALUF

Fischervolk der äußersten Südspitze Amerikas (Chile), das in entlang den Wasserläufen errichteten Lagern wohnt. Als Wohnstätte dient eine Kuppelhütte auf einem Gerüst aus zu parallelen Bögen gekrümmten Ästen oder Schilf, verschlungen mit Meridian-Halbkreisen, die am Boden an zwei gegenüberliegenden Punkten zusammenlaufen; die Überdachung besteht aus Farnen, Gräsern, Rinden oder Seelöwenfellen. Der Grundriß ist rund oder häufiger elliptisch (ungefähr 4 × 2,30 m; Höhe 1,80 m); zwei niedere Öffnungen, die man von allen vieren durchquert, sind, einander gegenüberliegend, zwischen zwei Bögen längs der senkrecht auf die Meridiane treffenden Achse angebracht. In der Mitte befindet sich die elliptische Feuerstelle.

ONA

Jäger- und Sammlervolk im östlichen Teil Feuerlands (Argentinien). Die traditionelle Unterkunft ist ein Windschirm mit einem aus zwei oben zusammengebundenen Bogenstangen bestehenden Gerüst, das mit zusammengenähten Guanakofellen bedeckt ist; er dient vor allem zum Schutz des Feuers, während der davorliegende unüberdachte Platz, der mit Reisig bedeckt ist, als Nachtlager benützt wird. Eine weitere Art der Unterkunft hat

Halbkreisanlage und schützt einen halbkegelförmigen Platz; die Struktur besteht aus mit Fellen bedeckten Pfählen.

YAMANA

Fischer- und Sammlervolk im Südteil Feuerlands und auf den Inseln von Kap Horn (Argentinien, Chile); die Siedlung besteht aus wenigen, entlang der Küste oder den Wasserläufen angeordneten Hütten. Die Wohnstätte, eine transportable Kegelhütte, hat eine Struktur aus oben zusammengebundenen Pflöcken und ist mit Zweigen bedeckt; außen wird zum besseren Schutz gegen die Kälte Erde angehäuft. Die Knabeninitiationshütte hat elliptischen Grundriß und kuppelförmiges Profil, mit einem Gerüst aus zwei Bogenstangenreihen verschiedenen Ausmaßes, die sich rechtwinklig kreuzen.

NORDWESTAFRIKA

BERBER

Viehzucht und Ackerbau betreibende Stämme des mediterranen und atlantischen Streifens Nordafrikas, von Marokko bis Libyen verbreitet; die Wohnstätten der seßhaften Gruppen sind üblicherweise rund um Höfe angeordnet, jene der halbnomadischen und nomadischen Gruppen weisen verschiedene Arten von Zelten und Zelthütten auf, die nur jahreszeitlich bewohnt werden. Der *gurbi* (Sommerwohnsitz in Algerien, Winterwohnsitz in Tunesien) ist ein Bau mit zylinder-, kegel- oder spitzbogenförmigem Schnitt, aus Trockenmauerwerk oder Stämmen, mit einer Überdachung aus mit *diss* (Schicht aus Blättern und Stroh) bedeckten Pfählen; häufig ist er von einer Tennenumzäunung aus Steinen mit ovalem Grundriß umgeben. In Libyen ist die unterirdische Wohnstätte stark verbreitet, die mehrere Familien beherbergt und um einen offenen, brunnenähnlichen Hof vereint; im Garian (südlich von Tripolis) ist es ein großer viereckiger, eingezäunter Graben, 6–8 m tiefer Graben, in den man durch einen steilen Gang hinuntersteigt, und der Zutritt zu in den Felsen gehauenen Räumlichkeiten mit trapezförmigem oder ovalem Grundriß und Tonnendecke gibt. Der Komplex beherbergt gewöhnlich vier Familien (eine an jeder Hofseite); ähnliche Wohnarten sind in der Cyrenaika und im Fessan verbreitet. Im südlichen Zentraltunesien kommt eine Siedlungsart häufig vor, die aus *ghorfa* besteht; das sind übereinanderliegende, um viereckige Höfe angeordnete Steinbauten mit rechteckigem Grundriß (vor allem in Médenine und Métameur). Die einzelnen Einheiten sind eine über die andere (bis zu fünf Stockwerken) und aneinandergelehnt erbaut; die unteren dienen als Wohnungen und haben eine flache Balkenüberdachung, die oberen, die mittels Holz- oder Steinsprossen, die aus der Vorderwand vorspringen, erreicht werden, sind Lagerräume; die oberste *ghorfa* hat eine Tonnenüberdachung. Die befestigte Siedlung (bei der das Lebensmittellager die größte Wichtigkeit hat) ist in allen westlichen Gebieten verbreitet und unter verschiedenen Bezeichnungen bekannt (*gast* in Tripolitanien, *ksar* in Tunesien, *ksur* in Marokko). Im marokkanischen Atlasgebirge ist eine schloßförmige Art aus

Tonziegeln und Stroh mit hohen, sich verjüngenden Türmen verbreitet. Außen öffnen sich wenige Schießscharten, das Innere ist um einen Hof (fonduk), der auch als Stall dient, geordnet. Im unteren Stockwerk wohnen die Männer, im oberen die Frauen. Überall können die Siedlungsgattung, die religiösen Gebäude, die Dekoration als mehr oder weniger ›volkstümliche‹ Ausdrucksweisen der islamischen Welt angesehen werden.

TEKNA

Vorwiegend nomadischer oder halbnomadischer Hirtenstamm, der das südwestliche Gebiet Marokkos besiedelt. Das geräumige Zelt hat ein trapezförmiges Tuch, das aus Gewebestreifen von Kamelhaar und Ziegenwolle besteht. Zwei Hauptstangen, meist unterschiedlicher Länge (zwischen 2,20 m und 4,40 m), kreuzen sich fast an der Spitze und tragen den Zeltoberteil mittels eines mit zwei Einschnitten versehenen Holzteils. Dadurch ergibt sich im vorderen Teil ein sehr niedriger Innenraum, der nach außen hin etwas weiter wird, während sich der Mittelraum in der Nähe der beiden Stützen in Form eines umgekehrten V merklich erhöht und ein konisches Profil annimmt.

TUAREG

Nomadisches oder halbnomadisches Hirtenvolk der zentralen und westlichen Sahara; als Wohnstätte dient das Zelt oder die zerlegbare Zelthütte, die zu Lagern vereint sind, die bei längeren Aufenthaltsperioden mit Gehegen für das Vieh versehen werden. Das Zelt, dessen Seiten mittels Zugschnüren und Pflöcken unregelmäßig gespannt werden, mißt ungefähr 4×5 m; in der Mitte befindet sich der Hauptstützpfosten, der in einem gekrümmten Holzblock endet; weitere kleinere, durch Querbalken verbundene Pfähle stützen das Tuch den Umkreis entlang. Das Zeltmaterial ist verschiedenartig: Mufflonfelle in den Westregionen, rotgefärbte Schaf- und Ziegenfelle in den Zentralregionen und gemischte Kamelhaar- und Schafwolle in den östlichen. Manchmal bestehen die Seitenwände aus Matten. Das Zelttuch kann von parallelen Holzbögen (bei den Agiu-n-Tahlè) gespannt werden oder sich in der Mitte kuppelartig erheben (bei den Tanghereghif); diese wird mittels eines Gerüstes aus Schilfrohr und Bogenstangen, die zwischen die waagrechten Querbalken und die Bögen geschoben werden, errichtet. Im Airgebiet ist eine zerlegbare Hütte aus Ästen und Matten verbreitet, mit Kreisgrundriß, eingesenkter Kuppel und leichtem Vorsprung in der Mitte: die Tragstruktur besteht aus einem Hauptpfosten und den Pflöcken der Umfassung, auf denen strahlenförmig die Balken aufliegen, während die von einem flexiblen Zweiggitterwerk-Rahmen getragene Überdachung aus Palmmatten besteht, die von einer stark verknoteten pflanzlichen Außenschicht bedeckt ist.

DOGON

Bauernvolk, das in den Gebirgsregionen des oberen Nigerbeckens (Mali) ansässig ist; die Siedlungseinheit besteht aus einem Dorf, das ein hochentwickeltes Gefüge aus Familienwohnungen (ginna), Getreidespeichern und heiligen Stätten bildet. Die von Griaule eröffneten

Studien haben verschiedene Aspekte der Übereinstimmung im Denken und in der Bautätigkeit der Dogon mit kosmogonischen Mythen und der Symbolstruktur der Wirklichkeit hervorgehoben; die Baukunst der Dogon ist daher nunmehr zu einem obligaten Bezugspunkt der Verbindungen zwischen Anthropomorphismus und Geometrie, zwischen Wirklichkeit und Raumdeutung, zwischen mythischer und baulicher Dimension geworden. So ist das Zentrum des vom Stamm bewohnten Territoriums auch Ausgangspunkt der spiralförmigen Bewegung, die, durch die Arbeit der Vorfahren, dem Acker- und Wohnraum die Form gab; das ideell in anthropomorpher Form errichtete Dorf weist ein Versammlungshaus und eine Schmiede (der Kopf), Familienhäuser (die Brust), Altäre (männliches und weibliches Geschlecht, Füße), Menstruationshäuser (Hände) auf, die so am Boden aufgestellt sind, daß sie die soziale Wirklichkeit mit dem Ursprungsmythos verbinden. In der Dorfmitte kann auf einem runden Platz (Lébé dala) der Himmel mit den Sternen dargestellt werden; die an den Türen und an den Wänden der Getreidespeicher angebrachten dekorativen Details, die Malereien in den Kultbauten, jene auf den Felswänden und selbst der Komplex der während der Zeremonien verwendeten Masken weist auf eine globale Deutung der physischen Realität als ›Kopie‹ der verschiedenen Aspekte der mythischen Wirklichkeit hin. Selbst die *ginna*, ein großer, terrassenförmig bedeckter Bau aus Pfählen und Schlamm, wiederholt in ihrer Struktur die menschliche Gestalt, die sich durch die Generationen, die von der Schöpfungszeit bis zu den Vorfahren aufeinanderfolgten, ›herleitet‹; an der Fassade befinden sich achtzig, die Generationen darstellende Nischen; in der Anlage sind der Kopf (die runde gegen Norden gerichtete Küche), der nicht überdachte Hauptraum (der Körper) mit den Vorratskammern an den Seiten (die Arme) genau unterscheidbar. Das Gefüge der *ginna* bildet auch die Vereinigung von Mann und Frau im Zeugungsakt nach. Wichtige Bestandteile des Dorfes sind die Getreidespeicher, die im Bandiagara-Gebiet in Felsenhänge aus Stein oder Schlamm gebaut sind; häufig sind Höhlenkultstätten, in denen die Masken aufbewahrt werden, und Opferaltäre.

SOMONO

Am Fluß Niger, im Bamako-Gebiet (Mali) beheimatetes Fischervolk; als Wohnstätte dient eine rechteckige, längliche, tonnenartig bedeckte Hütte (ungefähr 2×4,20 m). Die Struktur besteht aus einer Reihe von sechs hölzernen Querbögen, die der Länge nach durch acht Balken verbunden sind; der Eingang ist in der Mitte der längeren Seite angebracht, die Verkleidung besteht aus Matten.

BAMBARA

Bauernstamm des Nigeroberlaufs (Mali); die Siedlung ist das aus den Familiengehöften (sukala) zylinderkegelförmige oder rechteckige aus Ton- oder Rohziegeln erbaute Wohnungen, bestehende Dorf. Der Getreidespeicher ist ein ungewöhnlicher Lehmrundbau, der, mit äußerster Sorgfalt erbaut, als Gnomon dient, um die wichtigsten Zeitpunkte für die verschiedenen landwirtschaftlichen Arbeiten genau feststellen zu können.

NABDAM

Vorwiegend Ackerbau betreibendes Volk, das zwischen dem Roten und Weißen Volta und dem Fluß Sissile (Nordghana) beheimatet ist; die Wohnungseinheit ist ein mehr oder weniger geräumiges, alle Mitglieder einer Familie aufnehmendes Gehöft. Der traditionelle *compound* besteht aus zwei Teilen: der vordere, den man durch einen mittels zweier abgerundeter Pfosten begrenzten und mit Balken verschließbaren Eingang betritt, ist als Nachtunterkunft für das Vieh bestimmt; eine niedere Trennwand gibt Zutritt zum eigentlichen Hof, der von als Wohnung dienenden, zylinderförmigen Bauten mit Kegeldach umgeben ist. Der Getreidespeicher, die zentrale Stelle des Gehöfts, befindet sich häufig rittlings zwischen den beiden Sektoren. Komplexere Gehöfte, wie die des Häuptlings (naba) von Nangodi, Azuri, entsprechen der jüngsten Entwicklung der Gemeinschaft der Nabdam, unter dem Druck der Kolonisierung, von einer segmentären Organisation zu einer Machtkonzentration in den Händen eines Erbhäuptlings. Die *chefferie* von Nangodi ist ein weiträumiges Gefüge von Gehöften, die den verschiedenen Mitgliedern der ›Dynastie‹ von Langyil gehören; rechteckige Gebäude beherbergen die Oberhäupter der verschiedenen Familiengruppen; größere Ausmaße hat die Residenz von Azuri. Der Geist des Vorfahren Langyil wird mit dem *baobab* identifiziert, der im Innern des Komplexes neben dessen Grab wächst; der Stamm stellt die Brust, die Äste die Arme dar. Die traditionelle Frauenhütte ist ein Rundbau aus übereinanderliegenden Schlammringen, der mit einem feinen, widerstandsfähigen Verputz bedeckt ist; der gewölbte Eingang mit einem stark vorstehenden Rahmen wird innen durch ein halbkreisförmiges Mäuerchen unterschiedlicher Höhe geschützt, das den Zutritt der Tiere, jedoch nicht die Durchlüftung verhindert. Häufig ist eine gemalte oder eingeritzte Außendekoration mit geometrischen Motiven: Kreisen, Bündeln, gekreuzten oder zickzackförmigen Linien.

DAGORTI, GONJA, LOBI

Bauernstämme am mittleren Schwarzen Volta, die ein links vom Ghanafluß liegendes Gebiet (Nordwesten) bewohnen; die Siedlung ist aus *compounds* gebildet oder aus Dörfern mit terrassenförmig überdachten Lehmhäusern. Die Anlage der Wohneinheit ist bei den verschiedenen Gruppen rechteckig mit abgerundeten Ecken (Gonja, Dagorti), gemischt- oder krummlinig (Lobi); die Überdachung mit einer Struktur aus Balken und Palmzweigen wird von frei von den Wänden stehenden Gabelpfählen getragen. Der Wohnsitz der Lobi ist der gänzlich überdachte *compound*, der als Hauptelement die zuerst erbauten und später dem Komplex der Wohnungen eingegliederten Lehmspeicher aufweist; sie stehen über die Terrasse vor und sind durch ein konisches Strohdach geschützt. Die Terrassen-Trocknungsanlage gibt Zutritt zu den Speichern; die Verlängerung der Wände ergibt eine durchgehende Brüstung. Im Innern sind die Schlafzimmer um einen geräumigen Wohnraum angelegt. Die Wohnanlage der Gonja und Dagorti ist hofförmig, mit unbedachte Plätze umgebenden Zimmern. Das gegen Ende des 19. Jhs. entstandene Dorf Seripe beherbergt die Mitglieder eines Klans des Gonjastammes und ist in fünf Bereiche unterteilt, von denen jeder

unterschiedlich große Familienwohnsitze umfaßt. Der Zugang erfolgt von außen und von den Terrassenüberdachungen aus; die mit einem Gemisch aus Lehm, Mist und einer wasserundurchlässigen, klebrigen Flüssigkeit pflanzlichen Ursprungs verputzten Wände sind mit geometrischen Motiven, die mit den Fingern in den frischen Verputz entweder eingedrückt oder eingeritzt werden, verziert.

BANDA, MO

Im westlichen Zentralghana, im Gebiet des Schwarzen Volta ansässige Bauernstämme; die traditionelle Siedlung ist das aus Hof-Wohnstätten bestehende Dorf, das oft verschiedene Stammesgruppen aufnimmt. Die bauliche Grundeinheit ist ein längliches, rechteckiges Haus mit strohbedecktem Satteldach. Das Dorf der Banda ist ein Gefüge aus vereinzelten rechteckigen Höfen, die manchmal mit erstaunlicher Regelmäßigkeit entlang der in Nord-Süd-Richtung verlaufenden Hauptstraßenachse angeordnet sind; der Hof, in dem die häuslichen Arbeiten verrichtet werden, ist von niederen Bauten umgeben, die eine hölzerne Tragstruktur und Wände aus Lehmblöcken haben. Häufig sind Außenveranden, eine durch eine Pfahlreihe gestützte Verlängerung der Dachfläche. Die Höfe der Mo sind offener; die oft vereinzelten Wohnungen sind mit einem schwarz bemalten Sockel, der ebenfalls rund um die Türen läuft, verziert.

ASHANTI

Vorwiegend Ackerbau betreibender Stamm, der in den Waldgegenden des südlichen Zentralghana beheimatet und seit dem 19. Jh. in einem föderativen Staat organisiert ist; die traditionelle Siedlung ist das Dorf, das die charakteristischen, um einen Hof angelegten Familienhäuser, die Wohnsitze des Häuptlings (ahenfie), die Begräbnis- und die Kultstätte (abosomfie) umfaßt.
Der Staat wurde durch den König (Asantehene) repräsentiert; einige Zentren, wie Kumasi, hatten schon vor der Mitte des 19. Jhs. städtische Ausmaße.
Das Familienhaus besteht aus einem rechteckig angelegten Hof (gyaase), auf den sich von drei Seiten rechteckige, erhöhte Lateritbauten mit einem steilen, mit Palmblättern bedeckten Satteldach öffnen; diese Räumlichkeiten (pato) ohne Innenwand dienen als Aufenthalts- und Ruheraum, als Lager und Küche. An der vierten Seite befindet sich das Schlafzimmer mit einem mittels einer Matte verschließbaren Eingang. Diese Anlage wiederholt sich im Tempel-Kultbau (abosomfie); die *pato* dienen als Küche und Aufbewahrungsraum für die Kultgegenstände, darunter Musikinstrumente (›Trommelraum‹, oder atwenedan), während der eigentliche Kultbau ein weiträumigeres und verziertes Gebäude (abosonnan) ist. Die traditionelle, äußerst reiche, mit Basreliefs und Durchbrüchen versehene Wanddekoration beweist jahrhundertelange Handelsbeziehungen der Ashanti mit den Staaten des Saharagürtels und des Obervolta und mit den Nigerstädten (Kano, Zaria).

KONKOMBA

Bauernvolk Nordtogos, das die ›große Familie‹ beherbergende ›Lehmburgen‹ bewohnt. Jede dieser Bauten

(ledetchal) besteht aus einem befestigten Hof, der von den Wohnungen der Frauen und Junggesellen, den Küchen, Hühner- und Schweineställen und den Speichern umgeben ist (insgesamt ungefähr an die fünfzehn Bauten): man tritt durch das mit zwei Türen versehene und als Stall dienende ›Eingangshaus‹ ein, das, größer als die anderen Gebäude (5–6 m Durchmesser), in der Mitte sowie entlang der Wände Tragpfähle aufweist. Verschiedene, mit bebauten Feldern abwechselnde *ledetchal* bilden ein Dorf. Die einzelnen architektonischen Einheiten haben eine kreisförmige Anlage; die Wand besteht aus spiralförmig übereinandergelegten, kugel- oder zylinderförmigen Tonziegeln; in dieser wird dann mit einer Klinge ein kreisförmiger, ungefähr 50 cm über dem Boden liegender Eingang mit 60–70 cm Durchmesser geöffnet. Das Kegeldach hat einen aus Gabelpfosten bestehenden Dreifuß als Stütze, mit der unten am Wandrand aufliegenden Gabelung; dem werden weitere Nebenstangen und die spiralförmige Strohverkleidung hinzugefügt, mit einer umgedrehten Schüssel als Schutz an der Spitze.
Die Innen- und Außenwände und der Fußboden sind mit einer handgeglätteten Lehm- oder Mistschicht bedeckt; das Innere ist mit Weiß-Schwarz-Malereien verziert.

QUEMENOU, TOFFINOU

Feldbau, Viehzucht und Fischerei betreibende Stämme, die im unteren Flußtal des Ouémé und im Sumpfgebiet von Nokwé (Dahomey) ansässig sind. Die Festlanddörfer sind wegen der alljährlichen, vier Monate dauernden Überschwemmungen Pfahlbauten, die den Fischfang wie den Feldbau ermöglichen. Die am Nokwésee siedelnden Gruppen üben als einzige wirtschaftliche Tätigkeit den Fischfang aus; unter den zahlreichen, nur auf dem Wasserweg erreichbaren Pfahlbaudörfern ist Ganvié, das an die 10 000 Menschen beherbergt, das wichtigste. Die Familienwohnstätte ist eine geräumige rechteckige Pfahlhütte mit durch Gitter und Matten verschlossenen, häufig bemalten Wänden, das grasbedeckte Walmdach weist ein komplexes Gerüst auf, das das konvexe Firstprofil hervorhebt. Außen dient eine Pfahlbauplattform der sozialen Tätigkeit und der Tagesarbeit; vielfach gehört eine einzige Plattform zu drei Wohnanlagen und dient als nur in Richtung des Zufahrtskanals offener ›Hof‹.

MUSGU, MASSA

Bauern- und Hirtenvölker des südlich vom Tschadsee gelegenen Gebietes, die in Großfamilien umfassenden Siedlungen wohnen: die einzelnen Bauten sind in regelmäßigen Abständen rittlings auf einer den Gemeinschaftshof umschließenden Umfassungsmauer angeordnet. Die Wohnstätte ist eine Kuppel mit Spitzbogenschnitt, die aus Lehmziegeln mit Stroh- oder Kiesbeimengung (torchis) erbaut ist; der Eingang ist eine von einem breiten Rahmen umgebene Bogenöffnung. Die plastische Bearbeitung der Außenoberfläche ist zwischen Musgu und Massa verschieden: bei den ersteren ist der Kuppelgewölberücken durch eine fortlaufende Reihe von Lehmkämmen in der Form eines umgekehrten V belebt, die ein Erklettern von außen und somit eventuelle Ausbesserungsarbeiten ermöglichen. Bei den Massa wird derselbe Zweck durch einzelne abwechselnde Vorsprünge erreicht, die in waagrechten Lagen angebracht sind und die gesamte Oberfläche bedecken. Bemerkenswert sind auch die über dem Erdboden erhöhten Lehmspeicher.

MATAKAM

In den Gebirgsgegenden Nordkameruns ansässiges Bauernvolk; die Siedlung besteht aus voneinander getrennten Gehöften, von denen jedes eine Großfamilie beherbergt und aus einer Reihe von kreisförmigen, miteinander verbundenen Räumlichkeiten mit Kegeldach besteht; oft fehlt der Haupthof. Die Wand ist aus Stein oder Lehm, die Strohbedachung wird getrennt hergestellt und häufig erneuert; das Innere der Lehmwohnstätte ist, hauptsächlich bei den Gudé, ein interessantes Beispiel von einheitlicher Gliederung des gesamten Raumes, von den Lagerstätten zu den Vorratsbehältern, in einem einzigen geformten und sorgfältig geglätteten ›Block‹.

FALI

Bauernvolk der Berge Nordkameruns; das Gebiet ist unter vier Gruppen aufgeteilt (von Norden nach Süden: Bossoum, Bori-Peské, Kangou, Tinguelin), die in einige hundert Menschen beherbergenden Dörfern wohnen. Die Siedlungseinheit ist gewöhnlich das eine mehr oder weniger zahlreiche patrilineare Familie umfassende Gehöft; jedes Gehöft besteht aus zylindrisch-konischen Hütten für das Oberhaupt und dessen Frauen, oder sie dienen als Küche, Abstell- oder Gästeraum usw.; zahlreich und komplex sind die verschiedenartigen Getreidespeicher, die wie die Häuser aus *torchis* oder *pisé* erbaut sind. Die Forschungen J. P. Lebeufs haben die Baukunst der Fali zur bekanntesten unter den Bauerscheinungen der Hackbau betreibenden Völker gemacht; durchgehend ist die Verbindung zwischen mythischer Welt, Entwurf und Materialien durch ›Übereinstimmungen‹ feststellbar, die Leben und Kultur dieses Volkes ganz durchdringen. Dies ermöglicht, die Bedeutung der Bauten (die im Vergleich zu jenen der benachbarten Gruppen, beispielsweise der Mandara, an und für sich nicht besonders originell sind) in allen Nuancen zu verstehen, die die Architektur in die rituelle Wiederholung des Ursprungsmythos miteinbeziehet.

ZENTRALOSTAFRIKA

TEBU

Nomadisches oder halbnomadisches Hirtenvolk der östlichen Sahara (Libyen, Nigeria, Tschad). Als Wohnstätte dient vorwiegend die zerlegbare, aus Stangen und Matten bestehende und auf Kamelrücken transportable Zelthütte. Die wenigen ständigen Zentren in den Oasen weisen Bauwerke mit einem Sockel (ungefähr 1 m hoch) in Trockenmauerwerk und einem Obergebälk aus mit Gras bedeckten Ästen auf. Die Zelthütte ist eine meist ovale oder rechteckige Anlage mit einem Gitterwerk aus Gabelstützen und Bogenstangen und einer Bedachung aus

Stroh- oder Palmblattmatten, die mit großen Holznadeln befestigt werden; seltener kommt eine mit geometrischen Motiven verzierte Fellüberdachung vor. Die übereck gestellte Tür hat eine nach innen eingeschlagene Matte, die so einen kurzen Eingangskorridor bildet; in der gegenüberliegenden Ecke befindet sich eine Unterkunft aus Matten für die Frauen und in der Mitte die aus vier Steinen bestehende Feuerstelle.
Die Daza haben eine Kastenzelthütte mit einer auf drei Parallelreihen aufgeteilten und mit waagrechten Stangen verbundenen Struktur; während der Regenzeit wird ein konvex überdachter Bau mit senkrechten Haupt- und nach außen geneigten Seitenstützen benützt.

KABABISH

Beduinisches, Kamele züchtendes Nomadenvolk, das in den Steppengebieten des nördlichen Zentralsudan ansässig ist. Das Lager hat verschiedene Ausmaße; jenes des Stammeshäuptlings (Sheik) umfaßt Firstzelte für die Ehefrauen, die Sklaven und Diener, deren Spitze von Norden nach Süden, und deren Eingang nach Osten (in Richtung Mekka) weist. Das rechteckige Zelttuch (bayt shugga) besteht aus Kamelwollgewebestreifen; es wird von einer Reihe von vier Stangen (die beiden äußeren werden *kimm* genannt), die die Spitze bilden, und von Pflöcken geringerer Höhe entlang der Umfassung (tarig und arfaf) gestützt. Zwischen den beiden inneren Gabelpfählen läuft ein Balken (das Pfosten-Balkengefüge wird *el bahir* genannt); die äußeren, die *kimm*, tragen das Zelt mittels gebogener Holzstützen (tawia). Die ›Seitenwände‹ können mit beweglichen Streifen aus Ziegenwolltuch (khaysha) verschlossen werden, die, nach oben gehoben, den Schattenbereich verlängern. Im Innern befindet sich hinter dem Eingang *el bahir* das Bett, daneben ist gegen Norden die *ufta*, ein Tragsessel zur Beförderung der Frauen auf Kamelrücken, so untergebracht, daß im südlichen Teil noch Platz für den Vorratsraum und die Küche frei bleibt.

SHILLUK

Bauern- und Hirtenvolk des südlichen Sudan, das in Dörfern siedelt, die einige Familienkomplexe umfassen und rund um einen zentralen, für Tänze und Zeremonien bestimmten Platz liegen, wo sich auch die den Vorfahren gewidmeten Tempelchen und die Gemeinschaftsställe befinden. Die monogame Familie lebt in zwei Hütten (Wohnung und Küche), mit einander gegenüberliegenden Eingängen, auf einer heckenumzäunten Tenne; die polygame Familie lebt in einem Komplex, der aus mehreren, um einen Hof angeordneten Hütten (eine für jede Ehefrau) besteht. Die Wohneinheit ist die mannshohe, runde Kegelhütte von ungefähr 8 m Durchmesser; die Wand wird aus aufeinandergeschichteten, ungefähr 30 cm hohen Lehmringen erstellt; die hohe Bedachung mit Spitzbogenprofil und einer Struktur aus im Feuer gebogenen Ästen ist mit Rohr und Schilf verkleidet und mit einer Grasschicht bedeckt; häufig reicht sie, vor allem bei den Ställen, bis zum Erdboden, um die Wände vor der Sonnenhitze zu schützen. Der ovale (1 × 0,40 m) Eingang kann mit einer Matte verschlossen werden; der Fußboden im Innern besteht aus einem kompakten Schwarzerdegemisch, das auf einer

Stroh- und Sandunterlage aufliegenden Lehmplattenfußboden überdeckt; große Tontöpfe dienen zur Lebensmittelaufbewahrung.

DINKA

Ackerbau und Viehzucht betreibendes Volk des Südsudan, das in großen Dörfern siedelt, die auf Anhöhen oder, in ebenen, Überschwemmungen ausgesetzten Gebieten, auf breiten Pfahlbauplattformen erbaut sind. Die zylinder-kegelförmige Wohnstätte hat ein strohbedecktes, terrassenartiges Dach, das oft über den Eingang vorragt; im Innern, das auch als Küche dient, wird eine Plattform als Lagerraum benützt.

MARIA

Viehzüchtervolk Norderitreas (Äthiopien); das Lager besteht aus Zelthütten mit einem mit Fellen bedeckten Gerüst in der Form eines umgedrehten Kieles. Die Roten Maria erbauen im Innern des großen Zeltes zwei einander gegenüberliegende, durch die Feuerstelle getrennte Hütten: eine halbellipsoide für die Frauen, die andere für die Ziegen.

SAHO

Halbnomadische Hirtenstämme Eritreas (Äthiopien); als Wohnstätte dient vorwiegend die aus Ästen und Zweigen bestehende Kegelhütte (dasà), ohne Mittelpfahl, die an der Basis mit einem Kreis von Steinen befestigt und teilweise mit Mist verputzt wird. Weit verbreitet ist ein zylinder-kegelförmiger Bau (arè), der als dem *agdò* (biet) verwandt gelten kann: die ungefähr 0,5 m dicke Wand besteht aus einem Mauerwerk aus Erde und Lehm; das Dach wird von einem zentralen Pfahl getragen. Das Innere ist in zwei Räume geteilt, der vordere für die Männer, der hintere für die Frauen; eine Außenlaube dient auch als Unterstand für das Vieh. Unter den Saho befinden sich auch Gruppen, die in Palisaden umzäunten Dörfern siedeln, die aus dem *hedmò* ähnlichen Vierseitenhütten bestehen; während des Sommers werden auch innen durch Trennwände unterteilte, natürliche Höhlen bewohnt.

KUNAMA

Bauernvolk Eritreas (Äthiopien), das in häufig die Ausmaße richtiggehender Dörfer erreichenden Mehrfamiliengehöften siedelt. Die Siedlungen befinden sich gewöhnlich auf Abhängen oder jedenfalls in Verbindung mit den landwirtschaftlichen Kulturen auf Terrassenanlagen. Der Wohnsitz der Großfamilie (von fünf bis an die dreißig Familieneinheiten) umfaßt verschiedene Hütten, die um einen Tennenhof angeordnet sind, der von mit Schilf verbundenen Pflöcken oder von dornigem Niederholz umzäunt ist. Unter den einzelnen Bauten erwähnen wir die Schlafhütte des Häuptlings und seiner Familie, die Küche, das Versammlungshaus, das Lager- und Vorratshaus, das Gästehaus und das Knabenhaus sowie den Stall. Die Wohnung ist üblicherweise zylindrisch mit konischem, nicht über die Wand vorragendem Dach; die Struktur ist nur selten durch einen Hauptpfahl mit einer Holzscheibe an der Spitze verstärkt; das Dach ist mit übereinandergeschichteten kleinen Strohbündeln verkleidet, und Verzierungen aus verflochtenem Stroh bedecken die Pfosten und den Tragbalken der Tür. Nur die über dem Erdboden liegenden Getreidespeicher sind mit Schlamm verschmiert.

MAO

Ein vorwiegend Ackerbau betreibendes Volk Äthiopiens; die Wohnstätte ist ein Rundbau (5–6 m Durchmesser). Die Wand besteht aus einem Ring von 5–6 m hohen Stangen, die im Abstand von 40 cm in einen mit Stampflehm gefüllten Graben eingerammt werden; die Stangen werden sodann gebogen und mit doppelten Schilfreifen zusammengebunden, wodurch sie Spitzbogenprofil erhalten. Die Bedachung besteht aus kleinen Strohbündeln. Die größeren Hütten (bis zu 10 m Durchmesser, 8 m Höhe) der Häuptlinge haben auch einen Hauptpfosten. Unter den südlichen Maos ist eine runde Kegelhütte mit einer aus einem dichten Bambusgitter bestehenden Wand verbreitet.

AMHARA

Bauernstämme der nordäthiopischen Gebiete, die in ständigen Siedlungen wohnen; die traditionelle Baukunst, nimmt man die Zentren mit ›städtischem‹ Charakter (katamà) aus, wo das terrassenförmige Rechteckhaus vorherrscht, zeigt als charakteristische Ausdrucksweisen den hedmò und den tucul. Der hedmò ist ein im eritreischen Hochland verbreiteter Bau mit Rechteckanlage, Wänden aus Lehm und Steinen sowie pflanzlicher Flachbedachung. Die Wände sind oft über einen halben Meter dick; die von zwei oder drei im Wandinnern eingelassenen Pfahlreihen getragene Bedachung besteht aus Gebälk und erdbedecktem Geäst.
Das Innere wird durch eine Reihe von Töpfen für das Getreide in zwei Räume geteilt; der geräumigere vordere (medribèt) ist dem Aufenthalt, der Unterbringung des Viehs und den Gästen vorbehalten; der mit der Feuerstelle versehene innere (usciaté) enthält die gemauerten Betten. Die hedmò sind gewöhnlich paarweise angeordnet und haben die Bedachung, die vordere Laube und die äußere Viehumzäunung gemeinsam; häufig stoßen sie mit der Rückwand an eine Felswand. Der tucul (ein arabischer Ausdruck; amharisch biét) ist ein zylindrisch-konisches Bauwerk mit sehr unterschiedlichem Ausmaß und Materialien; die Wände bestehen üblicherweise aus Trockenmauerwerk; die komplexeren Arten haben mehrere Stockwerke und um den Hauptraum eine aus konzentrischen Ringen bestehende Innenstruktur, wodurch ringförmige Gänge entstehen, die verschiedentlich als Wohnung, Lagerräume oder Stall benützt werden. Der oft in zwei Teile geteilte Hauptraum hat immer einen kreisförmigen Grundriß, wie die pflanzliche konische Bedachungsanlage; dagegen sind die Außenwände oft viereckig. Häufig, vor allem in Giura, ist die ringförmige Außenlaube, die auch den Dachbalken als Stütze dient. Eine Variante besteht aus einer Doppelapsis- oder Ovalbauart (sagalà). Diese hat eine mit einer durchgehenden Dachfläche versehene Überdachung, die von einem auf zwei Hauptpfählen ruhenden Firstbalken getragen wird; das Innere ist in zwei von zwei Familien bewohnten

Räume unterteilt. Ähnlich ist der sakero der Kaffitscho, wo der rechteckige Hauptraum als Schlafstätte, die halbkreisförmigen Seitenräume als Aufenthaltsort und Küche dienen. Die halbnomadischen Gruppen haben als traditionelle Wohnstätte eine zerlegbare halbkugelförmige (4 m Durchmesser, 2 m Höhe) Hütte (guoggió) mit einer Struktur aus Bogenstangen und Grasbedachung; eine konische, ungefähr 3 m hohe Art hat ein von einer Hauptstütze getragenes Stangengerüst, das mit aufgeschichteten oder übereinanderliegend verknüpften Grasbündeln bedeckt ist.

GURAGE

Bauernvolk Zentraläthiopiens, das in aus zylindrisch-konischen Hütten bestehenden Dörfern ansässig ist. Die Familieneinheit kann in einer oder mehreren Hütten wohnen: in diesem Fall unterscheidet man die xarar (für das Nachtlager), die zagar (für den Aufenthalt) und die gwea (Küche und Viehunterstand). Die Tragstruktur des Baues besteht aus einem Mittelpfosten, der mittels sich fächerartig öffnender Sparren (wakas) den oberen Teil der Bedachung trägt. Die Wand besteht aus durch dichte waagrechte Bambusverstrebungen (gerkaha) zusammengehaltenen Holzteilen; die Spalten werden im Innern mit einer Lehmschicht verschlossen. Die Feuerstelle befindet sich zwischen der Tür und dem Mittelpfosten; eine erhöhte Plattform auf Pfählen (kot) hinter dem Bett (angereb) dient als Vorratsraum.

GALLA

Ein vorwiegend Ackerbau betreibendes Volk Südäthiopiens, das in Dörfern siedelt, die um einen als Markt und für die Gemeinschaftstätigkeiten dienenden zentralen Platz angeordnet sind; auf dem Platz wird häufig zur Rechtspflege ein strohbedecktes Pfahldach errichtet. Die traditionelle Wohnart der seßhaften Gruppen ist ein zylindrisch-konischer, dem tucul ähnlicher Bau; bei den Arussi Zentraläthiopiens überlebt eine halbellipsenförmige Hüttenart großen Ausmaßes, mit Quereingang und einem Gerüst, das aus zwei parallelen Bambusbogenreihen besteht, die im Mittelteil orthogonal gekreuzt und gegen die Seiten hin geneigt sind, um die Wölbung des Baues zu begünstigen. Die Arussi in der Umgebung von Harrar haben eine, manà genannte, innen dreigeteilte, zylindrisch-konische Wohnung: eine mit Matten bedeckte Steinabstufung, die als Lagerstätte (bohru) dient, die Küche (sunsumma) und der den Versammlungen und dem Aufenthalt vorbehaltene Teil (huscià). Besonders interessant sind die Grabbauten der Galla: die Gräber sind von zylindrischen Stein- oder Bambushügeln überlagert oder von Erdkuppeln (Stammeshäuptlinge der Westgalla), die von einer Holzskulptur überragt werden und von einem Graben umgeben sind.

CHENCHA

Bauernvolk Südäthiopiens, das im Gebiet westlich des Margarethensees ansässig ist; die Familienwohnstätte ist ein eleganter Bau aus verflochtenen Bambusleisten mit Kreisgrundriß und Spitzbogenprofil, der mit Schichten von Bambusblättern verkleidet ist (Höhe und Durchmesser ungefähr 8 m). Oberhalb der Tür wird ein hoher, halbkreisförmiger, elegant mit der Kuppel verbundener

Lünettenvorsprung hinzugefügt, der als Schutz und Eingang dient; dachlukenartig sind auf dieselbe Art die kleinen, den Rauchabzug begünstigenden Seitenöffnungen geschützt. Das Innere ist durch eine Bambuswand zweigeteilt; im vorderen Teil, der die Familie und das Vieh aufnimmt, befindet sich die Feuerstelle, der hintere Abschnitt dient als Vorratskammer.

SIDAMA

Vorwiegend Ackerbau betreibende Stämme Süd- und Westäthiopiens; die Siedlung besteht aus dem Dorf oder dem Familiengehöft. Bei den Konso sind die großen Dörfer durch einen doppelten Mauerring mit zwei Toren geschützt; im Innern befinden sich die Familiengehöfte, durch die breite Straßen zum mit Steinwänden und Kuppeldach versehenen Versammlungshaus und zum Tanzplatz, mit einem Monolithen oder heiligen Baum in der Mitte, führen. Die Wohnstätte der Konso ist zylindrisch-konisch (im Südwesten werden auch halbunterirdische Terrassenhäuser mit trockengemauerten Wänden benützt), eine Art, die in den Westgebieten, auch bei den Kaffitscho und Ghimirà, überwiegt; die letzteren bemalen die Wände orangerot und verzieren sie mit geometrischen Schwarzweißfiguren. Die Sidamagruppen der Ostgebiete haben indessen Rundhütten von durchgehend krummlinigem Schnitt; die Hütte der Gamò, mit Spitzbogenschnitt, ist mit Strohstreifen bedeckt und hat über dem Eingang einen halbkegelförmigen Vorsprung; jene der Sidama, die breit und gedrückt ist und aus dicht verflochtenem Schilf besteht, hat ein unten aufgeblähtes, am Bodenansatz zurücktretendes Profil.

TURKANA

Hirten- und Jägervolk des Gebietes südwestlich vom Rudolphsee (Uganda), das in kleinen, aus wenigen Hütten und Viehpferchen bestehenden Dörfern siedelt; ein rundlicher Heckenzaun aus Ästen und Zweigen umgibt das Ganze. Die Wohnstätte ist Eigentum der Frauen und besteht aus zwei Teilen: einer halbkugelartigen Hütte (akai) für die Nacht und einem Schutz (ekal) für den Tag in Form einer Viertelkugel.

ACHOLI

Hirten- und Feldbauernvolk Ugandas, das in Dörfern wohnt; die Siedlung, einst von erstaunlichen Ausmaßen, war in beherrschender Lage erbaut und von einer Palisade umgeben. Die Häuser sind um einen Hauptplatz angeordnet, wo sich als idealer Zentralpunkt des Gebietes eine Tempelhütte und der heilige Baum befinden. Die zylindrisch-konische Wohnstätte, mit ungefähr 5 m Durchmesser, hat mit Lehm bedeckte Wände aus Pfählen und Schilfrohren; das flache oder abgestufte strohbedeckte Dach mit einem Büschel an der Spitze ist leicht geneigt und ragt häufig, eine Außenlaube bildend, vor. Besondere Hütten (otogo) sind den Knaben und Mädchen vorbehalten.

SOMALI

Die Hirten- und Bauernstämme der Innengebiete Somalias haben als traditionelle Wohnstätte den agal beziehungsweise den *mondull*. Der *agal* ist eine halbkugelförmige, leicht zerlegbare Hütte (1,20–3 m Durchmesser, 1,50–2,50 m Höhe). Das Gerüst besteht aus einer Reihe von Bogenstangen und aus waagrechten Verbindungsringen von abnehmendem Umfang; die Überdachung besteht aus Matten oder Fellen. Die Feuerstelle liegt außen neben dem Eingang, von einer Hecke geschützt; im Innern befindet sich gegenüber der Tür der Sack zur Hirseaufbewahrung und an den Seiten die Lagerstätten. Der *mondull* der Ackerbauern ist ein dem *tucul* ähnlicher zylindrisch-konischer Bau; der Durchmesser schwankt zwischen 2,50 und 5 m, die Höhe zwischen 2 und 3 m. Die Wand besteht aus waagerecht durch Äste verbundenen Pfählen; das Gitterwerk wird mit Grasschollen aufgefüllt und mit einem Erd- und Mistgemisch verkleidet. Der zentrale Stützpfosten (tir) ist unten durch einen Ring aus Kalk und Sand und oben durch eine Holzscheibe (cabar) verstärkt; die Bedachung besteht aus Blattwerk, Gräsern oder Stroh. Das Innere ist durch eine radiale Trennwand geteilt, die das, nach islamischer Tradition den Frauen vorbehaltene, innerste Abteil schützt. Gemauerte Häuser sind in Migurtinien verbreitet, darunter der *garese*, ein stumpfkegelförmiger, terrassenbedachter Bau mit zwei Stockwerken; der *acal* der Cablalla ist außen mit ornamentalen Motiven verziert; der *mnem* der Migurtiner ist in mehrere Räumlichkeiten unterteilt.

Die Siedlungen der Küstengebiete bestehen hingegen aus Wohnungen mit Rechteckanlage, mit einem oft von Innenpfählen getragenen Satteldach; die häufig verputzten Wände sind aus Stangen und Erde, Schlamm oder Mist. Das Innere ist durch pflanzliche Trennwände in verschiedene Räumlichkeiten unterteilt: jene in der Mitte für das Familienoberhaupt, die an den Seiten für die Ehefrauen; ein Gerüst im Hauptraum dient auch als Vorratslager.

BON

Jägervolk Südsomalias; die Wohnstätte ist ein nischenförmiger Unterstand aus gebogenen Ästen mit einem Bett aus Zweigen und Gras; es werden auch Kuppelhütten mit einer Struktur aus verflochtenen, nur zur Hälfte bedeckten Zweigen erbaut.

GANDA

Feldbauernvolk Ugandas der Bantu-Sprachgruppe, das in Dörfern siedelt, die große konische Wohnstätten (10–12 m Durchmesser, 8 m Höhe) umfassen. Die aus einem strohbedeckten Holzgitter erbaute Dach-Wand ruht im Innern auf zwei konzentrischen Pfahlringen und öffnet sich in eine halbelliptische Lünette, die eine kleine Laube am Eingang schützt.

DSCHAGGA

Bauernvolk der Bantusprache, das im Kilimandscharogebiet (Kenia) ansässig ist. Die Wohnstätte ist eine Hütte mit Kuppelstruktur, die von der bis zum Boden reichenden Überdachung verdeckt wird. Die früheren Wohnstätten waren völlig unterirdisch: ein stark geneigter Gang führte in verschieden große Räume, die unter-

schiedlichen Zwecken dienten (Wohnraum, Zimmer, Lagerräume) und untereinander durch Stollen mit gewölbe- oder kuppelartigen Decken und durch Luftkanäle verbunden waren.

MASSAI

Hirtenvolk Zentralkenias und Nordwesttansanias; die zeitweilige Wohnstätte ist ein rundlicher, in beherrschender Lage erbauter *kraal*, der eine Hütte für die Junggesellen und Familienbauten umfaßt und von einem Heckenzaun mit zwei einander gegenüberliegenden Eingängen umgeben ist; in der Mitte liegen die Viehgehege. In einem von Merker beschriebenen Kraal gliedern sich die sechzehn Wohnstätten – die in zwei Halbkreisen mit nach innen gerichteten Eingängen angeordnet sind – in vier Gruppen, sich somit im Verhältnis zur Querachse spiegelnd. Als Wohnstätte dient ein *tembe* mit Rechteckgrundriß und abgerundeten Ecken (ungefähr 3 × 4–5 m), einer mit den Wänden verbundenen Flachbedachung (ungefähr 1,70 m Höhe) und einem Eckeingang. Die Bedachung wird von einem Längsbalken und einer Reihe von Pfosten getragen; das durchgehende Wand-Dach wird mittels eines Bogenstangen-Gerüsts und kleiner Querbalken errichtet und mit Gezweig fertiggestellt sowie mit einer Schicht aus Stroh, Lehm und Mist bedeckt. Der Eingang wird durch eine kurze spiralförmige Wandverdoppelung an einer Ecke geschützt; der kleine Vorraum dient zur Helligkeitsverminderung und zum Schutz des Innern gegen Fliegen.

ZENTRAL-SÜDAFRIKA

BAMUM

Bauernvolk Kameruns, das in Dörfern mit aneinandergereihten Wohnstätten siedelt, die unterschiedliche Formen für Männer und Frauen haben. In den ersten Jahrzehnten unseres Jahrhunderts wurde die traditionelle Architektur der Bamum beim Bau des Königspalastes von Fumban, der Hauptstadt des Reiches, angewandt; das traditionelle Kastenhaus mit einem Dach, dessen Dachflächen (kuppelartig oder mit Firstbalken) miteinander verbunden sind, wird durch die Verschiedenartigkeit der verwendeten pflanzlichen Materialien und, vor allem bei den Gebäuden der Häuptlinge, durch großzügigen Einsatz von Holzskulpturen bereichert.

BAMILEKE

Bauernvolk Kameruns, das in komplexen und symmetrisch angelegten Dörfern siedelt; bei der verbreitetsten Art sind die Wohnstätten in parallelen Reihen an den Seiten des für die Zeremonien und Versammlungen bestimmten zentralen Platzes angeordnet, an dessen Rand das große Gemeinschaftshaus erbaut wird. Die Familienhütte ist quadratisch angelegt und mit einem strohverkleideten Kegeldach bedeckt. Die Materialien und die Ausmaße sind je nach der Bestimmung unterschiedlich: die Frauenhäuser mit 3–4 m Seitenlänge haben, wie

die Versammlungshäuser und die Getreidespeicher, eine aus vier Eckpfosten bestehende Tragstruktur und doppelte Wände aus Bambusgitterwerk; die Spalten zwischen den Bambusrohren werden von außen mit Lehm ausgefüllt, was eine lebhafte dekorative Wirkung ergibt. Das Kegeldach sitzt auf einem die viereckig angelegten Seitenwände umgrenzenden Kreis; der erhöhte Eingang wird durch eine Bambusschiebetür verschlossen; häufig gibt eine andere, höher gelegene Öffnung Zutritt zum im Hängeboden-Unterdach befindlichen Getreidespeicher. Bei den riesigen öffentlichen Bauten, die die Arbeit von Hunderten von Menschen erfordern, ist die Bedachung kegel- oder pyramidenförmig, mit gebogenem Profil und abgerundeten Kanten; die Außenkolonnade hat vorwiegend dekorative Funktion, was von den die Türe zierenden Skulpturen noch unterstrichen wird; das Innere ist oft kreuzförmig in vier Räume unterteilt.

BAKOSI

Bauernvolk Kameruns, das im Waldgebiet zwischen dem Manengoubagebirge und dem Berg Kupa ansässig ist; die traditionelle Siedlung ist das aus verschiedenen Familiencompounds bestehende Dorf oder das vereinzelt auf einer Lichtung stehende Gehöft. Die Baueinheit ist eine zylindrische Hütte mit hohem Kegeldach und einer Wand aus verflochtenen Zweigen, die die Tragpfeiler außen beläßt. Jedes Gehöft umfaßt das Haus des Familienoberhauptes (njeb), das im Falle besonderen Reichtums und Ansehens mit zwei Türen ausgestattet ist; es dient auch sozialen und rituellen Zwecken. Der *njeb* des einflußreichsten Mannes des Klans wird zum Haus der politischen und religiösen Versammlungen auch eines größeren Umkreises (esam); die zwischen den beiden Türen befindlichen Außenpfähle sind oft mit Totembildern behauen, und eine Reihe von Steinen (fünf, sieben oder neun), die als Sitze für die Versammlungen im Freien dienen, symbolisieren die Ahnen. Die *ndab* genannte Familienhütte (eine für jede Ehefrau) weist im Innern, außer den Lagerstätten und der Feuerstelle, einen Hängeboden auf, der die Brennholzvorräte trägt.

BAYA

Bauernstämme, die an den Ostgrenzen Kameruns und in der Ubangi (Volksrepublik Kongo) beheimatet sind; das Dorf umfaßt einige Dutzend um einen gemeinschaftlichen zentralen Platz angeordnete Bauten. Die traditionelle Wohnstätte ist zylindrisch-konisch, mit sehr hohem, fast bis zum Boden reichendem Dach, geradlinigem oder konkav-konvexem Profil; häufig ist ein zentraler Stützpfahl. Zur Inneneinrichtung gehören große dekorierte Tontöpfe für die Vorräte, die von Lehmpfeilern getragen werden. Eine archaische Wohnart mit halbkugelartiger Kuppel und einem vor dem Eingang liegenden tonnenförmigen Gang wird als zeitweiliger Unterstand benützt.

PYGMÄEN

Jägervolk, das in verschiedenen Gebieten zwischen Kamerun und Zaïre die äquatorialen Urwälder bewohnt; die traditionelle Siedlung ist das über kurze Zeitspannen bewohnte Lager der Jagdgruppe, das aus wenigen um einen rundlichen zentralen Platz angeordneten Familienhütten besteht. Die Errichtung der kleinen Hütten (2–3 m Durchmesser, 1,50 m Höhe) ist gänzlich den Frauen anvertraut; die halbkugelartige Tragstruktur besteht aus zu Meridianbögen gekrümmten Ästen; unter den Mbuti ist eine viertelkugelförmige Art mit parallelen Bögen verbreitet. Die Bedachung besteht aus breiten Phriniumblättern, die bei Niederschlägen eine außerordentliche Wasserundurchlässigkeit gewährleisten.

MANGBETU

Feldbauern- und Jägervolk des nordöstlichen Kongo (Zaïre), das in entlang den Straßen oder wichtigsten Wasserläufen erbauten Dörfern siedelt; jede Familie bewohnt eine durch Palmenanpflanzungen von den anderen getrennte Umfassung. Die traditionelle Wohnstätte weist zwei verschiedene Typen auf: rechteckig mit konvexem Satteldach (für die Männer bestimmt) und zylindrisch-konisch mit sehr hoher Bedachung (für die Frauen); in neuerer Zeit herrscht eine zylindrisch-konische Art vor. Bei den Popoi und Ngelima werden noch äußerst schlanke Hütten (Basis von 2–3 m) mit Rund- oder Quadratgrundriß, kegel- oder pyramidenförmigem, bis zu 6 m hohem Dach benützt.

BAKUBA

Feldbau betreibendes Bantuvolk, das im südöstlichen Kongo in um einen länglichen Platz angeordneten Dörfern wohnt. In der Mitte befinden sich kleine Hüttenlager für die Gifte und Fetische, an den beiden Seiten die Familienwohnungen, Hütten mit Rechteckanlage und rindenbedecktem Satteldach.

NYAMWEZI

Viehzucht betreibendes Volk Tansanias; das Lager ist ein kleiner viereckiger, aus verschiedenen Familienwohnungen (tembe) bestehender *kraal*, der häufig von dornigen Hecken umgeben ist. Der *tembe* (häufig halbunterirdisch in den Boden eingetieft, mit stollenförmigem Eingang) hat Rechteckgrundriß mit flacher oder bogenförmiger Bedachung und abgerundeten Kanten; die Struktur besteht aus mit Schlamm beworfenen Pfählen und Zweigen. Der Eingang befindet sich gewöhnlich an einer Ecke; die Gruppen von Wohnstätten sind mit den kurzen Seiten in Reihen aneinandergebaut.

ROTSE

Ackerbau und Viehzucht betreibendes Volk im Gebiet des oberen Sambesi (Rhodesien), das zur Bantu-Sprachgruppe gehört und in einem Reich zusammengeschlossen war, das im 19. Jh. ein weites Gebiet zwischen Angola und Mozambique beherrschte. Die traditionelle Wohnstätte des Rotse-Reiches war eine längliche, mit Farnen und Gräsern bedeckte Hütte mit Tonnenstruktur und Quereingang; die Bedachung konnte aus vier konvexen Dachflächen bestehen, das Innere war in zwei Räume unterteilt.

MBUNDU

Ackerbau betreibendes, in Angola ansässiges Volk der Bantu-Sprachgruppe, das in Dörfern wohnt, die aus einem zentralen Platz mit der großen Versammlungshütte und den ihn umgebenden, rechteckig oder quadratisch angelegten Familienhäusern bestehen. Das Dach hat zwei oder vier Flächen; die Wände sind mit Lehm beworfen und häufig reich verziert.

TSONGA

Ackerbau betreibendes Volk des südlichen Mozambique, das traditionsgemäß in von einer Palisade umgebenen Dörfern mit rundlicher Umfassung siedelt. Die Inneneinteilung der Wohnsitze (zylindrisch-konische Hütten mit Wänden aus Stämmen; verputzte Getreidespeicher mit einem außen von einem Ring aus Pfählen getragenen Dach) spiegelte die hierarchische Struktur der Gesellschaft wider. Zu beiden Seiten des Eingangs befanden sich die Wohnungen der Unverheirateten; rechts und links davon die der Brüder des Häuptlings; in der Achsenposition dem Eingang gegenüber lagen die Wohnung des Häuptlings und jene seiner Frauen.

HOTTENTOTTEN

Nomadisches Jäger- und Hirtenvolk Südafrikas; das Lager besteht aus einem Hüttenring, der einen rundlichen Platz umschließt. Die Wohnstätte ist halbkugelförmig mit ungefähr 4 m Durchmesser und leicht zerlegbar; sie hat ein Traggerüst aus biegsamen, senkrecht in die Erde gesteckten, oben zusammengebunden und durch parallele waagrechte Ringe verbundenen Ästen. Die Jäger benutzen einen Windschirm mit halbkreisförmiger Anlage aus mit Laubwerk und Gräsern bedeckten Zweigen.

BUSCHMÄNNER

Jäger- und Sammlervolk, das im wüstenähnlichen Gebiet der Kalahari (Angola, Namibia, Republik Südafrika, Botswana) ansässig ist. Der Jagdtrupp errichtet die Unterstände rund um das Feuer; bei den Heikum sind die Wohnstätten um einen rundlichen Platz angeordnet, in dessen Mitte der heilige Baum steht, zu dessen Füßen die Versammlungen abgehalten werden; im Osten befindet sich der Wohnsitz des Häuptlings, im Süden jener seines Bruders, während der Nordteil den Gästen vorbehalten ist. Die Wohnstätte ist ein viertelkugelförmiger Windschirm oder eine kleine Kuppelhütte mit einem Gerüst aus mit Gras und Blättern bedeckten Zweigen.

DAMARA

Jäger- und Sammlervolk Südafrikas (Namibia); das Lager der Jägergruppe umfaßt einen Ring von Wohnstätten, die um einen Platz angeordnet sind, in dessen Mitte sich das Feuer oder ein heiliger Baum befindet. Außer den Windschirmen erbauen die Damara geräumige halbkugelartige Hütten mit einem Gerüst aus gebogenen und

mit Gräsern bedeckten Ästen; die traditionelle Verkleidung besteht aus einer Schlammschicht.

HERERO

Nomadisches Hirtenvolk Südafrikas (Namibia) der Bantusprache, das in rundlichen Lagern wohnt, in deren Mitte sich ein Platz (khoro) für das Feuer und der heilige Baum befinden; die Wohnstätte des Häuptlings unterscheidet sich von den gewöhnlichen Familienhütten. Diese (pontok) haben kuppelförmige Struktur und eine Verkleidung aus Erde oder einem Gemisch aus Lehm und Mist.

TSCHWANA

Bauern- und Hirtenvolk der Bantusprache, das in den wüstenähnlichen Zentralregionen Mittelafrikas (Republik Südafrika, Botswana) ansässig ist; die Siedlungen sind große Dörfer (die über 25 000 Menschen beherbergen können), die aus zylindrisch-konischen Hütten bestehen, welche häufig mit einer Außenveranda aus Pfählen ausgestattet sind.

SOTHO

Viehzüchtervolk der Bantusprache, das die östlichen Gebiete der Republik Südafrika bewohnt; die traditionelle Siedlung ist ein *kraal,* der um das Viehgehege und die es umgebenden Familienhütten angeordnet ist. Der Wohnsitz des Häuptlings befindet sich an der dem Eingang gegenüberliegenden Seite; die Wohnungen sind Kuppelhütten mit ovaler Anlage und pflanzlichem, mit Lehm bedecktem Rahmen.

ZULU

Viehzüchtervolk der Bantusprache, das an der äußersten Südostspitze Afrikas (Südafrika) ansässig ist; die Siedlungsart ist das um den Viehpferch und die Vorratslager angeordnete Lager (kraal); rund um den Pferch und den zentralen Platz sind kreisförmig die Wohnstätten angelegt; es sind Kuppelhütten (indlu) mit leicht abgeflachtem Profil aus verflochtenen Zweigen und Schilf, mit Stoppeln und Stroh bedeckt; ihrer Leichtigkeit wegen können sie als Ganzes transportiert werden, ohne daß es notwendig ist, sie zu zerlegen. Die Wohnstätte wird wegen des dichten Flechtwerks der Kuppel *ukwakha umduzo* (Wirkerei) genannt. Als innere Tragstruktur dient ein Rahmen, der aus zwei gegabelten Pfählen (insika) und einem Balken (umjanjato) besteht, auf dem die Querbalken, die den Kuppeloberteil tragen, ruhen; dieser hat als Tragrahmen ein Gitterwerk aus parabelförmig gebogenen Schilfrohren (isi thungo), auf die Stroh gelegt wird, das von außen von einem Netz aus radialen Knoten und rechteckigen Maschen (umtwazi) festgehalten wird. Im Innern liegt in der Mitte zwischen den Pfosten die Feuerstelle; der rechte Teil der Hütte ist für die Männer, der linke für die Frauen bestimmt. Es werden auch andere Bedachungsarten verwendet: die mit stufenartig angebrachten Strohschichten bedeckte Kuppel (ukwakha umdeko) und die im zentralen Teil mit einer Längsmatte bedeckte Kuppel (indlu esikutulo).

ZENTRAL-WESTASIEN

RUWALA

Nomadenvolk von Kamelzüchtern, das ein weites wüstenähnliches Gebiet zwischen Syrien, Jordanien, Saudi-Arabien und dem Irak bewohnt; die jahreszeitlich bedingten Verlegungen folgen genau festgelegten Routen, und die Lager werden für einige Wochen immer an denselben Orten errichtet. Die Zelte werden, wie bei anderen Beduinenvölkern, im Kreis aufgestellt; die Tragstruktur besteht aus drei Pfahlpaaren, das Tuch hingegen aus zahlreichen, unterschiedlich langen Streifen aus Ziegenwolle. Das Zelt des Oberhaupts hat gewöhnlich größere Ausmaße; das Innere ist in zwei Teile geteilt, den kleineren für das Oberhaupt und die Gäste, den größeren für die Frauen, Kinder und Lebensmittelbehälter.

KURDEN

Bauern- und Hirtenvolk, das in Kurdistan, dem gebirgigen Grenzgebiet zwischen Iran, Irak, Syrien (Gebiet um Aleppo), Türkei und UdSSR, beheimatet ist. Die Siedlung kann dauerhaft oder halbnomadisch sein, je nach Überwiegen der landwirtschaftlichen oder Weidetätigkeit. In Kurdistan ist der *guba'd* sehr verbreitet, eine Wohnart mit Kreisgrundriß und parabolischer Scheinkuppel, der oft ganze Dörfer bildet. In den Gebirgsgegenden wird der *guba'd* aus Steinen im Trockenbau errichtet, in den ebenen Gebieten (beispielsweise bei Aleppo) aus an der Sonne getrockneten Laiben oder Ziegeln aus Lehm. Die einzelnen Bauten, deren einzige Öffnung die Eingangstüre ist, sind zu Mehrfamilienkomplexen vereint; davor liegt im allgemeinen ein von einem Mäuerchen umgrenzter runder Platz.

ARMENIER

Ackerbau und Viehzucht betreibende Völker, die vorzugsweise im nördlichen Iran und in der gleichnamigen Republik der UdSSR ansässig sind. Die Siedlung besteht aus großen kompakten Dörfern, mit gleichgerichteten Wohnungen. Das traditionelle Haus (glkhatun) hat Quadratgrundriß und ein einziges, mit einer komplexen Kuppel (azarashenk) bedecktes Stockwerk; ein darunterliegender Raum dient als Keller. Im Pferch wird oft ein zweiter, den Männern vorbehalter Bau (odah) errichtet. Im allgemeinen herrscht eine Art aus Stein und Lehm vor mit Rechteckgrundriß und einem Terrassendach, das auch zum Schlafen im Freien, auf eigenen Plattformen, während der Sommerszeit dient.

ASERBEIDSCHANER

Vorwiegend dem Ackerbau und der Viehzucht zugewandtes Volk in Aserbeidschan (UdSSR). Eine von Nomadengruppen verwendete kuppelförmige Zeltart (kibitka) hatte eine einfache Struktur aus in den Boden gerammten und oben verbundenen, mit Filz bedeckten Stangen.

GEORGIER (Grusiner)

Ackerbau betreibende Völker Transkaukasiens (UdSSR), deren traditionelle Struktur auf der ›bäuerlichen Großfamilie‹ gründete; in den westlichen Gebieten sind Holzbauten, in den östlichen Steinbauten vorherrschend. Bei den Kharthliern ist die halbunterirdische Wohnstätte an die Bergwand gebaut, mit einem Flachdach bedeckt und hat eine zentrale Feuerstelle. Die interessanteste traditionelle Bauart ist mit einer komplexen abgestuften Holzstruktur gedeckt, von Pfählen (darbazi) gestützt und in der Mitte für den Rauchabzug geöffnet; der der Feuerstelle am nächsten stehende Pfahl war der heilige Stützpfahl des gesamten Baus und wurde mit Einkerbungen verziert. In den Gebirgsgegenden Georgiens und besonders in Suanetien herrscht die verstreute oder aus kleinen Gruppen bestehende Siedlung vor, die von charakteristischen zwei- oder dreistöckigen Turmhäusern aus Stein beherrscht wird: das untere Stockwerk mit der Feuerstelle in der Mitte wird als Winterwohnung und als Viehunterstand benützt, das mittlere als Sommerwohnung und das letzte als Zufluchtsort und Ausguck.

OSSETEN (Ossen)

Ackerbau und Viehzucht betreibendes kaukasisches (UdSSR) Volk, das in kompakten Hangdörfern oder in verstreuten Komplexen in den ebenen Gebieten siedelt. In den Hochgebirgstälern waren die Dörfer, die eine einzige, in verschiedenen Wohnungen lebende ›Großfamilie‹ umfaßten, von einer Steinmauer umgeben; häufig waren, wie in Dagestan, die Ausgucktürme. Das traditionelle Haus hat einen einzigen Raum mit der Feuerstelle in der Mitte, der in eine männliche und eine weibliche Hälfte unterteilt ist.

TSCHERKESSEN

Ackerbau und Viehzucht treibende Völker, die in den Ebenen des nordwestlichen Kaukasus und an den Küsten des Schwarzen Meeres (UdSSR) beheimatet sind. Der traditionelle Wohnsitz besteht aus einem umzäunten, innen in drei Teile unterteilten Komplex: dem Haus, der Tenne und dem Pferch. Die Wohnstätte hat quadratische Anlage, Sattel- oder Walmdach, keine Fenster und eine durch verflochtene Zweige und Schilf vervollständigte und mit Lehm verputzte Holzstruktur. Eine als Küche dienende Rundhütte neben dem Hauptbau und eine zerlegbare Zelthüttenart, die häufig als Sommerzelt benützt wird, sind Überbleibsel eines verschwundenen Nomadentums. Das Haus ist oft in zwei Teile, für die Männer und für die Frauen, unterteilt; manchmal bestehen zwei getrennte Bauten; auch die Gäste werden in eigenen Bauten untergebracht. Der Getreidespeicher ist ein aus verflochtenen Zweigen bestehender Pfahlbau mit kreis- oder zylinderförmigem Korb und abnehmbarem Dach.

ABCHASEN

Vorwiegend Ackerbau betreibendes Volk der kaukasischen Küste des Schwarzen Meeres (UdSSR); die traditionelle Wohnstätte ist eine rechteckige Hütte mit Walmdach, in dessen Mitte eine Öffnung dem Rauchabzug diente; oft begünstigte ein über der zentralen Feuerstelle liegender Kamin den Zug. Eine archaischere, mit Lehm verputzte Art mit Kreisgrundriß wird als Küche benützt.

DAGESTANER

Völker des Dagestan (Kaukasus, UdSSR) mit vorwiegend auf Ackerbau und Viehzucht gegründeter Wirtschaft, die gewöhnlich in auf Berghängen liegenden Dörfern siedeln. Die traditionelle Wohnstätte ist teilweise in den Hangboden gegraben, mit einer aus Fels bestehenden Rückwand, quadratischer Anlage und Terrassenbedachung. Die extreme ethnische Verschiedenartigkeit und die andauernden Kämpfe unter den verschiedenen Gruppen können die Verbreitung von steinernen Wachttürmen, die der Gemeinschaft oder den einflußreichsten Familien gehören, erklären. Das gewöhnliche Haus hat nur einen einzigen Raum; komplexere Arten entsprechen der Gliederung der Familie (Trennung des Männerraumes von jenem der Frauen nach islamischem Brauch) und deren Reichtum (mehrstöckige Häuser); manchmal ist jede einzelne, von den anderen getrennte Wohnung mit einer rechteckigen befestigten Einzäunung umgeben.

KIRGISEN, USBEKEN, TURKMENEN, KASACHEN, KARA-KALPAKEN

Ackerbau und Viehzucht betreibende Völker, die in den gleichnamigen Republiken der UdSSR (Zentralasien) siedeln; die seßhaften Gruppen haben als traditionelle Wohnstätte das rechteckige Haus, das oft Teil großer Siedlungen ist; die nomadischen Gruppen die aus einem Gitterwerk bestehende Jurte (kibitka). Sehr häufig ist inzwischen der gleichzeitige Gebrauch dieser beiden Wohnarten; zahlreich sind die lokalen Varianten, sei es in bezug auf das Material des Hauses (Rohziegel, ein Gemisch aus Stroh und Erde, Gitterwerk und Lehmverputz), wie bei den Jurten (die beispielsweise bei den turkmenischen Gruppen sehr unterschiedlich sind). Die Jurte ist heute bei den seßhaften Gruppen oft nur mehr ein Zubehör des Hauses oder des Pferches; bei den Kara-Kalpaken dient sie als im Hof aufgestellte Sommerwohnung, während sie den Winter über häufig im Innern des Hauses errichtet wird.

MONGOLEN, TÜRKEN

Nomadisches oder halbnomadisches Hirtenvolk, das sehr weiträumige wüstenähnliche Gebiete Zentralasiens, von der Mongolei bis zur Kaspischen See (Mongolei, UdSSR), bewohnt. Die traditionelle Siedlungsart ist das Lager, das die ›Großfamilie‹ aufnimmt, bestehend aus zylindrischen Zelten mit mehr oder weniger eingedrückter Kuppelbedachung; diese, Jurte, *kibitka, ger* genannte Wohnart, ist in nahezu gleichen Formen, wie man sie heute noch antrifft, schon seit dem 13. Jh. dokumentiert (in der ›Storia dei Mongoli‹ des Giovanni del Carpine und im ›Milione‹ des Marco Polo). Die teilweise auch Ackerbau betreibenden Gruppen erbauen auch oft zu befestigten Dörfern zusammengeschlossene Lehmwohnstätten mit Flachdach. Die Jurte besteht aus zwei Teilen: dem mannshohen zylindrischen Wand-Unterbau und der stumpfkegelförmigen (bei den Mongolen) oder mit einer stark abgeflachten Kuppel (türkische Gruppen) versehenen Bedachung. Der Durchmesser schwankt zwischen 5 und 10 m, die Höhe zwischen 3 und 5,5 m; die Wand wird aus verschiedenen Zylinderabschnitten gebildet (in zwischen vier und zwölf wechselnder Zahl), die aus einem Geflecht aus Zweigen oder aus miteinander gekreuzten Leisten bestehen, so daß sie, wenn sie geöffnet werden, ein quadratmaschiges Gitterwerk bilden, das in 45° Neigung zum Boden steht. Die verschiedenen Abschnitte und der Türrahmen sind durch Leder-, Woll- oder Seidenstreifen miteinander verbunden; an der oberen Umfassung, die oft durch einen Stoffring verstärkt ist, sind an jedem Schnittpunkt des Gitterwerks die das Bedachungsgerüst bildenden Gerten befestigt (türkische Gruppen). Diese werden an der Spitze in ebenso vielen Löchern der ›Krone‹ eingeklemmt, einem Holzrad mit flachen oder nach oben konvexen Speichen und mit einem kreisrunden, zur Belüftung offen belassenen Loch in der Mitte; manchmal wird die Krone auch von zwei Einlegearbeiten und Malereien versehenen Stützen getragen. Die Türe ist ebenfalls verziert; untertags ist der Eingangsraum durch Filz oder eine nach oben einrollbare Matte geschützt. Die Struktur ist mit verschiedenen Filzschichten bedeckt, die oft unterschiedliche Farben haben, um die soziale Stellung des Eigentümers zu kennzeichnen, und durch dichte Verknüpfungen festgehalten werden; auch andere Materialien, wie Rinden, Zweige und Matten, werden verwendet. Der Fußboden im Innern, das man von Südwesten betritt, ist mit Pelzen oder Wollteppichen ausgelegt. Die Anordnung der Einrichtung ist nach genauen rituellen und hierarchischen Normen geregelt: in der Mitte der Herd (oder die Feuerstelle), auf der der Eingangstür gegenüberliegenden Seite das Bett und das Tischchen für den Gast sowie die heiligen Bilder; rechts (gegen Südosten) die Lagerstätten des Familienoberhaupts und seiner Frau und die Kleiderschränke; links (gegen Nordwesten) die Kinderbetten.

BASCHKIREN

Volk türkisch-tatarischer Sprache, das am Wolgabecken (UdSSR) siedelt; die wirtschaftliche Tätigkeit ist je nach Region verschieden: im Westen und Norden Ackerbau, in den östlichen und südlichen Gebieten Viehzucht. Die traditionelle Wohnstätte Zentralbaschkiriens war das rindenbedeckte Kegelzelt; bei den nomadischen oder halbnomadischen Gruppen ist noch die Jurte in den verschiedenen, in den zentralasiatischen Steppen vorherrschenden Arten verbreitet, die innen häufig in zwei Teile unterteilt ist (der rechte Teil ist den Frauen vorbehalten). Ein jüngeres, von der russischen *izba* beeinflußtes Produkt ist eine in den gebirgigen Gegenden des Ural verbreitete fensterlose Blockhütte; in den Trockengebieten ist das Haus der Bauern ein halbeingetiefter Bau aus Erdschollen, die auch zur Bedachung verwendet werden. Eine Bauart aus Rohziegeln erinnert an den Winterwohnsitz der Kasachen; stark verbreitet sind Häuser, die mit gemischten Techniken (Weiden und Lehm, Stein und Lehm) mit viereckiger Anlage und Flachdach errichtet werden.

ALTAIER

Halbnomadisches Viehzüchtervolk türkischer Sprache des Altai, das im oberen Teil des Obbeckens (UdSSR) ansässig ist. Die traditionelle Wohnstätte des südlichen Altai war eine filzbedeckte Jurte mongolischer Art; in den nordwestlichen Gebieten hingegen war es das rindenbedeckte Kegelzelt. In einigen nordöstlichen Gebieten hat sich im 19. Jh. die sechseckige Blockhütte Hand in Hand mit der Einführung des Ackerbaus durchgesetzt.

BURJATEN

Bis zum Eindringen der Russen, die den Ackerbau einführten (17. Jh.), vorwiegend nomadisches Viehzüchtervolk, das das Gebiet um den Baikalsee (UdSSR) bewohnt. Bis zu jenem Zeitpunkt war die Jurte mongolischer Art die traditionelle Wohnstätte, die dann langsam durch polygonale Holzhäuser mit verschiedener Seitenanzahl (sechs, acht, zehn, zwölf), doch immer mit Zentralanlage, ersetzt wurde. Jünger ist die Verbreitung der rechteckigen Art mit Satteldach; die ersten im 18. Jh. beschriebenen Exemplare waren fensterlos, mit einem zentralen Loch für den Rauchabzug an der Spitze.

LUREN

Nomadisches Viehzüchtervolk Luristans (Iran). Das Zelt hat tonnenförmige Struktur und ist mit Matten bedeckt (Westluristan); bei den Bachtiaren besteht das Gerüst aus einer einfachen Stangenreihe, die eine rechteckige Fläche mit der Feuerstelle von drei Seiten umgibt, während die vierte Seite offen bleibt. Bei einigen Gruppen besteht das Wolltuch aus verschiedenen getrennten Streifen und sitzt auf drei, mittels eines waagrechten Balkens verbundenen Pfählen auf; auf jeder Pfahlspitze ist ein gebogenes Teil befestigt, das dem Zelt ein charakteristisches Profil verleiht. Die Papen haben eine flachbedachte Sommerhütte (kula); eine Serie gegabelter Pfähle, die in versetzten parallelen Reihen angeordnet sind, trägt einen Rahmen aus verflochtenen Zweigen, der mit übereinanderliegenden Blätterschichten bedeckt ist. Die Hütte ist auf drei Seiten mit beweglichen Wänden aus Matten und Zweigen verschlossen, während die vierte Seite offen bleibt. Das Innere ist durch eine Mattenwand in zwei Teile, für die Männer und für die Frauen, unterteilt. Eine rechteckige Verlängerung an der Rückseite nimmt das Vieh auf.

BELUTSCHEN

Viehzucht betreibende Nomadenstämme Belutschistans (Iran). Das Sommerzelt ist ein tonnenförmiger Bau mit einem aus parallelen Holzbögen bestehenden Gerüst und einer mit Schnüren an den kürzeren Seiten gespannten Wollzeltbahn; die Zeltplane bleibt, einen einfachen Sonnenschutz bildend, erhöht. Den Winter über wird das Zelt durch weitere Tücher an den Seiten und an der Rückwand vervollständigt, während eine Matte den Eingang verschließt und weitere mit Lehm verhärtete Matten die Wände verstärken; das Vieh ist in Zelten oder in Pferchen aus Pfählen und Matten untergebracht.

KAFIR, TADSCHIKEN

Ackerbau betreibende Völker, die zwischen Afghanistan und Nordpakistan ansässig sind und in aus komplexen mehrstöckigen Bauten bestehenden Dörfern siedeln. Die Struktur besteht aus waagerechten abwechselnden Holz- und Steinschichten, mit von Pfählen gestützten Balkonen; außen sind die Häuser aus Verteidigungsgründen oft gänzlich ohne Fenster; so sind auch Türme häufig, während der Zugang zu den oberen Stockwerken mittels außen angelehnter Holzleitern erfolgt. Regelrechte kleine Festungen, die mit derselben Technik erbaut werden, haben gewöhnlich viereckige Anlage mit quadratischen Türmen an den Ecken; in den Mauern öffnen sich nur kleine, in die Holzstreifen eingelassene Schießscharten.

AFGHANEN

Viehzucht und Ackerbau betreibende Stämme Afghanistans. Das Winterlager der Nomaden besteht aus einigen Dutzend ein- oder zweireihig aufgestellten Zelten (kizdhi); in der Mitte ist das Zelt des Oberhaupts, während sich im Westen ein von Steinen umgrenzter heiliger Gebetsplatz befindet. Die seßhaften Hirten haben eine Steinwohnstätte mit schlammbedecktem Kuppeldach und einem Kamin in der Mitte; die Bauerngruppen hingegen vorwiegend rechteckige, zweistöckige Wohnstätten (das Erdgeschoß dient als Stall, das erste Stockwerk als Wohnung, mit für Männer und Frauen getrennten Räumlichkeiten), die aus an der Sonne getrockneten, parallelepipedonförmigen Lehm- und Strohbauelementen errichtet sind und ein Terrassendach aufweisen. Die vorherrschende Zeltart ist tonnenartig mit Bögen, die in der Mitte von Gabelstangen gestützt werden; manchmal ruht auf diesen auch ein horizontaler, T-förmiger Querbalken.

TIBETER

Die traditionelle Siedlung der Ackerbau betreibenden Gruppen Tibets besteht aus gewöhnlich auf Bergabhängen erbauten Häusergruppen oder Dörfern. Die Familienwohnstätte hat Viereckanlage mit Mauern aus mit Schlamm verkitteten Steinen oder aus Rohlehmziegeln sowie eine terrassenförmige, von Innenpfählen gestützte Bedachung; das fensterlose Erdgeschoß dient als Stall oder Lagerraum; das erste Stockwerk wird den Winter über bewohnt, das zweite, unter der Terrassenbedachung, während des Sommers. Die der Viehzucht zugewandten halbnomadischen Gruppen haben häufig einen doppelten, einen Winter- und einen Sommerwohnsitz: ersterer ist ein einfacher gemauerter Raum, der zweite ein Zelt (rebò), das mit einer Zeltbahn aus schwarzgefärbtem Ziegen- oder Yakwolltuch bedeckt ist (›schwarzes Zelt‹). Die Tragstruktur des *rebò* besteht aus zwei Stützen (die durch Zugbolzen in senkrechter Stellung gehalten werden), die einen Balken tragen, und aus einer Reihe von außen angebrachten Pflöcken; die Zeltbahn wird mit Schnüren und Stützen gespannt. Der Eingang ist seitlich, eine höher liegende Öffnung gestattet den Rauchabzug. Das Zelt wird auf einer aus Erde oder Gestrüpp bestehenden Plattform errichtet und oft von einer Mauer aus Steinen im Trockenbau oder aus Schlamm umgeben.

SÜDOSTASIEN, MADAGASKAR

WEDDA

Jäger- und Sammlervolk der südlichen Regionen der Insel Ceylon; als Wohnstätte werden häufig Felsunterstände oder Höhlen benützt; verbreitet sind eine elementare Windschirmart (eine von zwei Stützen getragene Dachfläche) und kleine Hütten aus Zweigen und Rinden.

TODA

Auf den Nilgiribergen und im südlichen Dekkan (Indien) beheimatetes Hirtenvolk; das Dorf (mand) umfaßt wenige Einfamilienwohnstätten (oft nur zwei bis drei). Besondere heilige Dörfer (tirieri mand) bestehen aus zwei Wohnstätten für die Priester und einem konischen ›Tempel‹ aus Holz und Bambus. Zu jedem Dorf gehört eine steinerne Einzäunung zur Bewachung der Büffel (tuer) und ein Behälter für die Milch der heiligen Büffelkühe (palthci), der aus einem in die Erde eingetieften zylindrischen Teil und aus einem schlanken, strohbedeckten Kegeldach besteht, das aus sich verjüngenden Schilfringen errichtet und ungefähr 4 m hoch ist. Die Wohnstätte hat rechteckige Anlage; das Traggerüst besteht aus (zwei bis fünf) leicht abgeflachten Spitzbögen aus eng geknoteten Schilfbündeln; auch die waagrechten Elemente sind aus Schilf. Die Bedachung ist aus waagrechten, flachziegelartigen Strohstreifen.
Die vorderen und hinteren Ausfachungswände bestehen aus Brettern; die vordere ist ungefähr 1 m zurückgesetzt und läßt so vor dem Eingang, an dessen Seiten sich zwei als Sitzplätze dienende Erdwälle befinden, einen überdachten Raum frei. Das Innere kann aus einem einzigen Raum bestehen oder in zwei oder drei nicht miteinander verbundene, doch durch offene Türen im unteren Gewölbeteil erreichbare Räume unterteilt sein; die einfachste Art weist an einer Seite eine Bodenabstufung auf, auf der die Lagerstätten errichtet sind, während sich auf der gegenüberliegenden die Feuerstellen und der aus dem Boden ausgehobene Mörser befinden. Die Wohnstätte kann eingetieft oder erhöht sein; in beiden Fällen ist sie von einer Steinmauer in Trockenbau umgeben.

KURUMBA

Zum Teil auch Ackerbau betreibende Jäger- und Sammlerstämme, die in den Bergen des südwestlichen Dekkan (Indien) ansässig sind. Die Wohnstätte der Bauerngruppen ist eine Bambushütte mit Rechteckgrundriß, grasbedecktem Sattel- oder Walmdach und einem einzigen Innenraum; die Dörfer umfassen höchstens ein Dutzend Häuser. Bei den Urali an der äußersten Südspitze der indischen Halbinsel wird neben jeder Wohnstätte eine zum Teil von Pfählen gestützte Baumhütte errichtet, die man mit langen Sprossenleitern erreicht; dorthin flüchten sich nachts die Einwohner, um sich vor den Elefanten zu schützen. Auch die Lebensmittellager des Dorfes befinden sich auf Baumplattformen, die mit einem Satteldach bedeckt sind.

CHENCHU

Jäger- und Sammlervolk, das im Gebiet von Hyderabad (Indien) beheimatet ist; das Lager besteht aus einem Dutzend konischer oder zylindrisch-konischer, um einen rundlichen Platz angeordneter Bambushütten (koya). Während der Trockenzeit werden Windschirme aus Zweigen und Blättern benützt.

MURIA

Bauernvolk Zentralindiens, das südöstlich von Nagpur ansässig ist; das Dorf umfaßt verschiedene Wohnstätten. Die Familie bewohnt zwei oder drei um einen kleinen Hof versammelte Holz- oder Bambushütten; die Ställe sind getrennt angelegt. Eine geräumige und reich verzierte Hütte (gotul) dient den Jugendlichen beiderlei Geschlechts als Gemeinschaftswohnung.

NAGA

Bauernvölker der gebirgigen Gebiete Assams und Nordbirmas, die Dörfer von oft erstaunlichen Ausmaßen bewohnen. Die gewöhnlich längs einer Straße angereihte Siedlung kann bis zu einigen hundert Hütten umfassen; oft besteht sie aus mehreren halbautonomen Gemeinschaften, von denen jede ein eigenes Haus für die Junggesellen hat; häufig sind Befestigungen (Pfähle, Heckenzäune und Erdwälle). Das Dorf der Lhota-Naga befindet sich gewöhnlich auf einem einen Straßenabschnitt beherrschenden Kamm, auf dem die Wohnstätten angereiht sind, an den beiden Endpunkten durch Tore abgegrenzt. In der Mitte steht ein der Stammesgemeinschaft heiliger Gummibaum, zu dessen Füßen rituelle Opfer dargebracht und die heiligen Steine angesammelt werden. Die Wohnstätte der Naga-Gruppen ist häufig auf Pfählen erbaut (außer bei den Angami); die Lhota haben eine ganz aus Bambus errichtete Mehrfamilienhütte mit leicht erhöhtem Fußboden, halbkreisförmig konvexer Straßenfassade sowie einer Plattform an der Rückseite. Im Innern hat jede Familiengruppe ihre eigene Feuerstelle. Die Wohnstätten der Ao weisen ein Dach auf, das, sei es vorne, wo es von einem Achsenpfahl und von fächerartig geneigten, eine Laube bildenden Seitenpfählen getragen wird, wie an den Seiten stark vorragt. Sehr interessant und sorgfältig gearbeitet sind die Gemeinschaftsbauten: Männer-, Krieger- und Versammlungshäuser. Jene der Lhota (ungefähr 4 × 12 m) haben ein stark erhöhtes Dach, das von eingekerbten Pfosten getragen wird, die eine obere Terrassen-Veranda bilden. Das Haus der Ao-Krieger hat eine halbrunde und vorspringende Fassade, deren Oberteil, eine halbkegelförmige Dachfläche bildend, mit Stroh verkleidet ist; der untere Teil mit der Tür in der Mitte ist aus Bambus. Die Häuser der Häuptlinge sind häufig sehr geräumige und sorgfältig gearbeitete Bauten: bei den Konyak enthielt eine über 100 m lange Hütte einen aus einem einzigen Holzblock geschnitzten Thron und an der Fassade eine große behauene Tafel. Die Häuser der Tangkhul-Häuptlinge haben eine leicht konvexe, aus Tafeln bestehende Vorderwand: die Giebelbalken ragen am First kreuzend vor, ein unter den Nagagruppen stark verbreitetes, zwei große Hörner darstellendes Motiv.

KATSCHIN

In Nordbirma beheimatetes Bauernvolk, das in aus Gemeinschaftshäusern bestehenden Dörfern wohnt. Die Struktur der Siedlung weist scheinbar keinerlei Ordnung auf, wegen des geomantischen Brauches, die Lage jeden Hauses auf Grund der Anweisungen eines Weissagers auszuwählen. Die Wohnstätte ist ein mit einem Gang versehenes ›Langhaus‹, in dem die Familieneinheiten in eigenen Räumen entlang der Wände untergebracht sind; besondere Räumlichkeiten sind dem Oberhaupt der Großfamilie und dem Kultaltar vorbehalten, während überdachte Veranden als Gemeinschaftswohnraum und als Stall oder Lagerplatz dienen.

VA

Ackerbau und Viehzucht betreibendes Volk des Kengtung-Gebietes (östliches Zentralbirma), das in Straßendörfern siedelt, deren Wohnstätten entlang einer Hauptstraße angeordnet sind; diese entlang waren die Trophäen der Kopfjäger aufgestellt, die jüngst durch anthropomorphe Pfähle ersetzt wurden. Jedes Haus war von einem Bambuszaun umgeben, und die auf Bergabhängen erbauten Dörfer wurden durch einen Erdwall und einen getarnten Graben geschützt. Die Wohnstätte ist ein über der Erde liegender Holzbau mit flachem Satteldach.

LOLO

Bauernvolk von Yun-nan (Südregion der Volksrepublik China), das in den Gebirgsgegenden des Gebietes (über 1000–1500 m) in kleinen Dörfern siedelt; die Talsohlen werden von chinesischer Bevölkerung bewohnt. Die Wohnstätte ist rechteckig, mit Holzfußboden und Wänden aus Bambus und Lehm, das Dach mit Brettern verkleidet. Das Innere ist in drei Räume unterteilt: jener links dient als gemeinschaftlicher Schlafraum; der mittlere mit der Feuerstelle als Wohnraum; der rechte ist der Dienerschaft und dem Vieh vorbehalten. Neben dem Haus wird ein zwei- oder dreistöckiger Wachtturm errichtet und rundherum ein viereckiger, oft über die Wohnstätte selbst hinausragender Erdwall aufgeworfen.

RADE

Bauernvolk Südvietnams, das in einst durch Palisaden befestigten Dörfern siedelt. Die Wohnstätte ist ein geräumiger, bis zu 50 m langer, rechteckiger, in Nord-Süd-Richtung angelegter Gemeinschaftspfahlbau. Das Satteldach ist mit Blättern bedeckt, die Wände bestehen aus dicht verflochtenem Bambus. Der Längseingang wird durch eine Veranda geschützt; der vordere Teil des Innern dient als Raum für Empfänge und Feste, während der zentrale, dem Wohnen vorbehaltene mit einem Hauptgang und seitlichen Familienräumlichkeiten, jede mit eigener Feuerstelle, versehen ist. Am hinteren Ende wohnt das Oberhaupt. Der ebenerdige, zwischen dem Pfahlwerk liegende Raum wird als Stall benützt.

ANDAMANESEN

Jäger- und Sammlervolk der (zu Indien gehörenden) Andamanen-Inseln; die verbreitetste Wohnstätte ist ein Windschirm mit oder ohne Plattform, der ein abfallendes, von vier Pfählen getragenes und mit Blättern bedecktes Wetterdach bildet. Das aus Wetterdächern bestehende Lager umfaßt rund fünfzehn Unterstände (getrennt nach unverheirateten Männern und Frauen sowie Ehefrauen), die um einen elliptischen Platz für die Tänze angeordnet sind; an einem Endpunkt bleibt ständig das Feuer angefacht. Die Önge von Klein-Andaman dagegen leben in großen Rundhütten mit abgeflachter Kuppel (8 m Durchmesser, 5 m Höhe), mit einer oberen Öffnung, die der Durchlüftung und dem Rauchabzug dient; jede Hütte beherbergt die ganze, auch aus einem Dutzend Familien bestehende Gruppe.

SEMANG

Jäger- und Sammlervolk der Halbinsel Malakka (Thailand, Malaysia). Das provisorische Lager hat vorwiegend eine Rundanlage mit dem Feuer in der Mitte und ringsum die Familienunterkünfte. Bei den Jehai sind die einfachen oder doppelten Unterkünfte rund um einen zentralen Platz angeordnet; jede hat eine Feuerstelle und eine innere Abstufung, die als Lagerstätte dient; eigene Unterkünfte sind den Jugendlichen und den Ehepaaren vorbehalten. Normalerweise hat die Wohnstätte eine einfachere Struktur; eine Windschirmart besteht aus drei senkrecht in den Boden gesteckten Bambusrohren, die von Gabelstangen gestützt und oben durch einen waagrechten Stock verbunden werden; dieser wird gegen die Vorderseite hin mittels Rotang-Lianen gespannt gehalten, wodurch man eine Bedachung in der Form eines Zylinderviertels erreicht. Bei einer anderen Art sind die Schilfrohre direkt zusammengebunden und, einen Kugelausschnitt bildend, gebogen. Die Bedachung besteht aus Palmblättern; häufig sind die Unterkünfte aneinandergekoppelt und gleichen so tonnen- oder kuppelförmigen Bauten. Andere Unterkünfte haben eine senkrechte Struktur aus Schilfrohren sowie Flachbedachung und umgrenzen einen halbzylindrischen Platz. Häufig ist das über den Erdboden erhöhte, offene oder einwändige Sattelwetterdach, das an einen Baum angebaut wird, zwischen dessen Ästen oft ein luftiger, aus einer Bambusplattform bestehender Unterstand erbaut wird.

KUBU

Ackerbau betreibendes halbnomadisches Volk der inneren Regionen Sumatras (Indonesien). Die Wohnstätte ist ein rechteckiges wandloses Sattelwetterdach, das von vier Pfählen an den Ecken und von zwei weiteren, auf denen der Firstbalken besteht, getragen wird. Zwei Längsbalken, die in ungefähr 50 cm Höhe auf natürlichen Gabelungen der Eckpfähle aufliegen, stützen eine aus Brettchen bestehende Plattform, die die Hälfte des überdachten Raumes einnimmt, auf der die Lagerstätten untergebracht sind.

NJASSA

Bauernvölker der Insel Nias (Indonesien), die in rechteckig angelegten Dörfern siedeln, deren Hauptachse vom Häuptlingshaus beherrscht wird. Die genaue Übereinstimmung der Siedlung mit dem mythischen und kosmologischen Glauben spiegelt sich in einer Reihe von hierarchischen und symmetrischen Prinzipien wider: an den Seiten des in rechteckige Abschnitte unterteilten zentralen Platzes, dem oft ein ›Platz‹ vorgelagert ist, sind die Gemeinschaftswohnstätten (die die beiden ›Hälften‹ des Dorfes bilden) angeordnet: das größere und sorgfältiger erbaute Haus des Häuptlings nimmt eine beherrschende, manchmal mit dem ›Tempel der Ursprünge‹ des Dorfes zusammengelegte Position ein und befindet sich symbolisch und tatsächlich am höchsten Punkt der Siedlung. Zahlreicher als bei anderen indonesischen Völkern sind die ›megalithischen‹ Elemente in Form von Fußböden, Stufenreihen, Altären und Steinskulpturen. Die Wohnstätte ist eine Rechteckhütte mit Sattel- oder Walmdach; die Wände haben eine äußerst komplexe Struktur mit unter der Dachtraufe beträchtlich vorspringender Fassade und mit waagrechten, durch Öffnungen herausgehobenen Bändern. Ein typisches Element ist die senkrechte Dreifuß- oder V-förmige Stütze, die in den Vorderlauben der Gemeinschaftshäuser ebenso vorhanden ist wie in den Fassaden der monumentalsten Wohnsitze der Häuptlinge oder in den Versammlungshäusern.

MINANGKABAU

Ackerbau betreibendes, in Gebietszusammenschlüssen stark organisiertes Volk des westlichen Zentral-Sumatras (Indonesien), das in rechteckig angelegten Dörfern siedelt. Als Zentrum des Gebietes wird das Versammlungshaus (negari) angesehen, dem traditionsgemäß vier Klane (suku) vorstanden. Im Dorf, dessen Hauptachse in Nord-Süd-Richtung verläuft, ist das bebaute Gebiet (kampung) dem konzentrischen äußeren Territorium (bukit) gegenübergestellt; man unterscheidet auch die zwei Hälften Ost und West, die durch den rechteckigen zentralen Platz getrennt sind. Das Hauptgebäude des Dorfes ist das Versammlungshaus (balai), wo die verschiedenen Sippen repräsentiert sind, und das auch als Schlafraum für die Jugendlichen dient. Die traditionelle Wohnstätte ist ein äußerst sorgfältig gearbeitetes Gemeinschaftsgebäude aus Holz, das außen oft gänzlich mit Dekorationen versehen ist.
Eine komplexere Art hat einen rechteckigen zentralen Kern, wo sich in Querlage der Eingang befindet; diesem fügen sich die ›fernrohrartigen‹ Seitenverlängerungen an, die sich gegen die Endpunkte hin verjüngen und erhöhen und die von Pfahlbauten getragen werden; ein Doppelgiebel unterstreicht die symmetrische Querachse, der dem niedrigste Punkt des komplexen Satteldaches entspricht. Dessen seitliche Dachtraufen weisen eine leicht gekrümmte Linie auf und folgen dem Lauf des an den Enden erhöhten Baues; die Firstlinien unterstreichen diese Bewegung, indem sie sich in Spitzgiebel teilen, Schlußelemente zweier (dreier) unterschiedlich langer, eins das andere durchdringender Satteldächer. Im Innern besetzt jede Familie ein mit eigener Feuerstelle versehenes Zimmer (bilik); ein Raum ist der Frauenarbeit vorbehalten.

BATAK

Ackerbau betreibendes Volk des nördlichen Zentral-Sumatras (Indonesien), das in Dörfern mit komplexer und organisierter sozialer und architektonischer Struktur siedelt. Die Anlage der Siedlung ist gewöhnlich rechteckig, mehr oder weniger länglich, mit einem zentralen Platz, an dessen Seiten sich die Mehrfamilienhäuser, die Sonderbauten, die Reislager und die gewöhnlichen Häuser anreihen. Befestigungsanlagen (Palisaden und Erdwälle, eine einzige Eingangstür) sind inzwischen nicht mehr gebräuchlich. Die rechteckige, über den Boden erhöhte Wohnstätte (baga) ist ein auserlesener Holzbau, der oft reich mit Skulpturen und Malereien mit geometrischen und Blumenmotiven verziert ist und in Form eines umgedrehten Pyramidenstumpfes ausgeweitete Wände aufweist. Das strohbedeckte Satteldach hat eine starke zentrale Einsattelung und fällt zum besseren Schutz schräg auf die kurzen Seiten ab. Vom erhöhten und mit einer Leiter erreichbaren Fronteingang betritt man den Längsgang, an den die durch Matten getrennten Räumlichkeiten der verschiedenen Familien grenzen, von denen jede eine eigene Feuerstelle hat. Jede baga beherbergt vier (Toba-Batak) bis acht Familien (Karo-Batak). Zahlreich sind die Gemeinschaftsgebäude, unter denen das quadratische ›Männerhaus‹, das auch bei Versammlungen (sopo) benützt wird, das Knabenhaus und jenes der Mädchen überwiegen; ein besonderes Haus beherbergt den Schmied, während die quadratisch angelegten Lagerhäuser für den Reis mit äußerster Sorgfalt erbaut sind. Die Bedachungen der Gebäude zeichnen sich durch eine Vielzahl von Lösungen aus: häufig finden sich ein Walmdach, kompliziert durch untergeordnete, pyramidenförmige Dachflächen, äußerst spitze Giebel und eine charakteristische ›Laterne‹ mit vier doppelten, dreieckigen Dachflächen, ein verkleinertes Abbild des Lagerraumes, das oft den Bauten als Giebelspitze dient.

DAYAK

Bauernvolk Borneos (Malaysia, Indonesien), das als traditionelle Siedlungsart die große Gemeinschaftswohnstätte kennt, die die gesamte soziale Gruppe der ›Großfamilie‹ beherbergt. Einige Gruppen benützen nur sporadisch während der Versammlungen und Feste das ›Langhaus‹; kleinere Pfahlbauten für zwei bis drei Familien sind an den Anbauorten errichtet. Die Gemeinschaftswohnstätte mit großen Ausmaßen liegt fast immer vereinzelt und kann bis zu dreihundert Menschen aufnehmen; seltener sind Häuser zu Gruppen vereint oder parallel mit einer frontalen Verbindungsveranda angereiht. Das ›Langhaus‹ ist gewöhnlich ein bis zu 200–300 m langer und ungefähr 10 m breiter Pfahlbau aus Holz und Bambus; es hat Rechteckanlage und ein Satteldach. Der zentrale Teil des Innenraumes wird von einem Gang eingenommen, der bedacht oder unbedacht sein kann, und auf den die den einzelnen Familien bestimmten Räumlichkeiten blicken; der zentrale Raum wird auch zur Arbeit benützt. Der Bau ist immer, vor allem innen, sehr sorgfältig ausgeführt; die Dachbalken und die Zugangsleitern sind oft mit Schnitzereien versehen.
Ein sehr verbreiteter Bestandteil ist die längsseitige Veranda; die Häuser der Kayan Südborneos haben hingegen eine Frontveranda am Eingang; der Korridoransatz dient als Zeremonialraum mit dem ständig brennenden heiligen Feuer, während das hintere Ende den Männern als Schlafraum bestimmt ist.

TORADJA

Bauernvolk der inneren Regionen der Insel Celebes (Indonesien), das in großen Pfahlbau-Dörfern siedelt; besonders sorgfältig ausgeführt ist das Haus für die Männerversammlungen, Feste und Zeremonien (lobo). Die Saadang Toradja haben als traditionelle Wohnstätte ein langes Gemeinschaftshaus mit stark erhöhtem und an den Endpunkten vorragendem Satteldach, das oft auch von außerhalb des Baues stehenden Pfählen getragen wird; äußerst reich ist die Dekoration, die oft alle sichtbaren Teile mit geometrischen Motiven und mit rituellen Büffelhörnern bedeckt.

VEZO

Fischervolk der Südwestspitze Madagaskars; die an der Meeresküste gelegene Siedlung besteht aus konischen, mit den Masten und Segeln der Boote errichteten Zelten.

BETSILEO

Ackerbau und Viehzucht betreibendes Volk, das in den östlichen Hochebenen Zentralmadagaskars ansässig ist; die Siedlung ist ein inmitten der terrassenförmigen Reisfelder liegendes, aus rechteckigen Satteldachhütten bestehendes Dorf. Eine ornamentale Charakteristik, die die kulturellen Berührungspunkte mit Südostasien aufzeigt, besteht aus langen, über dem Dach vorspringenden, in Hörnerform geschnitzten Gurten.

BEZANOZANO

Ackerbau betreibendes Volk Ostmadagaskars, das bis zum letzten Jahrhundert in befestigten, an erhöhten Stellen errichteten Dörfern siedelte; die heutige Siedlung liegt in der Talsohle. Die alten Palisadenbefestigungen waren vor allem wegen der Verschließungssysteme der Tore bemerkenswert (in einigen Fällen mittels großer rundlicher, zwischen zwei Pfählen eingeklemmter Steine). Die traditionelle rechteckige Wohnstätte mit Satteldach, Nord-Süd-Hauptachse und Zugang von Westen spiegelt den kosmologischen Glauben der Bezanozano wider, der auch zahlreichen anderen madagassischen Völkern gemein ist. Das Zentrum des Hauses (und des kosmischen Raumes) wird mit zentralem Stützpfahl dargestellt; die Nordwestecke ist den Vorfahren und Gästen geweiht (›Ahnenecke‹, zoro firarazana); an der Ostseite befinden sich die Lagerstätten der Eltern und der Kinder. Die Richtungen des Raumes, die mit den zwölf Tierkreiszeichen (den Monaten) identifiziert werden, entsprechen den Hauswänden (zwei auf jede Seite und eine für jede Ecke). Die vier wichtigsten Monate sind mit den Ecken, die acht zweitrangigen mit den Seiten in Übereinstimmung gebracht. Das Haus ›entspricht‹ auch der Länge eines Mondmonats (28 Tage): jeder Ecke sind drei, jeder Seite vier Tage zugeordnet.

OZEANIEN

TASMANIER

Im letzten Jahrhundert ausgestorbenes nomadisches Sammler- und Jägervolk der Insel Tasmanien. Die Wohnstätten waren nur selten zu kleinen Siedlungen vereint;

in den drei nur anläßlich von Festen bewohnten Dörfern, von denen man Spuren fand, waren kleine, aus Rinden und Gras bestehende, ungefähr 2 m hohe Hütten in zwei konzentrischen Kreisen um einen Platz angeordnet, auf dem der heilige Baum stand. Die übliche Wohnstätte (ein einfacher, gewölbter, aus von Stöcken getragenen Zweigen und Blättern bestehender Windschirm diente nur als Feuerschutz) war viertelkugelförmig aus mit Rinden bedeckten Zweigen oder halbkugelförmig mit der Feuerstelle in der Mitte und nach Osten gerichtetem Eingang. An der Ostküste wurden große, aus verflochtenen und mit Grasbüscheln bedeckten Ästen bestehende Kegelhütten, Gemeinschaftswohnungen, die bis zu dreißig Menschen aufnehmen konnten, gefunden.

ARANDA

In Zentralaustralien (Nordregion) ansässiges Sammler- und Jägervolk; das Jagdgebiet ist, wie bei anderen australischen Stämmen, ein bedeutsames Ganzes von Orten, die in der Zeit des Mythos von den Vorfahren, die die Welt geformt hatten, geschaffen wurden.
Bei den periodischen Wanderungen trägt die Achilpa-Gruppe zur Orientierung den heiligen Pfahl (kauwaauwa), Symbol der Weltmitte, mit sich, der in die Marschrichtung geneigt eingerammt wird; er ist eine sichtbare Verbindung zwischen dem Stamm und der mythischen Erschaffung der Welt durch den Helden Numbakulla. Das Lager besteht aus kleinen, um das Feuer angeordneten Familienunterkünften; eine während der Trockenzeit verwendete Art besteht aus einem Rahmen (zwei gegabelte, einen Balken tragende Pfähle), auf dem ein großes gewölbtes Rindenstück ruht.

TOR

Bauern- und Jägervolk West-Neuguineas, das in gewöhnlich entlang der Wasserläufe gelegenen Dörfern siedelt. Periodisch, der landwirtschaftlichen Tätigkeit oder der Jagd wegen, siedelt die gesamte Bevölkerung in zeitweilige Wohnsitze um; gelegentlich werden befestigte, an natürlich geschützten Orten erbaute Dörfer bewohnt. Die Siedlung besteht aus rechteckigen Pfahlbauwohnungen mit Satteldach; in der Mitte befindet sich das Versammlungs- und Kulthaus (faareh), ein großer Bau mit Kreisgrundriß und konischem Dach. Die aus strahlenförmig angeordneten Balken bestehende Dachstruktur ruht auf der Wand und auf einem äußeren Ring von Pfählen, die eine ringförmige Veranda bilden; die Bedachung besteht aus Zweigen. Im Innern schaffen zwei parallele Stützenreihen einen langen diametralen Gang, der die beiden einander gegenüberliegenden Eingänge verbindet; dieser Raum wird während der Zeremonien von den Männern eingenommen, während die beiden halbkreisförmigen seitlichen Räume für die Frauen sind. Über diesen befinden sich zwei Dachböden (Lebensmittellager) und zwei Bodenkammern (Aufbewahrungsraum für die Schädel). In der Mitte der faareh steht ein Pfahl, der keine Tragfunktion hat; dieser wird während der Einweihungszeremonie ungefähr auf dreiviertel seiner Höhe gekürzt und mittels eines Querbalkens mit dem Dachboden verbunden. Dieser Akt will die Entmannung des Urhelden, des Welterschaffers, wiederholen; das ganze Gefüge der faareh symbolisiert die

Vereinigung des männlichen mit dem weiblichen Prinzip, was sich rituell während der Zeremonien wiederholt, die das erste, zur Schöpfungszeit stattgefundene Ereignis nachbilden.

MBOWAMB

Bauernvolk Neuguineas, das in aus charakteristischen rechteckigen Wohnstätten mit Doppelapsis bestehenden Dörfern siedelt. Der Bau, dessen Fußboden ungefähr 30 cm in der Erde eingetieft ist, wird innen durch zwei aus verflochtenen Brettchen bestehenden Wänden unterteilt, die den Hauptraum (Eingang und Aufenthaltsraum-Küche) mit der Feuerstelle und zwei halbkreisförmige Seitenräume abgrenzen, von denen einer den Männern und der andere den Frauen und Kindern vorbehalten ist.

GOGODARA

Bauernvolk des südlichen Neuguinea; die Wohnstätte ist ein großes ›Langhaus‹ (genama), das die ganze Stammesgruppe aufnimmt. Der rechteckige Pfahlbau ist bis zu 60 m lang und 15–18 m breit; das Innere besteht aus einem zentralen, den Familienoberhäuptern vorbehaltenen Gang und aus zwei seitlichen Reihen kleiner rechteckiger Räume (kiate) für die Frauen und Kinder. Ein Endabschnitt des Hauses ist den Junggesellen, der andere den Alten vorbehalten.

MAILU

Bauern- und Fischervolk, das in den Südostregionen Neuguineas und auf der Küste gegenüberliegenden Inseln die das Meeresufer entlang angeordneten Siedlungen bewohnt. Das Dorf der Insel Mailu besteht aus zwei sich gegenüberliegenden Reihen von den Strand entlang angeordneten Mehrfamilienhäusern; der mittlere Bereich war den Versammlungshäusern der Männer (dubu) vorbehalten, die an vier Klanen (Morau, Muradubu, Urumonga, Bodeabo) gehören. Jeder davon hat die Kontrolle über einen ›Straßenabschnitt‹ und eine Gruppe von Wohnungen, welche die Unter-Klane beherbergen, die sich ihrerseits in mehrere Familien aufteilen. Die Wohnstätte, die die Großfamilie aufnimmt, ist ein rechteckiger hoher Pfahlbau mit frontalem Zugang und einem Wand-Dach mit leicht konkavem Profil und Spitzbogenschnitt.

GHENDE

Bauern- und Jägervolk, das zur Gruppe der Gebirgs-Papua gehört und im nordöstlichen Neuguinea ansässig ist; die Siedlung besteht, außer aus den Familienhütten für Frauen und Kinder (taga), aus einer großen Anzahl von Gebäuden, die für unterschiedliche soziale Zwecke bestimmt sind und verschiedene architektonische Typologien aufweisen. Die Schlafhütte der Männer (tauya) ist zylindrisch mit Kegeldach, während jene für den Tagesaufenthalt und die männlichen Zeremonien (bandia) elliptisch angelegt ist und die ›Frauenhütte‹ (angaingo) rechteckig mit einem Satteldach erbaut ist.

MONO

Bauernvolk der Trobriand-Inseln, das in rundlich angelegten Siedlungen wohnt. Das Dorf Omarakana besteht
aus zwei unregelmäßigen Ringen von konzentrisch um
einen heiligen Tanzplatz angeordneten Bauten, wo sich
auch die Begräbnisstätte der Gemeinschaft und die
Häuptlingshütte (lisiga) befinden; der innere Ring besteht aus sehr sorgfältig erbauten Lagerhütten für Jamswurzeln (bwayma) und Junggesellenhäusern, der äußere
Ring aus Familienhütten (rechteckig mit spitzbogenför-
miger Gewölbebedachung).
Im ringförmigen Raum zwischen den beiden Kreisen wik-
keln sich die ›profanen‹, vor allem den Frauen vorbehaltenen Tagesarbeiten ab.

KANAKEN

Vorwiegend Ackerbau betreibende Völker Neukaledoniens (Südmelanesien), die in aus rechteckigen Sattel-
dachhäusern oder aus zylindrisch-konischen Häusern bestehenden Dörfern siedeln. Das Dorf ist entlang der
großen, sorgfältig eingeebneten und von Palmen und
Araukarien gesäumten Zeremonienallee angeordnet, die
von rund 10 bis an die 60 m lang und 5–12 m breit
ist und dem männlichen ›Klan‹ gehört: erhöht in der
Achsenlage befindet sich das große zylindrisch-konische
Männerhaus, das der Häuptling bewohnt. Der Bau (pilù),
der nach polinesischem Brauch auf einem Steinunterbau
ruht, hat ungefähr 10 m Durchmesser und eine Höhe
von ungefähr 12 m; auf einem äußeren Pfahlring ruht
der strahlenförmige Dachrahmen, der in der Mitte von
einem Pfeiler (rhea) gestützt wird, der oben eine ›Totem‹-
Skulptur trägt; die Bedachung besteht aus drei Schichten
flachziegelartig angeordneter Matten, Zweigen und
Strohbündeln.
Die niederen Wände sind mit Rinden verkleidet; die
Pfosten, die Schwelle und der Tragbalken der Tür sind
mit Schnitzereien verziert; zwischen der Tür und dem
Hauptpfahl liegt die Feuerstelle. An den Seiten der
Hauptallee öffnen sich orthogonal eine oder zwei gerad-
linige, von Pappeln gesäumte Nebenwege, die dem weiblichen ›Klan‹ entsprechen und zu den Familienhütten,
kleinen rechteckigen, den Frauen gehörenden Bauten,
führen. Während der Feldarbeit werden mit einer Doppelapsis versehene Hütten als zeitweiliger Unterstand benützt.

MAORI

Vorwiegend Ackerbau betreibendes Volk Neuseelands,
das vor allem die nördliche Insel (Tkana Maui) besiedelt; die befestigten Dörfer (pa), in beherrschender
Lage erbaut und befestigt, waren zumeist nur zeitweilig
bewohnt. Das Dorf war von (manchmal mit Wasser
gefüllten) Gräben und von mehreren, rundlichen Pali-
sadenanordnungen umgeben, über die skulptierte Pfähle
emporragten. Eine terrassenartig angelegte Dorfart hatte
in der Mitte, am höchsten Punkt, den Platz für die
Wohnstätten des Häuptlings und der Vornehmen und
rund herum die gewöhnlichen Wohnungen, die in Klassen aufgeteilte Gesellschaftsorganisation widerspiegelnd.
Der von hohen Seitenplattformen geschützte Eingang
bestand aus einem vielfach mit reichen Schnitzereien
versehenen Holzbogen. Die Wohnstätte (whare) hat

rechteckige Struktur mit Satteldach und eine durch Ver-
längerungen der Seitenwände und des Daches abge-
grenzte Vorderveranda. Bei der einfachsten Art ist es
eine Hütte aus Baumstämmen und Stroh, während die
Wohnsitze der Vornehmen und Häuptlinge und die Versammlungshäuser eine solide Bretterstruktur, Reihen von
inneren Stützpfosten, abwechselnd aus verflochtenem
Schilf und aus verzierten Holzplatten bestehende, an der
Fassade sehr reich dekorierte Wände aufweisen. Große
bemalte und mit Schnitzereien versehene Tafeln bedek-
ken die Dachflächen, die Hausecken sowie Pfosten und
Tragbalken der Tür; die Frontseite ist häufig auch mit
einem kleinen Fenster ausgestattet. Eine rituelle Ordnung
bestimmt den Gebrauch der verschiedenen architektonischen Dekorationsarten, die bei den behauenen Wand-
paneelen (pou-pou), den Giebeln (maihi), Türen (pare)
und Schwellen (paepae) angewandt werden. Auf dem
Dachfirst erhebt sich eine Skulptur (teko-teko). Das Haus
wird in verkleinertem Maßstab bei den von einem oder
von vier verzierten Pfählen gestützten Lebensmittellagern
(pataka) nachgebaut und dient auch den größeren Versammlungshäusern (whare runanga) und den Priester-
Ausbildungsstätten (whare kura) als Modell. Die Baumeister sind traditionsgemäß in einer Gilde vereint, die
auch dem Bau der formschönen Boote vorsteht; genaue
Normen regelten im besonderen die Errichtung des Versammlungshauses von der Auswahl des Holzes bis zur
Einweihung, die mit dem Opfer eines jungen Häupt-
lingssohnes begangen wurde.

TIKOPIA

Feldbauern- und Fischervolk der gleichnamigen Insel
Westpolynesiens, das in entlang der Meeresküste angeordneten, linearen Dörfern siedelt. Am Ufer liegen die
Hütten für die Kanus; gegen das Innere zu folgen in
parallelen Reihen die Wohnstätten, Küchen und bebauten Felder.
Diese Anordnung entspricht einer radialen Raumauffassung mit dem Zentrum im Inselinnern, was eine cha-
rakteristisch asymmetrische Struktur der Wohnstätten
bewirkt; diese, rechteckig mit fast bis zum Boden reichendem, mit Palmblättern bedecktem Satteldach, liegen
mit der Langseite parallel zum Strand. Die Hauptachse
des Hauses teilt den Innenraum der Gemeinschaft praktisch in zwei Hälften: in der rechten Hälfte, gegen das
Meer hin, gilt der Raum als heilig (mata-paito), und
die Wände weisen keinerlei Öffnungen auf; in der linken,
gegen das Inselinnere gerichteten ›Hälfte‹ ist der Raum
profan; dort öffnen sich fünf Hauseingänge. Zwei sind
an der Frontseite (einer für die Männer, der andere ist
gemeinsam), einer an der Rückseite (dem Familienoberhaupt vorbehalten), zwei gegen das Festland zu, für die
Gäste, die Frauen und die Männer, die zur Küche gehen.

FIDSCHIANER

Bauernvolk des melanesischen Archipels der Fidschi-
inseln, das in noch Spuren der antiken ›megalithischen‹
Bautätigkeit aufweisenden Dörfern siedelt. Der alljähr-
liche Totenkult spielte sich auf einem rechteckigen Platz
ab, der von senkrecht eingerammten Platten (mara), mit
Steinaltären (nanga) im Innern, umgeben war. Im Zentrum der Siedlung befindet sich eine Einebnung mit dem

Kulthaus (mbure): einst waren die Außenbefestigungs-
anlagen, wie Palisaden und Gräben, verbreitet. Das traditionelle Haus ist ein Rechteckbau mit spitzem Sattel-
oder Walmdach; das aus Stämmen bestehende Gerüst
ist mit einem Gitterwerk aus Bambus, Rohr und Schilf
bedeckt. Der an den Endpunkten vorragende Firstbalken
ruht oft auf senkrechten Stützen und bildet so mit den
Zugstangen eine Art Dachwerk. Das Innere, das man
von der kleineren Seite aus erreicht, ist in einen Vorder-
trakt (Wohn- und Schlafraum) und in einen erhöhten
hinteren Teil (häusliche Arbeiten) unterteilt.

SAMOANER

Das vor allem Ackerbau und Fischfang betreibende Volk
des Samoaarchipels (USA, Westsamoa) siedelt in Dörfern, die eine längliche Struktur aufweisen oder um einen
zentralen kreisförmigen oder ovalen Platz (malae) vereint sind; dieser, einst Sitz der religiösen Zeremonien,
ist das politische und soziale Zentrum der Stammesgruppe; dort ist auch die Versammlungshütte errichtet.
Die Unterteilung in fünf Klassen hat die Verbreitung der
kleinen, dem privaten Kult bestimmten malae begünstigt,
die den einflußreichsten Familien gehören. Die traditionelle Wohnstätte (fale) kann zylindrisch-konische, rechteckige oder rechteckige mit Doppelapsis versehene (in
diesem Fall handelt es sich um kleine provisorische Bauten) Anlage aufweisen; die Küche befindet sich außen.
Das Haus ist auf einer Plattform errichtet, deren Fußboden mit einem Mosaik aus Korallenfels ausgelegt ist;
die offenen Säulenwände können nachts oder zum Schutz
gegen Wind und Wetter mit Palmblättermatten verschlossen werden. Die hohe Bedachung hat, vor allem
beim großen Versammlungs- und Zeremonialgebäude,
eine sehr sorgfältig ausgeführte, aus parallelen geneigten Holzbögen und einem kleineren dichteren, gekreuzten Flechtwerk bestehende Struktur; die Verkleidung
besteht aus Zuckerrohr- und Palmblättern.

TAHITIANER

Vorwiegend Ackerbau betreibendes Volk des Gesell-
schaftsinselarchipels; sehr verbreitet sind die Reste
›megalithischer‹ Bauten, wie die vorne halbkreisförmig
offenen Plattformen der Bogenschützen (vahi-tè-a), jene
rechteckigen für Versammlungen und Feste (tahua-
umupuaa) und die Kultumfriedungen (marae). Diese sind
geräumige rechteckige oder seltener quadratische Plätze
für Zeremonien oder Versammlungen, die von einer bis
zu 3–4 m hohen Trockenmauer (Tahiti) umgrenzt werden und in deren Innerem Altäre, behauene Steinblöcke
oder ein heiliges Gebäude errichtet sind.
Meist stößt eine rechteckige steinerne Stufenpyramide
an eine Kurzseite; weitere kleinere Pyramiden befinden
sich oft außerhalb der Einfriedung. Das Dorf besteht
aus verstreuten Häusern, die durch Gärten und kleine
Anbauflächen getrennt und oft durch gepflasterte Straßen miteinander verbunden sind. Die traditionelle Wohnstätte ist rechteckig mit Doppelapsis, manchmal stark
länglich, mit einem Satteldach und zwei Halbkegeln an
den Endpunkten; der Eingang liegt an der Langseite.
Die Wände sind außen mit einem Flechtwerk aus Schilfrohren, innen mit Matten verkleidet; der Innenraum ist
durch Mattentrennwände unterteilt.

HAWAIIANER

Vorwiegend Ackerbau betreibendes Volk der Hawaii-Inseln (USA); die traditionelle, zu kleinen Dörfern vereinte Wohnstätte ist ein Rechteckbau mit Satteldach und dem Eingang an der Kurzseite, oder mit Walmdach, dessen Dachflächen miteinander verbunden sind, und dem Eingang an der Langseite. Die Bedachung besteht aus übereinanderliegenden Grasschichten; häufig kommen Veranden vor. Der Firstbalken bildet eine Art ›Dachwerk‹, wie auf den Salomon- und Fidschiinseln.

MARQUESANER

Ackerbau betreibendes Volk des Marquesasinselarchipels; die traditionelle Baukunst hat imposante ›megalithische‹ Baureste, wie Plattformen (Insel Nukuhiva), große Bewässerungsbecken, Monolithstatuen (tiki) und heilige, als religiöse und soziale Zeremonialstätten und zur Bestattung der Häuptlinge dienende Einfriedungen hinterlassen. In der Mitte des Dorfes liegt ein Platz mit der großen, von einer Steinterrasse getragenen Hütte für die Feste und Versammlungen; es ist dies ein Pfahlbau, in dessen Innerem sich ein Altar befindet. Weitere besondere Gebäude sind die Hütten für die Tatauierung der Männer. Die traditionelle Wohnstätte ist ein auf einer bis zu 3 m hohen, mit Leitern erreichbaren Steinplattform errichtetes Rechteckhaus aus mit Matten verkleideten Pfählen; im vorderen Teil der Plattform befinden sich behauene Steine, Sitze und zu Lagerstätten geneigte Platten. Das Haus ist in zwei Teile unterteilt: der vordere, die mit einer kurzen, durch vier geschnitzte Pfähle gestützten Dachfläche bedeckte Veranda, liegt im Vergleich zum hinteren Teil, der von einer steileren, auch als Wand dienenden Dachfläche bedeckt wird, ungefähr 40 cm tiefer.

OSTERINSULANER

Das Bauern- und Fischervolk der Osterinsel (Chile) hat imposante ›megalithische‹ Zeugnisse (Steinplattformen und Riesenstatuen) und Spuren von Dörfern und Wohnstätten hinterlassen. Die Zeremonialplattformen wurden zu Bestattungszwecken (ahu) entlang der Inselküste errichtet: auf weiträumigen, mit bearbeiteten Steinen bedeckten Flächen (bis zu 80 × 30 m) wurden bis an die fünfzehn Statuen, mit dem Rücken zum Ozean gewandt, aneinandergereiht. Es existieren heute noch 460 3–16 m hohe, menschliche Oberkörper darstellende Trachytstatuen (moai); ungefähr 250 waren auf den Küstenahu errichtet, die anderen wurden auf den Bergabhängen oder unvollendet, noch nicht völlig aus dem Felsen gehauen, aufgefunden. Die traditionelle Wohnstätte der Osterinsulaner war gewöhnlich eine Hütte mit elliptischem Grundriß (manchmal rechteckig und halb unterirdisch), mit einer Bedachung aus Schilf, Matten oder Gräsern und lag vereinzelt oder in kleinen Gruppen; Gemeinschaftshäuser mit spindelförmigem, stark länglichem Grundriß (bis zu 100 m), tonnenförmiger Bedachung aus Holzbögen, die von einem auf Pfählen liegenden Hauptbalken getragen wurden, bildeten vielleicht umgedrehte Boote nach. Das Gebirgsdorf Orongo an der Südwestspitze der Insel, das nur anläßlich des alljährlichen Festes bewohnt wurde, ist gänzlich aus Stein erbaut mit ovalen, an den Fels gebauten Räumen, die mit einem Scheingewölbe überdacht und nur durch einen engen Zugang erreichbar waren; verbreitet sind auch Petroglyphen und kleine Ritualskulpturen, die in heiligen Höhlen aufbewahrt wurden.

BIBLIOGRAPHIE

ALLGEMEINES

Archaeology and Ethnography, WA, III, 1971

Aspects de la maison dans le monde, Brüssel

BALANDIER, G., Anthropologie Politique. Paris 1967

BELMONT, H., L'art et les sociétés primitives à travers le monde. Paris 1963

BIEBUYCK, D. P., Tradition and Creativity in Tribal Art. Berkeley - Los Angeles 1969

BOAS, F., Primitive Art. Oslo 1927, New York 1955

CHANG, K. C., Settlement Archaeology. Palo Alto 1968

CHOMBART DE LAUWE, P., Les rapports entre le milieu social et la famille en relation avec l'organisation de l'espace, IIIᵉ Congres Mondial de Sociologie, Band IV, 1956

COPANS, J., TORNAY S., GODELIER, M., BACKES-CLÉMENT, C., L'anthropologie: science des sociétés primitives? Paris 1971

CRANSTONE, B. A. L., Environment and Choice in Dwelling and Settlement: an Ethnographical Survey. In: Ucko, Tringham, Dimbleby, op. cit. (1972)

DAVEY, N., History of Building Materials. New York 1961

DEFFONTAINES, P., Géographie et religions. Paris 1948

DE MARTINO, E., Naturalismo e storicismo nell'etnologia. Bari 1941

DOLLFUS, J., Les aspects de l'architecture populaire dans le monde. Paris 1954

DOUGLAS, M., Symbolic Orders in the Use of Domestic Space. In: Ucko, Tringham, Dimbleby, op. cit. (1972)

DRÖBER, W., Die Kartographie bei den Naturvölkern. Erlangen 1903

Ethnologie régionale I. Afrique-Océanie. Paris 1972

FORDE, C. D., Habitat, Economy and Society. A Geographical Introduction to Ethnology. London 1934

FORGE, A., Primitive art & Society. London - New York 1973

FRASER, D., The Many Faces of Primitive Art: A Critical Anthology. Englewood Cliffs, 1966

FRASER, D., Village Planning in the Primitive World. New York 1968

GUIDONI, E., Etnologiche Culture. In: Dizionario Enciclopedico di Architettura e Urbanistica, Band III. Rom 1968

GUIDONI, E., Antropomorfismo e zoomorfismo nell'architettura ›primitiva‹, L'Architettura. Cronache e Storia (Mailand), XIX, 222, 1974

HALL, E. T., The Hidden Dimension. New York 1966

LABAT, P., L'habitation et la famille dans diverses civilisations. Aspects ethnologiques. In: ›Famille et habitation‹, Band I, Hrsg. P. Chombart de Lauwe. Paris 1959

LANTERNARI, V., L'abitazione. In: Ethnologica, Hrsg. V. L. Grottanelli. Mailand 1965

LEE, R. B., DE VORE, I., Man the Hunter. Chikago 1968

Le symbolisme cosmique des monuments religieux. Rom 1957

LÉVI-STRAUSS, C., Anthropologie structurale. Paris 1958

MARTIN, R. D., Concepts of Human Territoriality. In: Ucko, Tringham, Dimbleby, op. cit. (1972)

MOHOLY-NAGY, S., Native Genius in Anonymous Architecture. New York 1957

NORBERG-SCHULZ, C., Existence, Space and Architecture. Oslo 1971

OLIVER, P., Shelter and Society. London 1969

PETTAZZONI, R., Miti e leggende. Turin 1948–1963

PETTAZZONI, R., L'onniscienza di Dio. Turin 1950

RAPOPORT, A., House Form and Culture. Englewood Cliffs, 1969

ROWLANDS, M. J., Defence; a Factor in the Organization of Settlements. In: Ucko, Tringham, Dimbleby, op. cit. (1972)

RUDOFSKY, B., Architecture without Architects. New York 1964

RYKWERT, J., On Adam's House in Paradise. New York 1972

SEVERIN, T., Vanishing Primitive Man. London 1973

Shelter, Bolinas (California) 1973

SUTTON, F. X., Representation and Nature of Political Systems, Comparative Studies in Sociology and History, II, 1959

TERRAY, E., Le marxisme devant les sociétés ›primitives‹. Paris 1969

THOMAS, W. L., Man's Role in Changing the Face of Earth. Chikago 1956

UCKO, P. J., TRINGHAM, R., DIMBLEBY, G. W., Man, Settlement and Urbanism. London 1972

EUROPA – ASIEN

ARKTISCHE UND SUBARKTISCHE REGIONEN

BOSI, R., I Lapponi. Mailand 1959

FORDE, C. D., The Yukaghir: Reindeer Hunters in the Siberian Tundra. In: Forde, op. cit. (1934)

FORDE, C. D., The Northern Tungus and other Reindeer Herders of Siberia. In: Forde, op. cit. (1934)

LEVINA, M. G., POTAPOVA, L. P., Istoriko-etnografichesky Atlas Sibiri. Moskau - Leningrad 1961

MANKER, E., Lapsk Kultur vid Stora Lule alvs källsjöar, ›Acta Lapponica‹ (Stockholm) 1944

MONTANDON, G., La civilisation aïnou. Paris 1937

POPOV, A. A., The Ngasan. Indiana 1966

SIMONSEN, P., The Transition from Food-gathering to Pastoralism in North Scandinavia and its Impact on Settlement Patterns. In: Ucko, Tringham, Dimbleby, op. cit. (1972)

TOKAREV, S. A., Etnografija narodov SSSR. Moskau 1958

VORREN, O., MANKER, E., Lapp Life and Customs. London 1962

ZENTRAL-WESTASIEN

BANSE, E., Die Gubâb-Hütten Nordsyriens, Orient. Archiv, II, 1911/12

BARTH, F., Nomads of South Persia. Basseri Tribes of the Khamse Confederacy. Oslo - New York 1961

BARTH, F., Le nomadisme dans les montagnes et sur les hauts-plateaux de l'Asia de Sud-Ouest. Les problèmes de la zone aride. Paris 1963

DIGARD, J.-P., Histoire et anthropologie des sociétés nomades: le case d'un tribu d'Iran, Ans, XXVIII, 1973

FAYEIN, C., La vie pastorale au Dhofar, OM, XI, 1971

FEILBERG, C., La tente noire. Kopenhagen 1944

FORDE, C. D., The Ruwala Badawin: Camel Breeders of Northern Arabia. In: Forde, op. cit. (1934)

FORDE, C. D., The Kazak, Kirghiz and Kalmuck: Horse and Sheep Herders of Central Asia. In: Forde, op. cit. (1934)

HUDSON, A., Kazak Social Structure, Yale University Publications in Anthropology XX, 1964

KRACKOVKAJA, V. A., L'abitazione nello Hadramaut (in Russisch), Etnografia Sovietica, II, 1947

MUSIL, A., Manners and Customs of the Rwala Bedouins, American Geographical Society (New York), 1928

TER MOWSESJÀNZ, P., Das armenische Bauernhaus, Mitteilungen der Anthropologischen Gesellschaft (Wien), XX, 1922

TOKAREV, S. A., op. cit. (1958)

SÜDOSTASIEN

BOULBET, J., Modes et techniques du pays Moa', Befeo, LII, 1965

DOURNES, J., Aspects de l'habitat et techniques de construction des Sre aux Jörai, OM, XI, 1971

DOURNES, J., Coordonnées. Structures jörai familiales et sociales. Paris 1972

ELWIN, V., Nagaland, Shillog 1961

FORDE, C. D., The Semang and Sakai: collectors in the Malayan Forests. In: Forde, op. cit. (1934)

GLOVER, I. C., Settlements and Mobility among the Hunter-Gatherers of Southeast Asia. In: Ucko, Tringham, Dimbleby, op. cit. (1972)

GOUROU, P., Esquisse d'une étude de l'habitation annamite dans l'Annam septentrional et central du Thanh Hoa au Binh Dinh. Paris 1936

IZIKOWITZ, K. G., The Community House of the Lamet, Ethnos I–II. Stockholm 1943

McKIM, M., Village India: Studies in the Little Community. Chikago 1955

PARIS, P., Décor et construction des maisons Kha entre Lao-Bao et Saravane, BEFEO, XLV, 1952

PARMENTIER, H., La maison commune du village Bahnar de Kombraih, BEFEO, XLV, 1951

ROBEQUAIN, C., L'Indochine. In: L'habitation indigène dans les possessions françaises. Paris 1931

SKEAT, W. W., BLAGDEN, C. O., Pagan Races of the Malay Peninsula. London 1906

VELDER, C., A Description of the Mrabri camp, Journal of the Siam Society, LI, 1963

INDONESIEN – PHILIPPINEN

DE JOSSELIN DE JONG, P. E., An Interpretation of Agricultural Rites in Southeast Asia, Journal of Asian Studies, XXIV, 1965

FIRTH, R., Housekeeping among Malay Peasants. London 1966

GULLICK, J. M., Indigenous Political Systems of Western Malaya. London 1958

KOENTJARANINGRAT, Villages in Indonesia. Ithaca 1967

NGUYEN VAN HUYEN, Introduction à l'étude de l'habitation sur pilotis dans l'Asie du sud-est. Paris 1934

SPENCER, J. E., Land and People in the Philippines. Los Angeles 1952

VAN WOUDEN, F. A. E., Types of social Structure in Eastern Indonesia. La Haye 1968

WINSTEDT, R., The Malays, a Cultural History. Singapur 1947

WINSTEDT, R., DE JOSSELIN DE JONG, P. E., The Indonesian Town. La Haye-Bandung 1958

a) Sumatra

BACHTIAR, H. W., Negeri Taram. In: Koentjaraningrat, op. cit. (1967)

BARTLETT, H. H., The Sacred Edifices of the Batak of Sumatra, Occasional Contributions from the Museum of Anthropology. University of Michigan (Ann Arbor), IV, 1934

DE BOER, D. W. N., Het Toba-Bataksche huis, MBBB, XXIII, 1920

DE JOSSELIN DE JONG, P. E., Minangkabau and Negri Sembilan. Djakarta 1960

SCHNITGER, F. M., Megalithen vom Batakland und Nias, Jahrbuch für prähistorische und ethnographische Kunst XV–XVI. Berlin 1941/42

SCHNITGER, F. M., Forgotten Kingdoms in Sumatra. Leiden 1964

SINGARIMBUN, M., Kutagamber, Village of the Karo. In: Koentjaraningrat, op. cit. (1967)

VERGOUWEN, J. C., The Social Organization and Customary Law of Toba-Batak of Northern Sumatra. La Haye 1964

WESTENENK, L. C., De Minangkabausche nagari, MBBB, XVII, 1918

b) Andere Inseln und Archipele

Bali, Studies in Life, Thought and Ritual. La Haye-Bandung 1960–1969

BARTON, R. F., The Kalingas. Chikago 1949

CHABOT, H. T., Bontoranba: a Village of Goa, South Celebes. In: Koentjaraningrat, op. cit. (1967)

COOLEY, F. L., Allang: a Village on Ambon Island. In: Koentjaraningrat, op. cit. (1967)

CUNNINGHAM, C. E., Order in the Atoni House, BTLV, CXX, 1964

CUNNINGHAM, C. E., Soba: an Atoni Village of West Timor. In: Koentjaraningrat, op. cit. (1967)

DE BOER, D. W. N., Het Niassche huis, MBBB, XXV, 1920

FRASER, D., South Nias Islanders, Indonesia. In: Fraser, cit. (1968)

FREEMAN, J. D., Iban Agriculture. London 1955

GEDDES, W. R., The Land-Dayaks of Sarawak. London 1954

GEERTZ, C., The Religion of Java. Glencoe 1960

GEERTZ, C., Form and Variation in Balinese Village Structure, AmA, LXI, 1959

GOETHALS, P. R., Rarak: a Swidden Village of West Sumbawa. In: Koentjaraningrat, op. cit. (1967)

GORIS, R., Bali, Atlas Kebudajiaan. Culturgerchiedenis in Beel. Cults and Customs. Djakarta 1955

JAY, R. R., Javanese Villagers. Cambridge (Mass.)-London 1969

KAUDERN, W., Structures and Settlements in Central Celebes, Ethnographical Studies in Celebes. (Göteborg) I, 1925

MILES, D., The Ngadju Longhouse, O, XXXV, 1964

MORRIS, H. S., Report on a Melanau Sago Producing Community in Sarawak. London 1953

SCHÄRER, H., Ngadju Religion. The Concept of God among a South Borneo People. La Haye 1963

SUZUKI, H., The Religious System and Culture of Nias, Indonesia. La Haye 1959

YONG DJIET TAN, R., The Domestic architecture of Bali, BTLV, CXXIII, 1967

OZEANIEN

ARCHEY, G., South Sea Folk. Handbook of Maori and Oceanic Ethnology. Auckland 1937

BODROGI, T., Die Kunst Ozeaniens. Wien-Würzburg 1960

BOUGE, L. G., Contribution à l'étude des pilons océaniens. Paris 1931

BÜHLER, A., BARROW, T., MOUNTFORD, C. P., Ozeanien und Australien. Die Kunst der Südsee. Baden-Baden 1961

GOLSON, J., Archéologie du Pacific Sud, résultat et perspectives, JSO, XV, 1959

GREEN, R. C., KELLY M., Studies in Oceanic Culture History, I. Honolulu 1970

GUIART, J., Océanie. Paris 1963

HIGHAM, C. F. W., The Role of Economic Prehistory in the Interpretation of the Settlement of Oceania. In: Green, Kelly, op. cit.

LEENHARDT, M., L'Océanie. In: L'habitation indigène dans les possessions françaises. Paris 1931

LEENHARDT, M., Arts de l'Océanie. Paris 1948

MAHLER, Siedlungsgebiet und Siedlungsplätze in Ozeanien, IAE, II, 1898

Prehistoric Culture in Oceania. Honolulu 1968

TISCHNER, H., Hausformen in Ozeanien. Hamburg 1934

TOUMARKINE, D. D., L'ethnologie océanienne en URSS (Situation actuelle et état des recherches), JSO, XVIII, 1962

AUSTRALIEN

BERNDT, R. M. und C. H., The World of the First Australians. Chikago 1964

BERNDT, R. M. und C. H., Aboriginal Man in Australia. Sydney 1965

BRANDENSTEIN, C. G. VON, The Symbolism of the North-Western Australian Zigzag Design, O, XLII, 1971

CAPELL, A., Myths and Tales of the Nunggubuyu, South-east Arnhem Land, O, XXXI, 1960

DAVIDSON, D. S., Hunting territory in Australia, AmA, XXX, 1928

ELIADE, M., Religions Australiennes. Paris 1972

ELKIN, A. P., Kinship in South Australia. Sydney 1940

ELKIN, A. P., The Australian Aborigines. Sydney-London 1956

GOULD, S., The Archaeologist as Ethnographer: a Case from the Western Desert of Australia, WA, III, 1971

HIATT, L. R., Local Organization among the Australian Aborigines, XXXII, 1962

HOWITT, A. W., The Native Tribes of South-east Australia. London 1904

MASSOLA, A., Aboriginal Place Names of South-east Australia and their Meanings. Melbourne 1968

MCBRYDE, I., An Unusual Series of Stone Arrangements near the Serpentine River, Ebor District, New South Wales, O, XXXIV, 1963

MEGGITT, M. J., Desert People. Chikago 1965

MEGGITT, M. J., Gadjari among the Walbiri Aborigines of Central Australia, O, XXXVI (3 und 4), 1966; XXXVII (1 und 2), 1966

MOUNTFORD, C. P., Art, Myth and Symbolism of Arnhemland. Melbourne-Cambridge 1956

RAPOPORT, A., Australian Aborigines and the Definition of Place, University of Sydney, op. cit.

ROTH, H. L., The Aborigines of Tasmania. Halifax 1899

SPENCER, B., Native Tribes of the Northern Territory of Australia. London 1914

SPENCER, B., GILLEN, F. J., Native Tribes of Central Australia. London 1899

SPENCER, B., GILLEN, F. J., The Northern Tribes of Central Australia. London 1904

STANNER, W. E. H., On Aboriginal Religion, O, XXX (2), 1959; XXX (4), 1960; XXXI (2), 1960; XXXI (4), 1961; XXXII (2), 1961; XXXIII (4), 1963

STANNER, W. E. H., Aboriginal Territorial Organization: Estate, Range, Domaine and Regime, O, XXXVI, 1965

STREHLOW, T. G. H., Aranda Traditions. Melbourne 1947

TINDALE, N. B., Ecology of the Aboriginal Man in Australia. In: Biogeography and Ecology in Australia. Den Haag 1959

WARNER, W. L., A Black Civilization. New York 1937

WARSON, T., The Prehistoric Arts, Manufactures, Works, Weapons, etc. of the Aborigines of Australia. Adelaide 1897

MELANESIEN – MIKRONESIEN

BÜHLER, A., Der Platz als bestimmender Faktor von Siedlungsformen in Ostindonesien und Melanesien, Regio Basiliensis, I–II, 1960

GUIART, J., Structure de la chefferie en Mélanésie du Sud. Paris 1963

KRAMER, A., Der Haus- und Bootsbau der Marshallinseln, ArA, III, 1905

LYONS, H., The Sailing Charts of the Marshall Islanders, Geographical Journal, LXXII, 1928

MALINOWSKI, B., Argonauts of the Western Pacific. London 1922

MALINOWSKI, B., Coral Gardens and Their Magic. London 1935

MARGOT-DUCLOT, J., VERNANT, J., La Terre et la catégorie du sexe en Mélanésie, JSO, II, 1946

RIESENFELD, A., The Megalithic Culture of Melanesia. Leiden 1950

SCHLESIER, E., Die Erscheinungsformen des Männerhauses und das Klubwesen in Mikronesien. Eine ethnosoziologische Untersuchung. Den Haag 1953

SCHMITZ, C., Balam: Der Tanz- und Kultplatz in Melanesien als Versammlungsort und mimischer Schauplatz, Die Schaubühne, XLVI, 1955

SCHÜCK, A., Die Stabkarten der Marshallinsulaner. Hamburg 1902

SPOER, A., Marianas Prehistory. Chikago 1957

THILENIUS, G. (Hrsg.), Ergebnisse der Südsee-Expedition der Hamburgischen Wissenschaftlichen Stiftung 1908–1910, 1914–1938

a) Neuguinea

AUFINGER, A. P., Siedlungsform und Häuserbau an der Ray-Küste Neuguineas, An, XXXV–XXXVI, 1940/41

BATESON, G., Social Structure of the Iatmiil People, O, II, 1932

BEHRMANN, W., Die Wohnstätten der Eingeborenen im Innern von Neuguinea, Festband Albrecht Penck. Stuttgart 1918

BELSHAW, C. S., The Great Village. London 1957

BODROGI, T., Art in North East Guinea. Budapest 1961

BÜHLER, A., Heilige Bildwerke aus Neu-Guinea. Basel 1958

CRANSTONE, B. A. L., The Tifalmin: a ›Neolithic‹ People in New Guinea, WA, III, 1971

FIRTH, R., Notes on the Social Structure of Some South-Eastern New Guinea Communities, Man, LII, 1952

FORGE, A., Normative Factors in the Settlement Size of Neolithic Cultivators (New Guinea). In: Ucko, Tringham, Dimbleby, op. cit. (1972)

FORGE, A., Style and Meaning in Sepik Art. In: A. Forge, Primitive Art and society. London-New York 1973

FRASER, D., Trobriand Islanders, New Guinea. In: Fraser, op. cit. (1969)

FRASER, D., Mailu, New Guinea. In: Fraser, op. cit. (1969)

HATANAKA, S., BRAGGE, L. W., Habitat, Isolation and Subsistence Economy in the Central Range of New Guinea, O, XLIV, 1973

KOOIJMAN, S., The Art of Lake Sentani. New York 1959

LEWIS, A. B., Carved and Painted Designs from New Guinea. Chikago 1931

MEGGITT, M. J., House Building among the Mae-Enga, Western Highlands, Territory of New Guinea, O, XXVII, 1956/57

VILLEMINOT, J. und P., La Nouvelle-Guinée. Paris 1964

WHITEMAN, J., Change and Tradition in an Abelam Village, O, XXXVI, 1965

WILLIAMS, F. E., The Natives of the Purari Delta. Port Moresby 1924

b) Neukaledonien

AVIAS, J., Contribution à la préhistoire de l'Océanie: les tumuli des plateaux de fer en Nouvelle-Calédonie, JSO, VI, 1949

AVIAS, J., L'évolution de l'habitat indigène en Nouvelle-Calédonie de 1843 à nos jours, JSO, X, 1953

GIFFORD, E. W., SHULTER JR., D., Archaeological excavations in New Caledonia, AR, XVIII, 1956

GIRARD, F., Acquisitions nouvelles du Département d'Océanie, OM, I, 1961

GUIART, J., L'art autocthone de Nouvelle-Calédonie. Nouméa 1953

LEENHARDT, M., La fête du pilou en Nouvelle-Calédonie, L'A, XXXII, 1922

LEENHARDT, M., Notes d'ethnologie néo-calédonienne. Paris 1930

LEENHARDT, M., Gens de la Grande Terre. Paris 1937

LEENHARDT, R., La Grande Case. Paris 1965

LOBSIGER-DELLENBACH, M. und G., Dix bamboux gravés néo-calédoniens du Musée des Arts Africains et Océaniens (Paris), JSO, XXIII, 1967

c) Andere Archipele

BERLE CLAY, S., The Persistence of Traditional Settlement Pattern: an Example from Central New Ireland, O, XLIII, 1972

DEACON, A. B., Geometrical Drawings from Malekula and Other Islands of the New Hebrides, JRAI, LXIV, 1934

EPSTEIN, A. L., Variation and Social Structure; Local Organization on the Island of Matupit, O, XXXV, 1964/65

FORDE, C. D., The Eastern Solomons. In: Forde, op. cit. (1963)

GILL, S., Bwayma, the Trobriand Yam House, 1963 (Dissertationsmanuskript, Columbia University; übermittelt in Fraser, op. cit.)

GIRARD, F., L'importance sociale et réligieuse des cérémonies exécutées pour les malanggan sculptés de Nouvelle Irlande, L'A, LVIII, 1954

GUIART, J., L'organisation sociale et politique du Nord-Malekula, JSO, VIII, 1952

GUIART, J., Sociétés, rituels et mythes du Nord-Ambryn (Nouvelles Hébrides), JSO, VII, 1951

IVENS, W. G., Melanesians of the South East Solomon Islands. London 1927

MONTAUBAN, P., O'REILLY, P., Mythes de Buka. Iles Salomon, JSO, XIV, 1958

O'REILLY, P., Nouvelle Hébrides. Mallicolo. Sculpture de faîtage en racine de fougère, JSO, VIII, 1952

O'REILLY, P., Mégalithes Hébridais. Une sépulture du chef et deux autres tombes à Nagire, Ile d'Aoba, JSO, VII, 1951

O'REILLY, P., Deux sites fortifiés du district de la Roche dans l'Ile de Maré (Iles Loyalty), JSO, VI, 1950

ROCH, G., Materielle Kultur der Santa-Cruz-Inseln. Berlin 1971

ROWE, W. P., A Study of the Geometrical Drawings from the New Hebrides, JAI, LXVI, 1936

TISCHNER, H., Bemerkungen zur Konstruktion und Terminologie der Hausformen auf Neu-Irland und Nebeninseln. Festschrift A. Bühler. Basel 1965

POLYNESIEN

EMORY, K. P., Polynesian Stone Remains, PMP, 1943

EMORY, K., A Re-examination of East Polynesian Marae, Pacific Anthropological Records, XI, 1970

GATHERCOLE, P., The Study in Settlement Patterns in Polynesia. In: Ucko, Tringham, Dimbleby, op. cit.

GOLDMAN, I., Ancient Polynesian Society. Chikago - London 1970

GREEN, R. C., Settlement Patterns: Four Case Studies from Polynesia, Asian and Pacific Archaeology Series, I, 1967

GREEN, R. C., Settlement Pattern Archaeology in Polynesia. In: Green, Kelly, op. cit. (1970)

GROUBE, L. M., The Origin and Development of Earthwork Fortifications in the Pacific. In: Green, Kelly, op. cit. (1970)

NEVERMANN, H., Pyramiden in Polynesien, Baessler-Archiv, XXVIII, 1955

Polynesian Navigation. Wellington 1963

SAHLINS, M. D., Social Stratification in Polynesia. Seattle 1958

TE RANGI HIROA, Vikings of the Sunrise. New York 1938

WILLIAMSON, R. W., Religious and Cosmic Beliefs of Central Polynesia. Cambridge 1933

a) Neuseeland

BEST, E., Maori Storehouses and Kindred Structures, DMB, V, 1916

BEST, E., Maori Agriculture, DMB, IX, 1925

BEST, E., The Pa Maori. Wellington 1927

COWAN, J., The Art Craftmanship of the Maori, Art in New Zealand, Band II. Wellington 1929

FIRTH, R., The Maori Carver, JPS, XXXIV, 1925

FIRTH, R., Maori Hillforts, Antiquity, 1927

FIRTH, R., Primitive Economies of the New Zealand Maori. London 1929

GROUBE, L. M., Settlement Patterns in New Zealand Prehistory, Occasional Papers in Archaeology, Universität von Otago, I, 1965

HAMILTON, A., The Art and Workmanship of the Maori Race in New Zealand. Dunedin 1896

KENNEDY, J., Settlement in the South East Bay of Islands, 1772: a study in text-aides field archaeology, Studies in Prehistoric Anthropology, Universität von Otago, III, 1969

MARLAND HOCKEN, T., Contributions to the Early History of New Zealand (Settlement of Otago). London 1898

MEAD, S. M., The Art of Maori Carving. Sydney-Wellington-Auckland, 1967

PHILLIPS, W. J., Carved Pieces of the Eastern Maori House Districts of the North Island (New Zealand), Records of the Dominion Museum, I, 1944

PHILLIPS, W. J., Maori Houses and Food Stores, Dominion Museum Monographs, VIII, 1952

PHILLIPS, W. J., Carved Maori Houses of Western and Northern Areas of New Zealand, Dominion Museum Monographs, IX, 1955

PHILLIPS, W. J., Historical Notes on the Carved House Nuku Te Apiaki, JPS, LXXIX, 1970

PHILLIPS, W. J., MAC EWEN, J. M., Carved Houses of Te Arawa (New Zealand), Dominion Museum Records in Ethnology, I, 1946; II, 1948

SKINNER, H. D., The Maori Hei-Tiki. Dunedin 1966

TE RANGI HIROA, Maori Decorative Art. House Panels, New Zealand Institute Transactions, LIII, 1921

TE RANGI HIROA, The Coming of the Maori. Wellington 1952

b) Gesellschaftsinseln

BAESSLER, A., Marae und Ahu auf den Gesellschaftsinseln, IAE, X, 1897

EMORY, K., Stone Remains in the Society Islands, BBPBM, CXVI, 1933

GARANGER, J., Recherches archéologiques dans le district de Tautira (Tahiti, Polynésie Française), JSO, XX, 1964

GREEN, R. C., GREEN, K., RAPPAPORT, R. A., RAPPAPORT, A., DAVIDSON, J., Archaeology of the Island of Mo'orea, French Polynesia, APAmM, LI, 1967

HANDY, E. S. C., History and Culture in the Society Islands, BBPBM, LXXIX, 1930

HANDY, E. S. C., Houses, Boats, and Fishing in the Society Islands, BBPBM, XC, 1937

HANDY, W. C., Handcrafts of the Society Islands, BBPBM, XLII, 1927

HENRY, T., Ancient Tahiti, BBPBM, XLVIII, 1928

Tahiti et la Polynésie Française, JSO, XV, 1959

c) Marquesas-Inseln

KELLUM-OTTINO, M., Archéologie d'une vallée des îles Marquises, évolution des structures de l'habitat à Haue, Ua Huka. Paris 1971

LINTON, R., The Material Culture of the Marquesas Islands, BBPBM, VIII, 5, 1923

LINTON, R., Archaeology of the Marquesas Islands, BBPBM, XXIII, 1925

SINOTO, Y. H., A Tentative Prehistoric Cultural Sequence in the Northern Marquesas Islands, French Polynesia, JPS, LXXV, 1966

SINOTO, Y. H., An Archaeologically Based Assessment of the Marquesas Islands as a Dispersal Center in East Polynesia. In: Green, Kelly, op. cit. (1970)

SUGGS, R. C., The Archaeology of Nuku Hiva, Marquesas Islands, French Polynesia, APAmM, XLIX, 1961

d) Osterinsel

HEYERDAHL, T., FERDON JR., E. N., Archaeology of Easter Islands. Santa Fé, 1961

HEYERDAHL, T., FERDON JR., E. N., Reports of the Norwegian Archaeological Expedition to Easter Island and the East Pacific. Santa Fé, 1961–1965

LAVACHERY, H., Archéologie de l'île de Pâques. Le site d'Auakena, JSO, X, 1954

METRAUX, A., Easter Island Sanctuaries, Ethnological Studies (Göteborg), V, 1937

ROTLEDGE, S., Survey of the Village and Carved Rocks of Orongo, Easter Island, JAI, L, 1920

e) Andere Archipele

BELLWOOD, P., Archaeology on Rorotonga and Aitutaki, Cook Islands: a preliminary report, JPS, LXXVIII, 1969

DAVIDSON, J. M., Settlement Patterns in Samoa before 1840, JPS, LXXVIII, 1969

EMORY, K. P., SINOTO, Y. H., Eastern Polynesian Burials at Maupiti, JPS, XXIII, 1964

EYDE, D. B., On Tikopia Social Space, BTLV, CXXV, 1969

FIRTH, R., We the Tikopia. London-New York 1936

GARANGER, J., Recherches archéologiques à Rangiroa-archipel des Tuamotu, JSO, XXII, 1966

GIFFORD, E. W., Tongan Society, BBPBM, LXI, 1929

GIFFORD, E. W., Archaeological Excavations in Fiji, AR, Univ. California. Berkeley-Los Angeles 1951

KRÄMER, A., Die Samoa-Inseln. Stuttgart 1902

MALO, D., Hawaiian Antiquities. 1903

MEAD, M., Social Organization of Manua (Samoa), BBPBM, LXXVI, 1930

NEYRET, J. M., Notes sur la navigation indigène aux îles Fidji, JSO, VI, 1950

PARK, J., A Consideration of the Tikopia ›Sacred Tale‹, JPS, LXXXII, 1973

QUAIN, B., Fijian Village. Chikago 1948

ROTH, G. K., Housebuilding in Fiji, JAI, LXXXIV, 1954

SEUART, L. G., Les marae des îles orientales de l'archipel des Tuamotu, L'A, XVI, 1905

TE RANGI HIROA, Samoan Material Culture, BBPBM, LXXV, 1930

TE RANGI HIROA, Arts and Crafts of the Cook Islands, BBPBM, CLXXIX, 1944

TE RANGI HIROA, Arts and Crafts of Hawaii. Honolulu 1957

VÉRIN, P., vestiges archéologiques de Rururu (Iles Australes, Polynésie Française), JSO, XX, 1964

Wallis et Futuna, JSO, XIX, 1963

AMERIKA

NORDAMERIKA

BUSHNELL, C. H. S., The First Americans: the Pre-Columbian Civilizations. New York 1968

CATLIN, G., Illustrations of the Manners, Customs and Condition of the North American Indians. London 1845

CERAM, C. W., Der erste Amerikaner. Das Rätsel des vor-Kolumbischen Indianers. Reinbek 1971

DOCKSTADER, F. J., Indian Art in America: The Arts and Crafts of the North American Indian. Greenwich 1967

HODGE, F. W., Handbook of American Indians North of Mexico, BAmE, XXX, 1907–1910

MORGAN, L. H., Houses and House-Life of the American Aborigines. Washington 1881

MÜLLER, W., Die Blaue Hütte. Zum Sinnbild der Perle bei nordamerikanischen Indianern. Wiesbaden 1954

OWEN, R. C., DEETZ, J. F., FISHER, A. D., The North American Indians: A Sourcebook. New York 1967

SARFERT, E., Haus und Dorf bei den Eingeborenen Nordamerikas, Archiv für Anthropologie, XXXV, 1909

WATERMAN, T. T., North American Indian Dwellings, ARSI, 1925

WATERMAN, T. T., The Architecture of the American Indians. In: A. L. Kroeber, T. T. Waterman, Sourcebook in Anthropology. New York 1931

WILLEY, G. R. (Hrsg.), Prehistoric Settlement Patterns in the New World. New York 1956

a) Pueblos – Navaho

BUNZEL, R. L., Introduction to Zuni Ceremonialism, ARBAmE, XLVII, 1932

DIXON, K. A., Hidden House: A Cliff Ruin in Sycamore Canyon, Central Arizona. Flagstaff 1956

DUTTON, B. P. (Hrsg.), Indians of the Southwest. Santa Fé, 1963

EGGAN, F., Social Organization of the Western Pueblos. Chikago-London 1963

ERDOES, R., The Pueblo Indians. New York 1967

FEWKES, J. W., Antiquities of the Mesa Verde National Park: Cliff Palace, ARBAmE, XXIII, 1904

FEWKES, J. W., The Cave Dwellings of the Old and New Worlds, ARSI, 1910

FORDE, C. D., Hopi Agriculture and Land Ownership, JRAI, XLI, 1931

FORDE, C. D., The Hopi and Yuma: flood Farmers in the North American Desert. In: Forde, op. cit.

FORDE, C. D., Ethnography of the Yuma Indians, UCPAAE, XXVIII, 4, 1931

LANGE, C. H., Cochiti: a New Mexico Pueblo, Past and Present. Austin 1959

LOWIE, R. H., Notes on Hopi Clans, APAmM, XXXIII, 1929

MILL, G., Navaho Art and Culture. Colorado Springs 1959

MINDELEFF, C., A Study of Pueblo Architecture, ARBAmE, VIII, 1891

MINDELEFF, C., Navaho Houses, ARBAmE, XVII, 1901

PEPPER, G. H., Pueblo Bonito, APAmM, XXVII, 1920

RAPOPORT, A., The Pueblo and the Hogan. In: Shelter and Society, Hrsg. P. Oliver. London 1969

REED, E. K., Types of Village-Plan Layouts in the Southwest. In: G. R. Willey (Hrsg.), op. cit. (1956)

SEBAG, L., L'invention du monde chez les Indiens pueblos. Paris 1971

SEDGWICK, W. T., Acoma, the Sky City. Cambridge 1926

STUBBS, S. A., Bird's Eye View of the Pueblos: Grounds Plans of the Indian Villages of New Mexico and Arizona with Aerial Photographs and Scale Drawings. Norman (Oklahoma) 1950

TALAYESVA, C., Sun Chief: the Autobiography of a Hopi Indian, Yale Univ. Press, 1942

WATSON, D., Cliff Palace: a Study on an Ancient City, Annals Arbor (Michigan) 1940

WHITE, L. A., The Pueblo of Sia, New Mexico, BAmE, CLXXXIV, 1962

WHORF, B. L., Linguistic Factors in the Terminology of Hopi Architecture, International Journal of American Linguistics, XIX, 2, 1953

b) Indianer des Nordwestens

ANDREWS, R. W., Indian Primitive. New York 1960

BARBEAU, M., Totem Pole: a Recent Native Art of the Northwest Coast of America, Geographical Review, XX, 1930

BARNETT, H. G., The Nature of the Potlatch, AmA, 1938

BOAS, F., The Decorative Art of the Indians of the North Pacific Coast of America, BAmM, IX, 1897, und Primitive Art, op. cit.

CODERE, H., The Amiable Side of Kwakiutl Life, AmA, 1956

DRUCKER, P., The Northern and Central Nootkan Tribes, BBAmE, CXLIV, 1951

DRUCKER, P., Indians of the Northwest Coast. New York 1963

DRUCKER, P., HEIZER, R. F., To Make My Name Good: a Reexamination of the Southern Kwakiutl Potlatch. Berkeley 1967

EMMONS, G., The Whale House of the Chilkat, APAmM, XIX, 1916

FORDE, C. D., The Nootka, Kwakiutl and Other Peoples of British Columbia. In: Forde, op. cit. (1934)

FRASER, D., Haida of the Pacific Northwest. In: Fraser, op. cit. (1968)

KRIEGER, H. W., Indian Villages of Southeast Alaska, ARSI, 1927

OLSON, R. L., Adze, canoe and house types of Northwest Coast, University of Washington Publications in Anthropology, II, 1927

WATERMAN, T. T., Native Houses of Western North America, Indian Notes and Monographs (New York), XI, 1921

c) Eskimo

BANDI, H. G., Eskimo Prehistory, University of Alaska, 1969

BOAS, F., The Central Eskimo, ARBAmE, VI, 1888

BOAS, F., The Eskimo of Baffin Land and Hudson Bay, BAmM, XV, 1907

CAMPBELL HUGHES, A., An Eskimo Village in the modern world. Ithaca 1960

CARPENTER, E., Space Concepts of the Aivilik Eskimos, Explorations, V

COLLINS, H. B., The Origin and Antiquity of the Eskimo, ARSI, 1950/51

FORDE, C. D., The Eskimo: Seal and Caribou Hunters in Arctic America. In: Forde, op. cit. (1934)

HOFFMAN, W. J., The Graphic Art of the Eskimos. Washington 1897

LAUGHLIN, W. S., The Aleut-Eskimo Community, Anthropological Papers of the University of Alaska, I, 1952

MATHIASSEN, T., Archaeology of the Central Eskimos. Kopenhagen 1927

d) Andere Populationen

BUSHNELL, D. J., The origin and Various Types of Mounds in Eastern Unites States, XIX International Congress of Americanists. Washington 1917

BUSHNELL, D. J., Native Villages and Village Sites East of the Mississippi, BBAmE, LXIX, 1919

BUSHNELL, D. J., Villages of the Algonquian, Siouan and Caddoan tribes west of the Mississippi, BBAmE, LXXVII, 1922

DORSEY, J. O., Camp Circles of Siouan Tribes, AmA, 1889

DORSEY, G. A., The Arapaho Sun Dance: the Ceremony of the Offering Lodge. Chikago 1903

DORSEY, G. A., The Cheyenne, Chikago 1905

FORDE, C. D., The Paiute: Collectors in the Great Basin. In: Forde, op. cit. (1934)

FORDE, C. D., The Blackfoot: Buffalo Hunters of the North American Plains. In: Forde, op. cit. (1934)

FRASER, D., Cheyenne Indians. In: Fraser, op. cit. (1968)

GRIFFIN, J. B. (Hrsg.), Archaeology of the Eastern United States. Chikago–London 1964

GRINNELL, G. B., The Cheyenne Indians. New Haven, London-Oxford 1923

HEWITT, J. N. B., Iroquoian Cosmology, ARBAmE, XXI, 1903

KROEBER, A. L., Handbook of the Indians of California, BBAmE, LXXVIII, 1925

LAUBIN, R. G., The Indian Tipi. Norman (Oklahoma) 1957

LONGACRE, W. A., AYRES, J. E., Archaeological Lessons from an Apache wickiup. In: S. R. und L. R. Binford (Hrsg.), New Perspectives in Archaeology. Chikago 1968

MÜLLER, W., Die Religionen der Waldlandindianer Nordamerikas. Berlin 1956

MÜLLER, W., Glauben und Denken der Sioux. Zur Gestalt archaischer Weltbilder. Berlin 1970

ROE, F. G., The Indian and the Horse. Norman (Oklahoma) 1955

SHETRONE, H. C., The Mound-builders. New York 1930

SILVERBERG, R., Mound Builders of Ancient America: the Archaeology of a Myth. Greenwich 1968

SPECK, F. G., A Study of the Delaware Indian Big House Ceremony. Harrisburg 1931

SPECK, F. G., The Savage Hunters of the Labrador Peninsula. Norman (Oklahoma) 1935

SQUIER, E. G., DAVIS, E. H., Ancient Monuments of the Mississippi Valley: comprising the Results of Extensive Original Survey and Explorations. Washington 1848

SWANTON, J. R., The Indians of the South-Eastern United States, BBAmE, 1946

ZENTRAL-SÜDAMERIKA

BANNER, H., O Indio Kayapó em seu acampamento, Boletín do Museo Paraense Emilio Goeldi, XIII, 1961

BIOCCA, E., Viaggi tra gli Indi. Rom 1966

BIOCCA, E., Mondo Yanoama. Bari 1969

DIETSCHY, H., Männerhäuser, heiliger Pfahl und Männerplatz bei den Karaja-Indianern Zentral-Brasiliens, An, LVV, 1962

FERNANDES, F., A análise functionalista da guerra: possibilitades de apliçao à sociedade tupinamba, Revista do Museo Paulista, III, 1949

FORDE, C. D., The Boro of the Western Amazon Forest. In: Forde, op. cit. (1934)

GUYOT, M., Les mythes chez les Selk'nam et les Yamana de la Terre de Feu. Paris 1968

JAMES, A. G., Village Arrangement and Social Organization among some Amazon Tribes. New York 1949

LÉVI-STRAUSS, C., La vie familiale et sociale des Indiens Nambikwara. Paris 1948

LÉVI-STRAUSS, C., Tristes Tropiques. Paris 1955

LÉVI-STRAUSS, C., Anthropologie structurale. Paris 1958

LIZOT, J., Les Yanomami: économie ou société? JSAm, LX, 1971

PELAVICINO, E., Tipos de tienda usados por los aborígenes sudamericanos, Proceedings of the XXIIIrd International Congress of Americanists (New York 1928). New York 1930

PELAVICINO, E., Von den Pilagá-Indianern im Norden Argentiniens, An, XXVIII, 1933

REICHEL-DOLMATOFF, G., Desana. Simbolismo de los Indios Tukano de Vaupés. Bogotá 1968

RODRIGUEZ-LAMUS, L. R., La arquitectura de los Tukano, Revista Colombiana de Antropologia (Bogotá), VII, 1958

RODRIGUEZ-LAMUS, L. R., Arquitectura indigena: los Tukano. Bogotá 1966

SERRANO, A., Los aborígines argentinos. Buenos Aires 1947

SOUSTELLE, G., Tequila: un village nahuatl du Mexique oriental. Paris 1958

STEWARD J. H. (Hrsg.), Handbook of South American Indians, BBAmE, CXLIII, 1963

Tipos predominantes de vivienda natural en la República Argentina. Buenos Aires 1972

AFRIKA

Africa, Edilizia Moderna (Mailand), LXXXIX–XC, 1967

BASCOM, W. R., Urbanism as a Traditional African Pattern, SR, VII, 1959

DAVIDSON, B., The Africans. An Entry to Cultural History. London 1969

FROBENIUS, L., Das unbekannte Afrika. München 1933

GLÜCK, J. F., Afrikanische Architektur, Tribus (Stuttgart), VI, 1956

GOODY, J., Technology, Tradition and the State in Africa. London 1971

LABOURET, H., Afrique occidentale et équatoriale. In: L'habitation indigène dans les possessions françaises. Paris 1931

LAGER CRANTZ, S., The Sacral King in Africa, Ethnos, IX, 1944

LEIRIS, M., DELANGE, J., Afrique noire. La création plastique. Paris 1967

LEUZINGER, E., Afrika, Kunst der Negervölker. Baden-Baden 1959

MALLOWS, E. W., Gli schemi di insediamento preeuropei a sud del Sahara, Edilizia Moderna, op. cit. (1967)

OLIVER, P. (Hrsg.), Shelter in Africa. London 1971 (Oliver, 1971)

RANDLES, W. G. L., Pre-colonial Urbanization in Africa South of the Equator. In: Ucko, Tringham, Dimbleby, op. cit. (1972)

SCHACHTZABEL, A., Die Siedlungsverhältnisse der Bantu-Neger. Leiden 1911

TEMPELS, P., La Philosophie bantoue. Paris 1949

Villes Africaines, Cahiers d'Etudes Africaines, XIII, 1973

WALTON, J., African Village. Pretoria 1956

WALTON, J., Patterned Walling in African Folk Building, The Journal of African History (Cambridge), I, 1960

WIESCHHOFF, A., Afrikanische Architekturen, Mitteilungen des Forschungsinstituts für Kulturmorphologie (Frankfurt), 1935

NORDAFRIKA

ALFOND ANDREWS, P., Tents of the Tekna, Southwest Morocco. In: Oliver, op. cit. (1971)

BERNARD, A., Enquête sur l'habitation rurale des indigènes de la Tunisie. Tunis 1924

BERNARD, A., Enquête sur l'habitation rurale des indigènes de l'Algérie. Alger 1931

BERNARD, A., LACROIX, N., L'évolution du nomadisme en Algérie. Alger-Paris 1906

BORG, A., L'Habitat à Tozeur, Cahiers des Arts et Techniques d'Afrique du Nord, Toulouse, V, 1959

BRUNN, D., The Cave Dwellers of Southern Tunisia

CLAVER, M., Fabrication de toiles de tentes, Bulletin de liaison saharienne, IV, 1953

DESPOIS, J., Le Djébel Nefousa (Tripolitaine). Paris 1935

ETHERTON, D., Algerian Oases. In: Oliver, op. cit. (1971)

FAULÉE URBAN, M., Sceaux de Magasins Collectifs (Aurès), JSA, XXV, 1955

HICKS, J. T., The Architecture of the High Atlas Mountains, Arena (London), 1966

JACQUES-MEUNIÉ, D., Les Oasis des Lektaoua et des Mehamid, Hespéris, 1947

JACQUES-MEUNIÉ, D., Greniers-Citadelles au Maroc. Paris 1951

JACQUES-MEUNIÉ, D., Architectures et habitats du Dadès. Maroc présaharien. Paris 1962

JACQUES-MEUNIÉ, D., MEUNIÉ, J., Abbar, cité royale du Tafilalt (Maroc présaharien), Hespéris, 1959

LAOUST, E., L'habitation chez les transhumants du Maroc central. Paris 1930

LAOUST, E., L'habitation chez les transhumants du Maroc central. L'irherm, Hespéris, 1934

LOZACH, J., HUG, G., L'habitat rurale en Egypte. Kairo 1930

MARTIN, A. G. P., Les Oasis sahariennes (Gourara, Touat, Tidikelt). Paris 1908

MAUNIER, R., La construction collective de la maison en Kabilie. Paris 1926

MONTAGNE, R., Villages et kasbas berbères. Paris 1930

MOSSERI, V. M., AUDEBEAU BEY, C., Les constructions rurales en Egypte. Kairo 1921

Nomades et Nomadisme au Sahara. Paris 1963

PÂQUES, V., Le bélier cosmique – son role dans les structures humaines et territoriales du Fezzan, JSA, XXVI, 1956

PÂQUES, V., op. cit. (1964)

PARIS, A., Documents d'architecture berbère, Sud de Marrakech. Paris 1925

PELTIER, F., ARIN, F., Les modes d'habitation chez les ›Djabaliya‹ du Sud tunisien, RMM, XVI, 1909

SCARIN, E., Tipi indigeni di insediamento umano e loro distribuzione nella Tripolitania settentrionale, Atti del I Congresso di Studi Colonili. Florenz 1932

SCARIN, E., Le oasi del Fezzàn. Bologna 1934

SCARIN, E., Insediamenti e tipi di dimore, Il Sahara italiano, Fezzàn e oasi di Gat. Rom 1937

SCARIN, E., Le oasi cirenaiche del 29° parallelo. Florenz 1937

SCARIN, E., L'insediamento umano nella Libia occidentale. Verona 1940

TERRASSE, H., Kasbas berbères de l'Atlas et des Oasis. Paris 1938

VERITY, P., Kababish Nomads of Northern Sudan. In: Oliver, op. cit. (1971)

WENZEL, M., House decoration in Nubia. London 1972

OSTAFRIKA

BROOKE, C., The Rural Village in the Ethiopian Highlands, Geographical Review, XLIX, 1959

CALCIATI, C., BRACCIANI, L., Nel paese dei Cunama. Mailand 1927

CERBELLA, G., Aspetti etnografici della casa in Etiopia. Rom 1963

CIPRIANI, L., Abitazioni indigene dell'Africa Orientale Italiana. Neapel 1940

EVANS-PRITCHARD, E. E., The Nuer. Oxford 1940

GEBREMEDHIN, N., Some Traditional Types of Housing in Ethiopia. In: Oliver, op. cit. (1971)

LEBEL, P., On Gurage Architecture, Journal of Ethiopian Studies, III, 1969

LEWIS, I. M., A Pastoral Democracy. A Study of Pastoralism and Politics among the Northern Somali. London 1961

MORENO, M. M., Il regime terriero abissino nel Galla Sidama. Rom 1938

PAVARI, G., L'abitazione umana nell'A. O., L'Universo, XVII, 1936

ROBBINS, L. H., Turkana Material Culture viewed from an Archaeological Perspective. WA, V, 1973

WESTAFRIKA

BAKARI, K., L'Afrique Occidentale pré-coloniale et le fait urbain, Présence Africaine (Paris), XXII, 1958

DAVID, N., The Fulani Compound and the Archaeologist, WA, III, 1971

DESMOND CLARK, J., Mobility and Settlement Patterns in sub-Saharan Africa: a Comparison of Late Prehistoric Hunter-gatherers and Early Agricultural Occupation Units. In: Ucko, Tringham, Dimbleby, op. cit. (1972)

DIETERLEN, C., Mythe et organisation sociale au Sudan Français, JSA, XXV, 1955

DIETERLEN, C., Mythe et organisation sociale en Afrique Occidentale, JSA, XXIX, 1959

FORDE, C. D., KABERRY, P., West African Kingdoms of the Nineteenth Century. London 1967

FROELICH, J. C., The Architecture of Islam in West Africa, AA, I, 1968

GARDI, R., Auch im Lehmhaus läßt sich's leben. Bern 1973

HASELBERGER, H., Bautraditionen der westafrikanischen Negerkulturen, Wien 1964

LE MOAL, G., Les Habitations semi-souterraines en Afrique de l'Ouest, JSA, XXX, 1960

MORTON WILLIAMS, P., Some Factors in the Location, Growth and Survival of Towns in West Africa. In: Ucko, Tringham, Dimbleby, op. cit. (1972)

POSNANSKY, M., Aspects of Early West African Trade, WA, V, 1973

PRUSSIN, L., Contribution à l'étude du cadre historique de la technologie de la construction dans l'ouest africain, JSA, XL, 1970

PRUSSIN, L., Sudanese Architecture and the Manding, AA, III, 1970

a) Mauretanien – Mali

BRASSEUR, G., Les établissements humains au Mali, IFAN, Dakar 1968

CALAME-GRIAULE, G., Notes sur l'habitation du plateau central nigérien (région de Bandiagara), BIFAN, XVII, 1955

DIETERLEN, G., La serrure et sa clé (Dogon, Mali), Echanges et communications. Paris 1970

DIETERLEN, G., Les Ames des Dogons. Paris 1941

DUCHEMIN, G. J., A propos des décorations murales de Oualata, BIFAN, XII, 1950

DU PUIGAUDEAU, O., Contribution à l'étude du Symbolisme dans le décor mural et l'Artisanat de Walata, BIFAN, XIX, 1957

ENGELSTRÖM, T., Wall Decorations of the Oualata Type at Bamako, Ethnos, 1956

FROELICH, J. C., Niani, ancienne capitale de l'Empire du Mali, Recherches Africaines, n. s., I, 1969

GRIAULE, M., Masques Dogons. Paris 1938

GRIAULE, M., Dieu d'eau. Paris 1949

GRIAULE, M., DIETERLEN, G., Le Renard pâle. Paris 1965

HAMET, I., Villes sahariennes, RMM, XIX, 1912

JACQUES-MEUNIÉ, D., Cités caravannières de Mauritanie: Tichite et Oualata, JSA, XXVII, 1957

JACQUES-MEUNIÉ, D., Cités anciennes de Mauritanie. Paris 1961

KUBLER, G., The Primitive City of Timbuctoo. New York 1965

LEIRIS, M., Faîtes de case des rives du Bani, bassin du Niger, Minotaure (Paris), I, 1933

MEILLASSOUX, C., Les cérémonies septennales du Kamablŏ de Kaaba (Mali) 5–10 avril 1968, JSA, XXXVIII, 1968 (u. a. M. P. Ferry und G. Dieterlen)

MONTEIL, C., Une cité soudanaise: Djenné, métropole du delta central du Niger. Paris 1932

N'DIAYE, F., Contribution à l'étude de l'architecture du pays dogon, OM, XII, 1972

PALAU MARTI, M., Les Dogon. Paris 1957

PÂQUES, V., op. cit. (1964)

b) Obervolta – Niger – Tschad

BERNUS, S., Particularismes ethniques en milieu urbain: l'exemple de Niamey. Paris 1969

CAPRON, J., Univers religieux et cohésion interne dans les communautés villageoises Bwa traditionnelles, A, XXXII, 1962

DUPUIS, A., ECHARD, N., La poterie traditionnelle hausa de l'Ader, JSA, XLI, 1971

GRIAULE, M., LEBEUF, J. P., Fouilles dans la région du Tchad, JSA, XVIII, XX, XXI, 1948, 1950, 1951

IZARD, M., Traditions historiques des villages du Yatênga, Recherches Voltaïques, I. Paris 1965

IZARD, M., Introduction à l'histoire des Royaumes mossi, Recherches Voltaïques, XII–XIII. Paris 1970

IZARD, M., La formation de Ouahigouya, JSA, XLI, 1971

LEBEUF, A. und J. P., Monuments symboliques du palais royal de Logone-Birni, JSA, XXV, 1955

MASSON DÉTOURBET LEBEUF, A., Boum Massénia, capitale de l'ancien royaume du Baguirmi, JSA, XXXVII, 1967

MASSON DÉTOURBET LEBEUF, A., Les principautés Kotoko. Essai sur le caractère sacré de l'autorité. Paris 1969

NICOLAS, G., Fondements magico-religieux du pouvoir politique au sein de la principauté hausa du Gobir, JSA, XXXIX, 1969

PÂQUES, V., Origines et caractères du pouvoir royal au Baguirmi, JSA, XXXVII, 1967

SCHWEEGER-HEFEL, A. und M., L'art Nioniosi, JSA, XXXVI, 1966

URVOY, Y., L'art dans le territoire du Niger, Niamey, Études Nigeriennes, II, 1955

c) Elfenbeinküste, Guinea, Senegal, Sierra Leone

APPIA, B., Les forgerons de Fouta-Djallon, JSA, XXXV, 1965

CREAC'H, P., Notes sur l'art décoratif architectural foula du Haut Fouta-Djallon, Comptes rendus de la Ière Conférence Internationale des Africanistes de l'Ouest (Dakar 1945). Paris 1951

GESSAN, M., Note sur les Badyaranké (Guinée, Guinée Portugaise et Sénégal), JSA, XXVII, 1958

HOLAS, B., L'image du monde bête. Paris 1968

KANE, E. R., La disposition des cases de femmes dans le carré du mari commun, BIFAN, XXVI, 1945

LITTLE, K. L., The Mende Farming Household, SR, XL, 1948

LITTLE, K. L., The Mende of Sierra Leone. A West African People in Transition. London 1967

MEILLASSOUX, C., Anthropologie Economique des Gouro de Côte d'Ivoire. Paris 1964

MEILLASSOUX, C., Plans d'anciennes fortifications (Tata) en pays Malinké, JSA, XXXVI, 1966

PÉLISSIER, P., Les Paysans du Sénégal. St. Yrieix 1966

POUJADE, J., Les cases décorées d'un chef du Fouta-Djallon. Paris 1948

SIDDLE, D. J., War-Towns in Sierra Leone: a Study in Social Change, A, XXXVIII, 1968

TEXEIRA DE MOTA, A., VENTIM NEVES, M. G., A Habitacão indigena na Guiné portùguesa. Lissabon 1948

THOMAS, L. V., Pour une systématique de l'habitat Diola, BIFAN, XXVI, 1964

d) Ghana

ABRAMS, C., BODIANSKY, V., KOENIGSBERGER, O., Report on Housing in the Gold Coast, United Nations, 1956

ARCHER, I., Nabdam Compounds, Northern Ghana. In: Oliver, op. cit. (1971)

BENNETH, G., Small-scale Farming Systems in Ghana, A, XLIII, 1973

HUNTER, J. M., The Clans of Nangodi. A Geographical Study of the Territorial Basis of Authority in a Traditional State of the West African Savanna (Northern Ghana), A, XXXVIII, 1968

MUMTAZ, B., Villages on the Black Volta. In: P. Oliver (Hrsg.), Shelter and Society. London 1969

PRUSSIN, L., Villages in Northern Ghana. New York 1966

PRUSSIN, L., Architecture in Northern Ghana. A Study in Forms and Functions. Berkeley-Los Angeles 1969

RUTTER, A. F., Ashanti Vernacular Architecture. In: Oliver, op. cit. (1971)

SWITHENBANK, M., Ashanti Fetish Houses. Accra 1969

WILLS, J. B. (Hrsg.), Agriculture and Land Use in Ghana. London 1962

e) Togo, Dahomey, Nigeria

BASCOM, W. R., Urbanization among the Yoruba, American Journal of Sociology, LX, 1955

BASCOM, W. R., Some Aspects of Yoruba Urbanism, AmA, LIV, 1962

BEIER, H. U., The Story of Sacred Wood Carvings from a Small Yoruba Town. Lagos 1957

BEIER, H. U., Sacred Yoruba Architecture, NG, LXIV, 1960

BOHANNAN, L. und P., The Tiv of Central Nigeria. London 1953

CAMPBELL, M. J., The Walls of a City, NG, LX, 1959

CHADWICK, E. R., Wall Decorations of Ibo Houses, The Nigerian Field (London), VI, 1937

CROWDER, M., Decorative Architecture of Nigeria, West African Review (Liverpool), XXV, 1954

CROWDER, M., The Decorative Architecture of Northern Nigeria. Indigenous Culture Expressed in Hausa Craftsmanship, African World (London), 1956

DALDY, A. F., Temporary Buildings in Northern Nigeria. Lagos 1945

DANBY, M., Ganvié, Dahomey. In: Oliver, op. cit. (1971)

FEILBERG, C. G., Remarks on some Nigerian House Types, Folk (Kopenhagen), I, 1959

FORDE, C. D., The Yoruba and Boloki: Hoe Cultivators in the African Forests. In: Forde, op. cit. (1934)

FOYLE, A. M., House in Benin, Nigeria, XLII, 1953

FOYLE, A. M., Some Aspects of Nigerian architecture, Man (London), LIII, 1953

FRASER, D., Yoruba, Nigeria. In: Fraser, op. cit. (1968)

GOODWIN, A. J. H., Archaeology and Benin Architecture, Journal of the Historical Society of Nigeria (Ibadan), I, 1957

GREEN, M. M., Ibo Village Affairs. New York 1964

HALL, H. U., Great Benin Royal Altar, The Museum Journal (Philadelphia), XIII, 1922

KIRK-GREENE, A. H. M., Decorated Houses in Zaria, NG, LXVIII, 1961

LALLEMAND, S., ABOUDOU ISSIFOU, H., Un rite agraire chez les Kotokoli du Nord-Togo: la Fête Suwa, JSA, XXXVII, 1967

MABOGUNJE, A. L., Yoruba Towns. Ibadan 1962

MABOGUNJE, A. L., Urbanization in Nigeria. London 1968

MERCIER, P., L'habitation à étage de l'Atakora, Etudes dahoméennes, XI, 1954

MOORE, G., BEIER, U., Mbari Houses, Nigeria, XLIX, 1956

MORGAN, W. B., The Grassland Towns of the Eastern Region of Nigeria, Transactions and Papers of the Institute of British Geographers, XXIII, 1957

MOUCHTIN, J. C., The Traditional Settlements of the Hausa People, Town Planning Review, 1964

MURRAY, K. C., Arts and Crafts of Nigeria: their Past and Future, A, XIV, 1943

MURRAY JACK, W., Old Houses of Lagos, Nigeria, XLVI, 1955

NADEL, S. F., A Black Byzantium. The Kingdom of Nupe in Nigeria. London 1942

NICOLAS, G., Essai sur les structures fondamentales de l'espace dans la cosmologie hausa, JSA, XXXVI, 1966

OJO, G. J., Yoruba Palaces. London 1966

OJO, G. J., Yoruba Culture: a Geographical Analysis. London 1966

PALAU MARTI, M., Notes sur les rois de Daşa (Dahomey, A.O.F.), JSA, XXVII, 1957

PALAU MARTI, M., Le roi-dieu au Bénin. Sud Togo, Dahomey, Nigeria Occidentale. Paris 1964

SCHWERDTFEGER, F. W., Housing in Zaria. In: Oliver, op. cit. (1971)

SCHWERDTFEGER, F. W., Urban Settlement Patterns in Northern Nigeria (Hausaland). In: Ucko, Tringham, Dimbleby, op. cit. (1972)

THOMAS, N. W., Decorative Art among the Edo-speaking Peoples of Nigeria. I: Decoration of Buildings, Man (London), X, 1910

WATERLOT, E. G., Les Bas-Reliefs des Bâtiments royaux d'Abomey (Dahomey). Paris 1926

f) Kamerun

BEGUIN, J. P., KALT, M., L'habitat au Cameroun. Paris 1952

BINET, J., L'habitation dans la subdivision de Foumbot, EC, III, 1950

DUGAST, I., L'habitation chez les Ndiki du Cameroun, JSA, X, 1940

FROELICH, J. C., Le Commandement et l'Organisation sociale chez les Fali du Nord-Cameroun, EC, IX, 1956

HURAULT, J., Essai de synthèse du Système social des Bamiléké, A, XL, 1970

ITTMAN, J. von, Das Haus der Kosi in Kamerun, Afrika und Übersee, III, 1960

LEBEUF, A. und J. P., Monuments symboliques du palais royal de Logone-Birni (Nord-Cameroun), JSA, XXV, 1955

LEBEUF, J. P., L'habitation des Fali, montagnards du Cameroun septentrional. Technologie, Sociologie, Mythologie, Symbolisme. Paris 1961

LEVIN, M. D., House Form and Social structure in Bakosi. In: Oliver, op. cit. (1971)

MALZY, P., Quelques villages fali du Tinguelin, EC, IX, 1956

TARDITS, C., Panneaux sculptés bamoun, OM, II, 1962

ZENTRALAFRIKA

BALANDIER, G., Problèmes économiques et problèmes politiques au niveau du village Fang, BIEC, I, 1950

BALANDIER, G., Sociologie des Brazzavilles Noirs. Paris 1955

BALANDIER, G., PAUVERT, J. C., Les villages gabonais, Mémoires de l'Institute d'Etudes Centrafricaines, V, 1952

BAUMANN, H., Steinbauten und Steingräber in Angola. Berlin 1943

BIEBUYCK, D., Fondements de l'organisation politique des Lunda du Mwaantayaav en territoire de Kapanga, Zaïre, XI, 1957

DECORSE, J., L'habitation et le village au Congo et au Chari, L'A, XVI, 1905

FORDE, C. D., The Masai: Cattle Herders on the East African Plateau. In: Forde, op. cit. (1934)

FRASER, D., Mbuti Pygmies. In: Fraser, op. cit. (1971)

MARGARIDO, A., La capitale de l'Empire Lunda, un urbanisme politique, Ans, XXV, 1970

MASSON DÉTOURBET, A., Aspects de la Royauté batéké (Moyen-Congo), Proceedings of the Fifth International Congress of Anthropological and Ethnological Sciences (Philadelphia 1956), Philadelphia 1960

McKENNEY, M. G., The Social Structure of the Nyakyusa: a Re-evaluation, A, XL, 1973

MOLET, L., Aspects de l'organisation du monde des Ngbandi (Afrique Centrale), JSA, XLI, 1971

RAPONDA-WALKER, A., SILLANS, R., Rites et Croyances des peuples du Gabon. Paris 1962

REYNOLDS, B., Kwandu Settlement: Isolation, Integration and Mobility among a South-central African People. In: Ucko, Tringham, Dimbleby, op. cit. (1972)

RICHARDS, A. I., Huts and hut-building among the Bemba, Man, L, 1950

TROWELL, M., WACHSMANN, K. P., Tribal Crafts of Uganda. London-New York-Toronto 1953

TURNER, H. W., The Spatial Separation of Generations in Ndembu Village structure, A, XXV, 1955

WOODBURN, J. C., Hunters and Gatherers: the Material Culture of the Nomadic Hadza. London 1970

WOODBURN, J., Ecology, Nomadic Movement and the Composition of the Local Group among Hunters and Gatherers: an East African Example and its Implications. In: Ucko, Tringham, Dimbleby, op. cit. (1972)

SÜDAFRIKA

BIERMAN, B., Indlu: the Domed Dwelling of the Zulu. In: Oliver, op. cit. (1971)

BRUWER, J., The Composition of a Cewa Village (Mudzi), AS, VIII, 1949

FORDE, C. D., The Bushmen: Hunters in the Kalahari Desert. In: Forde, op. cit. (1934)

FRASER, D., Bushmen. In: Fraser, op. cit. (1968)

KUPER, H., The Architecture of Swaziland, Architectural Review, C, 1946

MARSHALL, L., Kung Bushman Bands, A, XXX, 1960

MEIRING, A. L., The Art and Architecture of the Amandebele, South African Scene (Pretoria) I

MITCHELL, J. C., The Yao Village. Manchester 1956

MTHAWANJI, R., Urbanisation in Malawi. In: Oliver, op. cit. (1971)

SCHEBESTA, P., Die Zimbabwe-Kultur in Afrika, An, 1925

VAN VELSEN, J., The Politics of Kinship; a Study in Social Manipulation among the Lakeside Tonga of Nyasaland. Manchester 1964

WALTON, J., South Africa Peasant Architecture: Nguni Folk Building, AS, VIII, 1949

Madagaskar

ARNAUD, R., Quelques portes fortifiées des anciens villages du chaînon d'Ambohimarina au nord d'Ivato, BM, CCLXXXIV, 1970

BATTISTINI, R., VÉRIN, P., RASON, R., Le site archéologique de Talaky, Annales de l'Université de Madagascar, I, 1963

BLOCH, M., Placing the Dead: Tombs, Ancestral Villages and Kinship Organization in Madagscar. London-New York 1971

DECARY, R., La protection des plantations et la conservation des récoltes à Madagascar, JSA, XXIX, 1959

DUBOIS, H. M., Monographie des Betsileo (Madagascar). Paris 1938

JULIEN, G., Madagascar, in L'Habitation indigène dans les possessions françaises. Paris 1931

LINTON, R., The Tanala, a Hill Tribe of Madagascar, Field Museum of Natural History, Anthropological Series (Chikago), XXII, 1933

MILLE, A., VÉRIN, P., Premières observations sur l'habitat ancien en Imerina, Bulletin de l'Académie Malgache (Tananarive), XLV, 1967

POIRIER, J., Données écologiques et démographiques de la mise en place des Proto-Malgaches, Annales de la Faculté des Lettres et Sciences humaines (Tananarive), 1965

POIRIER, J., Les origines du peuple et de la civilisation malgaches. Madagascar avant l'histoire, BM, CCXLVIII bis CCXLIX, 1966/67

POIRIER, J., Les Bezanozano. Paris 1970

RIBARD, M. E., Contribution à l'étude des aloalo malgaches, L'A, XXXIV, 1924

A	=	Africa (London)
AA	=	African Arts (Los Angeles)
AmA	=	American Anthropologist (Menasha, USA)
An	=	Anthropos (Wien)
Ans	=	Annales (Paris)
APAmM (*BAmM, MAmM*)	=	Anthropological Papers (Bulletin, Memoirs) of the American Museum of Natural History (New York)
AR	=	Anthropological Records
ArA	=	Archiv für Anthropology (Braunschweig)
ARBAmE (*BBAmE*)	=	Annual Report (Bulletin) of the Bureau of American Ethnology (Washington)
ARSI	=	Annual Report of the Smithsonian Institution (Washington)
AS	=	African Studies (Johannesburg)
BBPBM	=	Bulletin of the Bernice Pauahi Bishop Museum (Honolulu)
BEFEO	=	Bulletin de l'Ecole Française de l'Extrême Orient (Hanoi, Saigon, Paris)
BIEC	=	Bulletin de l'Institut d'Etudes Centrafricaines (Brazzaville)
BIFAN	=	Bulletin de l'Institute Français de l'Afrique Noire (Dakar)
BM	=	Bulletin de Madagascar
BTLV	=	Bijdragen tot de Tall-, Land- en Volkenkunde (La Hague)
CEA	=	Cahiers d'Etudes Africaines
DMB	=	New Zealand Dominion Museum Bulletin (Wellington)
E	=	Ethnos
EC	=	Etudes Camerounaises (Duala)
GR	=	Geographical Review
IAE	=	Internationales Archiv für Ethnographie (Leiden)
JAI	=	Journal of the Royal Anthropological Institute of Great Britain and Ireland (London)
JPS	=	The Journal of the Polynesian Society (Wellington)
JSA	=	Journal de la Société des Africanistes (Paris)
JSAm	=	Journal de la Société des Américanistes (Paris)
JSO	=	Journal de la Société des Océanistes (Paris)
L'A	=	L'Anthropologie (Paris)
MBBB	=	Mededeelingen van het Bureau voor de Bestuurzaken ('s Gravenhage)
NG	=	Nigeria Magazine (Lagos)
O	=	Oceania (Sydney)
OM	=	Objets et Mondes (Paris)
RMM	=	Revue du Monde Musulman
SR	=	Sociological Review
UCPAAE	=	University of California Publications in American Archaeology and Ethnology (Berkeley-Los Angeles)
WA	=	World Archaeology

376

ABBILDUNGSVERZEICHNIS

381

American Museum of Natural History, New York: 5, 101, 197, 199, 333, 335, 336, 337.

Archivio Fotografico Gallerie e Musei Vaticani, Rom: 200, 231, 232, 245, 263.

Bernice P. Bishop Museum, Honolulu: 295, 296, 297, 300, 305, 306, 307, 308.

Ettore Biocca, Rom: 83, 84, 85, 87, 88, 89, 90, 91, 92, 93, 94, 95, 96.

Collection Roger Viollet, Paris: 33, 282, 481.

Frank Christol, Fontaine-Lavaganne, Marseille en Beauvais: 365, 368.

Department of Information, Pretoria: 157.

Photothek des Musée de l'Homme, Paris: 1, 2, 3, 4, 6, 7, 8, 9, 10, 11, 12, 14, 15, 16, 17, 18, 19, 20, 21, 22, 23, 24, 25, 26, 27, 28, 29, 30, 31, 32, 34, 35, 36, 37, 38, 45, 46, 47, 48, 49, 50, 51, 53, 54, 55, 57, 58, 59, 69, 70, 71, 72, 73, 75, 76, 100, 102, 103, 104, 105, 106, 108, 110, 111, 112, 116, 117, 118, 119, 120, 121, 122, 123, 124, 125, 131, 132, 133, 139, 140, 141, 142, 143, 144, 145, 146, 147, 148, 149, 152, 153, 159, 160, 169, 170, 171, 172, 174, 175, 176, 177, 178, 179, 181, 190, 193, 205, 206, 207, 208, 209, 219, 222, 223, 224, 225, 226, 227, 228, 229, 230, 233, 238, 240, 241, 242, 243, 244, 246, 251, 252, 253, 254, 255, 256, 257, 258, 260, 261, 262, 264, 265, 267, 268, 269, 270, 271, 272, 273, 277, 278, 279, 280, 281, 283, 284, 286, 287, 288, 290, 298, 301, 302, 303, 309, 310, 311, 312, 313, 314, 315, 316, 317, 319, 320, 321, 326, 328, 340, 346, 348, 350, 361, 362, 363, 367, 372, 385, 386, 387, 389, 390, 391, 392, 394, 395, 396, 397, 398, 399, 400, 401, 402, 406, 407, 408, 409, 410, 411, 412, 413, 414, 415, 416, 417, 418, 419, 420, 421, 423, 424, 426, 428, 429, 433, 435, 436, 437, 438, 450, 453, 457, 458, 459, 460, 461, 464, 467, 468, 470, 471, 472, 473, 474, 475, 476, 477, 478, 479, 480, 482, 483, 485, 486.

Allessandro Gagna, Mailand: 210, 211, 212, 213, 214, 215, 216, 217, 218.

Museum für Völkerkunde, Hamburg: 323, 324, 327.

Museum für Völkerkunde, Basel: 235, 236, 247, 248, 285.

National-Museum, Kopenhagen: 289.

Provincial Archives, Victoria, B. C. (Kanada): 330, 331, 332, 334, 339, 343, 344, 347, 349, 351, 356, 357, 358.

Tito e Sandro Spini, Bergamo: 369, 370, 371, 425, 427, 430, 484.

INHALTSVERZEICHNIS